DÜRER

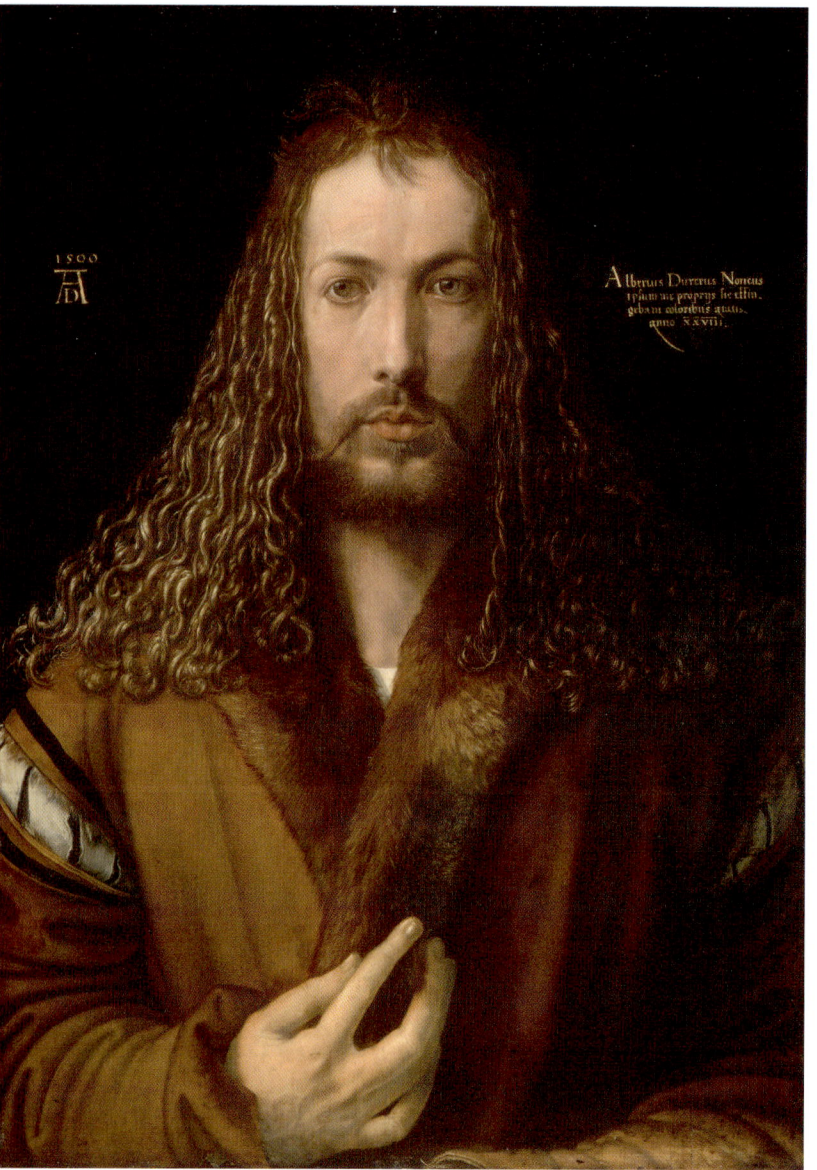

DÜRER

RUTH DANGELMAIER

p. 2

Self-Portrait (in Fur Coat)

Autoportrait au col de fourrure

Selbstbildnis (im Pelzrock)

Autorretrato (con traje de piel)

Autoritratto con pelliccia

Zelfportret (met bontjas)

1500, Oil on wood/Huile sur bois, 67 × 49 cm, Alte Pinakothek, München

KÖNEMANN

© 2016 koenemann.com GmbH
www.koenemann.com

ÉDITIONS
PLACE DES
VICTOIRES

© Éditions Place des Victoires
6, rue du Mail – 75002 Paris
www.victoires.com
ISBN: 978–2–8099–1365–1
Dépôt légal : 2e trimestre 2017

Concept, Project Management: koenemann.com GmbH
Text: Ruth Dangelmaier
Editing: Dr. Daniel Kiecol

Translation into French: Julie Fillatre
Translations into English, Spanish, Italian and Dutch

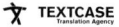 **TEXTCASE** Translation Agency

info@textcase.nl
textcase.de   textcase.eu

Art Direction: Oliver Hessmann
Layout: Nora Hein, Holydesign
Picture credits: akg-images gmbh

ISBN: 978–3–95588–098–9 (international)
ISBN: 978–3–7419–0724–1 (E)

Printed in Spain by Liberdúplex

6 À propos

The Age of Dürer: the World at the Turn of the 16th Century
L'ère de Dürer – Le monde
    autour de 1500
Das Dürerzeitalter – Die
    Welt um 1500
La época de Durero– El mundo
    alrededor de 1500
Il tempo di Dürer – Il mondo
    intorno al 1500
Het Dürer tijdperk – de wereld
    omstreeks 1500

8 **Early Years**
Apprentissage et premiers voyages
Lehr- und Wanderjahre
Los años de enseñanza y
    aprendizaje itinerante
Gli anni di praticantato e
    apprendistato itinerante
Leerjaren en artistieke
    omzwervingen

Contents
Sommaire
Inhalt
Índice
Indice
Inhoud

32 First trip to Italy
Premier voyage en Italie
Erste Italienreise
Primer viaje a Italia
Il primo viaggio in Italia
Eerste Italiaanse reis

50 Setting up shop in Nuremberg
Débuts de son activité
    indépendante à Nuremberg
Beginn der Selbständigkeit
    in Nürnberg
Inicio de la autonomía
    en Núremberg
I primi anni di autonomia
    a Norimberga
Een autonoom bestaan
    te Neurenberg

82 Entrepreneurial Year
L'artiste indépendant
Unternehmerjahre
Los años de actividad
Gli anni di sviluppo dell'attività
Nijvere jaren

146 Second trip to Italy
Deuxième voyage en Italie
Zweite Italienreise
Segundo viaje a Italia
Il secondo viaggio in Italia
Tweede Italiaanse reis

170 Years of Mastery
Passé maître
Jahre der Meisterschaft
Los años de madurez
Gli anni della maestria
Jaren van meesterschap

220 In the Service of the Greats
Au service des grands de son temps
Im Dienste der Großen der Zeit
Al servicio de los grandes
    de la época
Al servizio dei grandi del tempo
In dienst van de Groten des tijds

242 Journey to the Low Countries
Le voyage aux Pays-Bas
Reise in die Niederlande
Viaje a los Países Bajos
Il viaggio nei Paesi Bassi
Reis naar Nederland

258 Art and theory: Dürer's Final Years
Art et théorie – les dernières années
Kunst und Theorie – Die letzten Jahre
Arte y teoría– Los últimos años
Arte e teoria – Gli ultimi anni
Kunst en theorie – de laatste jaren

282 Curriculum Vitae

284 Museums
Musées
Museen
Museos
Musei
Musea

288 Recommended Literature
Littérature recommandée
Literaturempfehlungen

À propos

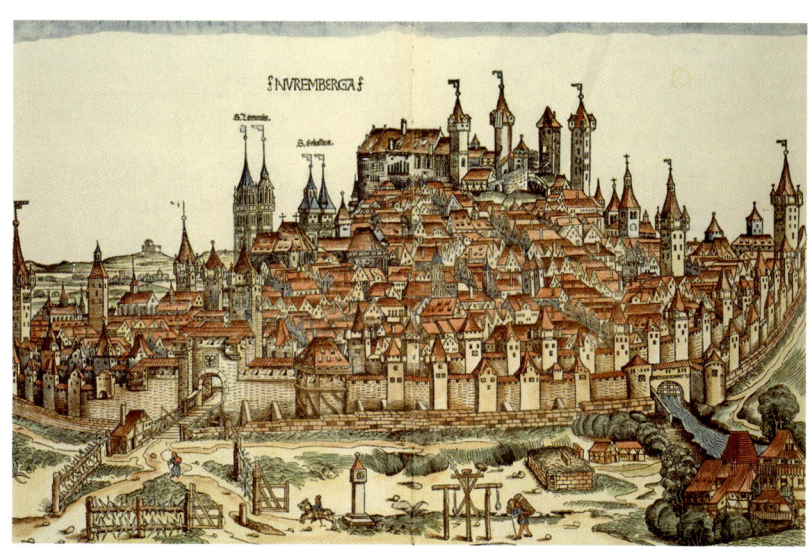

The Age of Dürer: the World
at the Turn of the 16th Century

As one who paved the way for the German Renaissance, Dürer is a man of so many superlatives that we can even call his active period of the "Age of Dürer". In the transition from the Middle Ages to modern times, marked by religious, societal, and technological changes and the discovery of new worlds, Dürer moved across the European stage as a cosmopolitan, in constant dialogue with the greats of his era. His extensive oeuvre set standards for watercolors, woodcuts, copper plates, and etching and he turned both the self-portrait and the landscape study into new genres.

L'ère de Dürer –
Le monde autour de 1500

Précurseur de la Renaissance, celui que ses contemporains surnommaient « Apelles germaniae » attire à lui seul tant de superlatifs qu'on qualifie encore parfois son époque d'ère de Dürer. À la charnière du Moyen Âge et de l'époque moderne, dans un contexte de bouleversements religieux, sociétaux aussi bien que techniques, Dürer évoluait sur la scène européenne en véritable cosmopolite, nourrissant des échanges fournis avec les grands esprits de son temps. Son œuvre aussi riche que variée a révolutionné l'aquarelle, la gravure sur bois et sur cuivre ou encore l'eau-forte, et fait de l'autoportrait et de l'étude de paysage des genres à part entière.

Das Dürerzeitalter –
Die Welt um 1500

Als Wegbereiter der Renaissance, als Apelles germaniae – wie seine Zeitgenossen ihn rühmen – vereint Dürer so viele Superlative in seiner Person, dass seine Schaffensphase bis heute Dürerzeitalter benannt wird. Im Übergang vom Mittelalter zur Neuzeit, geprägt von religiös-gesellschaftlichen und technischen Umwälzungen sowie der Entdeckung neuer Welten, bewegt sich Dürer als Kosmopolit auf der europäischen Bühne, stets im Austausch mit den Großen seiner Zeit. Sein umfangreiches Oeuvre setzt Maßstäbe für Aquarell, Holz-, Kupferschnitt und Radierung und entwickelt das Selbstporträt sowie die Landschaftsstudie zu neuen Gattungen.

Michael Wolgemut (1434–1519) &
Wilhelm Pleydenwurff (1460–1494)

View of Nuremberg from the
Nuremberg Chronicle

Vue de la ville de Nuremberg, extraite
de *La Chronique de Nuremberg*

Ansicht der Stadt Nürnberg aus der
Schedelschen Weltchronik (Nürnberger Chronik)

Vista de la ciudad de Núremberg,
de las Crónicas de Núremberg

Veduta di Norimberga tratta dalle
Cronache di Norimberga

Gezicht op de stad Neurenberg.
Kroniek van Neurenberg

1493, Woodcut, colored/Gravure sur bois
colorisée, Bayerische Staatsbibliothek, München

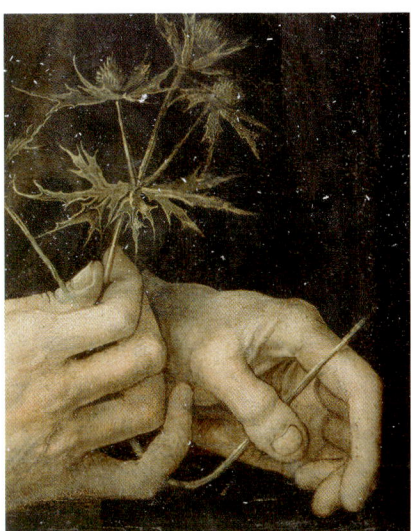

Self-portrait
(detail)

Autoportrait ou *Portrait*
de l'artiste tenant un
chardon (détail)

Selbstbildnis
(Ausschnitt)

Autorretrato
(detalle)

Autoritratto
(particolare)

Zelfportret
(detail)

1493, Parchment transferred to
canvas/Huile sur parchemin collé
sur toile, 56 × 44 cm, Musée du
Louvre, Paris

La época de Durero–
El mundo alrededor de 1500

Como precursor del Renacimiento, el Apelles germaniae –el apodo que le dieron sus coetáneos– la figura de Durero recibe tantos superlativos que su período creativo todavía hoy en día se conoce como la época de Durero. En plena transición de la Edad Media a la Era Moderna, caracterizada por profundos cambios socio-religiosos y técnicos, así como por el descubrimiento de nuevos mundos, Durero se mueve por la escena europea como un cosmopolita, siempre en contacto con los grandes de su tiempo. Su extensa obra marca nuevos estándares para la acuarela, xilografía, grabado en cobre o aguafuerte, y desarrolla el autorretrato y el estudio de paisaje hasta convertirlos en nuevos géneros.

Il tempo di Dürer –
Il mondo intorno al 1500

Pioniere del Rinascimento e Apelle Germaniae (l'epiteto lodativo conferitogli dai suoi contemporanei): sono questi due dei tanti superlativi di Dürer in virtù dei quali la sua fase creativa è oggi denominata "il tempo di Dürer". Nel passaggio dal Medioevo all'era moderna, segnato da cambiamenti religiosi, sociali e tecnologici, nonché dalla scoperta di nuovi mondi, Dürer si muove come un cosmopolita sulla scena europea, in continuo scambio con i grandi del suo tempo. La sua vasta opera stabilisce le norme per l'acquerello, le acqueforti e le incisioni su rame e legno, e contribuisce allo sviluppo dell'autoritratto e dello studio del paesaggio in nuovi generi.

Het Dürer tijdperk –
de wereld omstreeks 1500

In zijn rol van voortrekker van de Renaissance – door zijn tijdgenoten geroemd als Apelles Germaniae – liggen dusdanig vele superlatieven in Dürers persoonlijkheid besloten, dat zijn scheppingsfase tot heden het Dürer tijdperk wordt genoemd. Tijdens de overgang van de Middeleeuwen naar de Moderne Tijd, gekenmerkt door omwentelingen op het terrein van maatschappij en geloof, techniek en de ontsluiting van nieuwe werelden, ageert Dürer als cosmopoliet op het Europeese toneel, voortdurend in wisselwerking met de groten van zijn tijd. Zijn omvangrijke oeuvre herbepaalt de normen op het gebied van aquarel, houtsnede, kopersnede en etsen, zelfportret en landschapsstudie groeien uit tot volstrekt nieuwe genres.

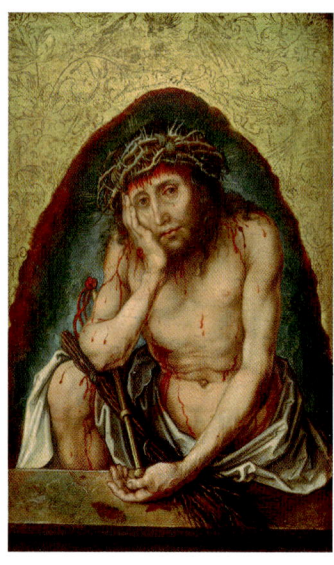

Christ as the Man of Sorrows

Le Christ de douleur

Christus als Schmerzensmann

Cristo como varón de dolores

Cristo dolente

Christus als de man van de smart

c. 1493, Oil on wood/Huile sur bois, 30 × 19 cm, Staatliche Kunsthalle, Karlsruhe

Early Years

Dürer was born May 21, 1471 in the German city of Nuremberg. Under the care of his father Albrecht (1427–1502), a goldsmith, and his mother Barbara (1452–1514), he grew up at the foot of Nuremberg's castle hill, surrounded by a modern atmosphere marked with the juxtaposition of old patrician families and the emerging merchant and trades classes. At the age of 13, Dürer started his apprenticeship in goldsmithing with his father, but switched over to the neighboring painter's workshop run by Michael Wolgemut in 1486. This is where the teenaged Dürer, already well-versed in many matters, received training in the principles of art. His first self-portrait dates back to this early period. When he was 19, Dürer set off as a journeyman painter along the middle and upper Rhine Valley, staying

Apprentissage et premiers voyages

Dürer est né le 21 mai 1471 à Nuremberg. Entouré de son père Albrecht (1427–1502), orfèvre de son état, et de sa mère Barbara (1452–1514), il grandit au pied du château, dans une atmosphère moderne marquée par la cohabitation de vieilles familles bourgeoises, de commerçants et d'artisans ambitieux. Dès treize ans, il commence à apprendre le métier d'orfèvre auprès de son père, mais davantage attiré par la peinture, il change de voie en 1486 pour devenir l'apprenti de Michael Wolgemut, un peintre de Nuremberg. C'est dans l'atelier de ce dernier que le jeune garçon aux talents déjà certains (c'est de cette époque que date son premier autoportrait) acquiert les bases de ses connaissances artistiques. À dix-neuf ans, il part en compagnonnage le long du Rhin. On

Lehr- und Wanderjahre

Dürer wird am 21. Mai 1471 in Nürnberg geboren. Unter der Obhut seines Vaters Albrecht (1427–1502), einem Goldschmied, und seiner Mutter Barbara (1452–1514) wächst er am Fuß der Burg auf, inmitten einer neuzeitlichen, vom Nebeneinander alter Patrizierfamilien und aufstrebender Kaufmanns– und Handwerksfamilien geprägten Atmosphäre. Mit 13 Jahren beginnt er beim Vater eine Goldschmiedelehre, wechselt jedoch, da er sich stärker zur Malerei hingezogen fühlt, 1486 in die nachbarschaftliche Malerwerkstatt Michael Wolgemuts. Hier erhält der bereits in vielem versierte Junge – dieser Zeit entstammt sein erstes Selbstporträt – seine künstlerischen Grundlagen. Als 19-jähriger bricht er zur Gesellenwanderung entlang des Mittel- und Oberrheins auf – gesichert

Dürer the Elder / Dürer l'Ancien (1427–1502)

Self-Portrait

Autoportrait

Selbstbildnis

Autorretrato

Autoritratto

zelfportret

1486, Silver point/Dessin à la pointe d'argent, 28,4 × 21,2 cm, Albertina, Wien

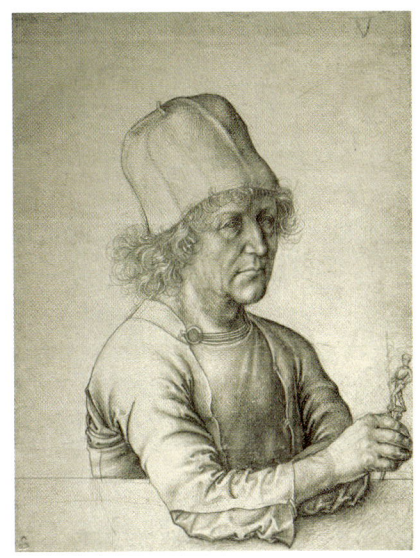

Los años de enseñanza y aprendizaje itinerante
Durero nace en la ciudad de Núremberg el 21 de mayo de 1471. Bajo el cuidado de su padre Albrecht (1427–1502), un orfebre, y de su madre Bárbara (1452–1514) crece a los pies del castillo, en mitad de una atmósfera renovadora caracterizada por la convivencia de viejas familias patricias con familias emergentes de comerciantes y artesanos. A los 13 años comienza junto a su padre estudios de orfebrería, cambiando sin embargo en 1486, movido por una mayor atracción hacia la pintura, al taller de pintura contiguo de Michael Wolgemut. Aquí el talentoso joven –su primer autorretrato data de esta época– recibirá sus fundamentos artísticos. Con 19 años comienza su aprendizaje itinerante por las regiones superior y media

Gli anni di praticantato e apprendistato itinerante
Dürer nasce a Norimberga il 21 maggio 1471. Sotto la cura del padre Albrecht (1427–1502), orafo di professione, e della madre Barbara (1452–1514), cresce ai piedi del castello, in un ambiente moderno caratterizzato dalla giustapposizione di vecchie famiglie patrizie ed emergenti famiglie di artigiani e commercianti. A 13 anni entra come praticante nella bottega del padre, però nel 1486, sentendosi più attratto dalla pittura, la lascia per entrare nella vicina bottega del pittore Michael Wolgemut. Durante il suo praticantato presso la bottega di Wolgemut trae da numerosi giovani esperti i suoi principi artistici e produce il suo primo autoritratto. All'età di 19 anni inizia poi il suo apprendistato itinerante lungo il medio e alto Reno, durante

Leerjaren en artistieke omzwervingen
Dürer wordt op 21 mei 1471 in Neurenberg geboren. Onder de hoede van zijn vader Albrecht (1427–1502), een goudsmit, en zijn moeder Barbara (1452–1514) groeit hij op aan de voet van de burgt, omgeven door een vooruitstrevende sfeer, gekenmerkt door het naast elkaar bestaan van enerzijds oude patriciërgezinnen en anderzijds de gezinnen van dynamische koop- en ambachtslieden. Op zijn 13e gaat hij in de leer als goudsmit bij zijn vader, echter verruilt hij de smederij in 1486 met de naburige schilderswerkplaats van Michael Wolgemut wanneer de schilderkunst hem meer blijkt te intrigeren.Hier doet de dan al in diverse metiers bedreven jongen zijn artistieke basiskennis op – in deze periode onstaat ook zijn eerste zelfportret. Op zijn 19e trekt hij er op

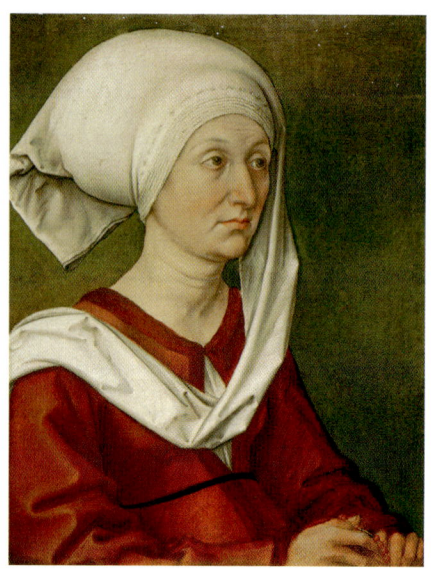

in such places as Colmar, Basel, and Strasbourg. His primarily graphic works reflect his constant search for perfection that resulted from his observation of nature and the study of contemporary masters. In Colmar in 1492, he studied the works of the recently deceased Martin Schongauer. In Basel, a center for the printing of books, Dürer worked on the woodcuts for Sebastian Brant's *Ship of Fools,* before he created three self-portraits in Strasbourg that functioned as proof of his nascent mastery. (The works are currently held in Paris, New York, and Erlangen). Returning to Nuremberg, the self-confident artist married nineteen-year-old Agnes Frey, a union that his father had arranged.

sait qu'il a fait étape, entre autres, à Colmar, Bâle et Strasbourg. Dans ses œuvres, essentiellement graphiques, se reflète la recherche permanente de la perfection, fruit de son observation de la nature et de l'étude des grands maîtres de son temps. À Colmar, en 1492, il étudie l'œuvre de Martin Schongauer, mort depuis peu. À Bâle, haut lieu de l'imprimerie, il travaille à des gravures sur bois pour *La Nef des fous* de Sebastian Brant, puis part à Strasbourg, où il prouve lui-même sa maturité à travers trois autoportraits (conservés respectivement à Paris, New York et Erlangen). De retour à Nuremberg, l'artiste plein d'assurance épouse Agnes Frey, jeune fille de dix-neuf ans, un mariage arrangé par son père.

sind Aufenthalte in Colmar, Basel und Straßburg. In seinen vornehmlich grafischen Werken spiegelt sich die stete Suche nach Perfektion, die von der Naturbetrachtung und dem Studium der zeitgenössischen Meister herrührt. In Colmar studiert er 1492 die Werke des kurz zuvor verstorbenen Martin Schongauers. In der Buchdruckerstadt Basel arbeitet er als Reißer an Holzschnitten für *Das Narrenschiff* des Sebastian Brant, bevor er sich in Straßburg in Form von drei Selbstbildnissen (Paris, New York und Erlangen) ein eigenes Reifezeugnis ausstellt. Zurückgekehrt nach Nürnberg, heiratet der selbstbewusste Künstler die neunzehnjährige Agnes Frey, eine vom Vater arrangierte Verbindung.

Albrecht Dürer the Elder
Albrecht Dürer l'Ancien
Albrecht Dürer der Ältere
Alberto Durero el Viejo
Albrecht Dürer il Vecchio
Albrecht Dürer, de Oudere

1490, Oil on wood/Huile sur bois, 47 × 39 cm, Galleria degli Uffizi, Firenze

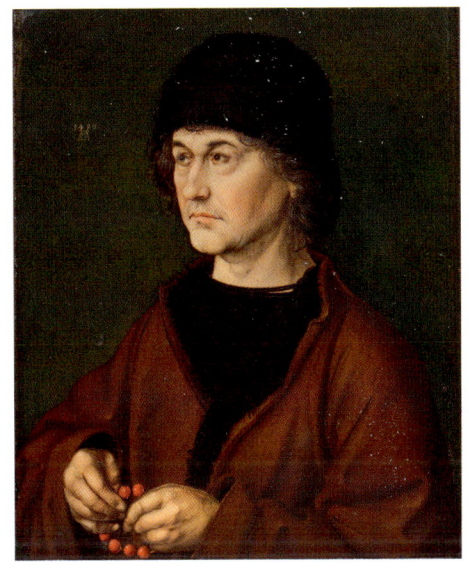

del Rin, con estancias aseguradas en Colmar, Basilea y Estrasburgo. En sus trabajos eminentemente gráficos se adivina una búsqueda de perfección, nacida de la observación de la naturaleza y del estudio de los maestros contemporáneos. En Colmar (1492) estudia las obras del recientemente fallecido Martin Schongauer. En Basilea, ciudad de impresores, trabaja como tallador de xilografías para *la nave de los necios* de Sebastian Brant, antes de obtener en Estrasburgo, en forma de tres Autorretratos (París, Nueva York y Erlangen) su propio certificado de madurez. De vuelta en Núremberg, el confiado artista se casa con Agnes Frey, de 19 años, en un matrimonio convenido por su padre.

il quale soggiorna a Colmar, Basilea e Strasburgo. Nei suoi lavori grafici si riflette principalmente la costante ricerca della perfezione, derivante dall'osservazione della natura e dallo studio dei maestri contemporanei. A Colmar studia nel 1492 le opere di Martin Schongauer, recentemente scomparso, mentre a Basilea, la città della stampa, lavora come illustratore, producendo xilografie per *La nave dei folli* di Sebastian Brant, prima di pubblicare a Strasburgo il proprio "certificato di maturità" sotto forma di tre autoritratti (oggi conservati a Parigi, New York ed Erlangen). Di ritorno a Norimberga, sposa per volere del padre la diciannovenne Agnes Frey.

uit langs de midden – en bovenloop van de Rhijn voor zijn leerjaren. Gedocumenteerde verblijfsplaatsen zijn Colmar, Basel en Straatsburg. In zijn voornamelijk grafische werken wordt steeds de zoektocht naar perfectie weerspiegeld, die zijn oorsprong heeft in natuurbeschouwing en het bestuderen van eigentijdse meesters. In Colmar bestudeert hij in 1492 de werken van de recent overleden Martin Schongauers. In de typografenstad Basel werkt hij als xylograaf aan houtsnedes voor *Das Narrenschiff* van Sebastian Brant, alvorens hij in Straatsburg in de vorm van drie zelfportretten een getuigschrift voor zichzelf opstelt. Eenmaal terug in Neurenberg trouwt de zelfbewuste kunstenaar met de negentienjarige Agnes Frey, een door de vader gearrangeerde verbintenis.

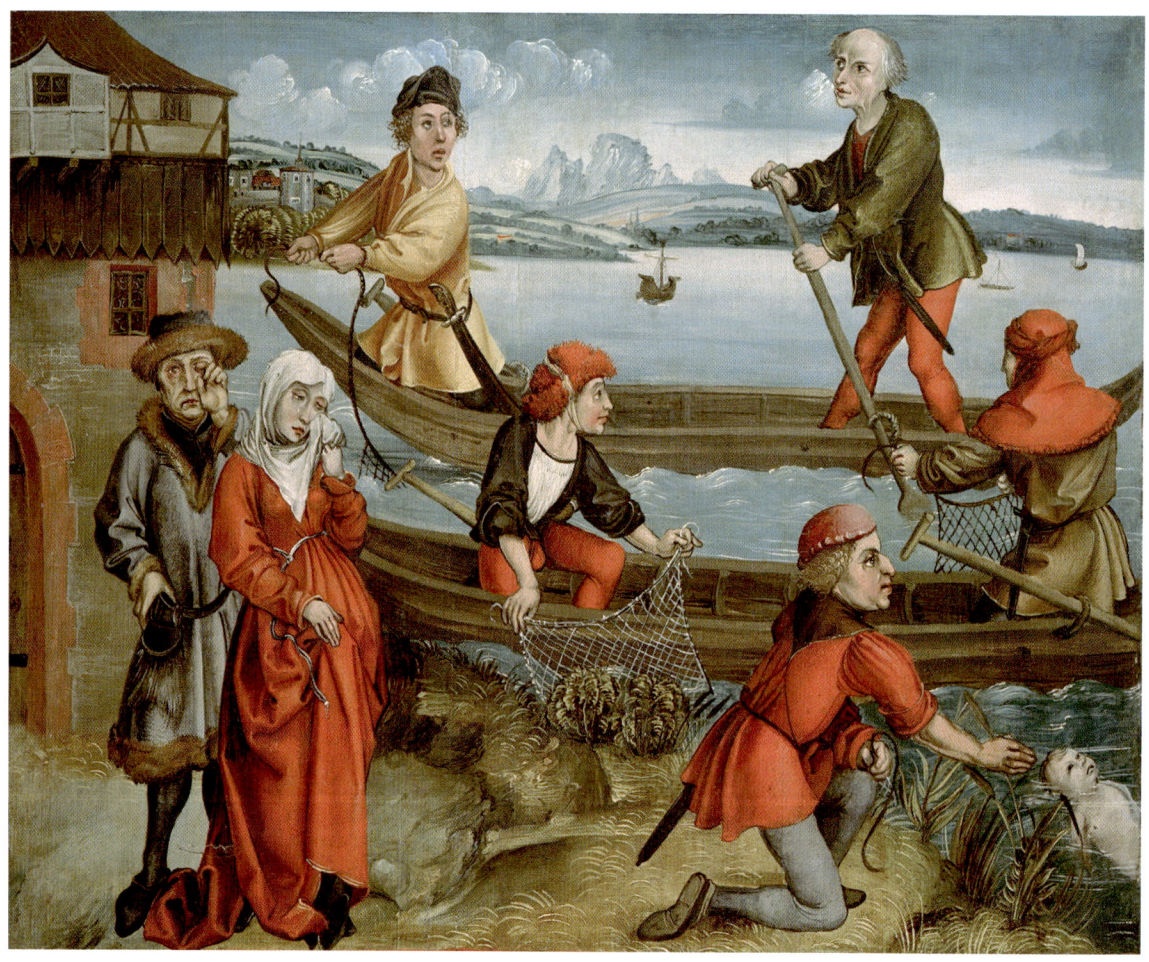

**The Discovery of the Boy
Drowned in Bregenz**

**La Découverte du jeune
noyé de Bregenz**

**Die Auffindung des ertrunkenen
Knaben aus Bregenz**

**Rescate del niño
ahogado en Bregenz**

**Salvataggio miracoloso di un
bambino di Bregenz annegato**

**De berging van de verdronken
knaap uit Bregenz**

c. 1490, Oil and tempera on wood/Huile et tempera sur bois, 42,5 × 51 cm, Private collection

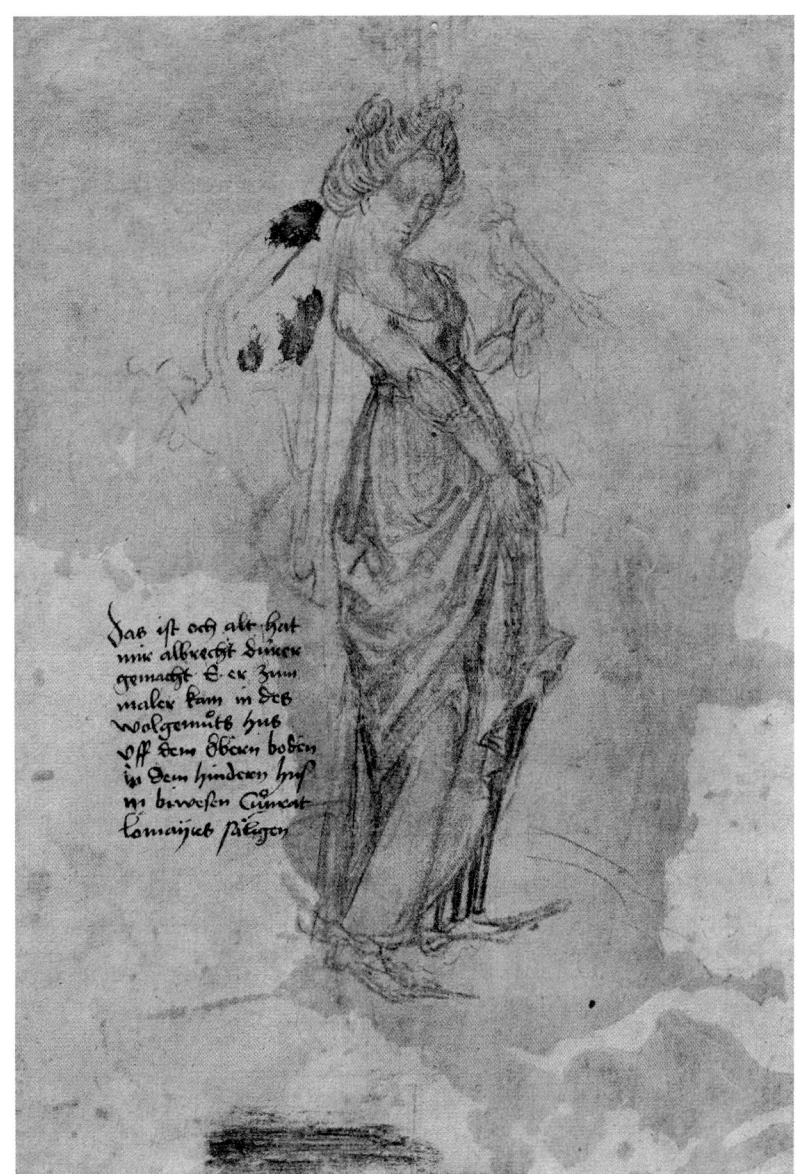

The Lady with the Falcon

Femme au faucon

Die Dame mit dem Falken

La mujer con el halcón

La signora con il falco

De dame met de valk

c. 1486, Black chalk or charcoal on reddish paper/Pierre noire ou fusain sur papier rouge, 27,3 × 18,4 cm, British Museum, London

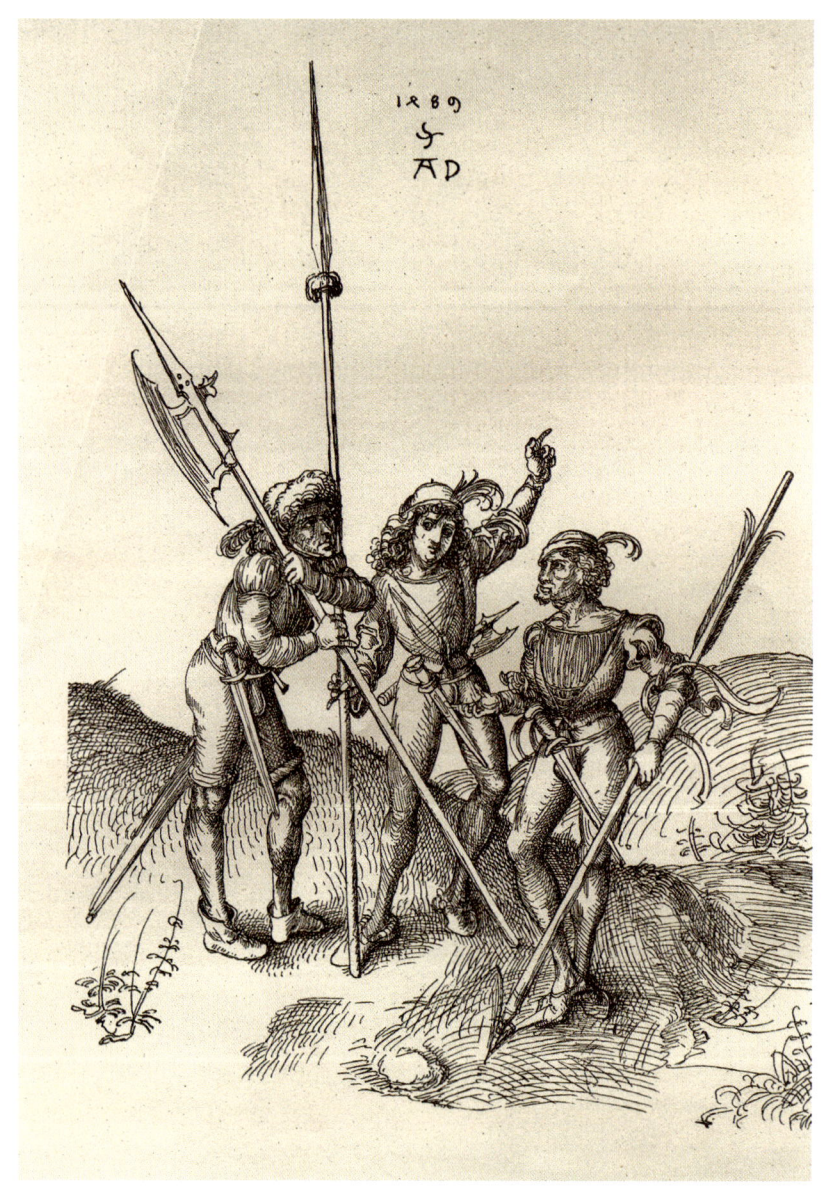

Three Soldiers

Trois guerriers

Drei Kriegsleute

Los guerreros

Tre soldati

Drie krijgslieden

1489, Pen and ink/Dessin à la plume,
22 × 16 cm, Kupferstichkabinett, Berlin

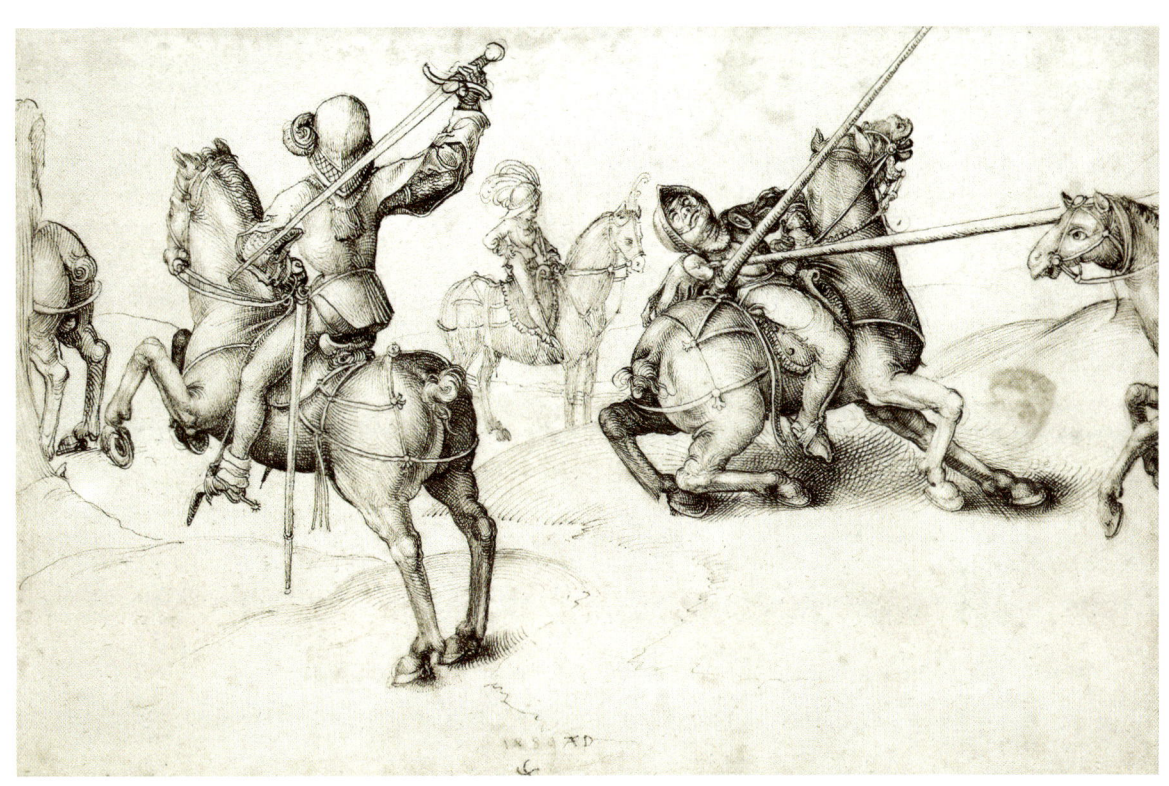

Fencing Horsemen

Cavaliers combattant

Fechtende Reiter

Caballeros luchando

Cavalieri che combattono

Vechtende ruiters

1489, Pen and ink/Dessin à la plume, 19,8 × 31,1 cm, British Museum, London

This self-portrait created during Dürer's time in Strasbourg is considered the first self-portrait in the history of art to be dated by the artist. The 22-year-old presents himself with confidently in three-quarter profile, with a youthful elegance and long, curling hair falling around his shoulders, a familiar look also seen in his later portraits. Dürer portrays himself in this study in a thoughtful pose, drawing what he sees as he looks in the mirror.

Le portrait que Dürer réalise de lui-même au cours de son apprentissage à Strasbourg est considéré comme le premier autoportrait indépendant et daté de l'histoire de l'art. Âgé de vingt-deux ans, il s'y représente de trois-quarts, sûr de lui, d'une élégance juvénile, avec les longs cheveux ondulés que l'on connaît de ses portraits suivants. Dans cette étude, Dürer se montre dans une pose méditative, tel qu'il se perçoit en se regardant dans le miroir.

Dürers in seiner Straßburger Lehrzeit entstandenes Selbstbildnis gilt als das erste selbstständig datierte Selbstporträt in der Kunstgeschichte. Der 22-jährige präsentiert sich selbstbewusst im Dreiviertelprofil, jugendlich elegant, mit langem, kräuselnd fallendem Haar, wie man es von späteren Bildnissen kennt. Dürer zeigt sich in dieser Studie in nachdenklicher Pose, wie er sich im Spiegel erblickend selbst zeichnet.

El autorretrato de Durero de su época de estudiante en Estrasburgo se considera el primer autorretrato autónomo firmado de la historia del arte. El joven de 22 años se presenta, seguro de sí mismo, en tres cuartos, con elegancia juvenil y pelo largo de caída ondulada, tal y como lo conocemos por sus retratos tardíos. Durero se representa en este estudio en una pose reflexiva, tal y como él mismo se pinta mirándose en el espejo.

L'autoritratto che Dürer dipinse durante il suo apprendistato a Strasburgo è considerato il primo autoritratto datato autonomamente nella storia dell'arte. L'artista ventiduenne si presenta di tre quarti, sicuro di sé, con un'eleganza giovanile e i capelli lunghi e ricci che gli cadono sulle spalle, così come lo si rivede nei ritratti prodotti più avanti. In questo studio Dürer appare meditabondo, come se si stesse ritraendo allo specchio.

Dürers zelfportret, ontstaan tijdens zijn leerjaren, wordt beschouwd als het eerste zelfstandig gedateerde zelfportret in de geschiedenis van de kunst. De 22-jarige presenteert zich zelfverzekerd in een driekwartprofiel, jeugdig elegant met lang, krullend haar, zoals ook te zien op zijn latere portretten. Dürer toont zich in deze studie in een peinzende houding, zichzelf tekenend terwijl hij zijn spiegelbeeld observeert.

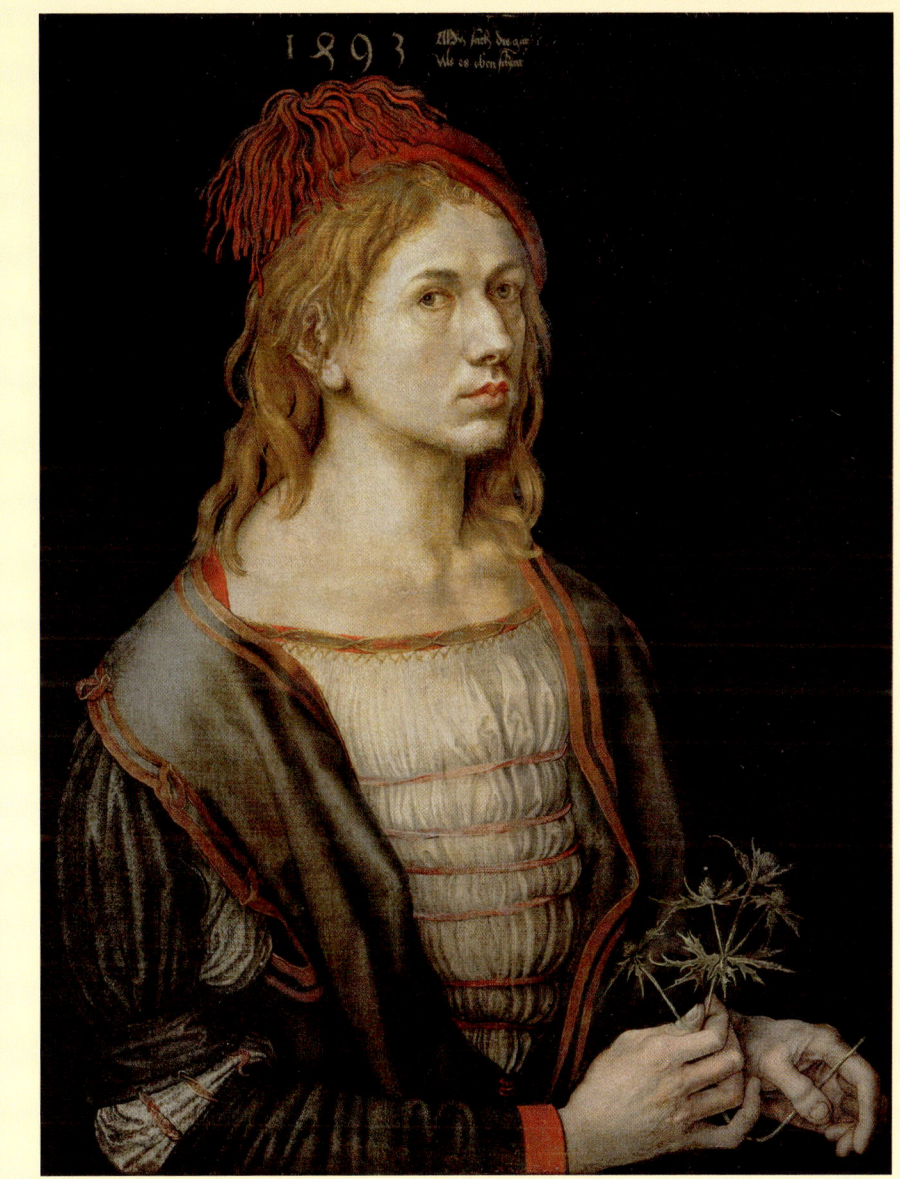

Self-Portrait

Autoportrait ou **Portrait de l'artiste tenant un chardon**

Selbstbildnis

Autorretrato

Autoritratto

Zelfportret

1493, Parchment transferred to canvas/Huile sur parchemin collé sur toile, 56 × 44 cm, Musée du Louvre, Paris

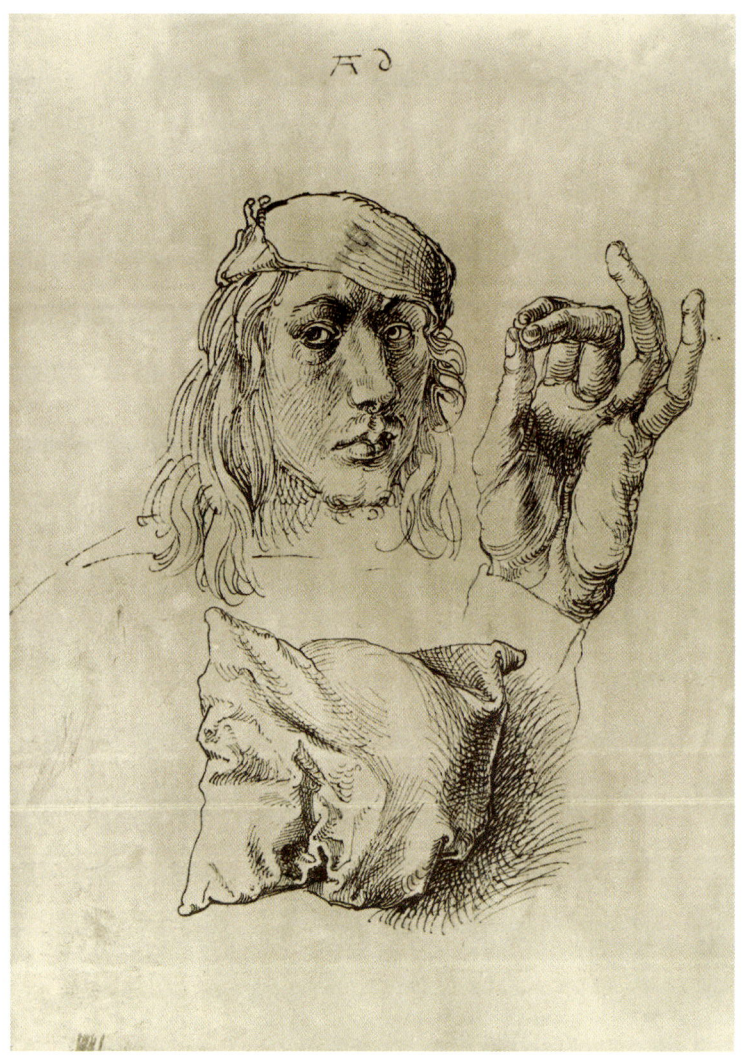

Self-Portrait with Headscarf
Autoportrait au bandage
Selbstbildnis mit Binde
Autorretrato con venda
Autoritratto con benda
Zelfportret met halskraag

c. 1493, Pen and ink/Dessin à la plume,
20,4 × 20,8 cm, Universitätsbibliothek, Erlangen

Self-portrait   **Selbstbildnis**   **Autoritratto**

Autoportrait   **Autorretrato**   **Zelfportret**

1493, Pen and ink/Dessin à la plume, 27,8 × 20,2 cm, Metropolitan Museum of Art, New York

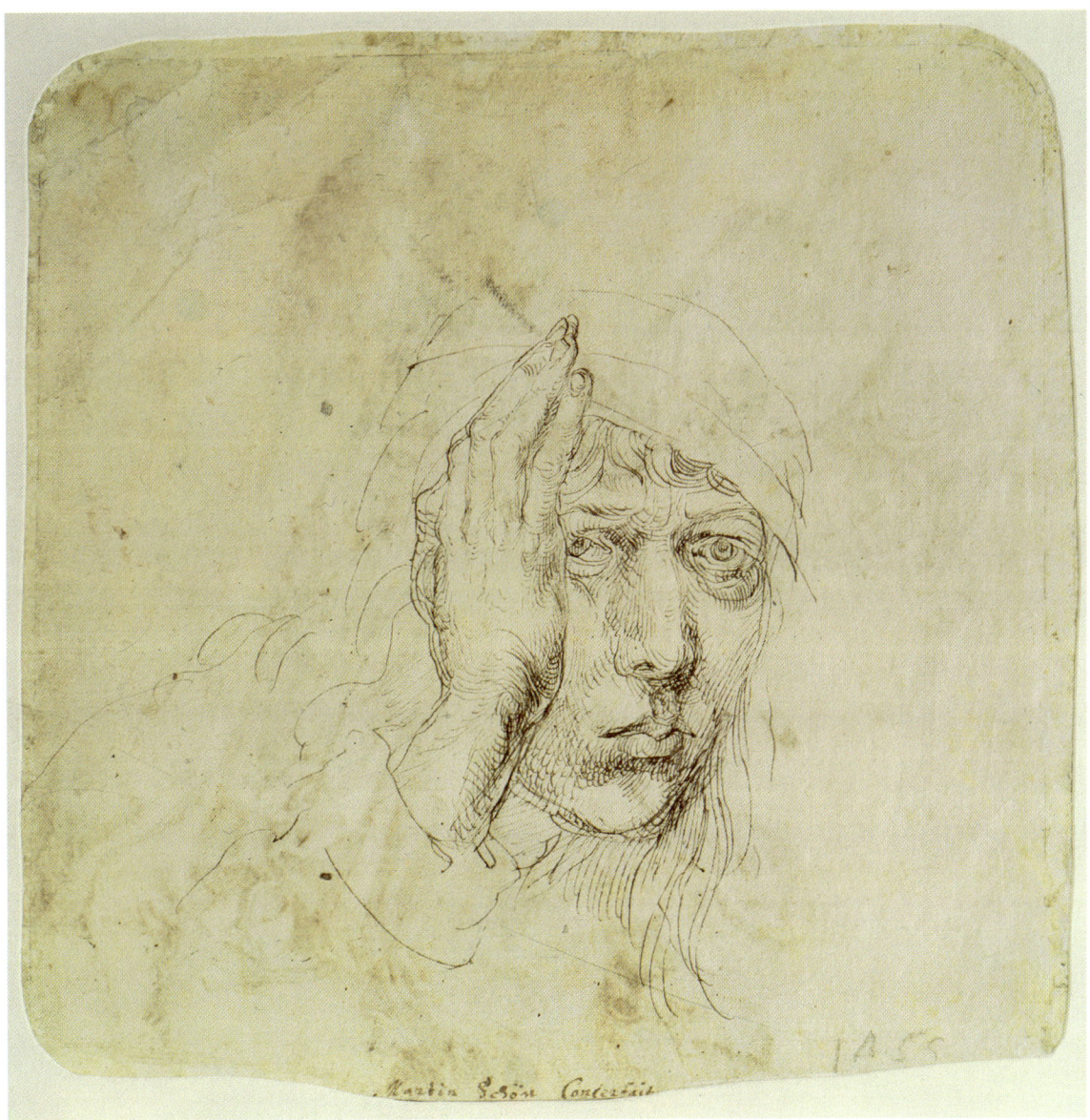

Martin Schön Conterfait

19

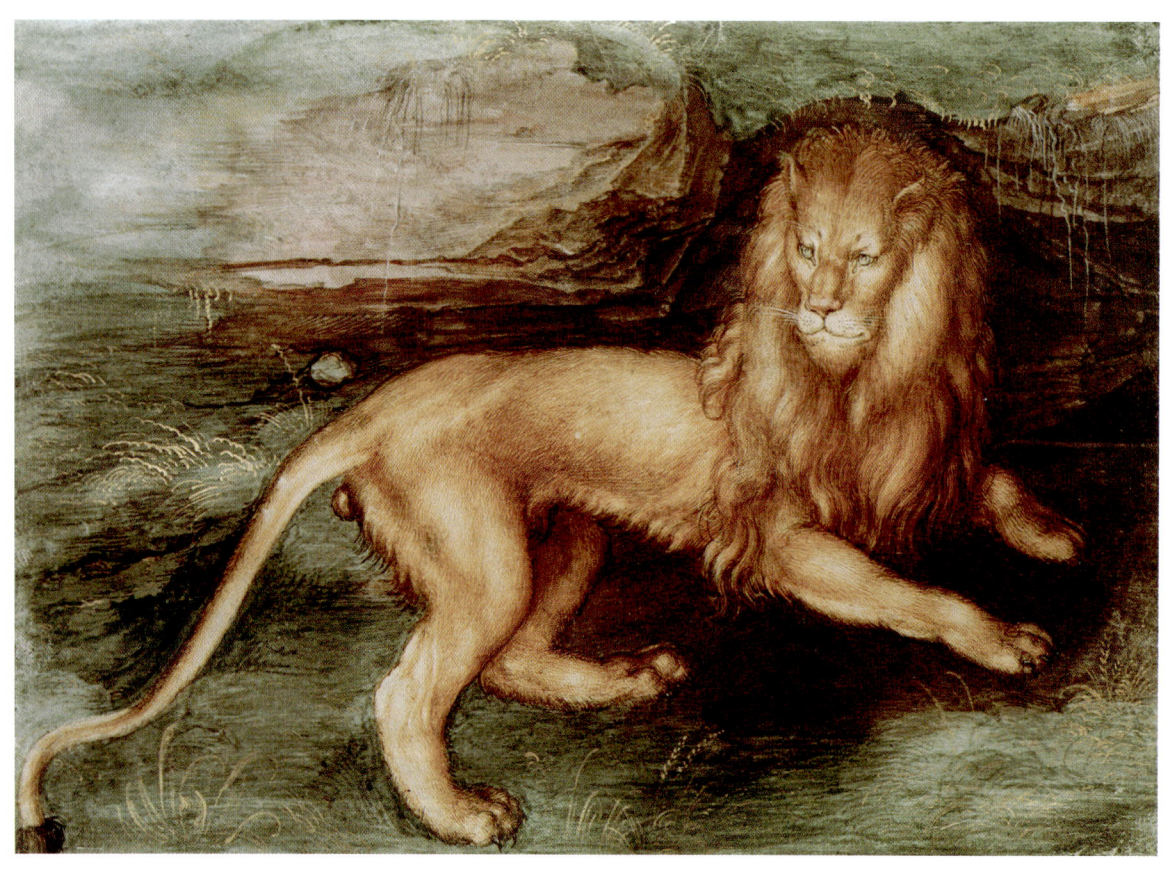

Lion in Front of a Cave   **Löwe vor einer Höhle**   **Leone davanti a una grotta**

Un lion   **León delante de una cueva**   **Leeuw voor zijn hol**

1494, Watercolor and gouache on parchment/Aquarelle et gouache sur parchemin, 12,6 × 17,2 cm, Kunsthalle, Hamburg

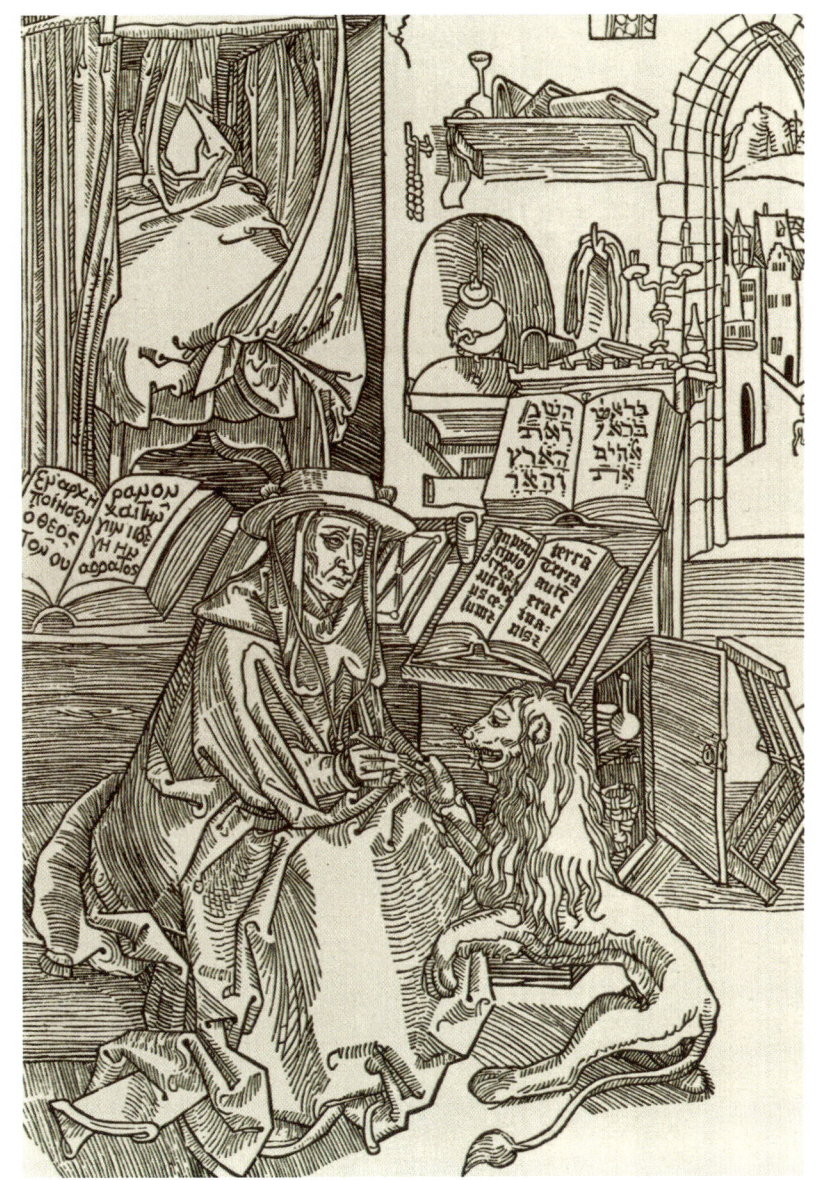

Saint Jerome Removing the Thorn from the Lion's Paw.

Saint Jérôme retirant l'épine de la patte d'un lion

Der hl. Hieronymus zieht dem Löwen den Dorn heraus.

San Jerónimo quitándole la espina al león.

San Girolamo toglie la spina al leone.

De heilige Hieronymus trekt een doorn uit de poot van de leeuw.

1492, Woodcut/Gravure sur bois, 19 × 13,3 cm

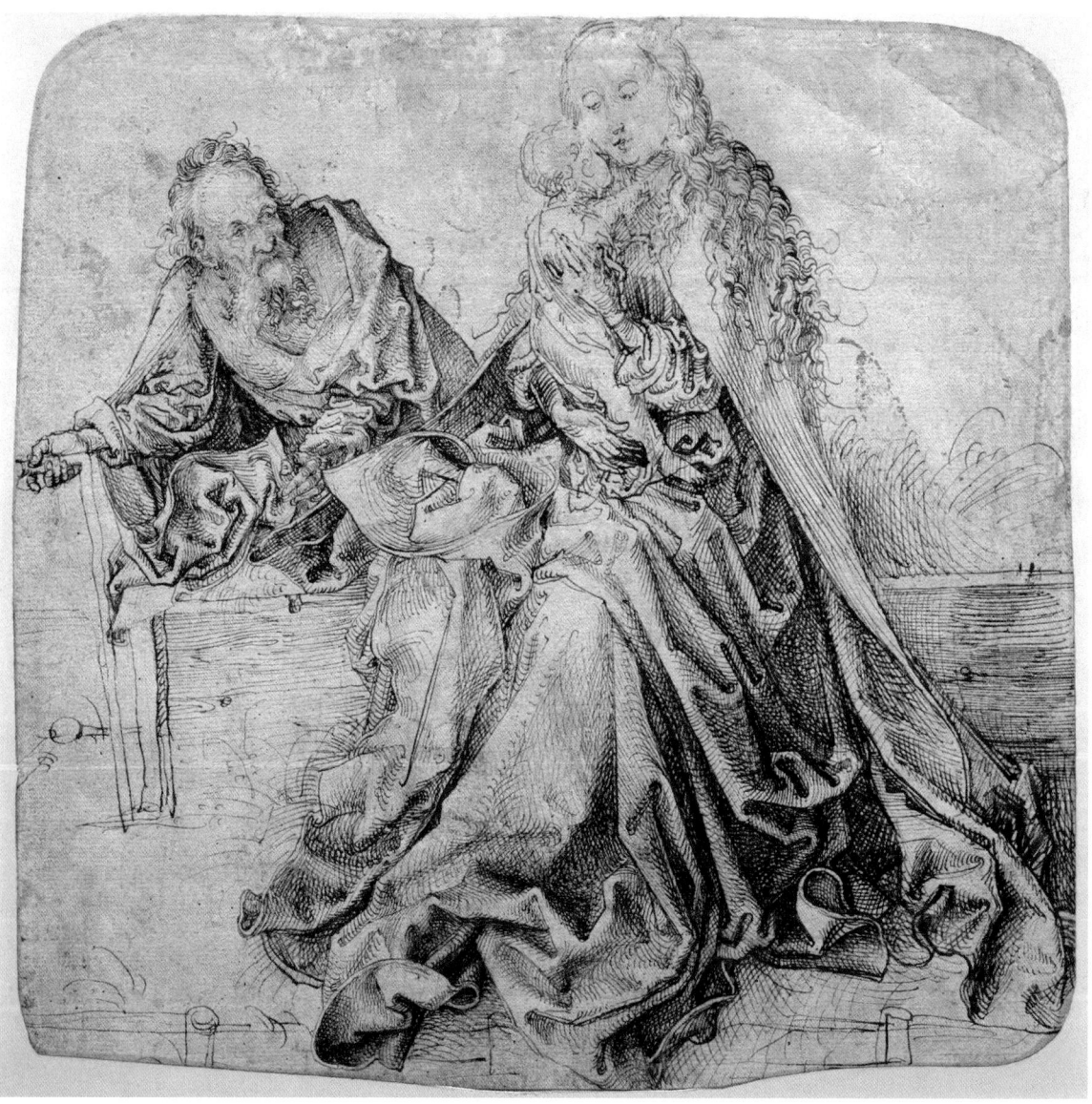

The Holy Family

La Sainte Famille

Die Heilige Familie

La Sagrada Familia

La sacra famiglia

De Heilige Familie

*c. 1491, Pen and ink drawing/Dessin à la plume, 20,4 × 20,8 cm,
Universitätsbibliothek, Erlangen*

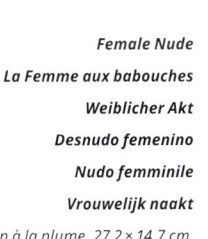

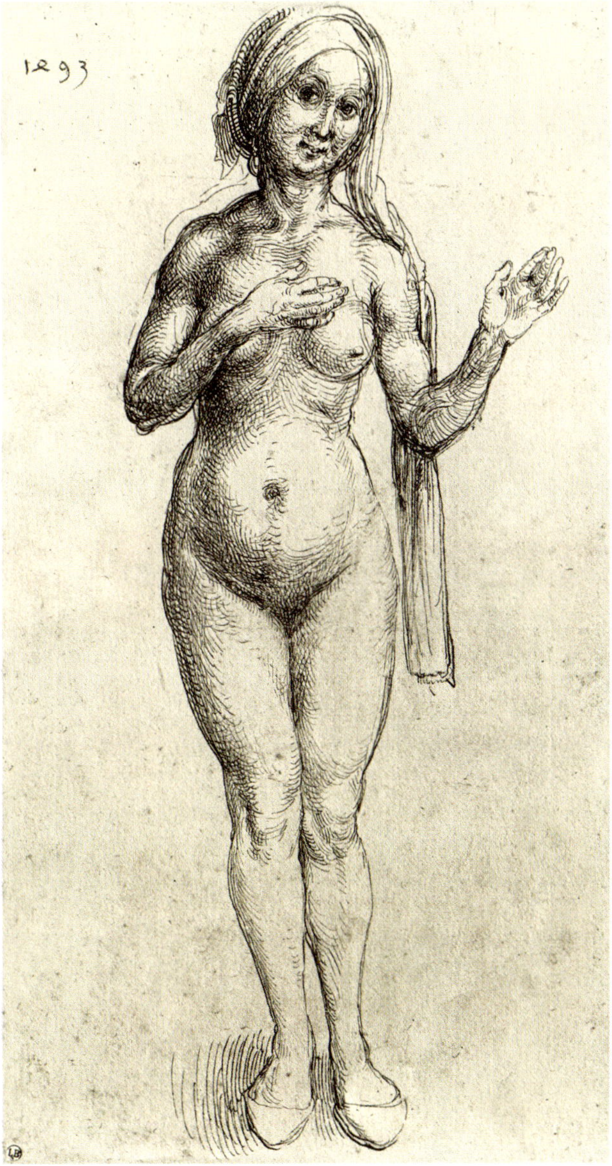

Female Nude

La Femme aux babouches

Weiblicher Akt

Desnudo femenino

Nudo femminile

Vrouwelijk naakt

*1493, Pen and ink/Dessin à la plume, 27,2 × 14,7 cm,
Musée Bonnat-Helleu, Bayonne*

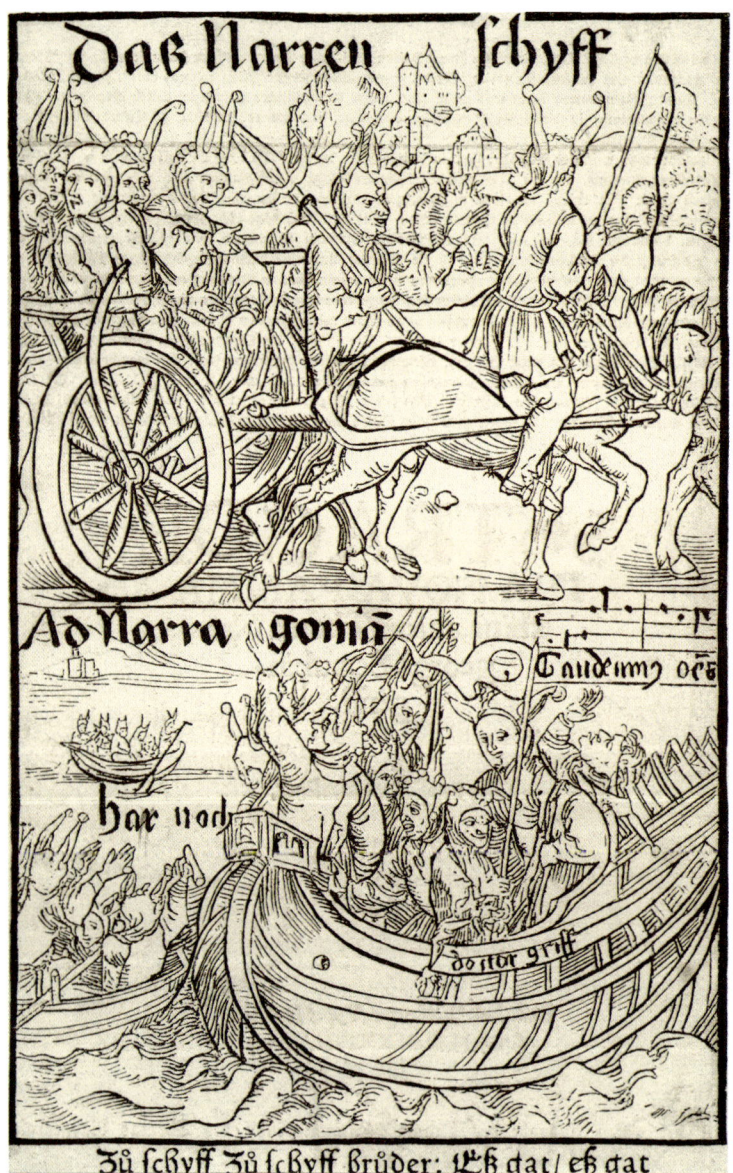

Title Page for *The Ship of Fools*. Ed. by
Sebastian Brant (1457–1521)

Page de titre de *La Nef des fous*,
de Sebastian Brant

Titelblatt *Das Narrenschiff*. Hrsg. von
Sebastian Brant (1457–1521)

Portada de *La nave de los necios* Editado por
Sebastian Brant (1457–1521)

Frontespizio de *La nave dei folli*.
Ed.: Sebastian Brant (1457–1521)

Kaft van *Das Narrenschiff*
Uitgever Sebastian Brant (1457–1521)

1494, Woodcut/Gravure sur bois

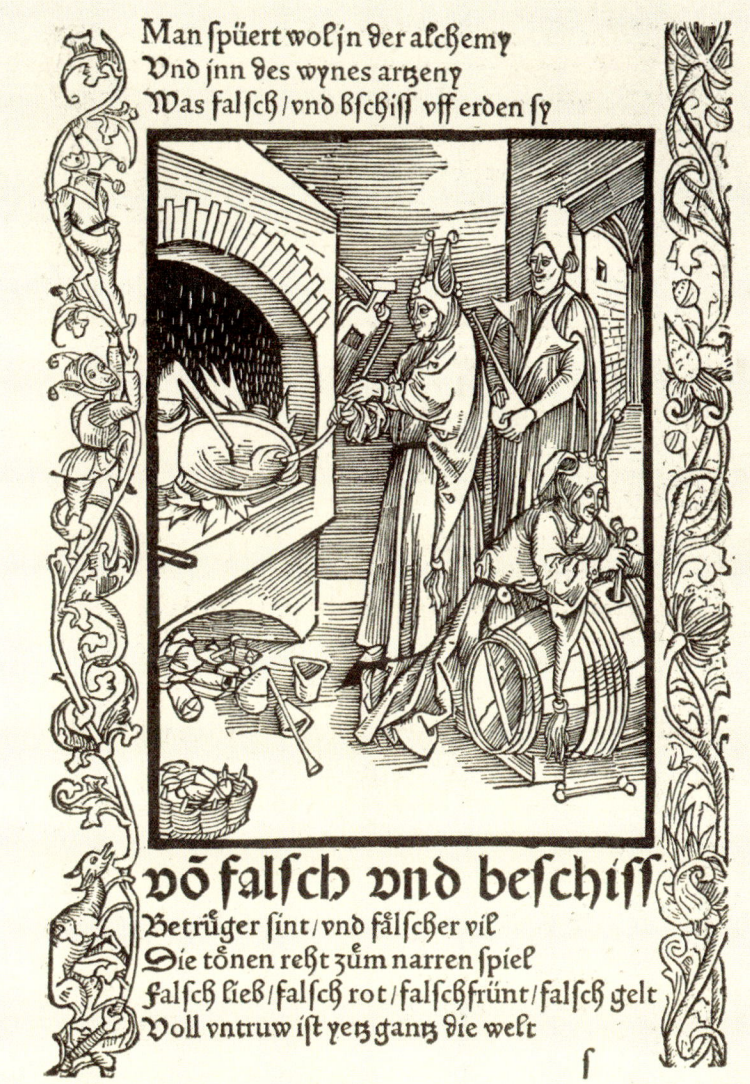

Man fpüert wol jn der alchemy
Vnd jnn des wynes artzeny
Was falsch / vnd bschiff vff erden fy

võ falsch vnd beschiff
Betrüger sint / vnd fälscher vil
Die tönen recht zům narren spiel
Falsch lieb / falsch rot / falsch frünt / falsch gelt
Voll vntruw ist yetz gantz die welt
f

The Alchemist as a Fool.
From *The Ship of Fools*. Ed. by
Sebastian Brant (1457–1521)

L'Alchimiste, extrait de *La Nef
des fous*, de Sebastian Brant

Der Alchimist als Narr. Aus
Das Narrenschiff. Hrsg. von
Sebastian Brant (1457–1521)

El alquimista como necio. De *La
nave de los necios* Editado por
Sebastian Brant (1457–1521)

L'alchimista come buffone.
Da *La nave dei folli*. Ed.:
Sebastian Brant (1457–1521)

De Alchimist in gedaante van een
dwaas. Uit *Das Narrenschiff*.

1494, Woodcut/Gravure sur bois

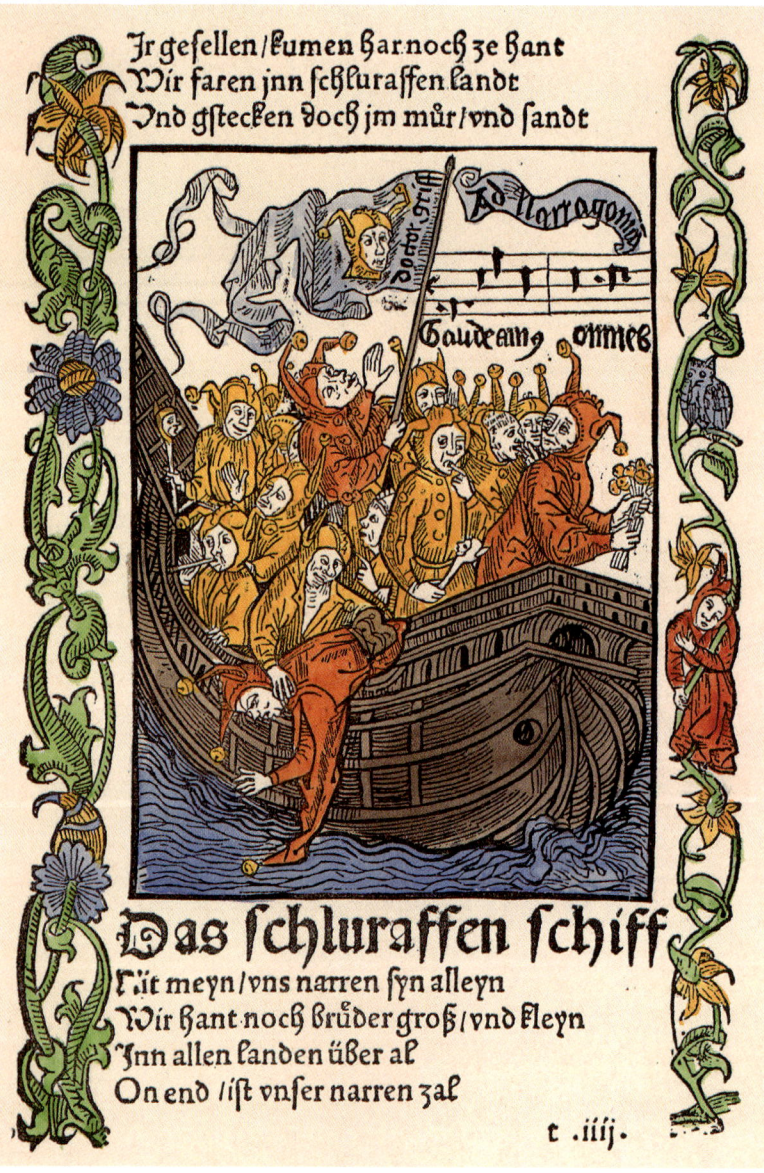

The Ship of Fools From *The Ship of Fools*.
Ed. by Sebastian Brant (1457–1521)

La Nef de Cocagne, extrait de *La Nef des fous*, de Sebastian Brant

Das Schluraffen Schiff.
Aus *Das Narrenschiff*. Hrsg. von Sebastian Brant (1457–1521)

Los bufones de la nave de los necios
Editado por Sebastian Brant (1457–1521)

La nave dei giullari. Da La nave dei folli.
Ed.: Sebastian Brant (1457–1521)

Het schip van de Schluraffen.
Uit *Das Narrenschiff*

1494, Woodcut/Gravure sur bois colorisée

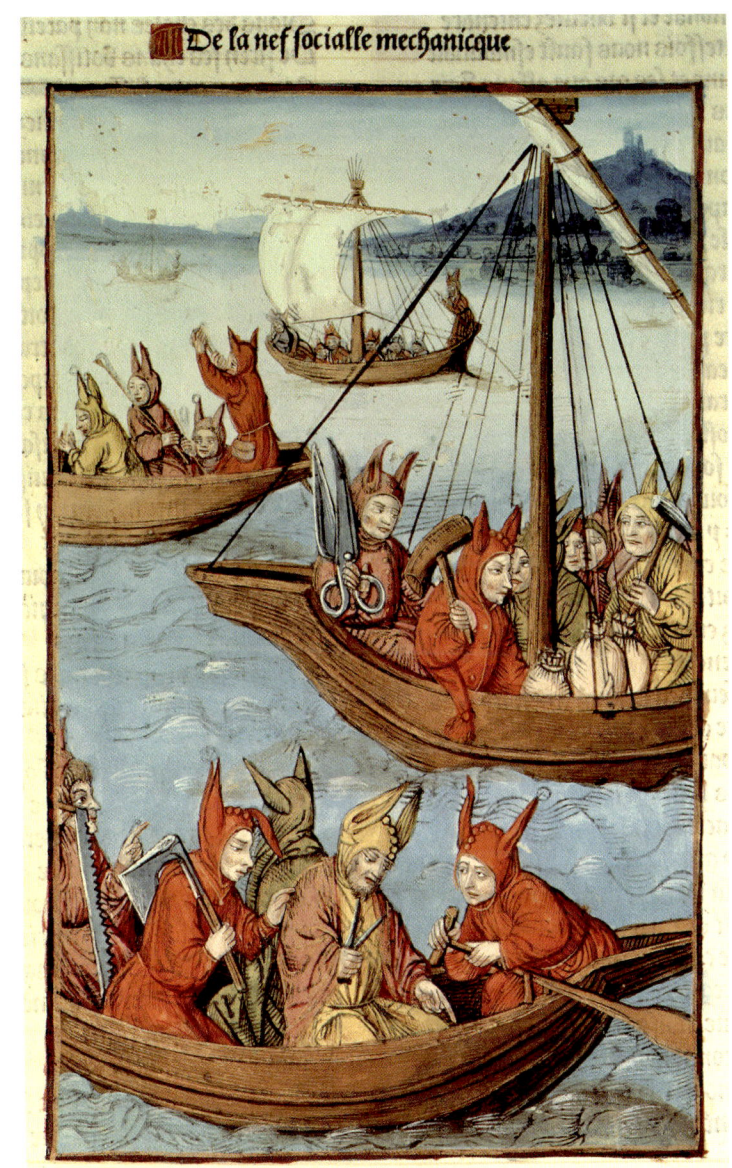

The Fools Set Sail From *The Ship of Fools.*
Ed. by Sebastian Brant (1457–1521)

Fous voyageant, extrait de *La Nef
des fous*, de Sebastian Brant

Narren auf Fahrt. Aus *Das Narrenschiff.*
Hrsg. von Sebastian Brant (1457–1521)

Necios navegando. De *La nave de los necios*
Editado por Sebastian Brant (1457–1521)

Folli in viaggio. Da *La nave dei folli.*
Ed.: Sebastian Brant (1457–1521)

Narren op zee. Uit *Das Narrenschiff*
uitg. Sebastian Brant (1457–1521)

1494, Woodcut/Gravure sur bois colorisée

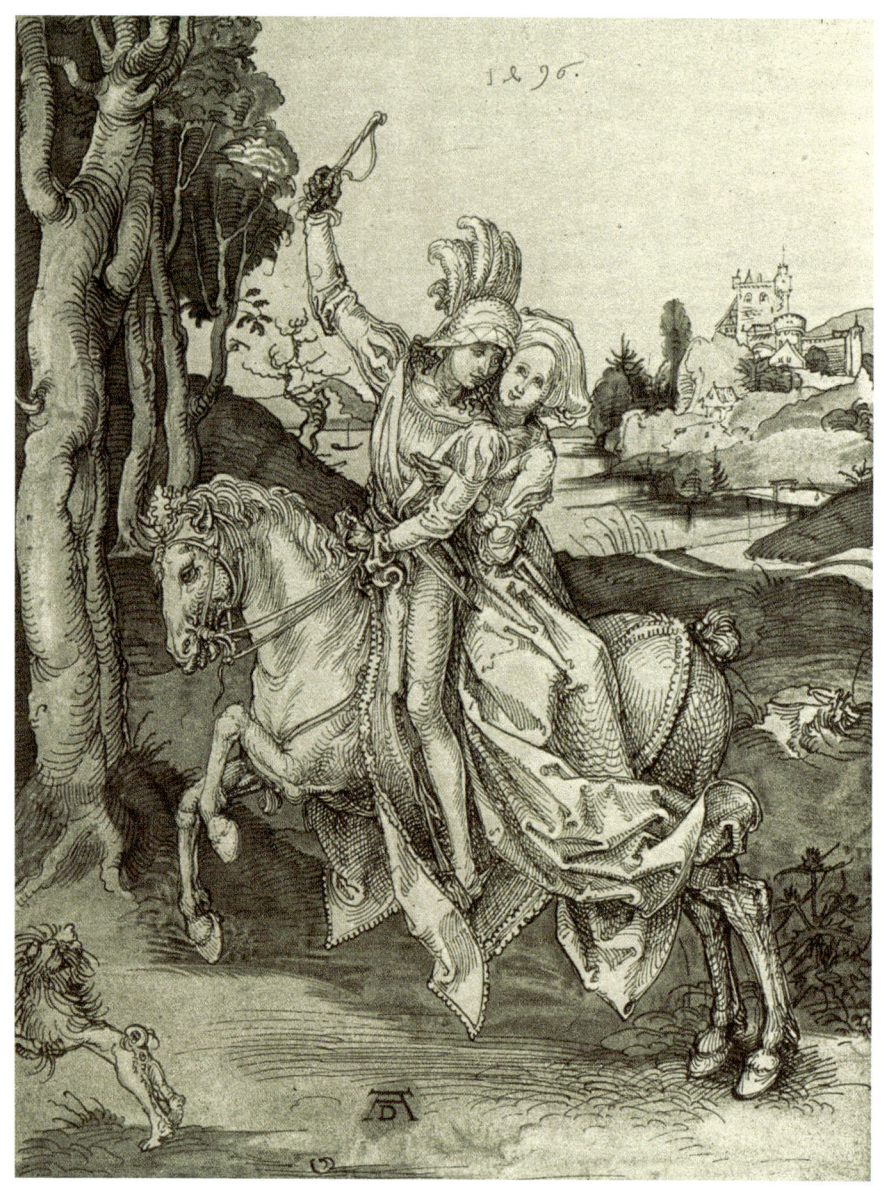

Couple on Horseback

Couple à cheval

Paar zu Pferde

Pareja a caballo

Coppia a cavallo

Paar gezeten op paard

c. 1493, Pen and ink with watercolor/Plume et aquarelle, 21,5 × 16,5 cm, Kupferstichkabinett, Berlin

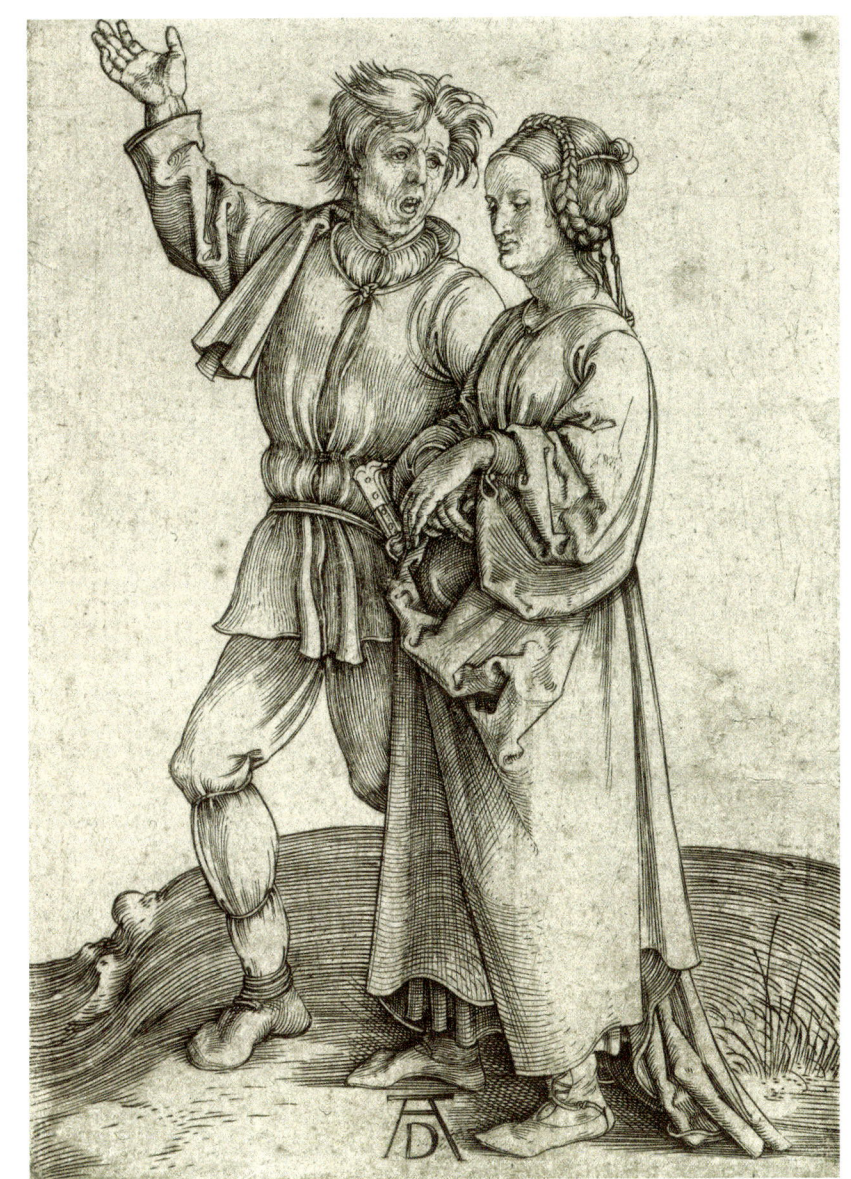

The Peasant and His Wife
Le Paysan et sa femme
Der Bauer und seine Frau
El campesino y su mujer
Il contadino e sua moglie
De boer en zijn vrouw

c. 1497, Copperplate engraving/Gravure sur cuivre, 10,9 × 7,7 cm, Deutsches Historisches Museum, Berlin

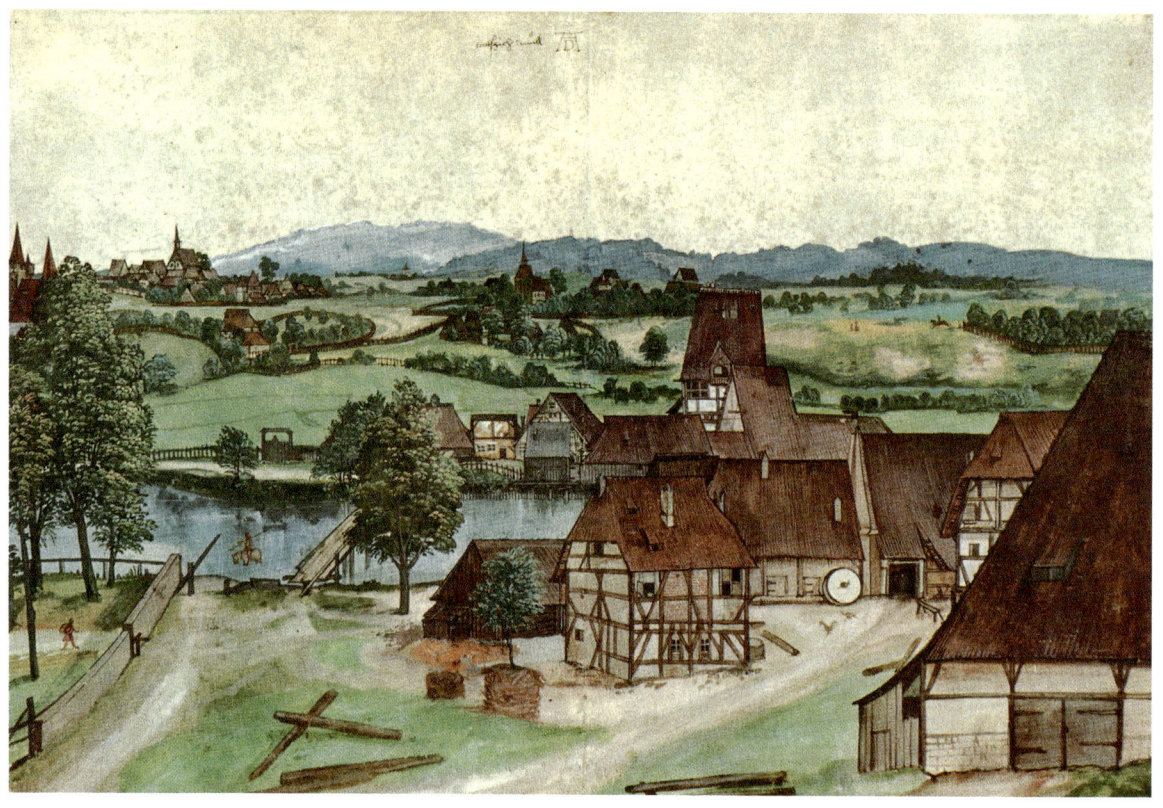

The Wire Drawing Mill

Le Moulin à tréfiler

Die Drahtziehermühle

Molino

Il mulino del mandante

De Drahtziehermühle

1489–94, Watercolor with opaque white/Aquarelle et gouache, 28,6 × 42,6 cm, Kupferstichkabinett, Berlin

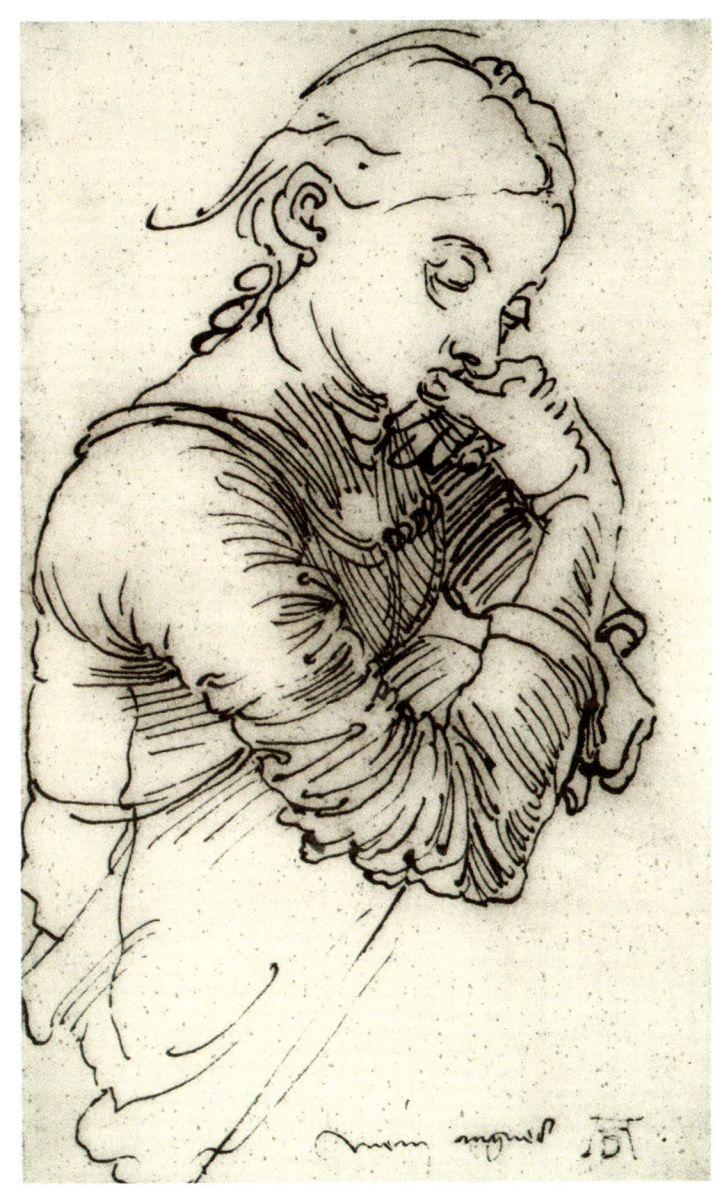

Agnes Frey
c. 1494, Pen and ink/Dessin à la plume,
15,6 × 9,8 cm, Albertina, Wien

Innsbruck, Seen from the North
Innsbruck, vue du Nord
Innsbruck, von Norden her gesehen
Innsbruck vista desde el norte
Innsbruck vista da nord
Innsbruk, gezien vanuit het Noorden
c. 1496/97, Watercolor/Aquarelle, 12,7 × 18,7 cm, Albertina, Wien

First trip to Italy

Less than a year after marrying Agnes, Dürer set off in 1494 on a study trip to Italy, leaving his wife behind in plague-riddled Nuremberg. Although the exact route is not known, it can be assumed that it probably took him via Innsbruck, the Brenner Pass, Trent and the Cembra Valley towards Venice. Dürer's watercolors from this period depict the landscapes he encountered in an almost modern way and indicate his scientific

Premier voyage en Italie

Dès 1494, Dürer quitte sa femme et la ville de Nuremberg, où la peste fait rage, pour entreprendre un voyage d'étude en Italie. Bien que son itinéraire précis ne soit pas connu, on peut supposer qu'il est passé par Innsbruck, le col du Brenner, Trente et la vallée de Cembra, pour finalement atteindre Venise. Les aquarelles de Dürer dépeignent d'une manière résolument moderne les paysages qu'il

Erste Italienreise

Bereits 1494 verlässt Dürer seine junge Frau und Nürnberg, wo die Pest wütet, und bricht zu einer Studienreisenach Italien auf. Auch wenn die genaue Route nicht geklärt ist, ist zu vermuten, dass sie wohl über Innsbruck, den Brennerpass, Trient und das Cembra-Tal mit dem Ziel Venedig führt. Dürers Aquarelle zeichnen die Landschaften seiner Reise in geradezu modern anmutender Weise nach und bekunden

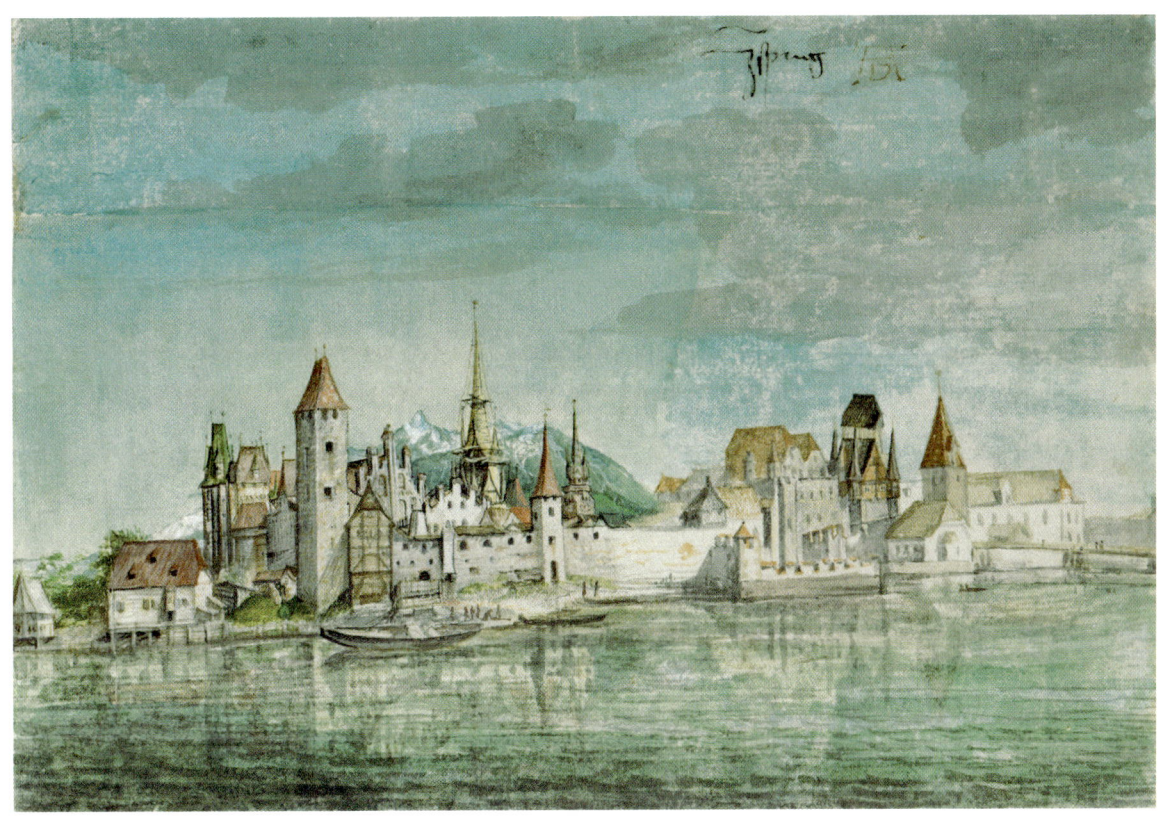

Primer viaje a Italia

Ya en 1494 Durero abandona a su joven mujer en Núremberg, en plena peste, para realizar un viaje de aprendizaje por Italia. Aunque la ruta exacta no está totalmente clara cabe suponer que atravesó Innsbruck, el paso del Brennero, Trento y el valle de Cembra de camino a Venecia. Las acuarelas de Durero dibujan los paisajes de su trayecto de manera a menudo modernamente sugerente, mostrando

Il primo viaggio in Italia

Nel 1494 Dürer lascia la sua giovane moglie e Norimberga, infestata dalla peste, per intraprendere un viaggio di studio in Italia. Sebbene non se ne conosca l'itinerario esatto, si può presumere che passò per Innsbruck, il passo del Brennero, Trento e la Val di Cembra con l'obiettivo di raggiungere Venezia. Gli acquerelli di Dürer riproducono i paesaggi del suo viaggio in modo quasi moderno e testimoniano

Eerste Italiaanse reis

Reeds in 1494 verlaat Dürer zijn jonge echtgenote en tevens de stad Neurenberg, waar de pest woedt, en breekt op voor een studiereis naar Italië. Alhoewel de exacte route niet eenduidig is, wordt aangenomen dat zij verloopt via Insbruk, de Brennerpas, Trient en de Cembra-vallei, met Venetië als eindbestemming. Dürers aquarellen brengen de landschappen van zijn reis op welhaast modern aandoende

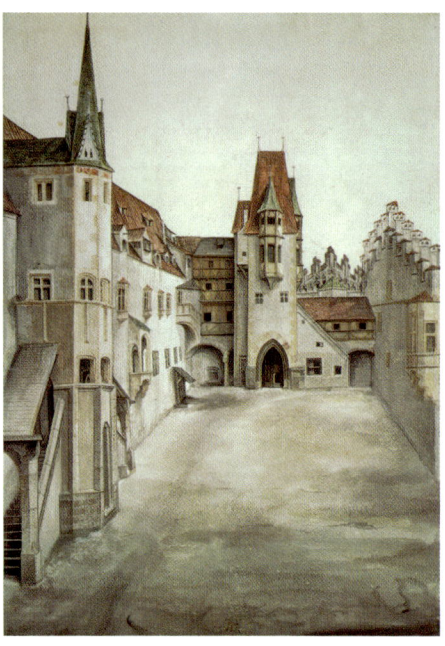

The Courtyard of Innsbruck Castle
La Cour du château d'Innsbruck
Der Hof der Burg zu Innsbruck
El patio del castillo de Innsbruck
Il cortile del castello di Innsbruck
Het hof van de burgt te Innsbruck

c. 1496/97, Watercolor/Aquarelle, 36,8 × 27 cm, Albertina, Wien

interest in visualizing nature in all its forms. No other artist before had ever created such atmospheric, portrait-like renderings of landscapes.

Venice at that time was a global center for art and science. Dürer engaged intensively with the art of the Italian Renaissance, becoming familiar with the works of the Gentile brothers and Giovanni Bellini, Mantegna, de' Barbari, and others. The city left a lasting impression on Dürer, as reflected in the works created during his subsequent first major creative period.

rencontre au cours de son voyage et attestent sa volonté toute scientifique de documenter la nature et toutes ses manifestations. Aucun artiste n'avait jusque-là représenté des paysages dans une démarche quasi portraitiste rendant si bien leur atmosphère.

À cette époque, Venise est une véritable métropole des arts et des sciences. Dürer étudie de manière intensive l'art du Quattrocento et découvre les travaux de Gentile et Giovanni Bellini, Andrea Mantegna, Jacopo de' Barbari et d'autres. Cette ville lui fait une forte impression, qui se reflétera nettement dans la première phase de son œuvre.

sein wissenschaftliches Interesse, sich die Natur in all ihren Ausprägungen zu vergegenwärtigen. Kein anderer Künstler hatte bisher eine derart porträthafte und atmosphärisch konstruierende Gestaltung von Landschaften praktiziert.

Venedig ist zu dieser Zeit die Metropole der Kunst und Wissenschaft. Intensiv setzt Dürer sich hier mit der Kunst des Quattrocento auseinander, lernt die Arbeiten der Brüder Gentile und Giovanni Bellini, Mantegnas, de' Barbaris und anderer kennen. Die Stadt hinterlässt bei ihm einen prägenden Eindruck, der sich in den Werken der folgenden, ersten großen Schaffensphase widerspiegelt.

The Courtyard of Innsbruck Castle
La Cour du château d'Innsbruck
Der Hof der Burg zu Innsbruck
El patio del castillo de Innsbruck
Il cortile del castello di Innsbruck
Het Hof van de burgt te Innsbruck

c. 1496/97, Watercolor/Aquarelle, 33,5 × 26,2 cm, Albertina, Wien

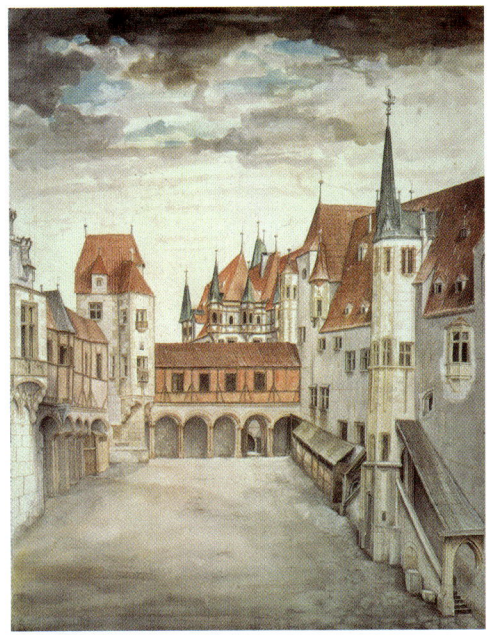

su interés científico por representar la naturaleza en todas sus formas. Ningún otro artista había practicado hasta el momento un paisajismo de un diseño tan atmosférico y cercano al retrato.

Venecia es, en aquel momento, la metrópolis del arte y la ciencia. Durero se sumerge en arte del Quattrocento de manera intensa, estudiando las obras de los hermanos Gentile y Giovanni Bellini, Mantegna, de' Barbari y otros. La ciudad deja en él una huella importante, que podemos ver en los trabajos de su siguiente etapa, su primer gran período creativo.

il suo interesse scientifico di richiamare alla mente la natura in tutte le sue forme. Sino ad allora, nessun altro artista aveva raffigurato paesaggi con tale atmosfera e strutturati in modo così simile al ritratto.

Venezia è in tale momento la metropoli dell'arte e della scienza per eccellenza. Dürer vi si dedica allo studio intensivo dell'arte del Quattrocento e conosce l'opera di artisti quali i fratelli Gentile, Giovanni Bellini, Mantegna e de' Barbari. La città lascia il segno nell'artista, come si può ben vedere dalle opere del suo primo, grande periodo creativo successivo al viaggio.

wijze in kaart en geven blijk van zijn wetenschappelijke belangstelling, de natuur in al haar diverse gedaantes te beseffen. Geen enkele ander beeldend kunstenaar had tot dan toe een dermate portretachtige en atmosferisch geconstrueerde invulling van landschappen verwezenlijkt.

Venetië is op dat moment de metropool van kunst en wetenschap. Dürer zet zich hier intensief met de kunst van de Quattrocento uiteen en leert het oeuvre van de gebroeders Gentile und Giovanni Bellini, Mantegnas, de' Barbari en anderen kennen. De stad drukt een onuitwisbare stempel op hem, de werken van de daarop volgende, eerste grote scheppingsfase zijn daar een directe afspiegeling van.

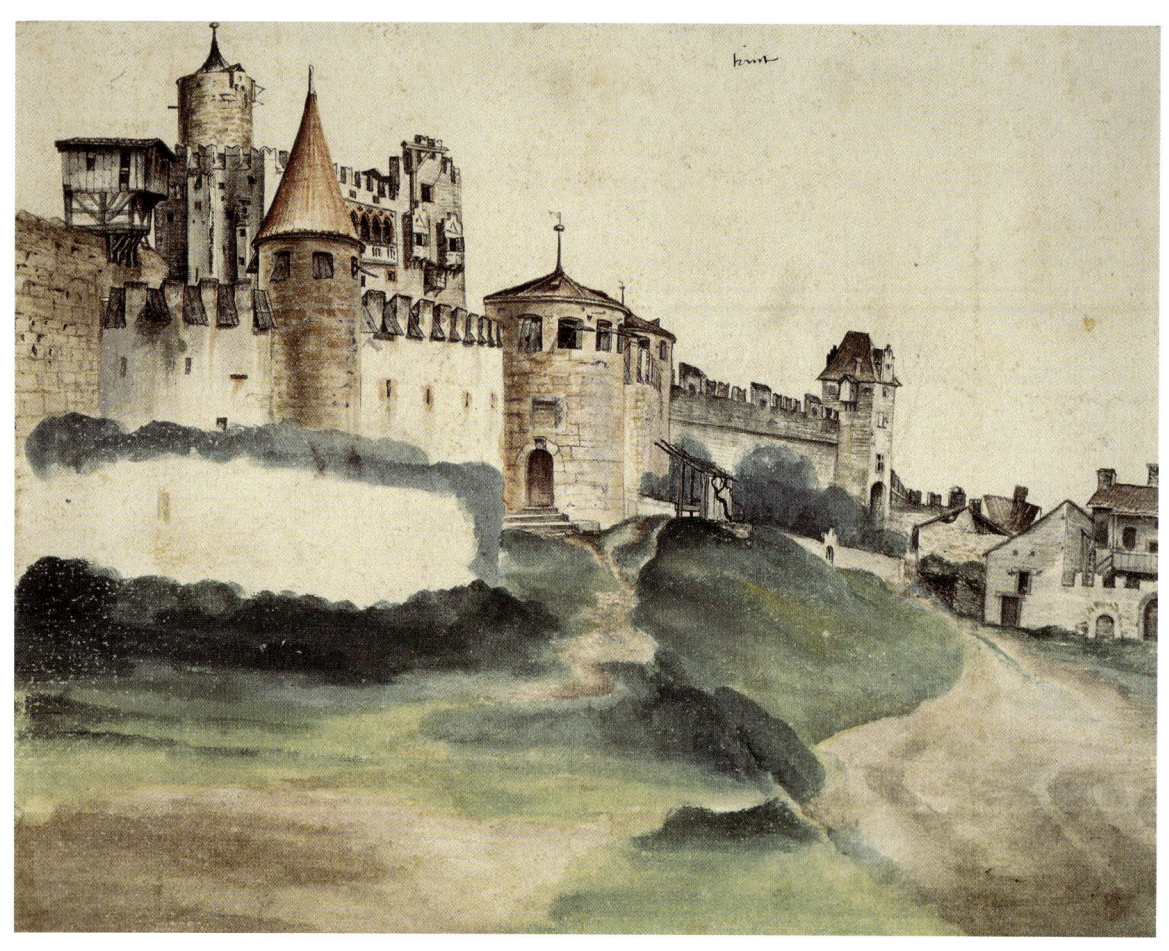

The Palace at Trent   *Das Schloss von Trient*   *Il castello di Trento*

Le Château de Trente   *El castillo de Trento*   *Het kasteel van Trient*

c. 1497, Watercolor/Aquarelle, 19,6 × 25 cm, British Museum, London

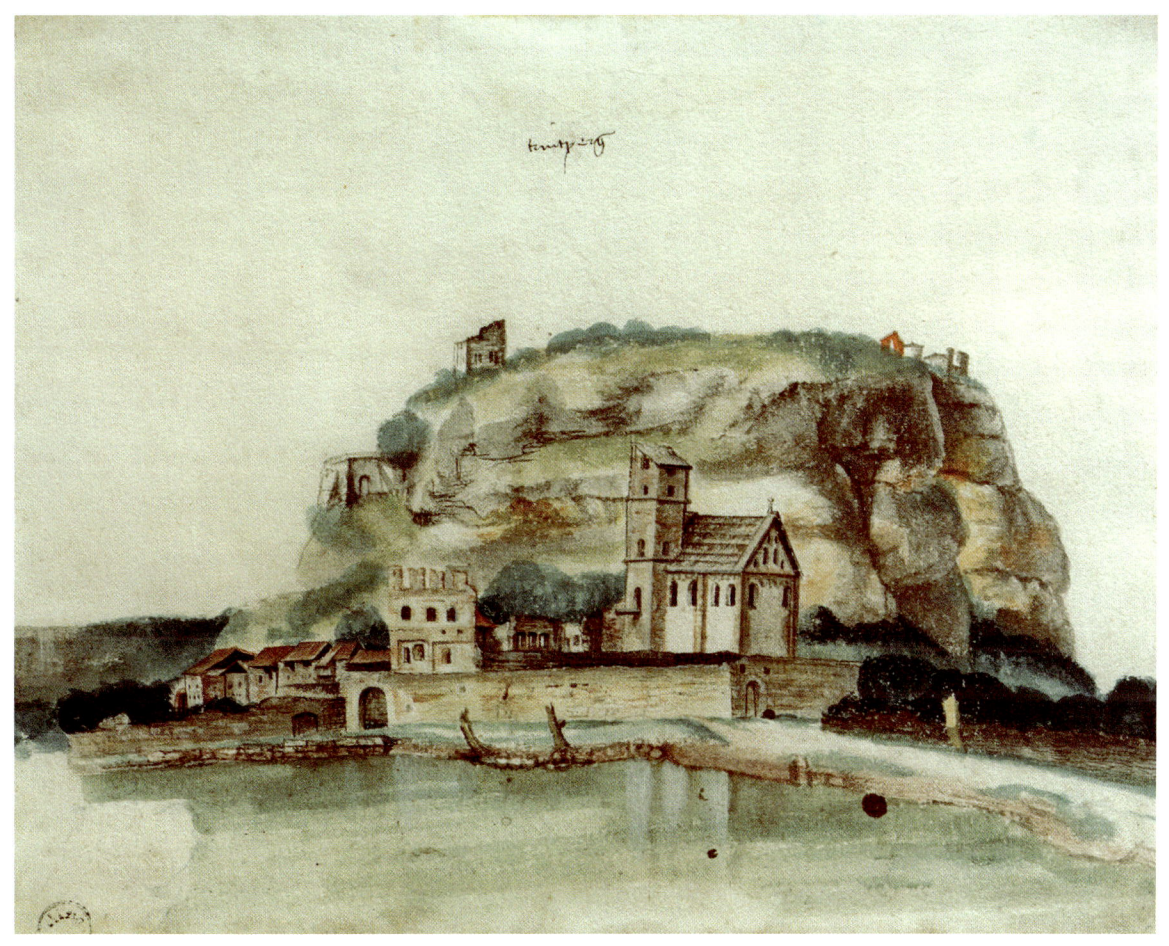

Dosso di Trento **Trintperg – Dosso di Trento** **Trintperg – Dosso di Trento**

La Colline de Trente **Trintperg – Dosso di Trento** **Trintperg – Dosso di Trento**

c. 1495, Watercolor and gouache/Aquarelle et gouache, 17 × 21,2 cm, Kunsthalle, Bremen

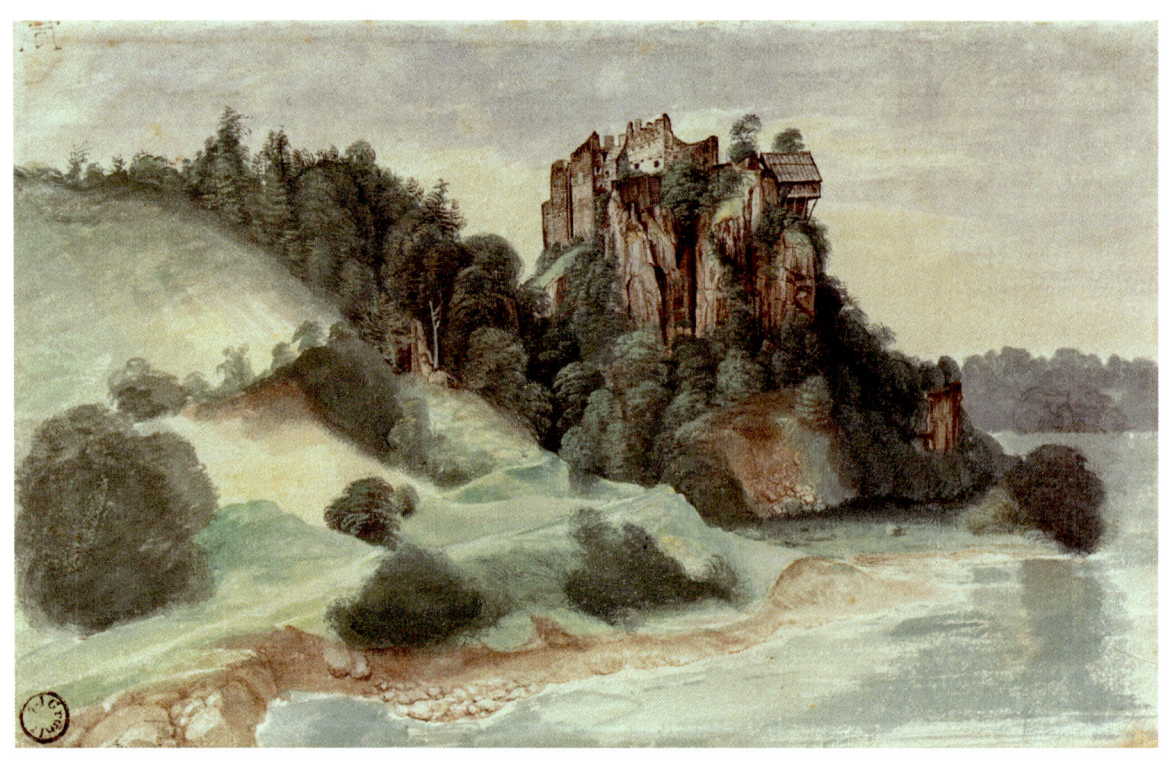

**Segonzano Castle in the
Cembra Valley, Trentino**

**Vue du château de Segonzano,
près de la vallée de Cembra**

**Schloss Segonzano im
Cembra-Tal, Trentino**

**El castillo de Segonzano en el
valle de Cembra, Trentino**

**Castello di Segonzano in
Val di Cembra, Trentino**

**Schloss Segonzano in de
Cemba-vallei, Trentino**

c. 1495, Watercolor and gouache/Aquarelle et gouache, 15,4 × 25 cm, Kunsthalle, Bremen

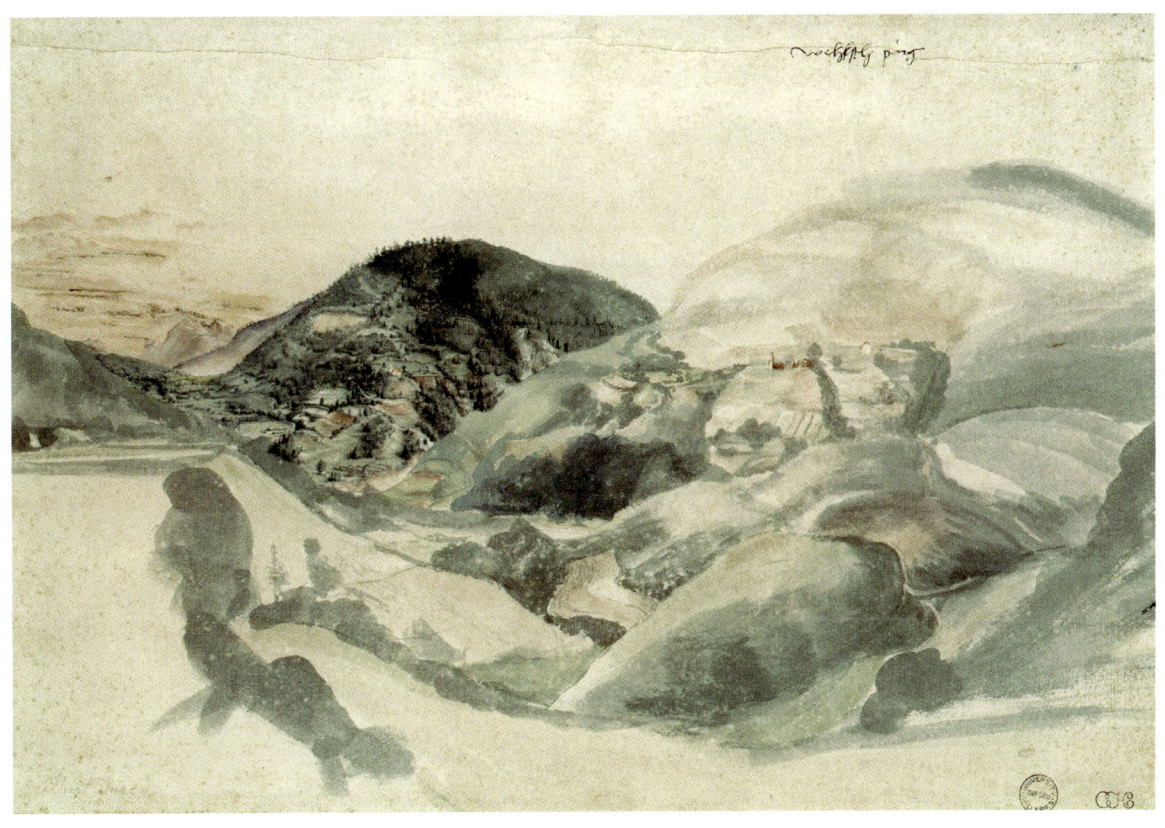

**Landscape near Segonzano in the
Cembra Valley, Trentino**

**Paysage, près de Segonzano,
dans la vallée de Cembra**

**Landschaft bei Segonzano im
Cembra-Tal, Trentino**

**Paisaje en Segonzano en el valle
de Cembra, Trentino**

**Paesaggio vicino a Segonzano in
Val di Cembra, Trentino**

**Landschap bij Segonzano in de
Cembra-vallei, Trentino**

1494/95, Watercolor/Aquarelle, 21 × 31,2 cm, Ashmolean Museum, Oxford

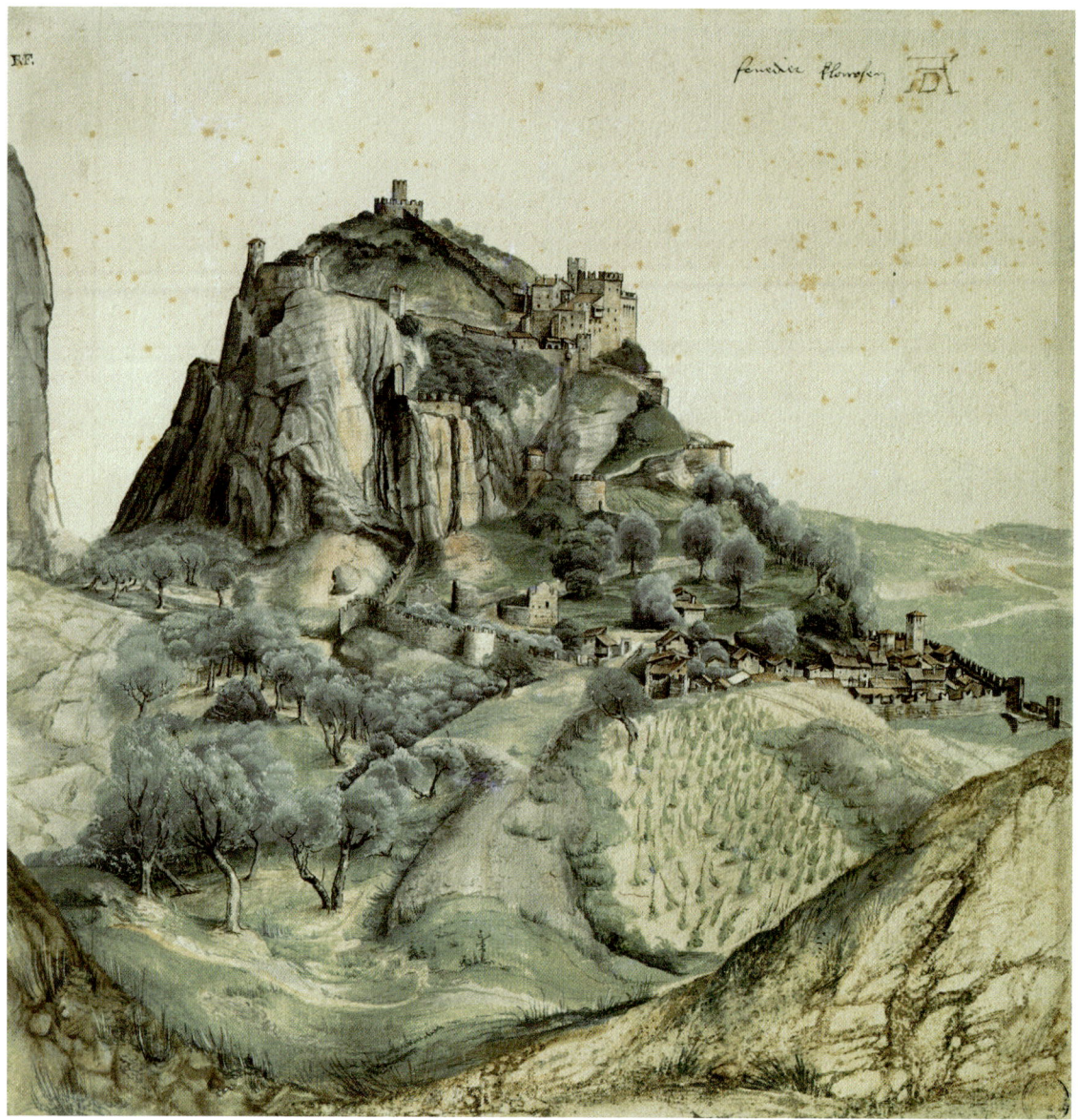

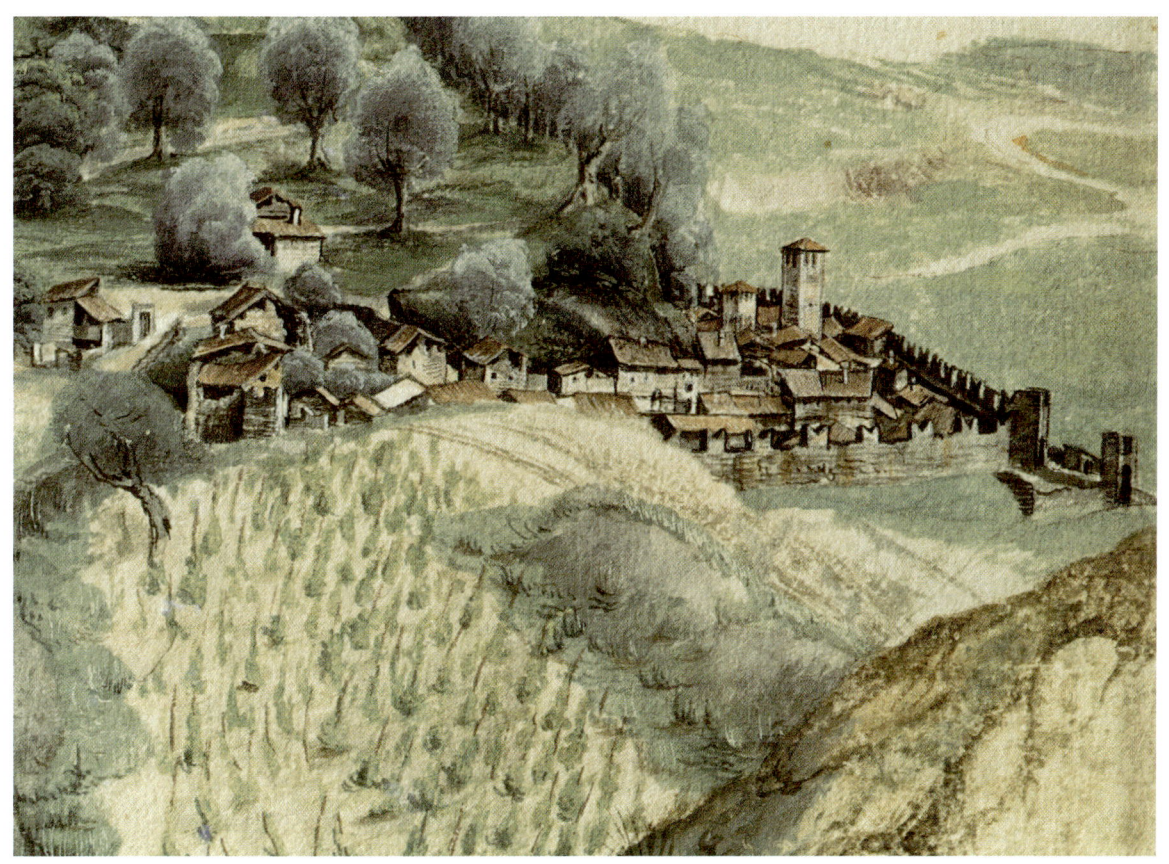

View of Arco

Vue du val d'Arco

Ansicht von Arco

Vista de Arco

Veduta di Arco

Gezicht op Arco

c. 1495, Watercolor and gouache on paper/Aquarelle et gouache, 22,3 × 22,3 cm, Musée du Louvre, Paris

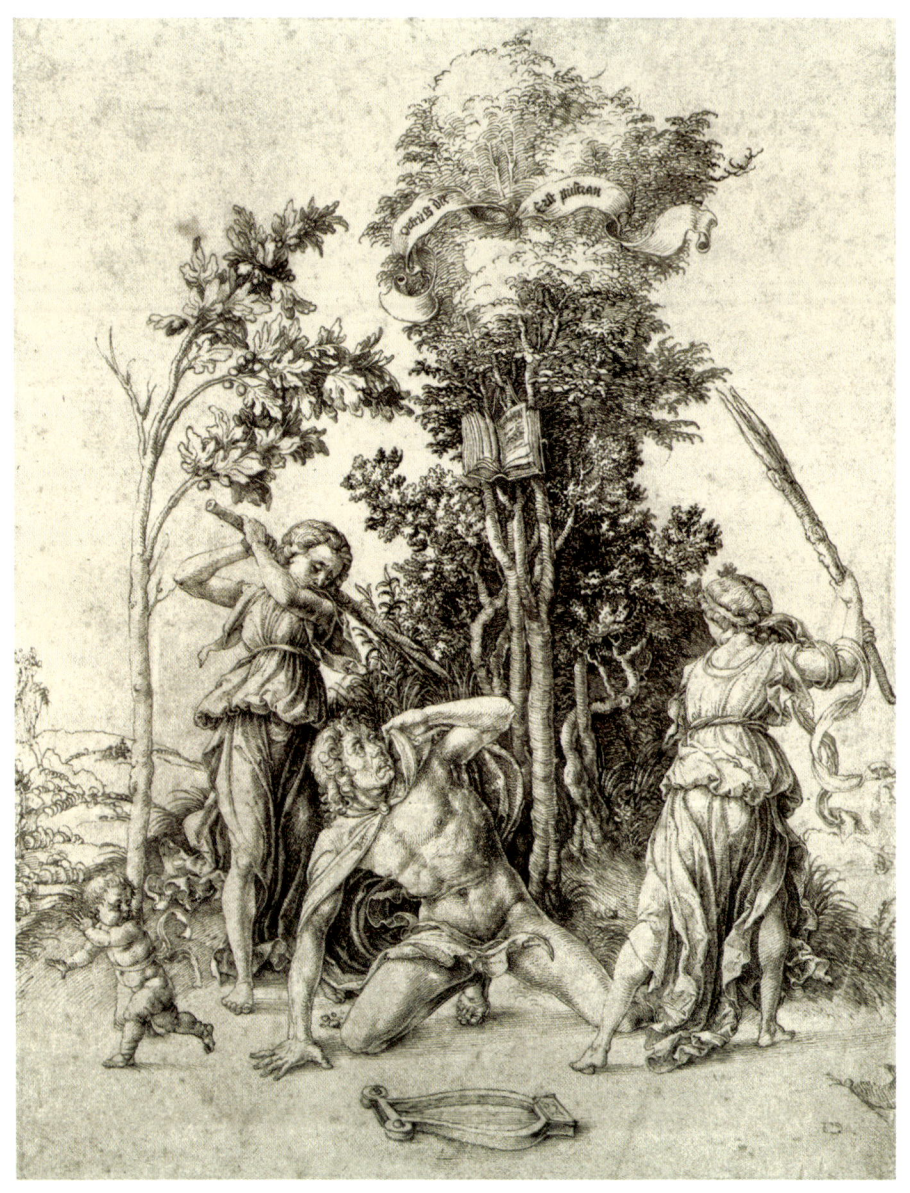

The Death of Orpheus

La Mort d'Orphée

Der Tod des Orpheus

La muerte de Orfeo

La morte di Orfeo

De dood van Orpheo

c. 1494, Pen and ink/Dessin à la plume, 28,9 × 22,5 cm, Kunsthalle, Hamburg

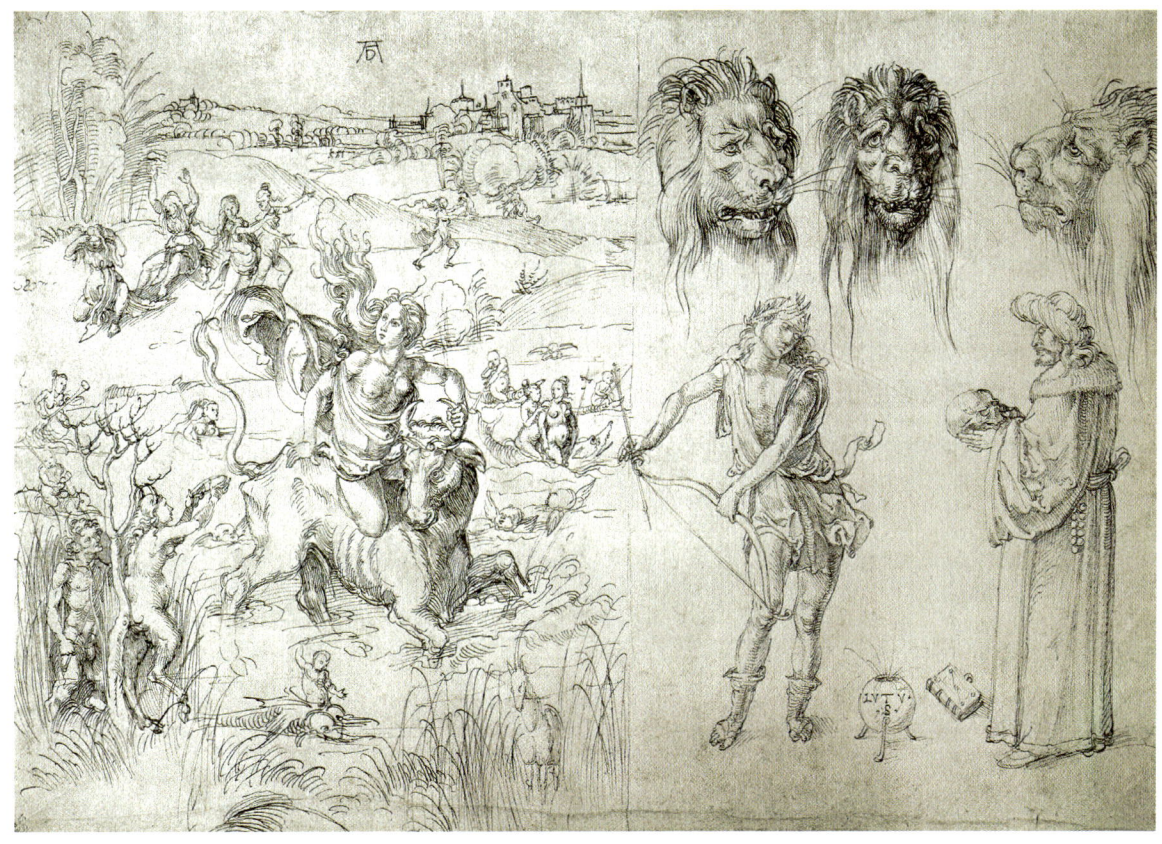

**Study with the *Rape of Europa*
and other Ancient Motifs**

Esquisse pour *L'Enlèvement d'Europe*

**Studienblatt mit dem *Raub der Europa*
und anderen antiken Motiven**

**Hoja de estudio con el *rapto de
Europa* y otros motivos antiguos**

**Studio con il *ratto di Europa*
e altri motivi antichi**

**Papieren schets met de *roof van
Europa* en andere antieke motiven**

c. 1494, Pen and ink/Dessin à la plume, 29 × 41,5 cm, Albertina, Wien

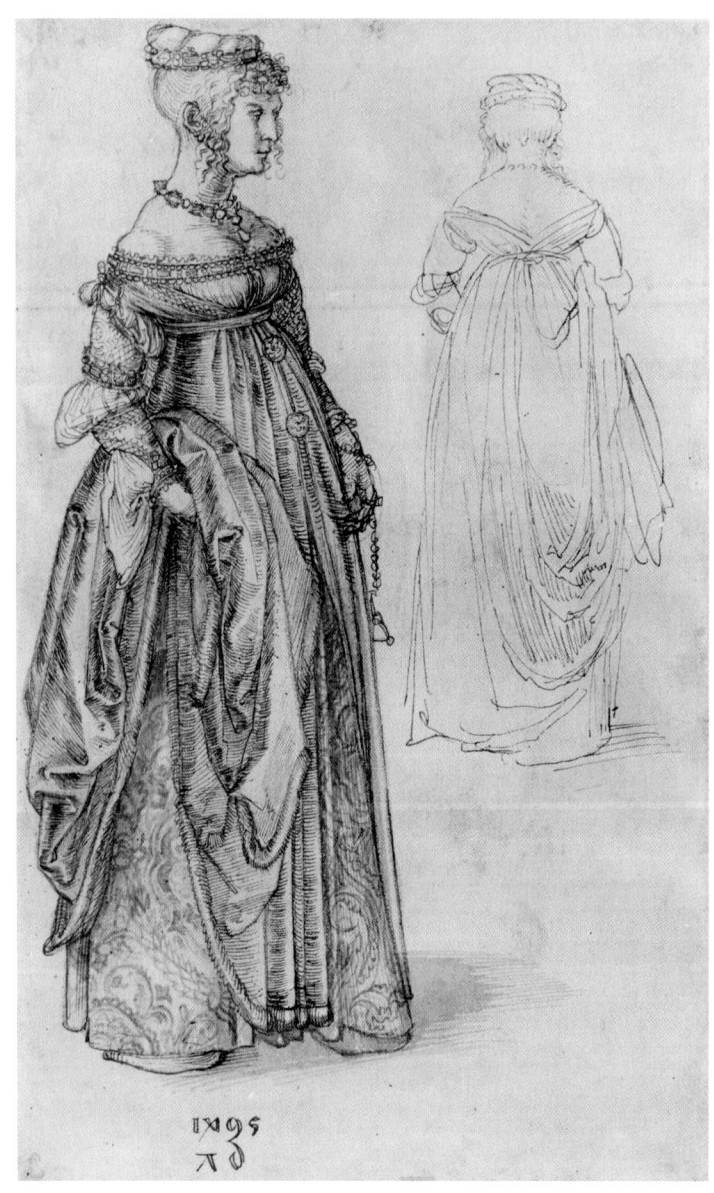

Venetian Woman (with Back)

Vénitienne

Venezianerin (mit Figurenrückseite)

Veneciana (con vista por detrás)

Veneziana (con la figura vista di spalle)

Venetiaanse (met achterkant van het figuur)

1495, Pen and ink, colored with a brush/Plume et pinceau, 29 × 17,3 cm, Albertina, Wien

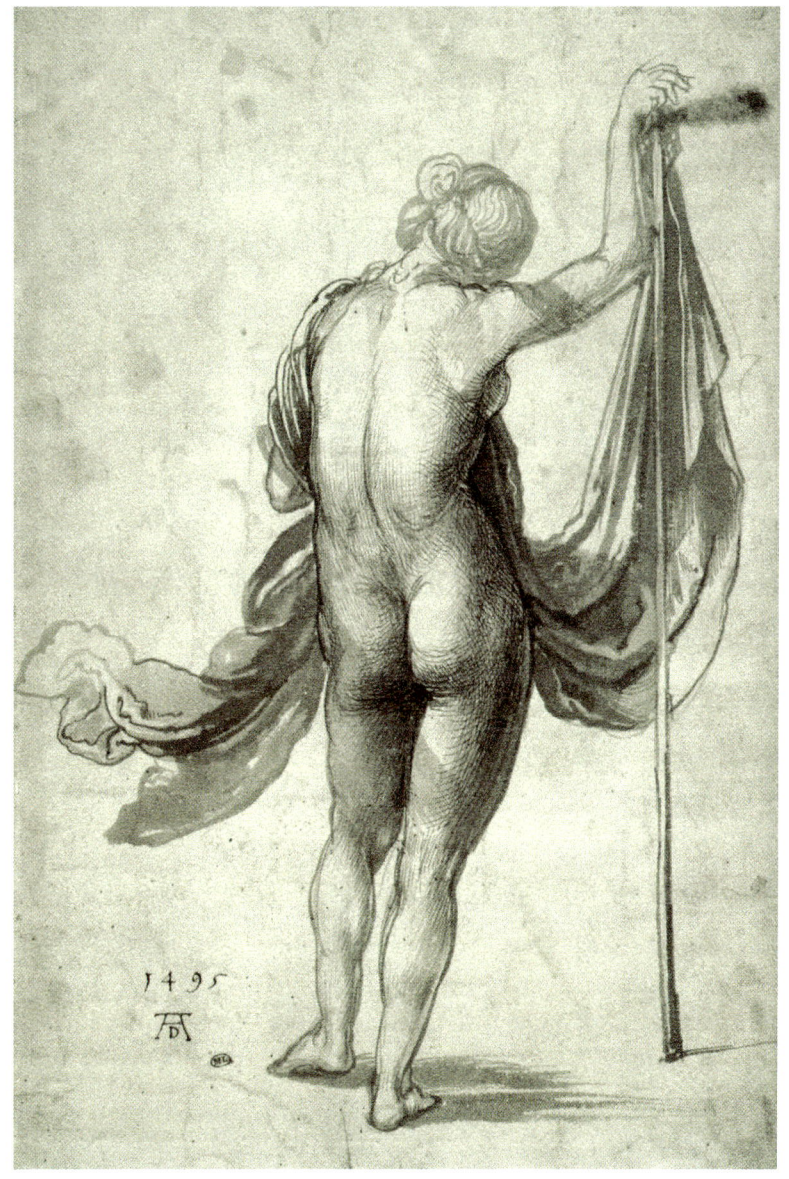

Female Nude from Behind
with Drapery and a Pole

Académie de femme debout, de dos, la
main sur une hampe d'où part un voile

Studie eines weiblichen Rückenakts
mit Draperie und Stab

Estudio de un desnudo femenino
con bastón y tela

Studio di un nudo femminile di
spalle con drappeggio e asta

Studie van een vrouwelijk naakt op de
rug gezien, met draperie en stok

1495, Pen and ink, colored with a brush/
Plume et pinceau, 32 × 21 cm,
Musée du Louvre, Paris

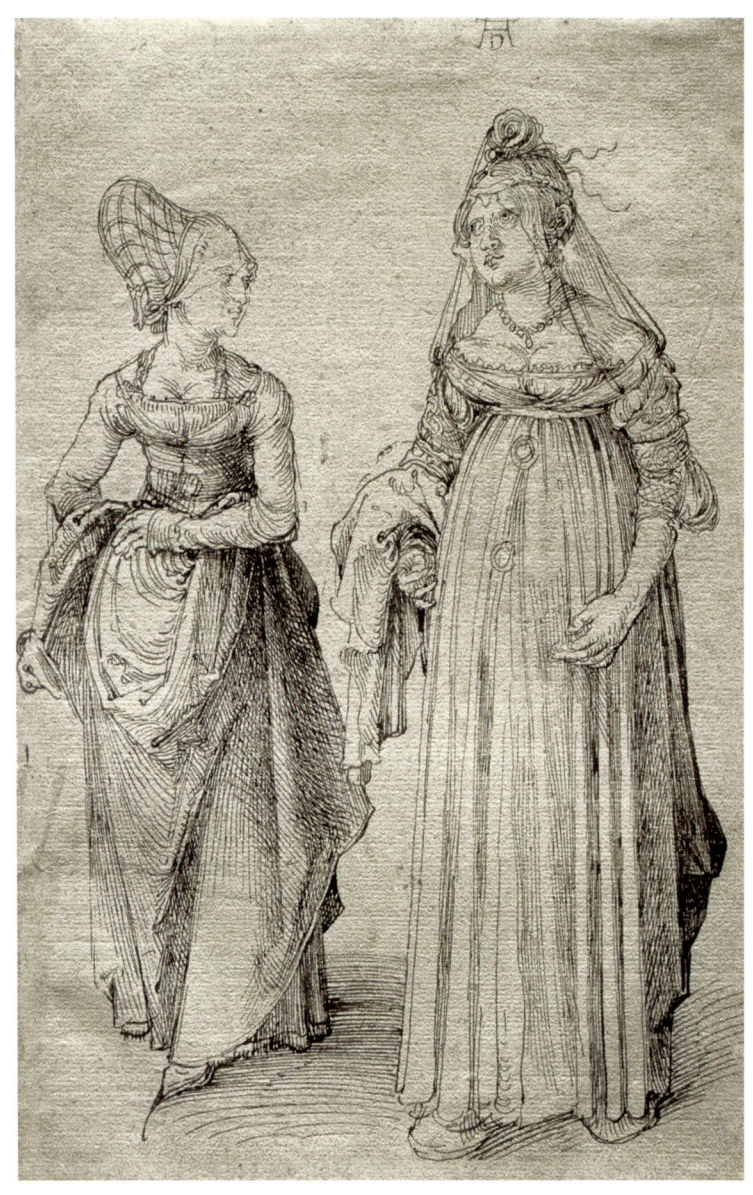

Women from Nuremberg and Venice

Nurembergeoise et Vénitienne

Nürnbergerin und Venezianerin

Mujeres de Núremberg y Venecia

Dama di Norimberga e dama veneziana

Neurenbergse en Venetiaanse

c. 1495, Pen and ink in gray-brown/Dessin à la plume,
24,5 × 15,9 cm, Städel Museum, Frankfurt am Main

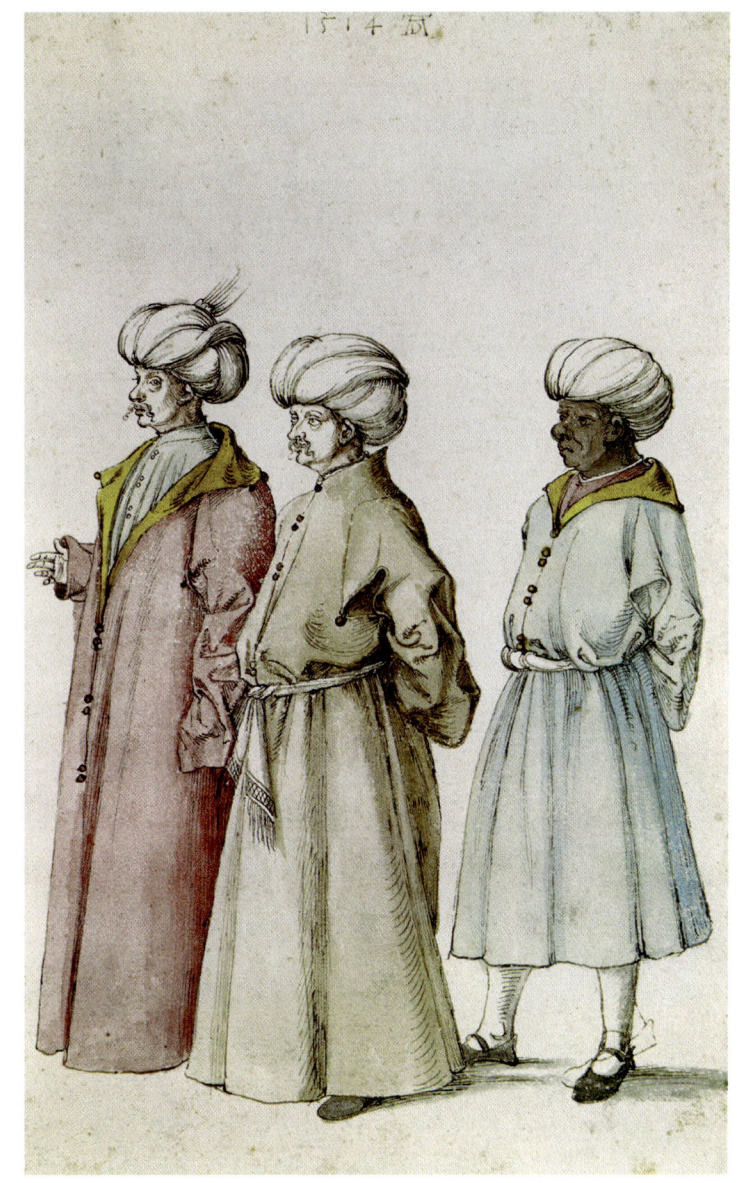

The Three Orientals

Trois orientaux

Die drei Orientalen

Los tres orientales

I tre orientali

De drie Orientalen

c. 1496, Pen and ink with watercolor/
Plume et aquarelle, 30,5 × 19,9 cm,
British Museum, London

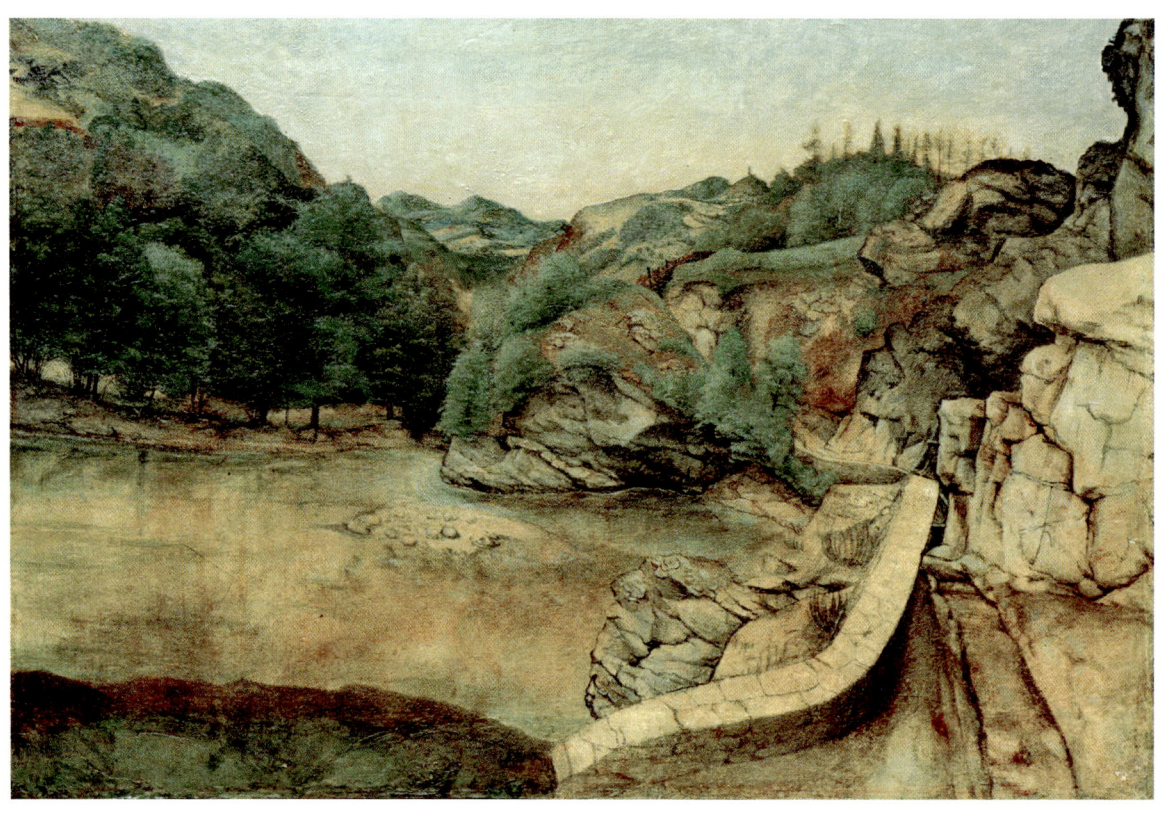

The Brenner Path in the Eisack Valley

La Brennerstraße dans la vallée de l'Isarco

Brennerstraße im Eisacktal

Camino de Brennero en el valle Isarco

Strada del Brennero in Valle Isarco

Brennerpass in de Isarco vallei

c. 1495, Watercolor and gouache/Aquarelle et gouache, 20,5 × 29,5 cm, El Escorial, Madrid

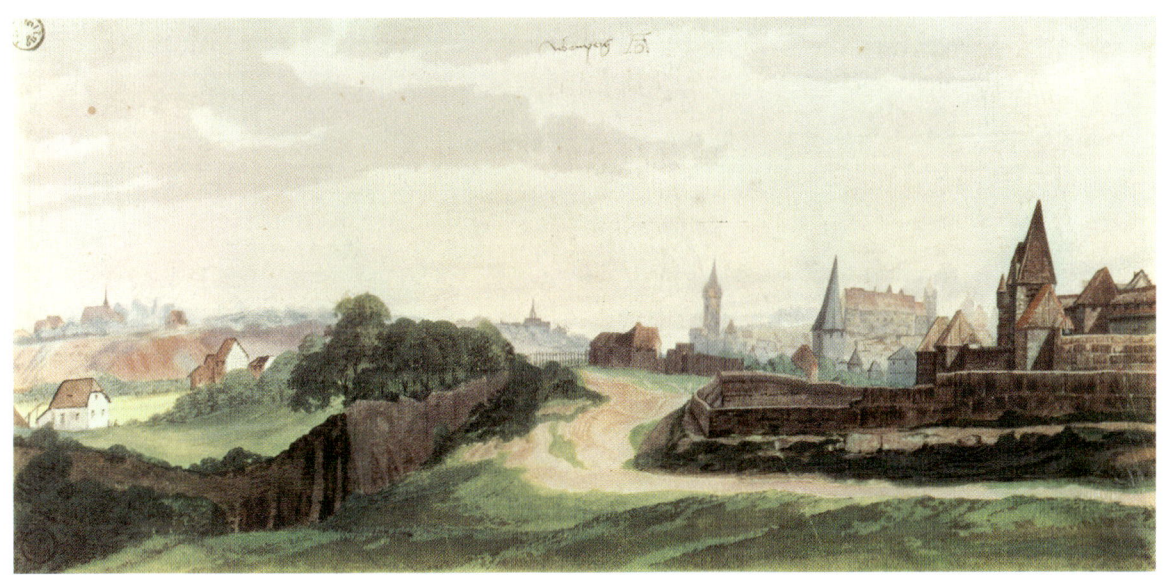

View of Nuremberg from the West

Nuremberg, vue de l'Ouest

Ansicht der Stadt Nürnberg von Westen

Vista de Núremberg desde el oeste

Veduta di Norimberga da ovest

Gezicht op de stad Neurenberg vanuit het Westen

c. 1495, Watercolor and gouache/Aquarelle et gouache, 16,3 × 34,4 cm, Kunsthalle, Bremen

Setting up shop in Nuremberg

Back in Nuremberg with his wife Agnes and his family, Dürer began to lay the foundations of his artistic enterprise. He began to take the impressions, ideas, and artistic knowledge gained on his journey to Italy and put it into practice. Dürer's began creating prints without waiting for a commission that reflect a hitherto unheard-of artistic independence which made them very successful. It soon became in vogue to own a Dürer. Thanks to the still relatively new invention of the printing press, Dürer was soon producing copper and wood engravings in high volumes and his wife Agnes began to sell them at trade fairs and through other distribution channels including agents working on commission. Dürer began adding his famous monogram to an engraving already in 1495 *(Holy Family with Dragonfly)*, in an effort to prevent fakes from circulating.

Dürer also began painting watercolors such as the *Pondside House* and *A Pond in the Forest* without commissions, merely

Débuts de son activité indépendante à Nuremberg

De retour à Nuremberg auprès de sa femme Agnes et de sa famille, Dürer démarre son activité artistique. Il met en pratique ses conceptions et ses idées, ainsi que ses connaissances artistiques fraîchement acquises, et ce avec un grand sens des affaires. Les xylographies que Dürer réalise sans commande directe sont d'une originalité résolument novatrice, ce qui leur confère un succès considérable : il devient à la mode d'avoir un « Dürer ». Grâce à l'imprimerie, les gravures sur cuivre et sur bois peuvent être reproduites en grandes quantités, qu'Agnes vend ensuite aisément dans des foires ou via différents intermédiaires et voies commerciales. Pour prévenir le plagiat, Dürer entreprend pour la première fois en 1495 d'apposer sur une gravure sur cuivre *(La Sainte Famille au papillon)* son célèbre monogramme.

Les aquarelles comme la *Maison isolée sur un étang* ou encore *Un étang dans la forêt* ne sont pas non plus le

Beginn der Selbständigkeit in Nürnberg

Zurück in Nürnberg bei seiner Frau Agnes und der Familie legt Dürer den Grundstein für sein Künstlerunternehmen. Seine Eindrücke und Ideen sowie sein neu gewonnenes künstlerisches Wissen setzt er mit großem Geschäftssinn in die Tat um. Dürers ohne direkte Aufträge edierte Druckgrafiken besitzen eine bis dato ungekannte künstlerische Eigenständigkeit und machen diese sehr erfolgreich, es wird in vogue einen „Dürer" zu haben. Dank des Buchdrucks können Kupfer- und Holzstiche in hoher Auflagenzahl herausgebracht werden, die Dürers Frau Agnes bald erfolgreich auf Messen und über verschiedene Vertriebswege und Kommissionäre vermarktet. Auch um Plagiaten vorzubeugen, versieht Dürer 1495 einen Kupferstich *(Heilige Familie mit der Libelle)* erstmals mit seinem berühmten Monogramm.

Aquarelle wie *Das Weiherhäuschen* oder der *Weiher im Walde* entstehen ebenfalls

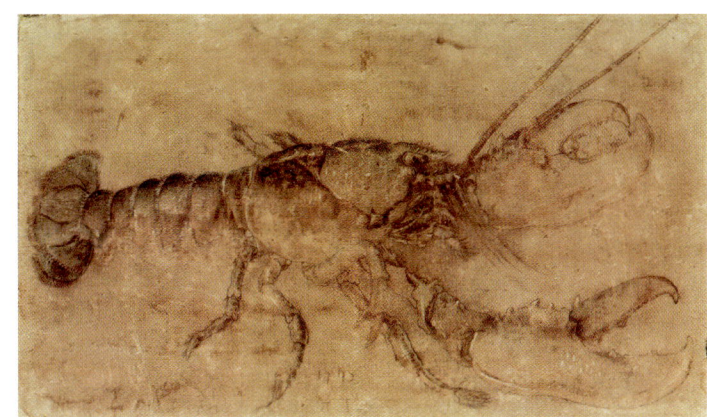

Inicio de la autonomía en Núremberg

De vuelta en Núremberg junto a su mujer Agnes y a su familia, Durero sienta las bases de su actividad artística. Se dedica a convertir en producción sus impresiones e ideas así como sus recién adquiridos conocimientos artísticos, con gran devoción. Los trabajos de impresión gráfica de Durero, editados sin un encargo directo, poseen una autonomía artística desconocida hasta la fecha que ayuda a su éxito; se pone de moda tener "un Durero". Gracias a la imprenta es posible publicar un gran número de grabados en cobre y xilografías, que la mujer de Durero, Agnes, pronto vende con gran éxito en ferias y mediante distribuidores y otros canales. Para prevenir plagios, en 1495 Durero decora un grabado en cobre *(La Sagrada Familia del saltamontes)* con su famoso monograma.

Crea asimismo sin encargo acuarelas como *La casa en el lago* o el *Estanque en el bosque,* solo para ejercitarse y por propio placer creativo. En 1496 Durero recibe el primer encargo de una personalidad

I primi anni di autonomia a Norimberga

Di ritorno a Norimberga con la moglie Agnes e la sua famiglia Dürer getta le basi per la sua carriera artistica, mettendo a frutto con un grande senso degli affari le sue impressioni ed idee, nonché la sua ritrovata conoscenza artistica. Le grafiche di Dürer non commissionate direttamente possiedono tutt'oggi una straordinaria indipendenza artistica, fonte del loro grande successo. Possedere un "Dürer" diviene una moda. Grazie alla stampa, le incisioni su rame e legno possono essere pubblicate in grande quantità, e ben presto Agnes, la moglie di Dürer, inizia a commercializzarle in occasione di fiere e attraverso diversi canali di distribuzione e commissionari. Per evitarne il plagio, tra gli altri motivi, nel 1495 Dürer appone per la prima volta su una delle sue incisioni su rame *(Sacra Famiglia con la libellula)* il suo famoso monogramma.

Acquerelli come *La peschiera* o *Stagno in un bosco* non sono prodotti su incarico bensì spontaneamente,

Een autonoom bestaan te Neurenberg

Eenmaal terug in Neurenberg bij zijn echtgenote Agnes en familie, legt Dürer de eerste steen voor zijn artistiek bedrijf. Zijn impressies en ideeën, alsmede zijn recent verworven artistieke kennis weet hij met een groot zakelijk talent om te zetten in de praktijk. Dürers prenten – edities zonder rechtstreekse opdrachtgever – staan voor een tot dan toe ongekende artistieke originaliteit en daaraan verbonden succes, het wordt en vogue om een "Dürer" te bezitten. Dankzij de nieuwe boekdrukkunst verschijnen koper- en houtgravures in omvangrijke oplagen, door Dürers echtgenote Agnes weldra succesvol op beurzen en via diverse handelsroutes en commissionarissen op de markt gebracht. Ook teneinde plagiaat te voorkomen, signeert Dürer in 1495 een kopergravure *(De Heilige Familie met de libel)* voor het eerst met zijn befaamde monogram.

Aquarellen zoals *Het huisje aan de vijver* of *Vijver in het bos* ontstaan eveneens zonder opdracht en enkel bij wijze van

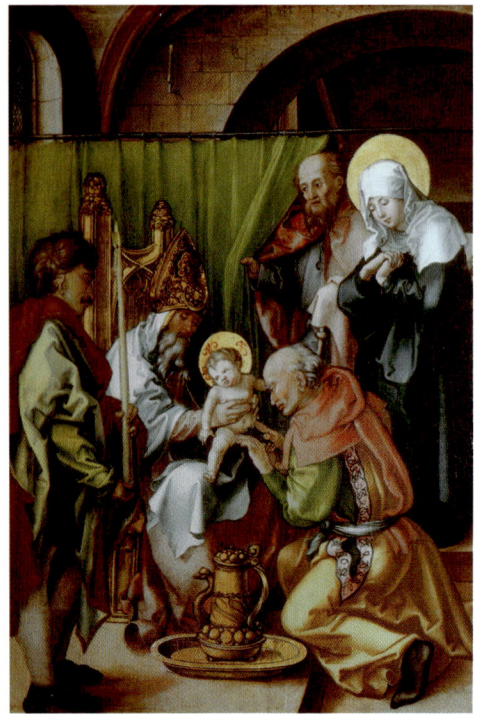

The Circumcision of Christ From the series: *The Seven Sorrows of Mary*

La Circoncision du Christ (polyptyque de la *Vierge aux sept douleurs*)

Die Beschneidung Christi. Aus der Folge: *Die sieben Schmerzen Mariä*

La circuncisión de Cristo De la serie: *Los siete dolores de María*

Circoncisione di Gesù. Dalla serie: *I sette dolori di Maria*

De besnijdenis van Christus. Uit de reeks *De zeven smarten van Maria*

c. 1496, Oil on wood/Huile sur bois, 63 × 45 cm, Gemäldegalerie Alte Meister, Dresden

to train his own skills and from joy in his own creativity. In 1496, Dürer received his first major commission when Elector Frederick the Wise of Saxony ordered a portrait from Dürer. This link between the prince and the artist would continue for almost three decades. This was followed by orders for bigger altarpieces, such as the Dresden Altar for the Castle Church in Wittenberg and another large-scale altar triptych. Only the inside of the left wing of the latter has survived, depicting the *Seven Sorrows of Mary*.

fruit de commandes, mais plutôt d'un élan créateur ou d'une volonté de s'exercer. En 1496, Dürer reçoit une première demande d'un personnage haut placé : Frédéric III de Saxe, dit le Sage, lui commande un portrait. Cette relation entre le prince et l'artiste durera près de trois décennies. Viennent ensuite des commandes pour des retables de dimensions supérieures, comme le *Retable de Dresde* pour la chapelle du château de Wittenberg, ou encore l'immense polyptyque dont il ne nous reste que la face intérieure du panneau gauche, représentant la *Vierge aux sept douleurs*.

ohne Auftrag, nur zur eigenen Übung und aus gestalterischer Freude. 1496 erhält Dürer die erste Anfrage einer hoch gestellten Persönlichkeit: Kurfürst Friedrich von Sachsen, genannt der Weise, bestellt bei Dürer ein Porträt. Diese Verbindung zwischen Fürst und Künstler sollte fast drei Jahrzehnte anhalten. Es folgen Aufträge für größere Altarwerke, wie den des Dresdner Altars für die Wittenberger Schlosskirche und eines weiteren groß dimensionierten Flügelaltars, von dem nur noch die Innenseite des linken Flügels mit den Darstellungen der „Sieben Schmerzen Mariens" erhalten ist.

The Flight to Egypt From the series: *The Seven Sorrows of Mary*

La Fuite en Égypte
(polyptyque de la *Vierge aux sept douleurs*)

Die Flucht nach Ägypten. Aus der Folge: *Die sieben Schmerzen Mariä*

La huida a Egipto De la serie: *Los siete dolores de María*

Fuga in Egitto. Dalla serie: *I sette dolori di Maria*

De vlucht naar Egypte. Uit de reeks: *De zeven smarten van Maria*

c. 1496, Oil on wood/Huile sur bois, 63 × 45 cm, Gemäldegalerie Alte Meister, Dresden

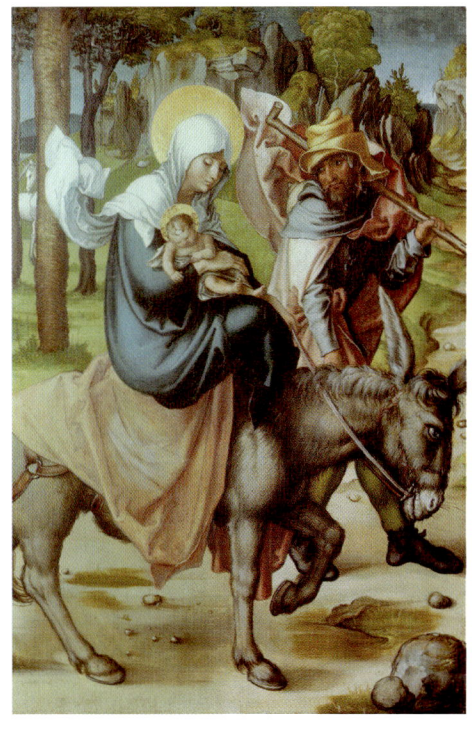

de primer orden: El príncipe elector Federico de Sajonia, llamado el Sabio, encarga un retrato a Durero. Este contacto entre el príncipe y el artista continuará casi tres décadas. A este encargo le siguen otros para grandes retablos, como el del altar de Dresde para la capilla del castillo de Wittenberg y otro de un retablo articulado de grandes dimensiones, del que solo se conserva la parte interior de la tabla izquierda, con la representación de los *siete dolores de la Virgen*.

a scopo di esercizio e per la gioia creativa dell'artista. Nel 1496 Dürer riceve la prima richiesta da parte di una persona molto importante: l'Elettore Federico di Sassonia, detto il Saggio, gli commissiona infatti un ritratto. Artista e committente avviano un durevole rapporto che si mantiene negli anni, per quasi tre decenni, durante i quali a Dürer vengono commissionate pale d'altare più grandi, come l'Altare di Dresda per la chiesa del castello di Wittenberg e un ulteriore trittico di grandi dimensioni, di cui si conserva oggi solo l'interno del pannello sinistro con le rappresentazioni dei *Sette dolori di Maria*.

oefening en vanuit het plezier om uit te beelden. 1496 ontvangt Dürer de eerste aanvraag van een hooggeplaatst persoon: keurvorst Frederik van Saksen, genoemd "de Wijze", bestelt een portret bij Dürer. Deze verbintenis tussen vorst en kunstenaar zou bijna drie decennia lang voortduren. Er volgen opdrachten voor grotere altaarwerken, zoals het Dresder altaar voor de Wittenberger slotkerk en een bijkomend vleugelaltaar van grote afmetingen, waarvan enkel nog de binnenkant van de linkervleugel met de schilderingen van de *Zeven Smarten van Maria* behouden is gebleven.

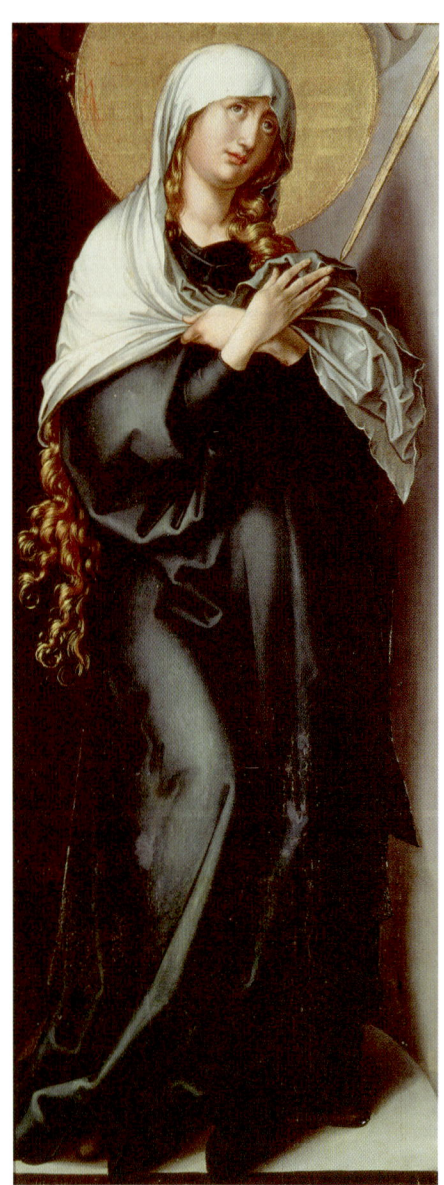

Mater Dolorosa From the series: *The Seven Sorrows of Mary*

La Vierge de douleur (panneau central du polyptyque de la *Vierge aux sept douleurs*)

Maria als Schmerzensmutter. Aus der Folge: *Die sieben Schmerzen Mariä*

María como mujer de dolores. De la serie: *Los siete dolores de María*

Mater Dolorosa Dalla serie: *I sette dolori di Maria*

Maria als moeder van de smarten. Uit de reeks *De zeven smarten van Maria*

c. 1496, Oil on wood/Huile sur bois, 109 × 43,3 cm, Alte Pinakothek, München

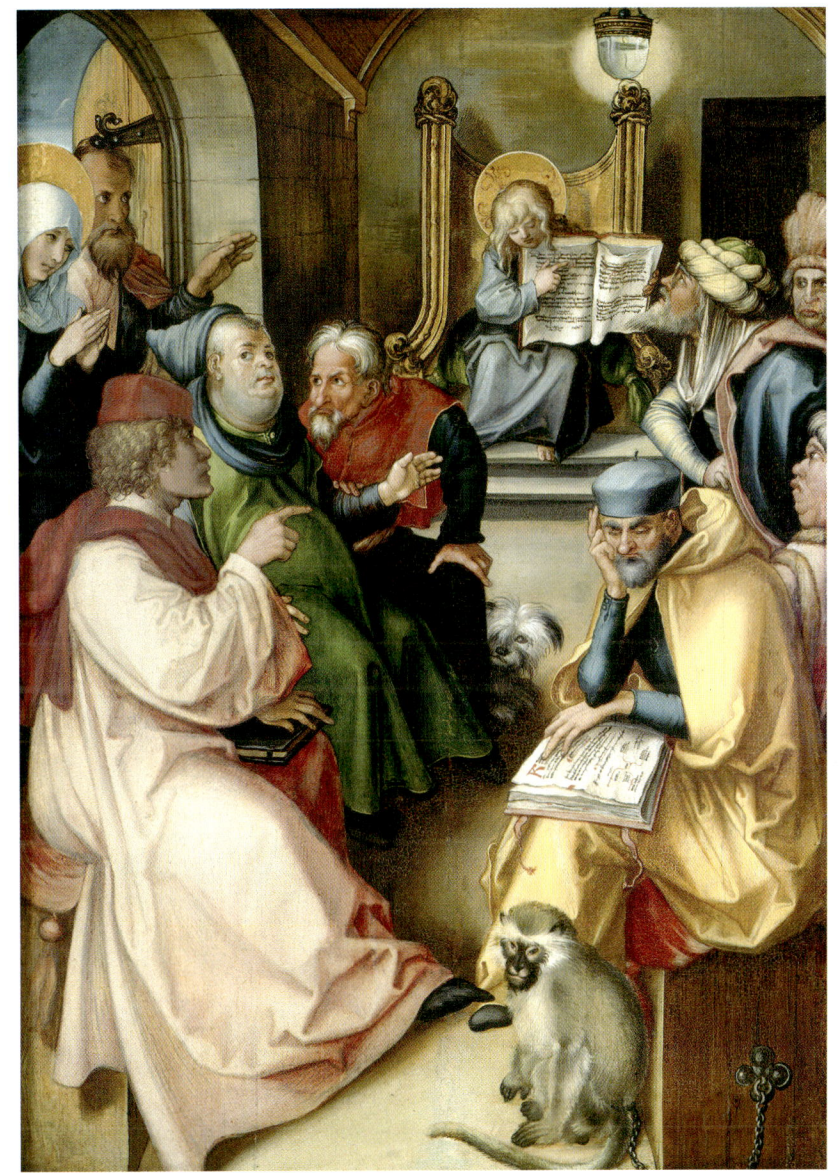

The Finding of Jesus in the Temple. From the series: *The Seven Sorrows of Mary*

Le Recouvrement de Jésus au temple (polyptyque de la *Vierge aux sept douleurs*)

Der zwölfjährige Jesus im Tempel. Aus der Folge: *Die sieben Schmerzen Maria*

Jesús con doce años en el templo. De la serie: *Los siete dolores de María*

Cristo tra i dottori. Dalla serie: *I sette dolori di Maria*

De 12-jarige Jezus in de tempel. Uit de reeks *De zeven smarten van Maria*

c. 1496, Oil on wood/Huile sur bois, 63 × 45 cm, Gemäldegalerie Alte Meister, Dresden

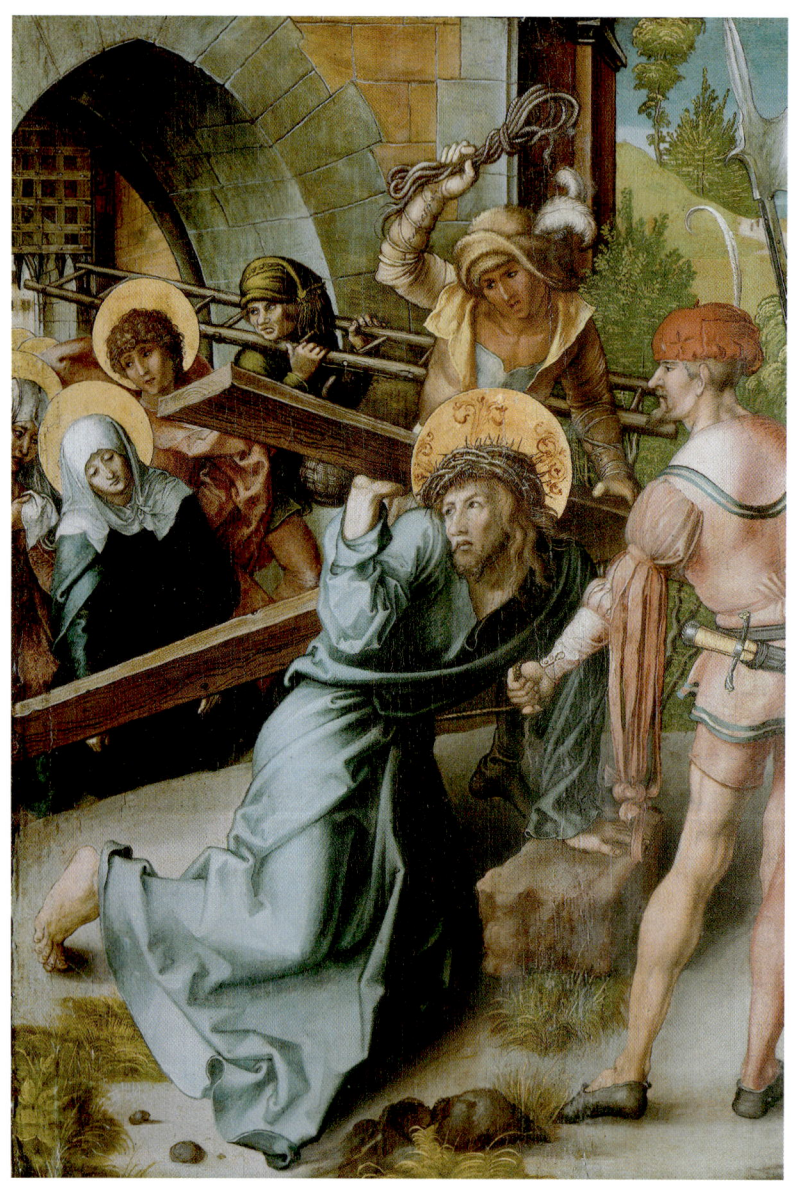

Christ Carrying the Cross
From the series: *The Seven Sorrows of Mary*

Le Portement de croix
(polyptyque de la *Vierge aux sept douleurs*)

Die Kreuztragung Christi. Aus der Folge:
Die sieben Schmerzen Mariä

Cristo llevando la cruz De la serie:
Los siete dolores de María

Via Crucis Dalla serie: *I sette dolori di Maria*

De kruisdraging van Christus.
Uit de reeks *De zeven smarten van Maria*

c. 1496, Oil on wood/Huile sur bois,
63 × 44 cm, Gemäldegalerie Alte Meister,
Dresden

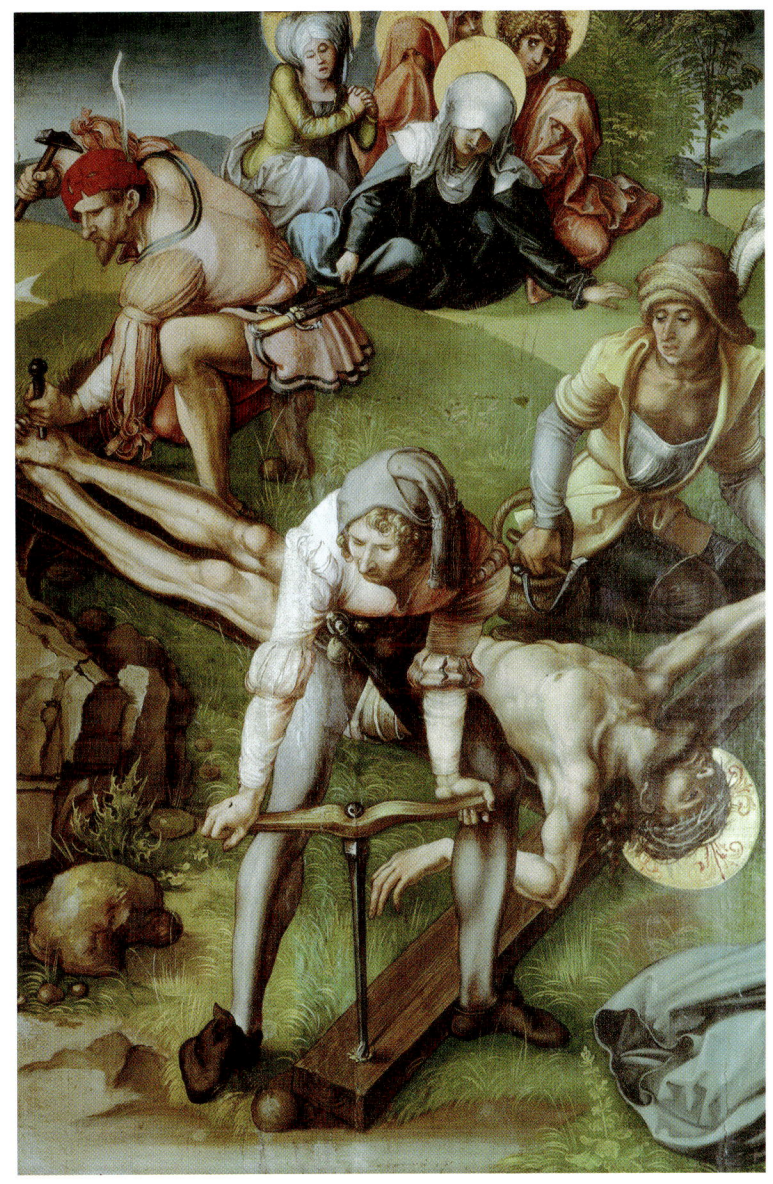

Christ Being Nailed onto the Cross
From the series: *The Seven Sorrows of Mary*

La Crucifixion
(polyptyque de la *Vierge aux sept douleurs*)

Die Anheftung ans Kreuz. Aus der Folge:
Die sieben Schmerzen Mariä

Colocando a Cristo en la cruz De la serie:
Los siete dolores de María

Cristo inchiodato sulla croce
Dalla serie: *I sette dolori di Maria*

De aanhechting aan het kruis. Uit de reeks
De zeven smarten van Maria

c. 1496, Oil on wood/Huile sur bois,
62 × 46,5 cm, Gemäldegalerie Alte Meister,
Dresden

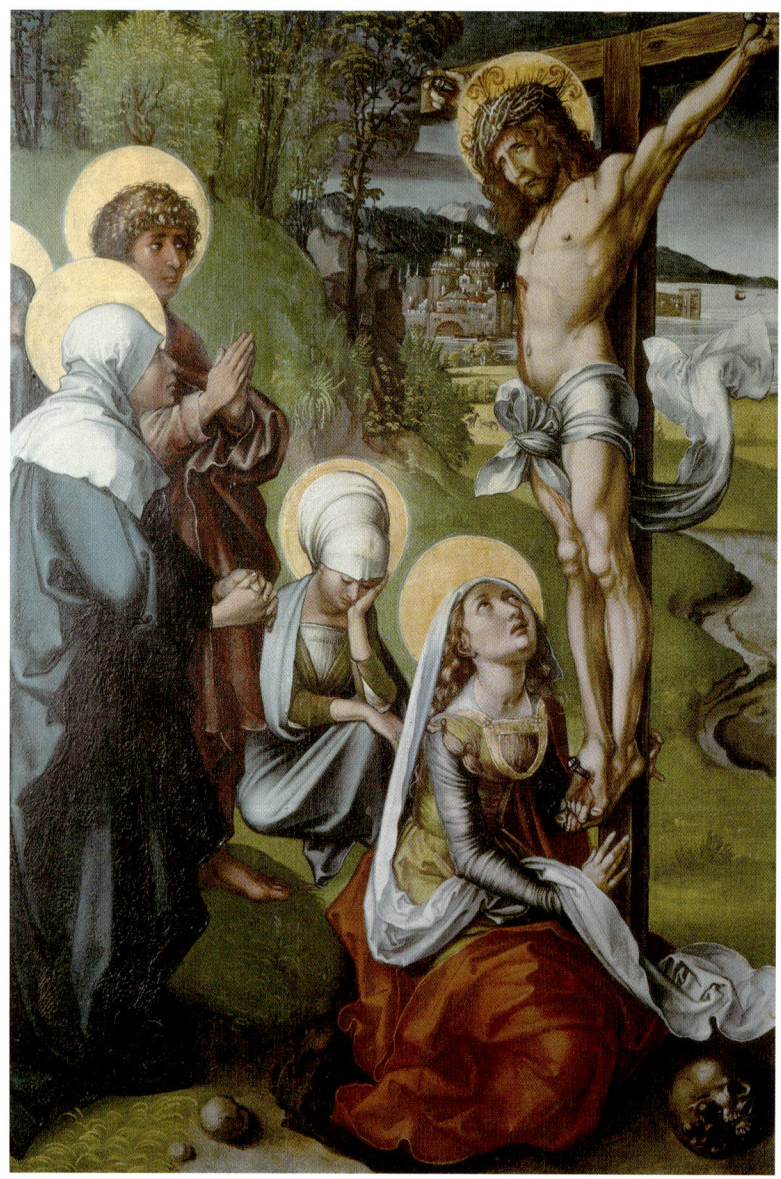

Christ on the Cross From the series:
The Seven Sorrows of Mary

Le Christ sur la croix
(polyptyque de la *Vierge aux sept douleurs*)

Christus am Kreuz. Aus der Folge:
Die sieben Schmerzen Mariä

Cristo en la cruz De la serie:
Los siete dolores de María

Crocifissione Dalla serie:
I sette dolori di Maria

Christus aan het kruis. Uit de reeks
De zeven smarten van Maria

*c. 1496, Softwood/Huile sur bois,
63,5 × 45,4 cm, Gemäldegalerie Alte Meister,
Dresden*

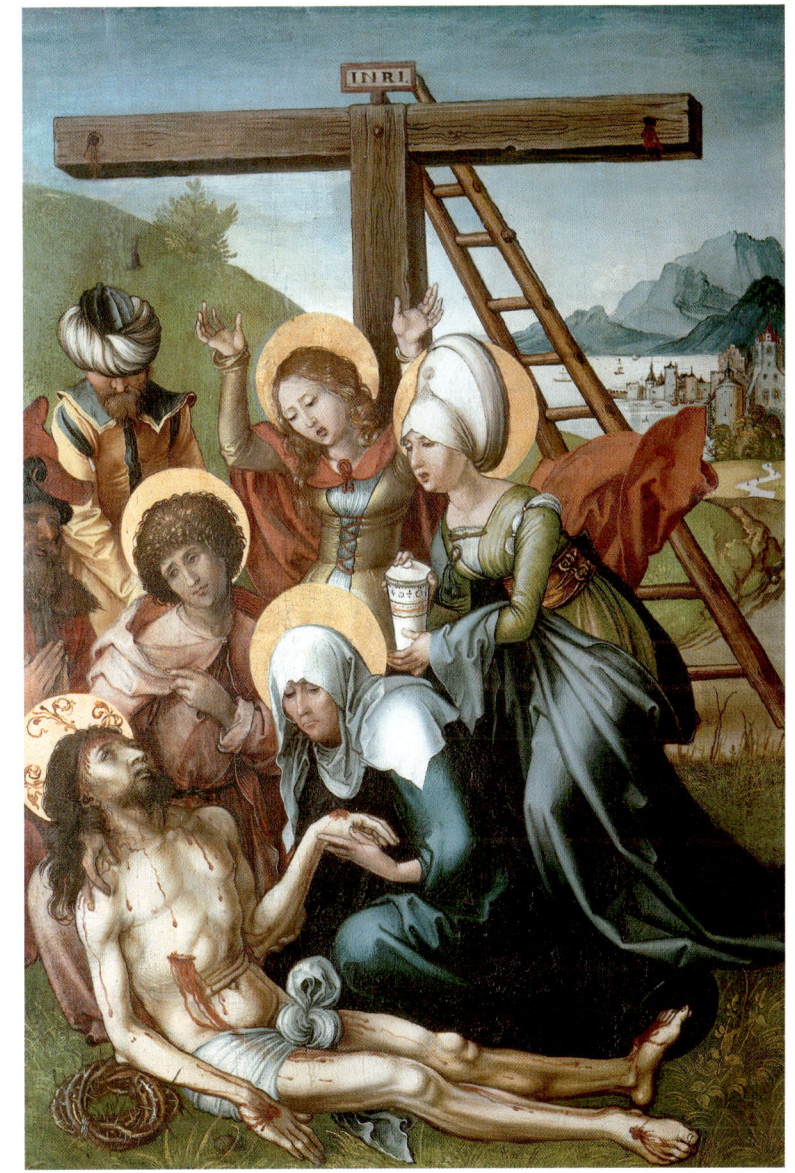

The Lamentation of Christ From the series: *The Seven Sorrows of Mary*

La Déploration du Christ (polyptyque de la *Vierge aux sept douleurs*)

Die Beweinung Christi. Aus der Folge: *Die sieben Schmerzen Mariä*

La lamentación De la serie: *Los siete dolores de María*

Deposizione Dalla serie: *I sette dolori di Maria*

De bewening van Christus. Uit de reeks *De zeven smarten van Maria*

c. 1496, Softwood/Huile sur bois, 63 × 46 cm, Gemäldegalerie Alte Meister, Dresden

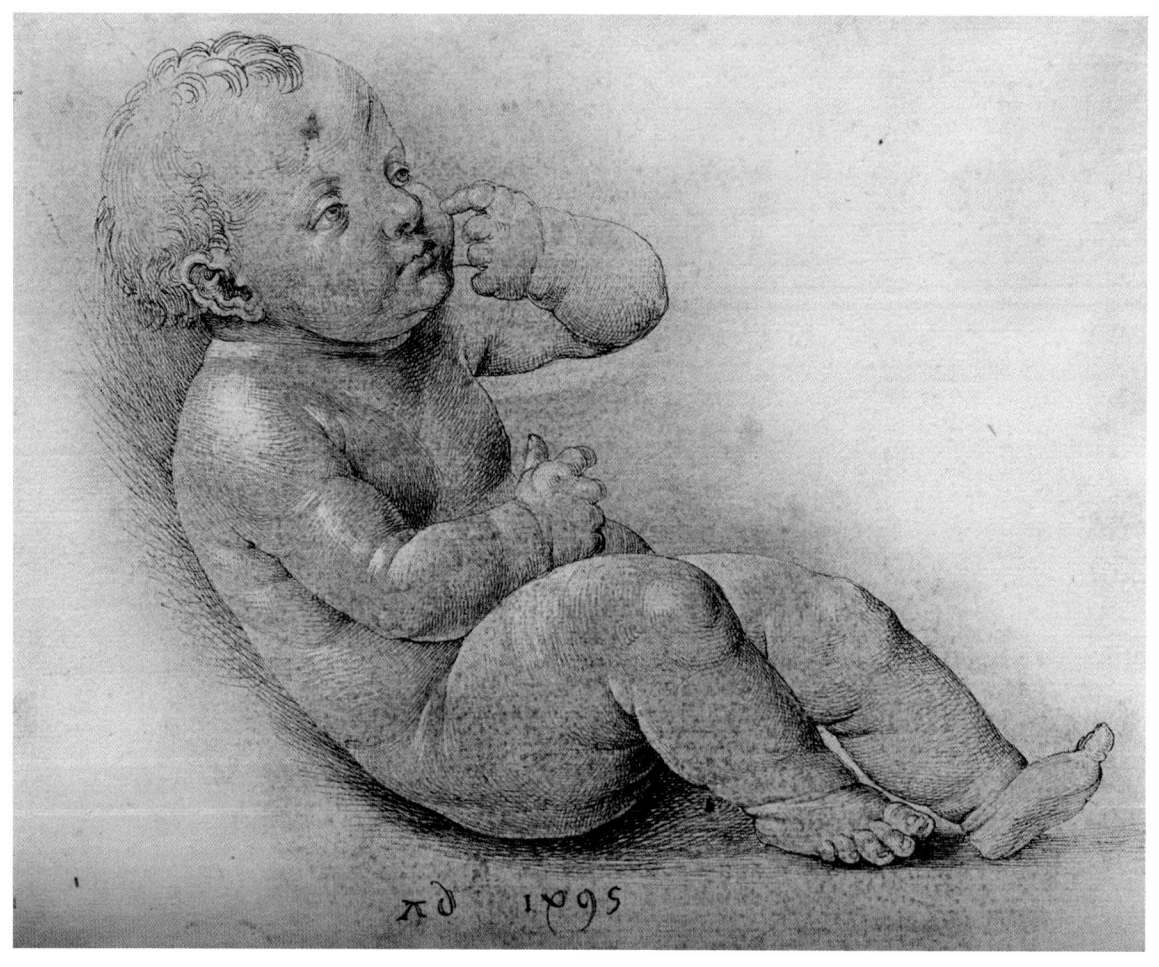

Study of a Child   *Studie eines Kindes*   *Studio di un bambino*

L'Enfant Jésus assis à terre   *Estudio de un niño*   *Studie van een kind*

1495, Brush and black ink/Dessin à la plume et encre noire, 17,2 × 21,5 cm, Musée du Louvre, Paris

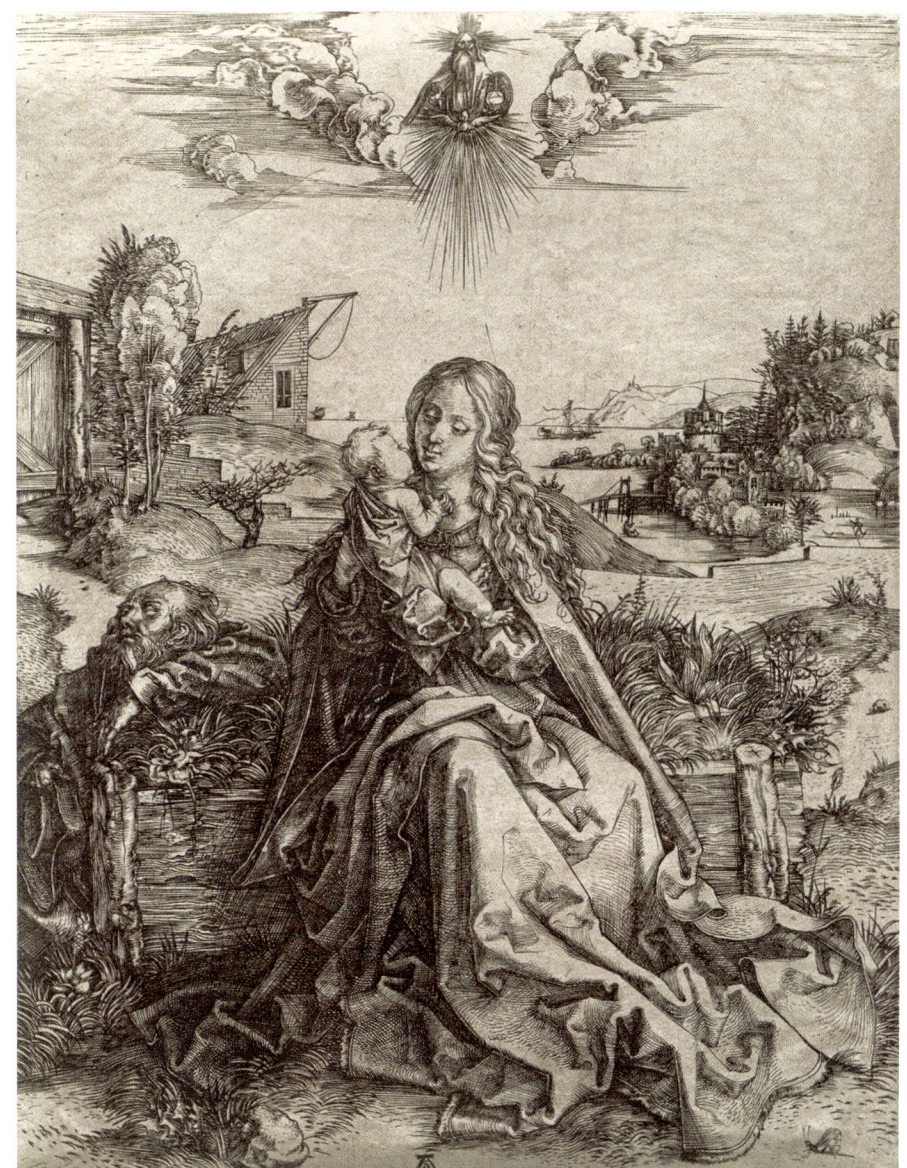

Holy Family with Dragonfly

La Sainte Famille au papillon

Heilige Familie mit Libelle

*La Sagrada Familia
del saltamontes*

*Sacra Famiglia con
la libellula*

*De heilige familie
met de libel*

1495, Copperplate engraving/
Gravure sur cuivre,
23,7 × 18,4 cm, Staatliche
Graphische Sammlung,
München

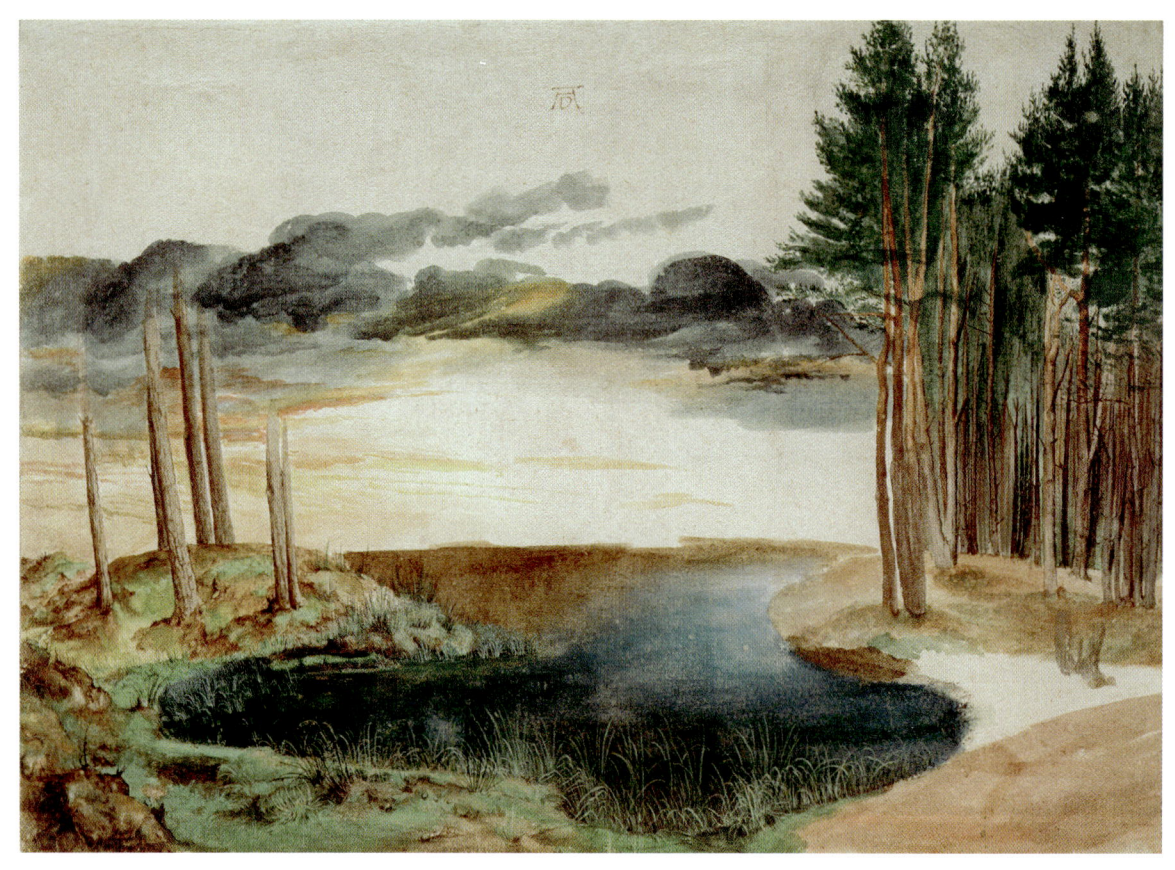

A Pond in the Forest

Un étang dans la forêt

Weiher im Walde

Estanque en el bosque

Stagno in un bosco

Vijver in het bos

c. 1497, Watercolor and gouache/Aquarelle et gouache,
26,2 × 37,4 cm, British Museum, London

Pondside House

Maison isolée sur un étang

Weiherhäuschen

Casa en el lago

Peschiera

Huisje aan de vijver

c. 1496, Watercolor and gouache/Aquarelle et gouache,
21,3 × 22,2 cm, British Museum, London

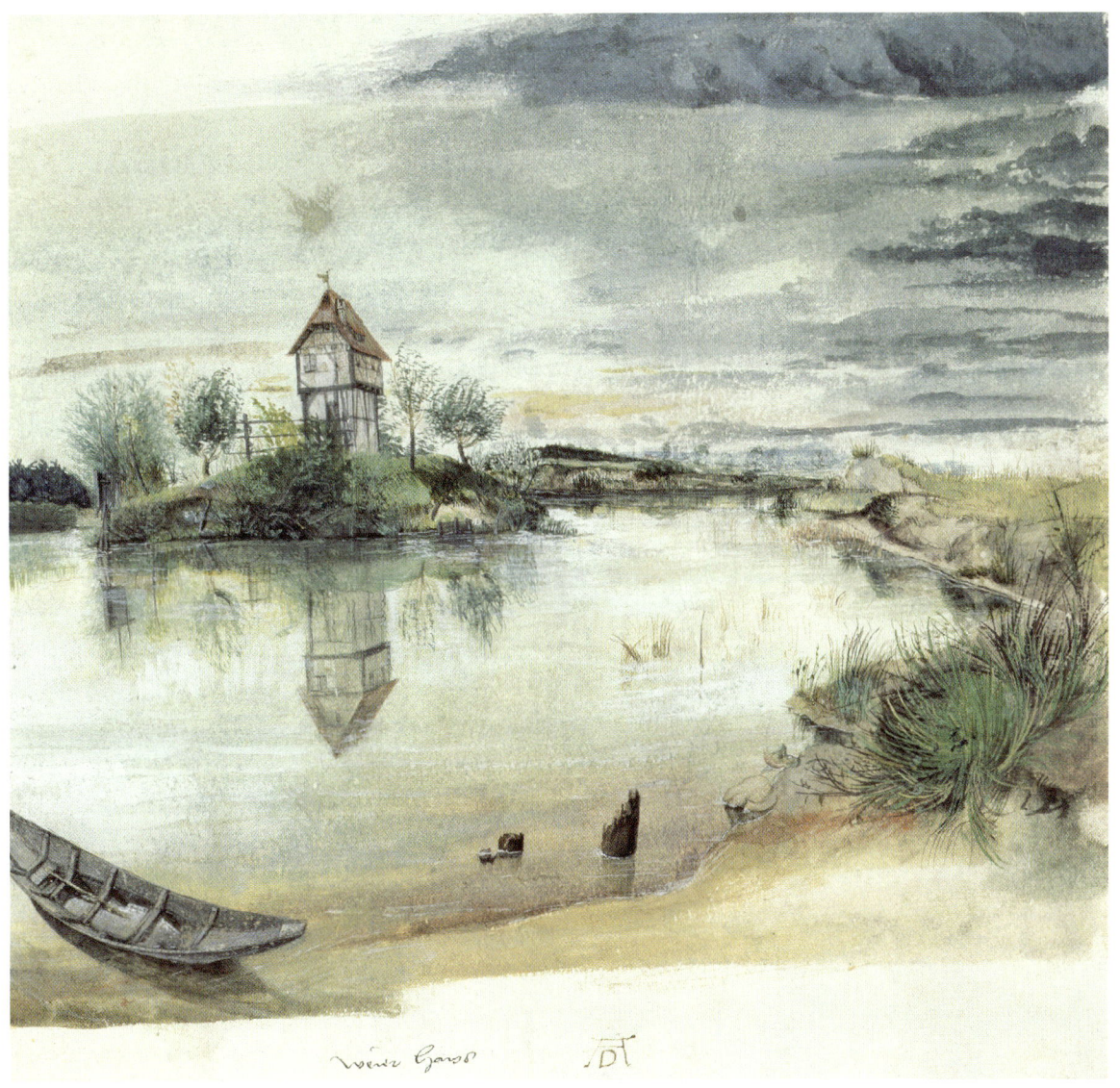

weier hauss

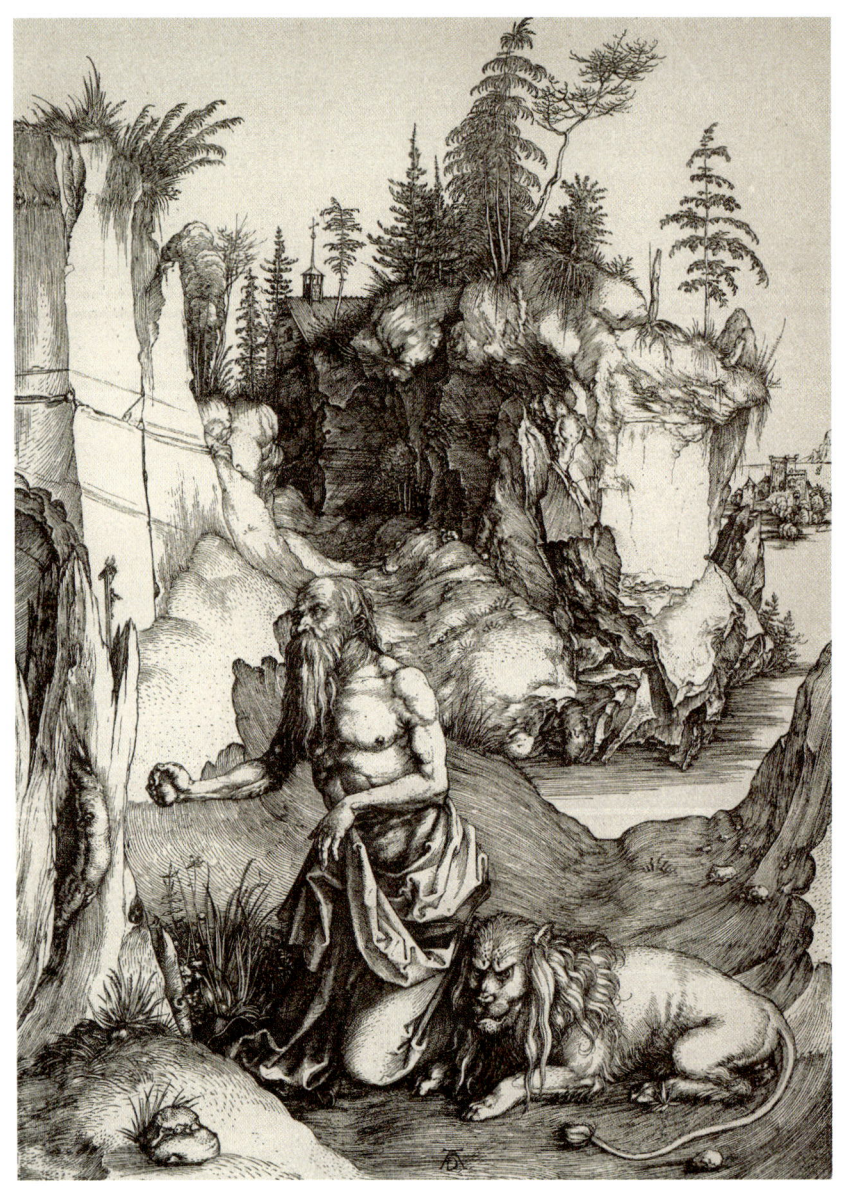

St. Jerome in the Desert

Saint Jérôme en pénitence

Der hl. Hieronymus in der Wüste

San Jerónimo en el desierto

San Girolamo nel deserto

De heilige Hieronymus in de woestijn

c. 1496, Copperplate engraving/Gravure sur bois, 32,4 × 22,8 cm, British Museum, London

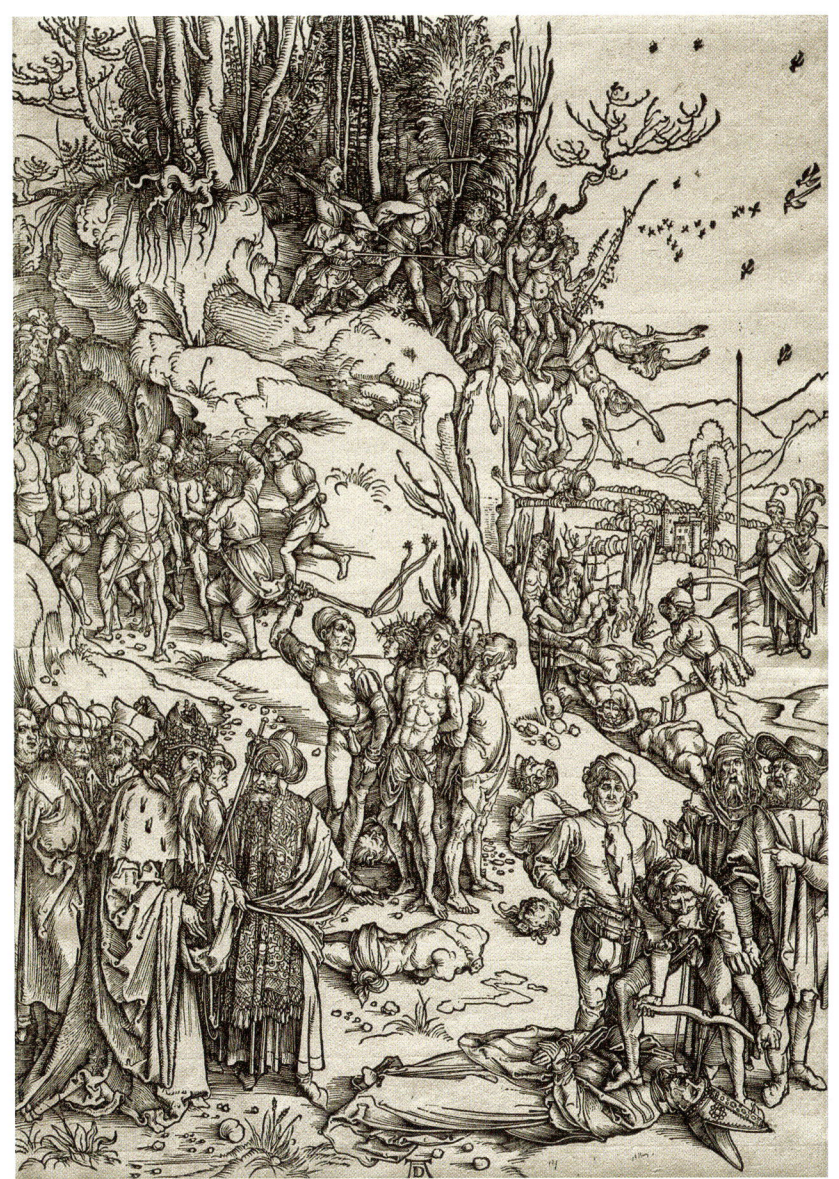

The Martyrdom of the Ten Thousand

Le Martyre des dix mille chrétiens

Die Marter der Zehntausend

El martirio de los diez mil

Il Martirio dei Diecimila

**Het martelaarschap van
de tienduizend**

c. 1496, Woodcut/Gravure sur bois,
39,5 × 28,4 cm, Staatliche Kunsthalle,
Karlsruhe

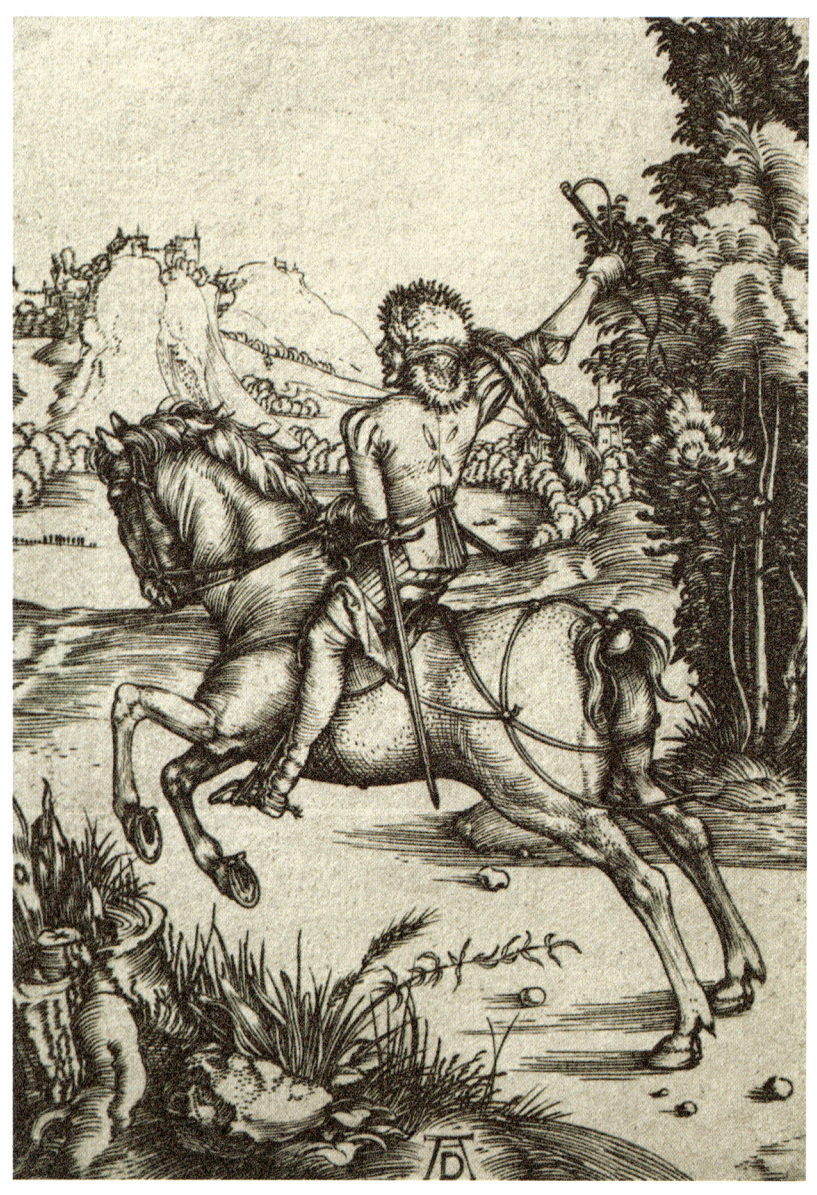

The Little Post Courier

Cavalier au galop ou *Le Petit Courrier*

Der kleine Postkurier

El pequeño repartidor de correo

Il piccolo corriere

De kleine postcourier

c. 1496, Copperplate engraving/Gravure sur cuivre, 12 × 9 cm, Staatliche Kunsthalle, Karlsruhe

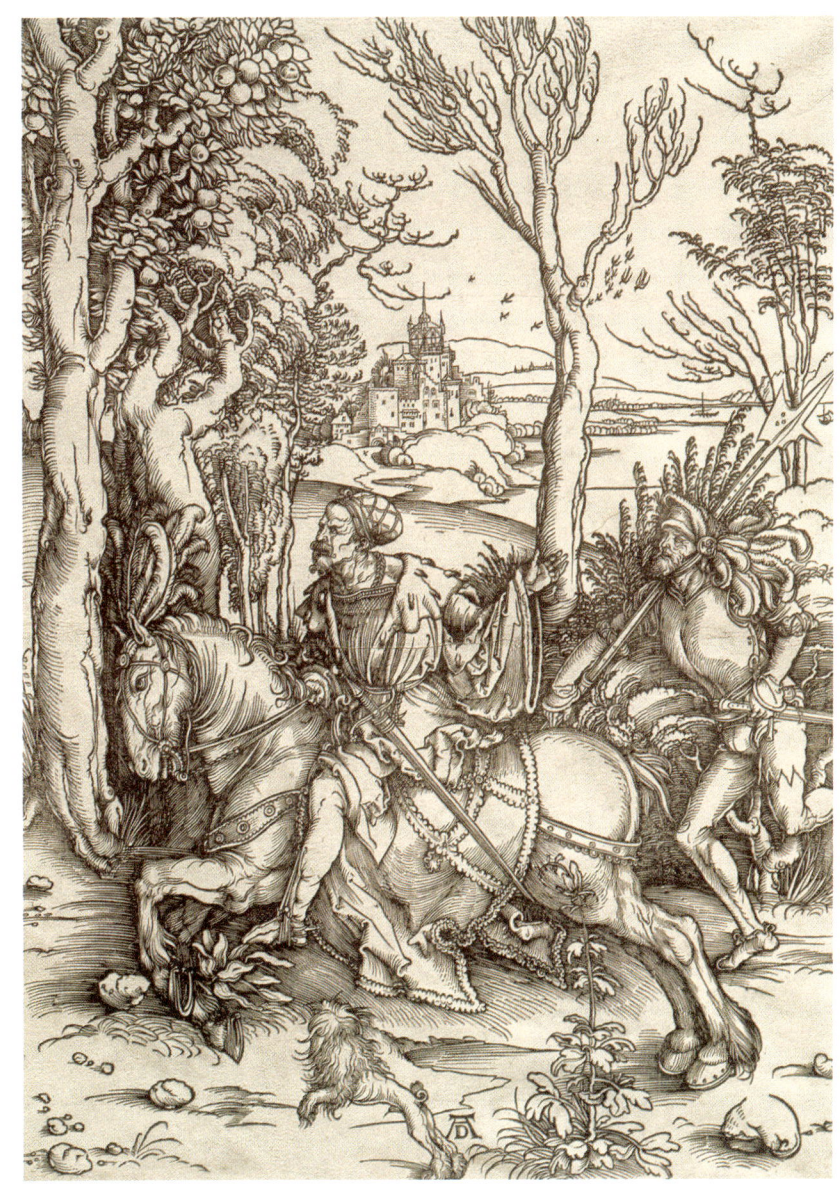

Knight on Horseback with Lansquenet
Le Chevalier et le Lansquenet
Reiter mit Landsknecht
Caballero con lansquenete
Il cavaliere e il Lanzichenecco
Ruiter met voetknecht

c. 1496, Woodcut/Gravure sur bois,
39,1 × 28,4 cm, Germanisches
Nationalmuseum, Nürnberg

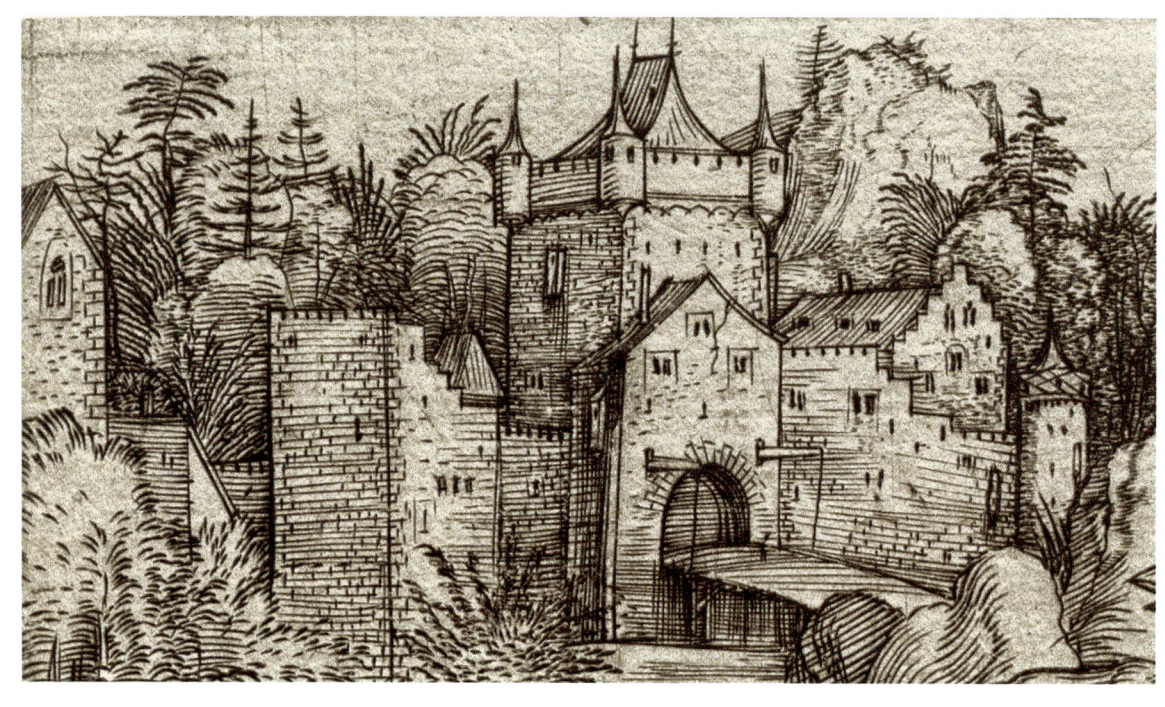

The Monstrous Sow of Landser

Le Pourceau monstrueux de Landser

Die wunderbare Sau von Landser

El cerdo monstruoso de Landser

Il prodigioso cinghiale di Landser

De wonderbaarlijke zeug van Landser

1496, Copperplate engraving/Gravure sur cuivre, 12 × 12,7 cm, Staatliche Kunsthalle, Karlsruhe

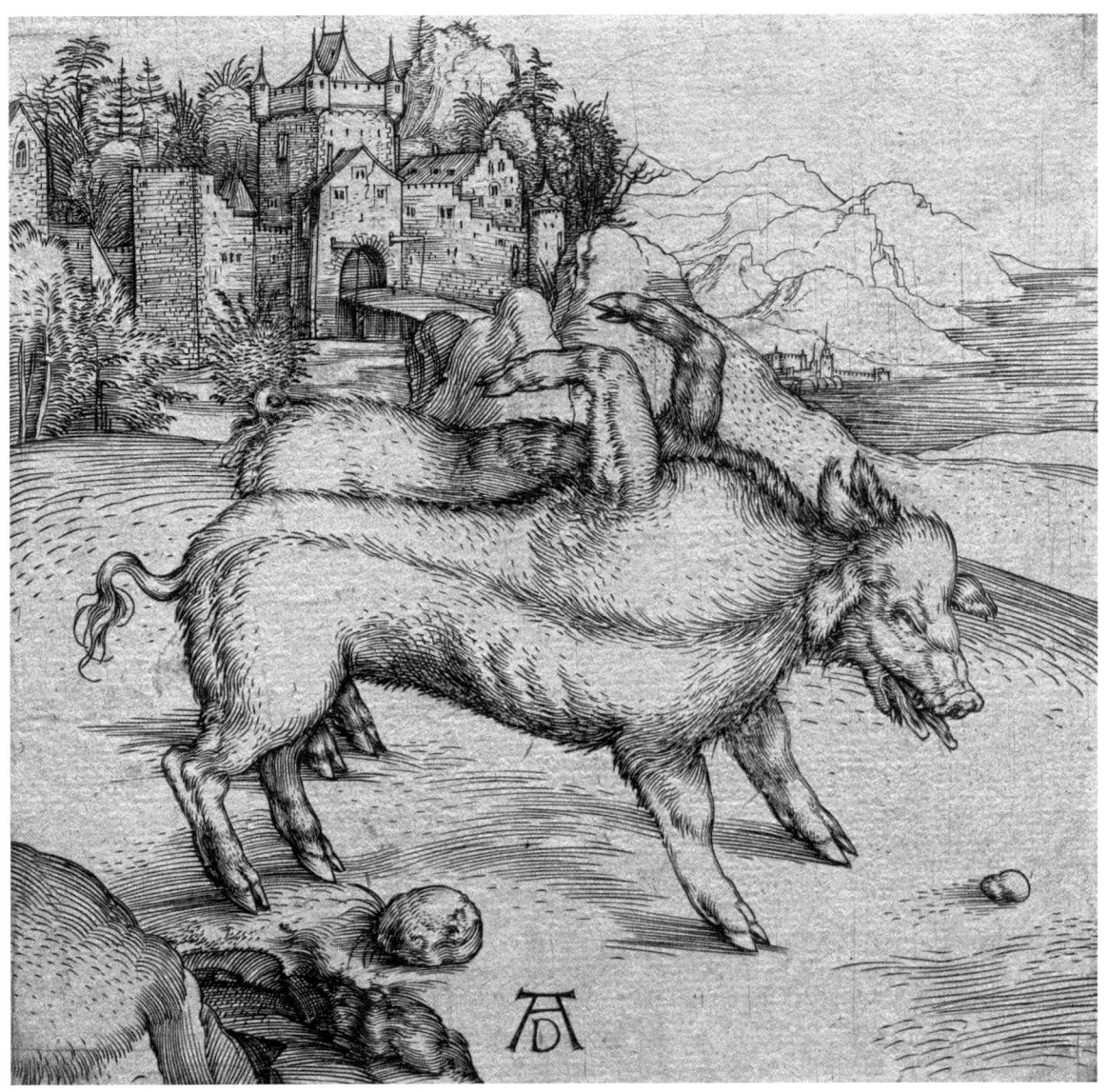

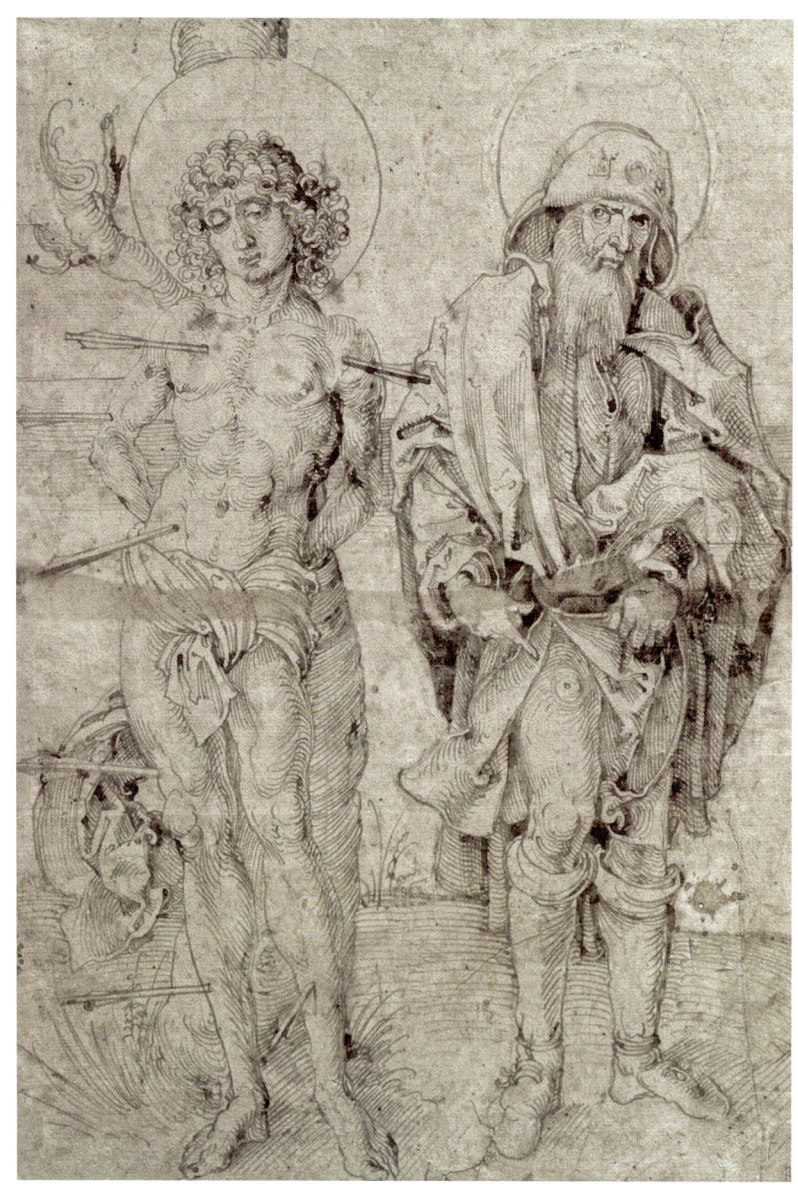

Saints Sebastian and Roch

Saint Sébastien et saint Roch

Die Heiligen Sebastian und Rochus

San Sebastián y San Roque

San Sebastiano e San Rocco

De heilige Sebastian en Rochus

c. 1496, Pen and ink in brown/
Dessin à la plume, 29,8 × 20,2 cm,
Städel Museum, Frankfurt am Main

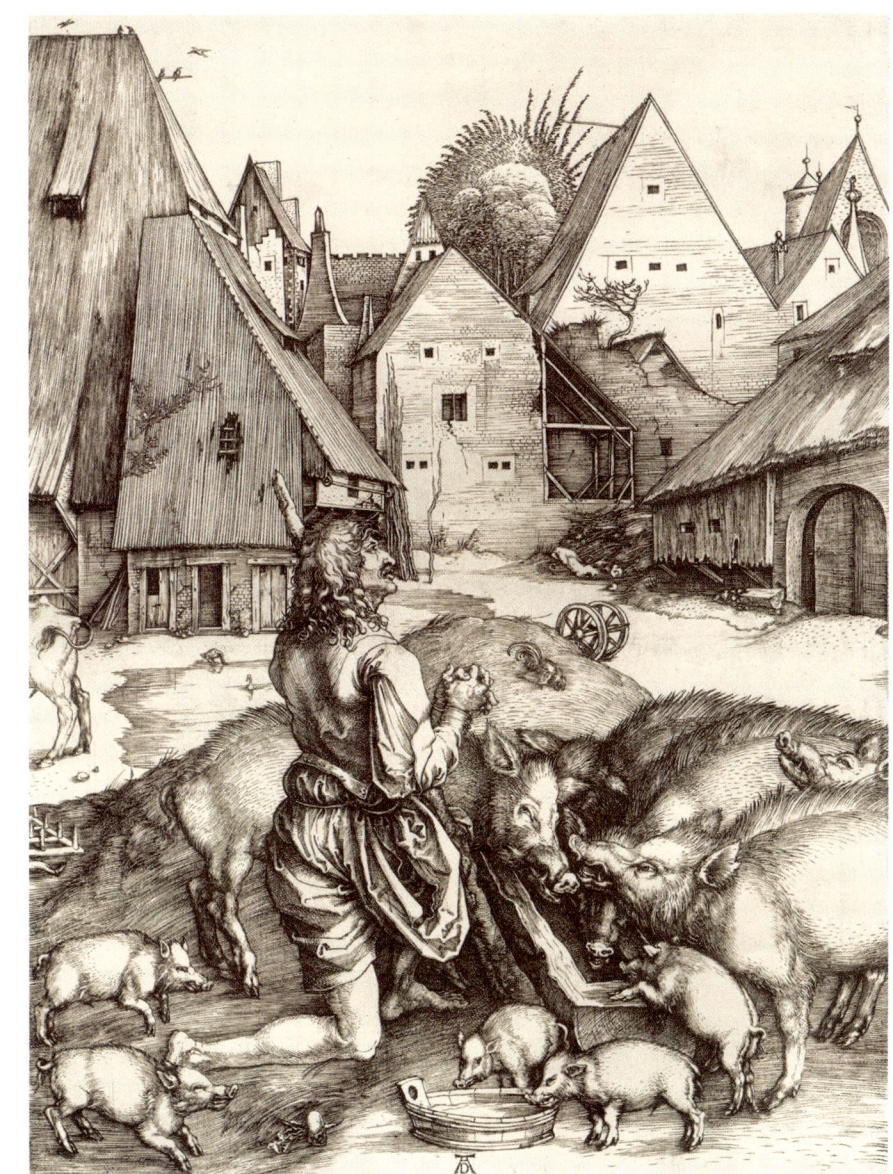

The Prodigal Son

*Le Fils prodigue parmi
les pourceaux*

Der verlorene Sohn

El hijo pródigo

Il figliol prodigo

De verloren zoon

*1496, Copperplate engraving/
Gravure sur cuivre, 24,8 × 19 cm,
Kupferstichkabinett, Berlin*

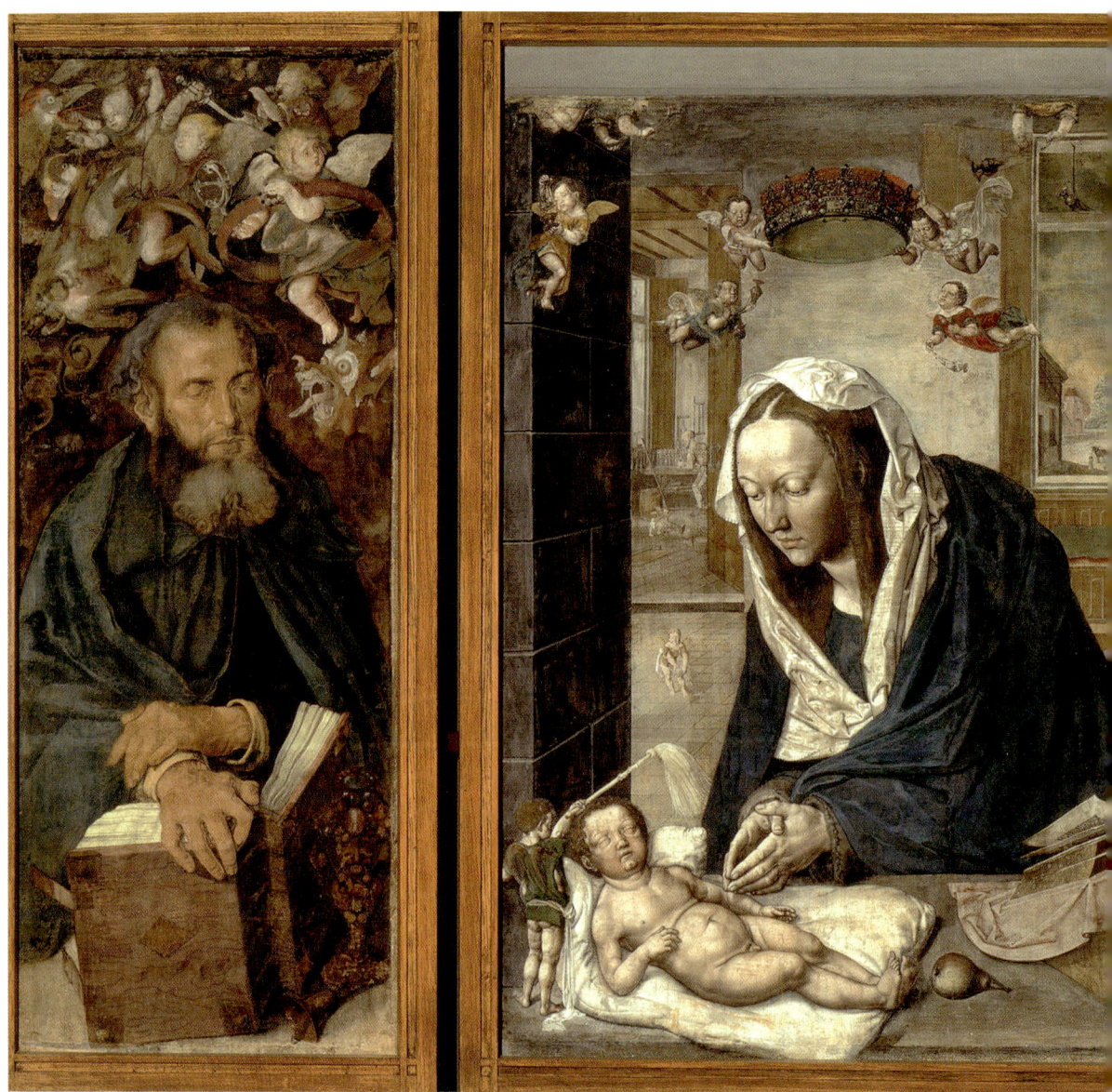

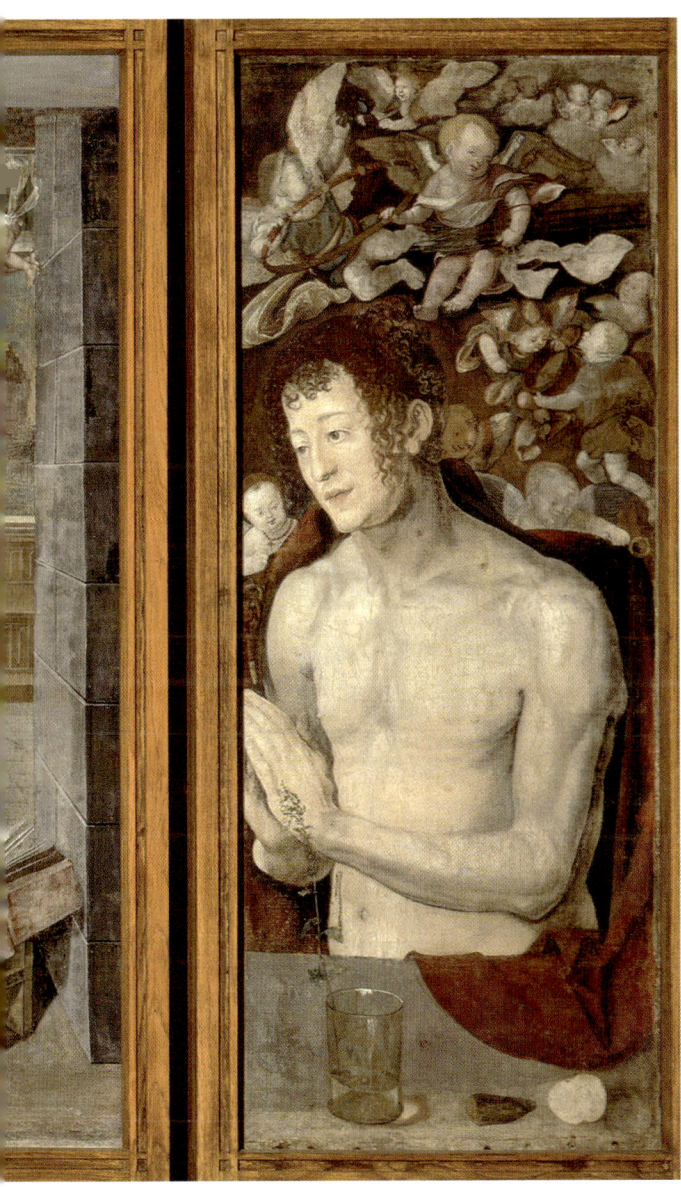

The Dresden Altar (Center Panel: *Mary Worshiping the Child*. Wing: *Saints Anthony and Sebastián*)

Retable de Dresde (*La Vierge et l'Enfant endormi entre saint Antoine ermite et saint Sébastien*)

Der Dresdner Altar (Mittelbild: *Maria, das Kind anbetend*. Flügel: *die hl. Antonius und Sebastian*)

El altar de Dresde (retablo central: *María, rezando al niño*. Laterales: *San Antonio y San Sebastián*)

L'altare di Dresda (pala centrale: *Madonna in adorazione del Bambino*. Pannelli laterali: *sant'Antonio e san Sebastiano*)

Het Dresder altaar (midden: *Maria, het kind aanbiddend*. Vleugel: *de heilige Antionius en Sebastian*)

1496, *Tempera on canvas/Tempera sur toile, 117 × 96,5 cm, Gemäldegalerie Alte Meister, Dresden*

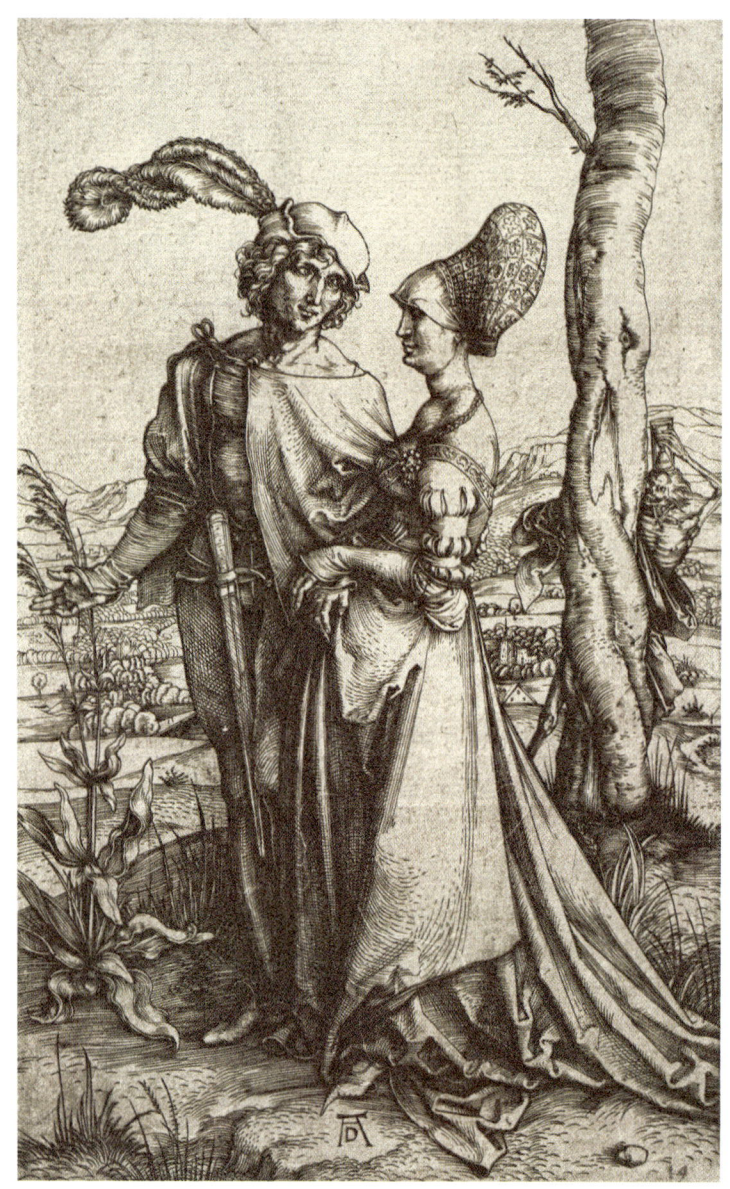

Nobleman and Lady on a Walk

Les Amants et la Mort ou *La Promenade*

Edelmann und Dame beim Spaziergang

Noble y dama paseando

Nobile e dama mentre a passeggio

Edelman en dame aan het wandelen

c. 1498, Copperplate engraving/Gravure sur cuivre,
19,5 × 12 cm, Staatliche Kunsthalle, Karlsruhe

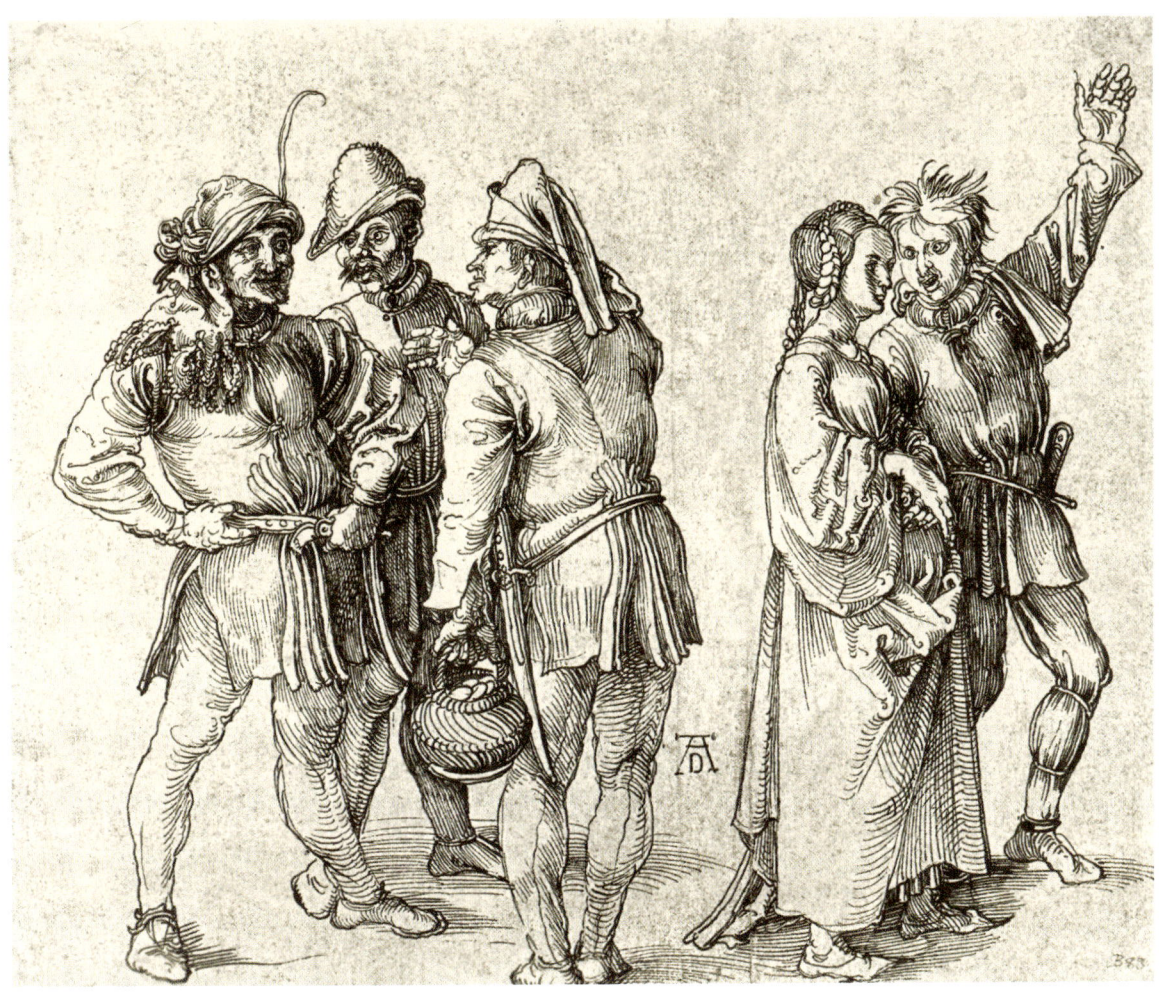

**Peasants at Market and
a Young Couple**

*Trois paysans en conversation
et un jeune couple*

**Marktbauern im Gespräch
und ein junges Paar**

*Campesinos en el mercado
hablando con una joven pareja*

**Agricoltori di mercato che
conversano e una giovane coppia**

*Boeren op de markt en
gesprek en jong stel*

1497, Pen and ink/Dessin à la plume, 19 × 22,3 cm, Kupferstichkabinett, Berlin

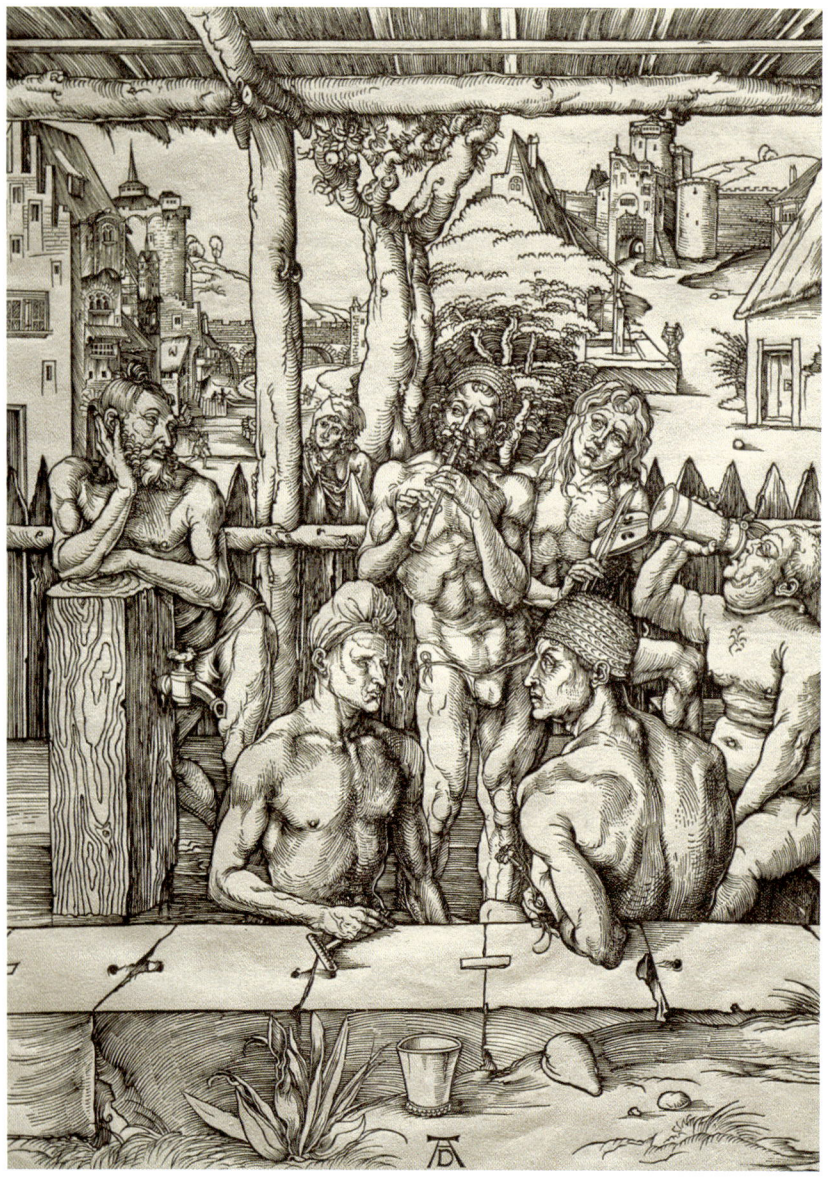

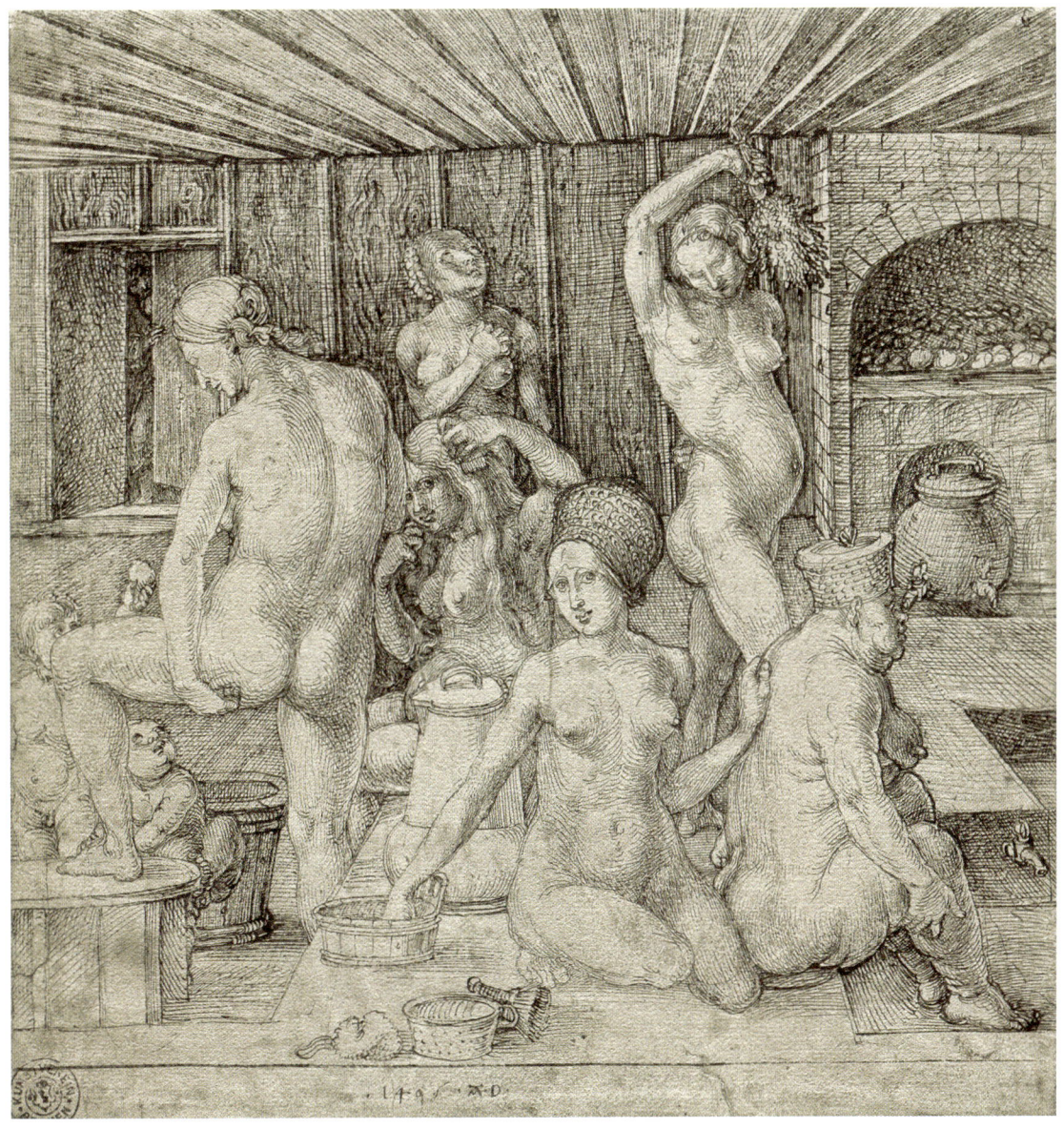

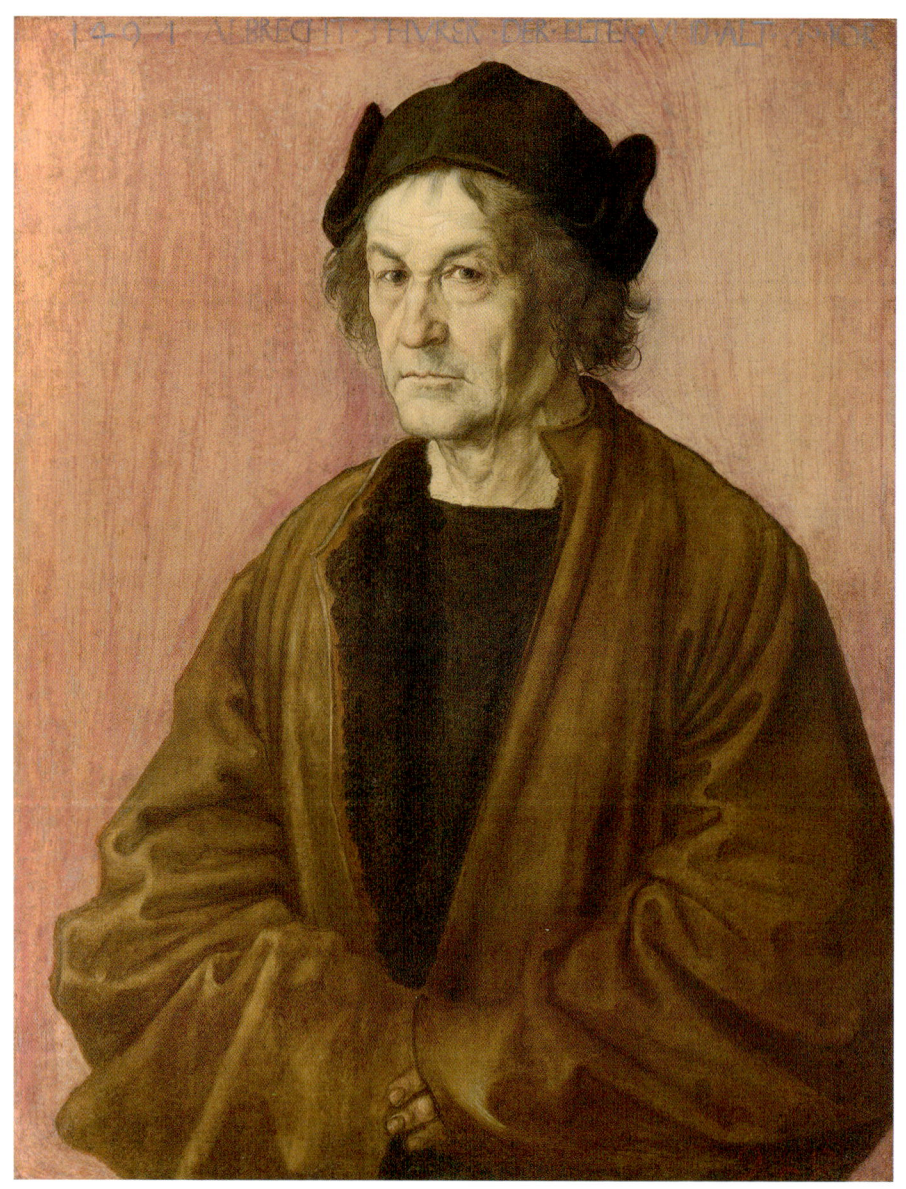

After/d'après Dürer

Albrecht Dürer the Elder

Albrecht Dürer l'Ancien

Albrecht Dürer der Ältere

Alberto Durero el Viejo

Albrecht Dürer il Vecchio

Albrecht Dürer de Oudere

1497, Oil on wood/Huile sur bois, 51 × 40,3 cm, National Gallery, London

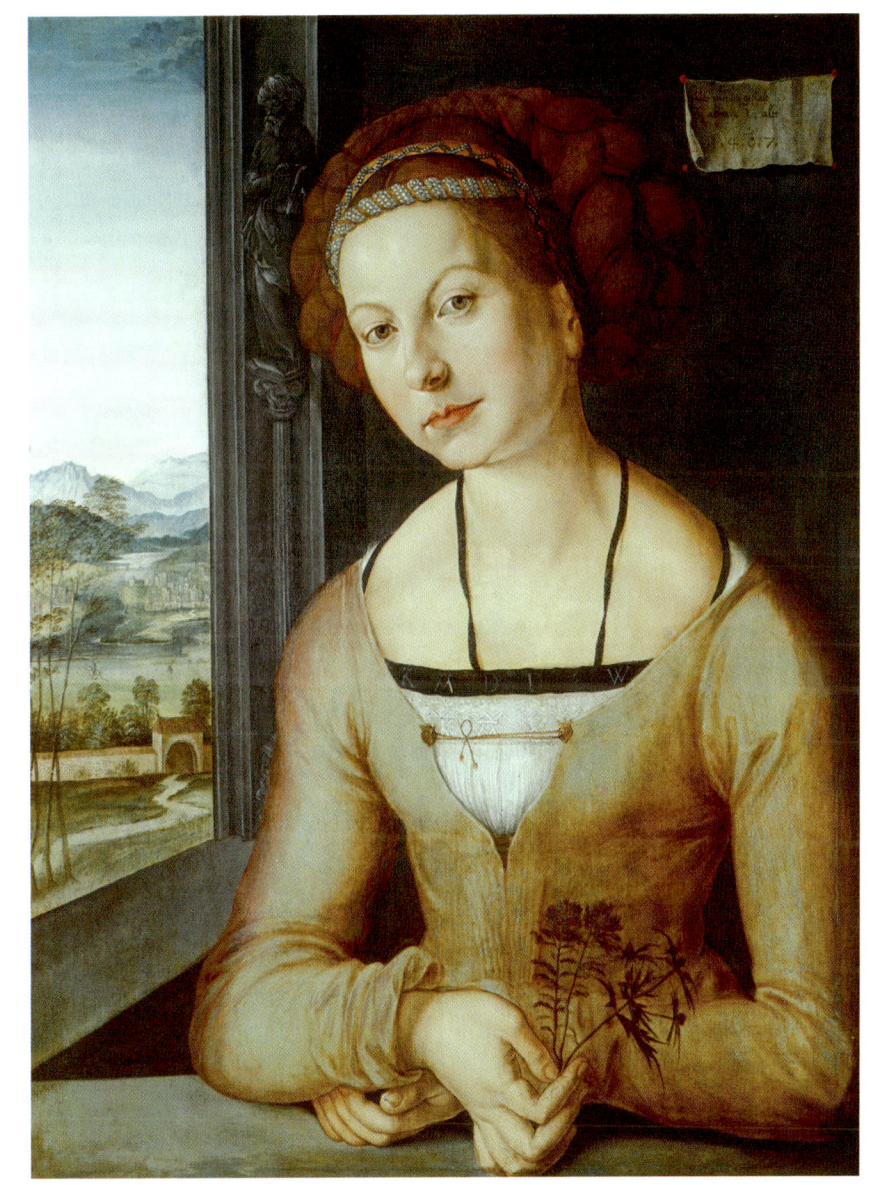

After/d'après Dürer

Katharina Frey

Portrait de femme aux cheveux relevés

1497, Oil on wood/Huile sur bois, 58,2 × 42,5 cm, Museum der Bildenden Künste, Leipzig

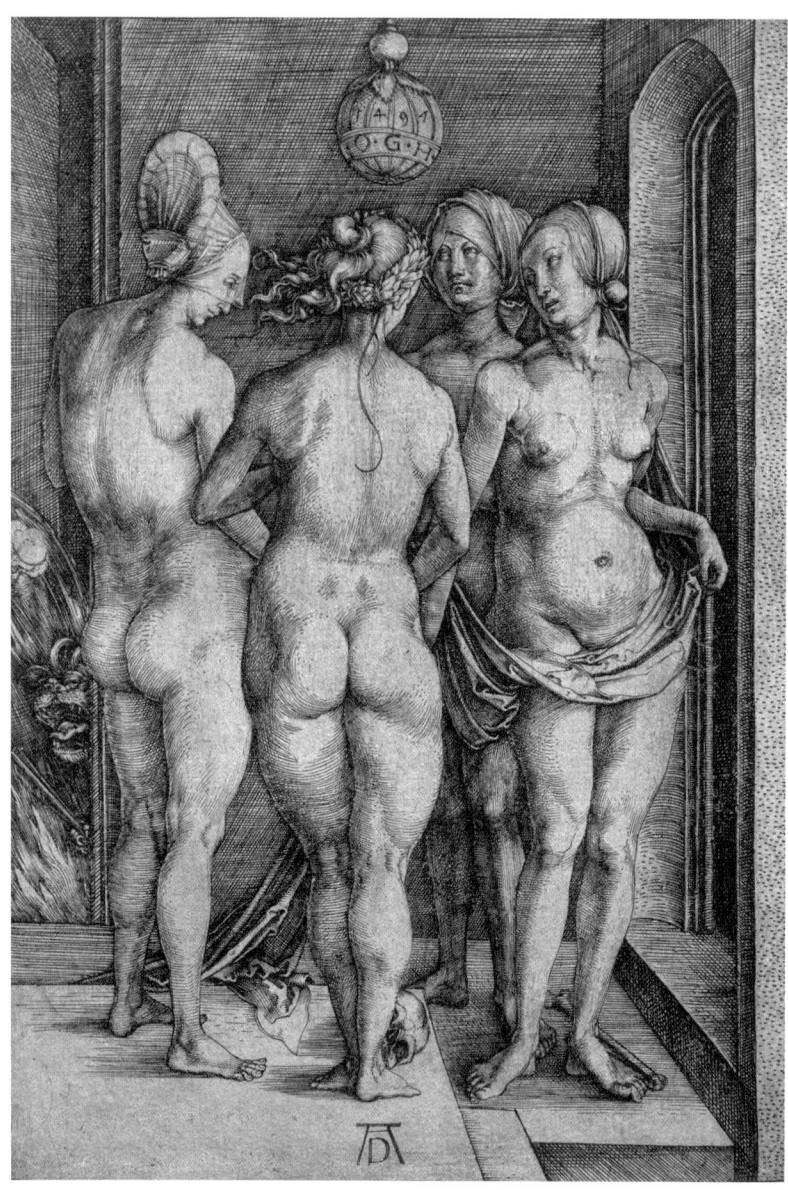

Four Female Nudes

Les Quatre Femmes nues ou
Les Quatre Sorcières

Die vier nackten Frauen

Cuatro mujeres desnudas

Le quattro donne nude

De vier naakte vrouwen

1497, Copperplate engraving/Gravure sur cuivre, 19,3 × 13,6 cm, Städel Museum, Frankfurt am Main

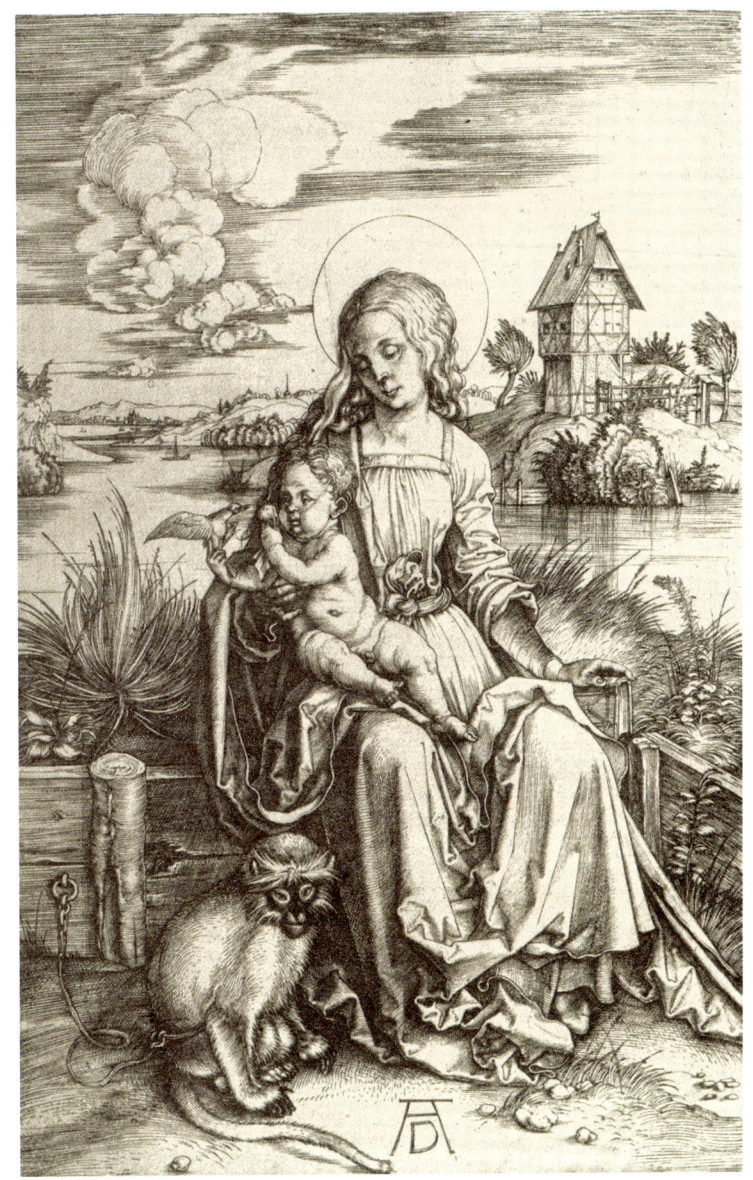

Madonna with the Monkey
La Vierge au singe
Maria mit der Meerkatze
Virgen del mono
Maria e il cercopiteco
Maria met de meerkat

c. 1497, Copperplate engraving/Gravure sur cuivre,
19,1 × 12,2 cm, Kupferstichkabinett, Berlin

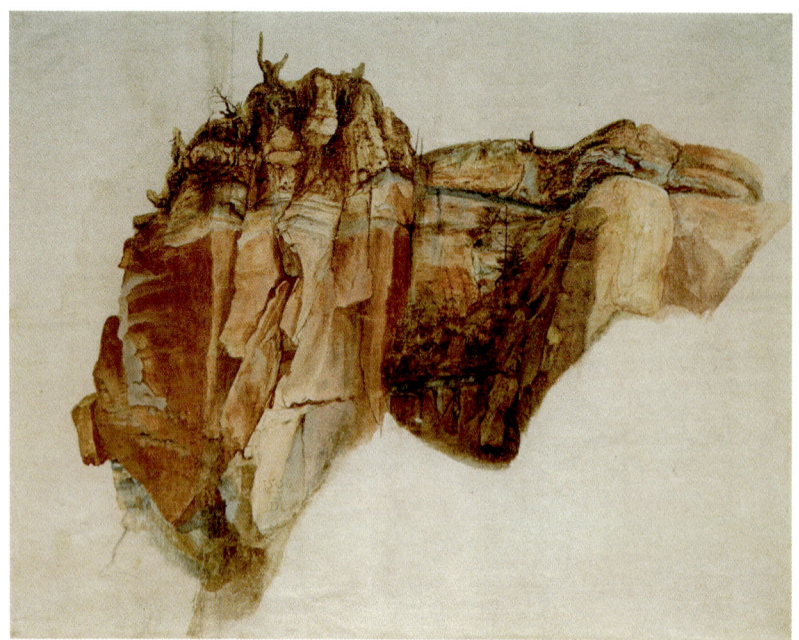

Entrepreneurial Year

In 1498, Dürer self-published his woodcut cycle for the Book of Revelation, the *Apocalypse.* This book illustrated with 15 woodcuts struck the nerve of an age convinced that the End Times were near and marked the final breakthrough of this exceptional artist. Contemporaries and companions such as his childhood friend, patrician Willibald Pirckheimer, and the poet and humanist Conrad Celtis compared him to Apelles, the most famous painter of antiquity.

The impressions Dürer had obtained in Italy made their way into the *Haller Madonna* (1498), reflecting the colors of the Venetian painting of a Bellini. Dürer also increasingly engaged

L'artiste indépendant

Entre 1496 et 1498, Dürer crée et publie lui-même une série de xylographies sur L'*Apocalypse de saint Jean*. Ce livre illustré de quinze gravures témoigne bien de l'esprit du temps et de son ambiance de fin du monde, et marque la véritable percée de cet artiste d'exception. Ses contemporains et ses compagnons, comme son ami de jeunesse le patricien Willibald Pirckheimer ou encore le poète et humaniste Conrad Celtis le comparent avec Apelle, le plus célèbre peintre de l'Antiquité.

Les influences qu'il a rencontrées en Italie sont bien visibles dans sa *Madonne de Haller* (vers 1498), où l'on retrouve tout à fait les teintes de la peinture

Unternehmerjahre

Im Jahr 1498 bringt Dürer selbständig seinen Holzschnittzyklus zur Offenbarung des Johannes, die *Apokalypse* heraus. Dieses mit 15 Holzschnittseiten illustrierte Buch trifft den von Endzeitstimmung geprägten Nerv der Zeit und markiert den endgültigen Durchbruch des Ausnahmekünstlers. Zeitgenossen und Wegbegleiter wie sein Jugendfreund, der Patrizier Willibald Pirckheimer, und der Dichter und Humanist Conrad Celtis vergleichen ihn mit Apelles, dem berühmtesten Maler der Antike.

Die in Italien gesammelten Eindrücke zeigen sich in der *Haller-Madonna* (1498), die ganz in der Farbgebung

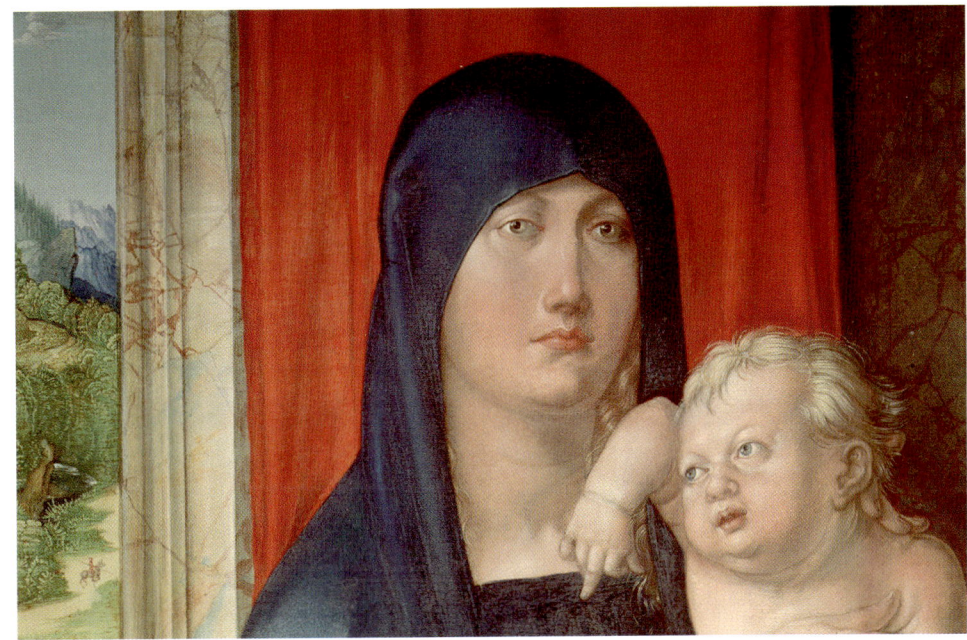

Los años de actividad

En 1498 Durero publica de forma
autónoma un ciclo de xilografías
sobre la revelación de Juan, el
Apocalipsis. Este libro, ilustrado con
15 xilografías, captura el espíritu de la
época, caracterizado por un ambiente
apocalíptico, y marca a la vez el punto
de inflexión definitivo en la carrera de
este artista excepcional. Coetáneos
y afines como su amigo de juventud,
el patricio Willibald Pirckheimer o el
poeta y humanista Conrad Celtis lo
comparan con Apeles, el pintor más
famoso de la Antigüedad.

Las impresiones recopiladas en
Italia se muestran en su *Madonna
de Haller* (1498), que por su uso del

Gli anni di sviluppo dell'attività

Nel 1498 Dürer pubblica per iniziativa
personale il suo ciclo di xilografie
sulla Rivelazione di Giovanni intitolato
l'*Apocalisse*. Questo libro illustrato
con 15 xilografie incontra il gusto del
pubblico di fine secolo e rappresenta
un punto di svolta decisivo per questo
artista eccezionale. I contemporanei
e i compagni di Dürer, come il suo
amico d'infanzia, il patrizio Willibald
Pirckheimer, e il poeta e umanista
Conrad Celtis, lo paragonano ad Apelle,
il massimo pittore dell'antichità.

Le impressioni raccolte in Italia
rivivono nella *Madonna di Haller* (1498),
che presenta gli stessi colori delle
opere del veneziano Bellini. Inoltre,

Nijvere jaren

In het jaar 1498 publiceert Dürer in
eigen beheer een cyclus houtsnedes
over de Openbaring van Johannes,
de *Apokalyps*. Het met 15 pagina's
houtsnedes geïllustreerde boekwerk
raakt precies de open zenuw van de
maatschappij, met de rondwarende
vrees voor het einde ter tijden en
betekent de ultieme doorbraak van de
uitzonderlijke kunstenaar. Tijdgenoten
en wegbereiders zoals zijn jeugdvriend,
de patriciër Willibald Pirckheimer en de
dichter en humanist Celtis vergelijken
hem met Apelles, de beroemdste
kunstschilder van de oudheid.

De in Italië opgedane impressies
weerspiegelen in de *Haller-Madonna*

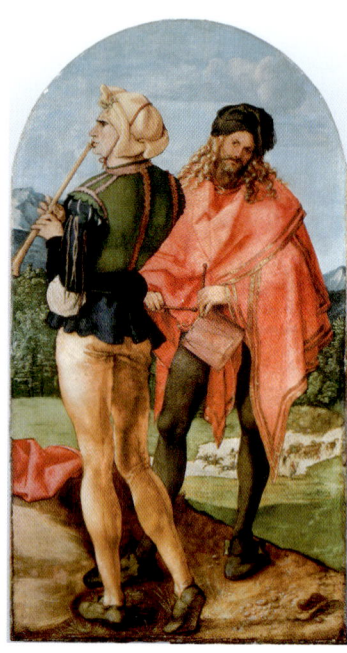

with the theories of perspective and proportion that had come out of the Italian Renaissance. The engravings *The Great Fortune* (1500) and *Adam and Eve* (1504) show Dürer's special position as an engraver.

A number of Dürer's written documents have survived including correspondence, business papers, diaries, travel books, and a family history. These invaluable sources have made it possible to draw a fairly accurate picture of Dürer's living conditions and personality. Dürer probably set up his own official workshop around 1503. He employed the likes of Hans Baldung called Grien, Hans Schäufelein, and his own brother Hanns. Over the next

vénitienne d'un Bellini. Dürer s'intéresse aussi de plus en plus aux lois de la perspective et des proportions énoncées par les artistes italiens de la Renaissance. Les gravures *La Grande Fortune* (vers 1500) ou encore *Adam et Ève* (1504) montrent bien la place toute particulière qu'occupe Dürer dans le domaine de la gravure sur cuivre.

De nombreux documents écrits nous sont parvenus concernant la vie de Dürer, notamment des correspondances, des documents commerciaux, des journaux, des carnets de voyage, et même une chronique familiale. Ces sources, d'une valeur inestimable, nous permettent aujourd'hui de nous faire une idée très précise des conditions

der venezianischen Malerei eines Bellini erscheint. Auch setzt sich Dürer immer stärker mit den von den italienischen Renaissancekünstlern entwickelten Gesetzen der Perspektiv- und Proportionslehre auseinander. Die Kupferstiche *Das große Glück* (1500) sowie *Adam und Eva* (1504) belegen Dürers Sonderstellung als Kupferstecher.

Aus Dürers Leben sind schriftliche Zeugnisse wie Briefverkehr, Geschäftspapiere, Tage- und Reisebücher sowie eine Familienchronik überliefert. Diese unschätzbaren Quellen ermöglichen es heute, ein recht genaues Bild der Lebensumstände und der Person Dürers zu zeichnen. So hatte Dürer vermutlich um 1503

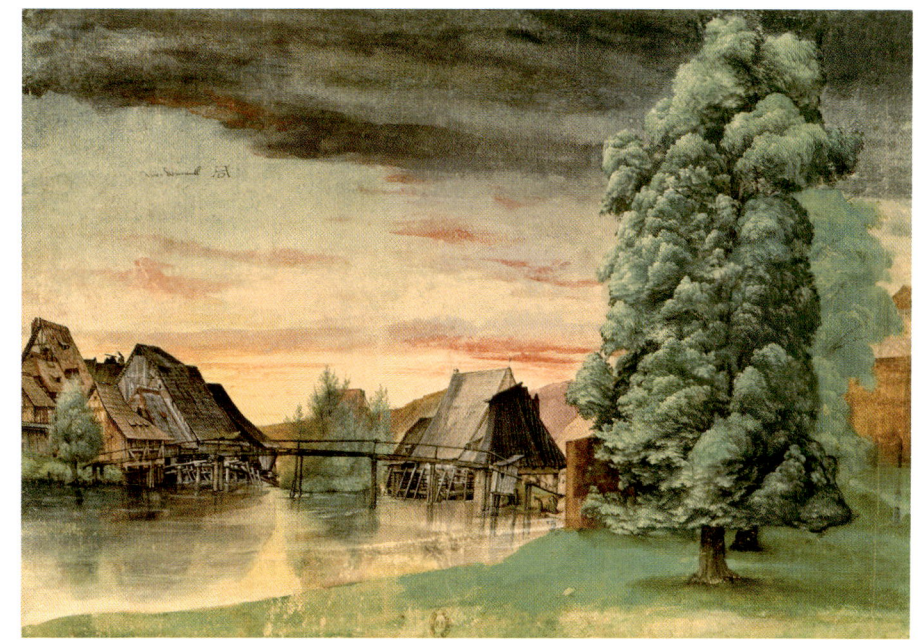

Mill Pond

Le Moulin aux saules

Weidenmühle

Molino

Il mulino dei salici

Wilgmolen

1495/96, Pen and ink,
watercolor and gouache/
Plume, encre, aquarelle et
gouache, 25,3 × 36,7 cm,
Bibliothèque Nationale, Paris

color típico de la escuela veneciana parece un Bellini. Durero también se dedica cada vez más a las leyes de la perspectiva y proporción desarrolladas por los artistas renacentistas italianos. Las calcografías *La gran suerte* (1500) así como *Adán y Eva* (1504) demuestran la excepcionalidad de Durero como calcógrafo.

De la vida de Durero nos han llegado multitud de testimonios escritos, como cartas, papeles comerciales, diarios, cuadernos de viajes o una crónica familiar. Estas fuentes de valor incalculable nos permiten hoy en día recrear una imagen muy precisa de la situación vital de Durero. Por ejemplo, en 1503 Durero habría abierto su propio

in questo momento Dürer studia sempre più approfonditamente le leggi sulla prospettiva e la teoria delle proporzioni sviluppate dagli artisti del Rinascimento italiano. Le incisioni *La Grande Fortuna* (1500) e *Adamo ed Eva* (1504) testimoniano la posizione particolare di Dürer come incisore su rame.

Della vita di Dürer sono pervenuti diversi scritti, come lettere, carte di affari, diari e libri di viaggio, e persino una storia di famiglia. Queste fonti inestimabili hanno permesso di tracciare un quadro abbastanza preciso delle condizioni di vita e della figura di Dürer. Presumibilmente, intorno al 1503 l'artista crea una propria bottega ufficiale e

(1498), die geheel in de kleurenscala van de Veneziaanse schilderkunst van een Bellini verschijnt. Ook zet Dürer zich steeds dieper uiteen met de door de Italiaanse renaissancekunstenaars ontwikkelde wetten van de perspectief – en proportieleer uiteen. De kopergravures *Das große Glück* (1500) alsmede *Adam und Eva* (1504) bevestigen Dürers uitzonderlijke positie als kopergraveur.

Uit Dürers leven zijn schriftelijke testimonia zoals briefwisselingen, zakelijke geschriften, dag- en reisdagboeken alsook een familiekroniek bewaard gebleven. Deze bronnen van onschatbare waarde maken het ons heden mogelijk, een tamelijk precies

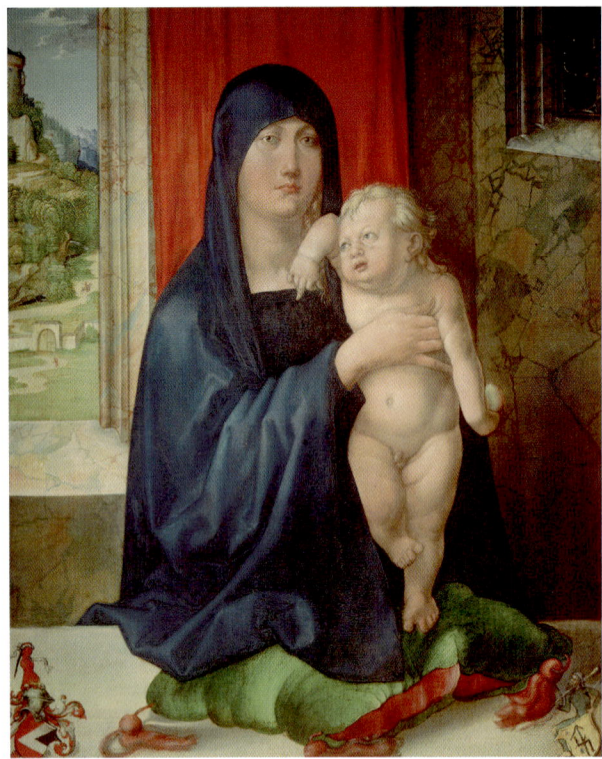

couple of years, the workshop worked on large commissions including the *Paumgartner Altar* for the Nuremberg patrician family of the same name, the *Jabach Altar,* and the *Adoration of the Magi*. The workshop also created so-called showpieces like the *Green Passion*.

de vie de Dürer et de sa personnalité. Il semblerait ainsi que Dürer ait eu dès 1503 son propre atelier officiel. Parmi ses collaborateurs, on peut citer Hans Baldung, dit Grien, Hans Schäufelein ou encore son propre frère Hans. Jusqu'en 1505, ils travaillent à de grosses œuvres de commande, comme le *Retable Paumgartner,* pour la famille de patriciens nurembergeois du même nom, le *Retable Jabach* et l'*Adoration des mages,* mais aussi des œuvres dites d'exposition, comme la *Passion verte*.

eine eigene, offizielle Werkstatt eingerichtet. Zu seinen Mitarbeitern gehören u.a. Hans Baldung, genannt Grien, Hans Schäufelein und der eigene Bruder Hanns. In den Jahren bis 1505 entstehen große Auftragsarbeiten wie der *Paumgartner-Altar* für die gleichnamige Nürnberger Patrizierfamilie, der *Jabach-Altar* und die *Anbetung der Könige,* aber auch sogenannte Schaustücke wie die *Grüne Passion*.

Madonna and Child (Bagnacavallo Madonna)

*Vierge à l'Enfant ou **Madone de Bagnacavallo***

Maria mit Kind (Bagnacavallo-Madonna)

*Virgen con niño
(Madonna de Bagnacavallo)*

Madonna col Bambino (Madonna di Bagnacavallo)

Maria met het kind (Bagnacavallo-Madonna)

c. 1490, Oil on wood/Huile sur bois, 47,8 × 36,5 cm, Fondazione Magnani Rocca,
Mamiano di Traversetolo

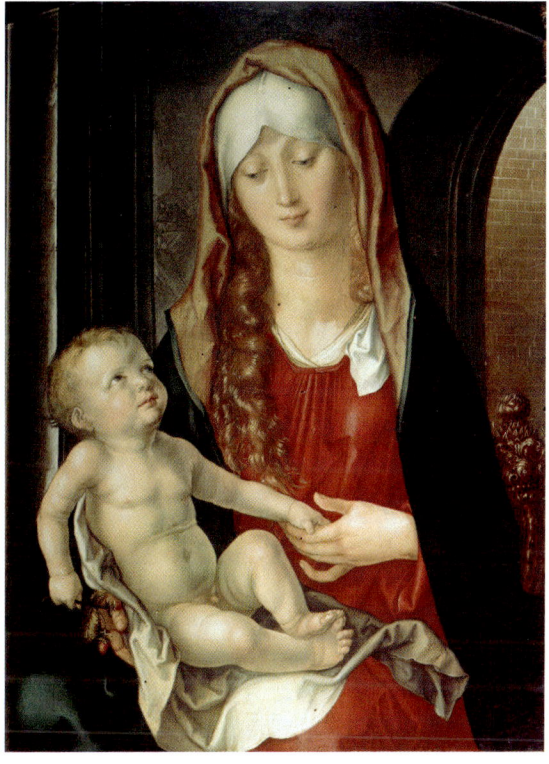

taller oficial. Entre sus trabajadores se encuentran p.ej. Hans Baldung, llamado Grien, Hans Schäufelein y su propio hermano Hanns. Hasta 1505 se realizan grandes encargos como el *Retablo de Paumgartner* para la familia patricia de Núremberg del mismo nombre, el *retablo de Jabach* y la *Adoración de los Reyes,* pero también piezas de exposición como la *Pasión verde.*

indipendente. Tra i suoi collaboratori si annoverano, tra gli altri, Hans Baldung, detto Grien, Hans Schäufelein e suo fratello Hanns. Negli anni fino al 1505 nella bottega vengono prodotte grandi commissioni, come l'*Altare Paumgartner* per l'omonima famiglia patrizia di Norimberga, l'*Altare Jabach* e l'*Adorazione dei Magi,* nonché i cosiddetti oggetti da collezione, come le incisioni della *Passione Verde.*

beeld van de levensomstandigheden en de persoon van Dürer te schetsen. Zo had Dürer vermoedelijk rond 1503 een eigen, officiele werkplaats ingericht. Tot zijn medewerkers behoren o.a. Hans Baldung, ook genoemd Grien, Hans Schäufelein en zijn eigen broer Hanns. In de jaren tot 1505 ontstaan grote werken in opdracht zoals het *Paumgartner-Altar* voor de gelijknamige Neurenberger patriciërfamilie, het *Jabach-Altar* en de *Anbetung der Könige,* maar ook zogenaamde toonbeelden zoals de *Grüne Passion.*

Even at the young age of 13, Dürer was drawing himself using a mirror. This silverpoint drawing from 1484 is the oldest surviving work of the artist and marks the beginning of a lifelong interest in human physiognomy, self-questioning, and self-expression. Self-portraits were still quite rare in the 1480s, with virtually no other self-portraits identified as such surviving from that period. The drawings of 1484, 1493, and 1503 focus on self-reflection and life drawing. His self-portrait in the nude from 1503 was an absolute innovation in the history of art. In the paintings of 1493 and 1498, Dürer expresses himself even more boldly, wearing the latest fashions with youthful elegance with flowing curls against the background of an ideal landscape, always with seriously restrained look. His famous self-portrait in fur coat (1500) is reminiscent of other iconic representations of the Christ, but is provided with an inscription. The artist also included himself in magnificent altarpieces like that made for the Festival of Our Lady of the Rosary *(1506) or the* Martyrdom of the Ten Thousand *(1508). The artist and his art became one, expressing Dürer's humanist attitude in the knowledge of his self while expressing his Christian piety.*

À treize ans à peine, Dürer se dessinait déjà lui-même à l'aide d'un miroir. Ce dessin à la pointe d'argent de 1484 est l'œuvre la plus ancienne de l'artiste qui nous soit parvenue, et elle marque le début d'une vie entière de recherches sur la physionomie humaine, la représentation et le questionnement de soi. Dans les années 1480, les autoportraits étaient encore rares. Il n'y a pour ainsi dire aucune autoreprésentation picturale indépendante d'un artiste de cette époque. Dans les dessins de 1484, 1493 et des années 1500, c'est l'autoréflexion et l'étude du corps qui dominent. Son Étude de nu, le représentant dévêtu, vers 1509, est une nouveauté absolue dans l'histoire des arts. Dans ses tableaux de 1493 et 1498, la représentation de soi se focalise davantage sur les vêtements : Dürer est habillé à la dernière mode, élégant et d'apparence juvénile avec ses cheveux bouclés lâchés sur ses épaules, tout en conservant un regard à la fois sérieux et discret avec, en arrière-plan, un paysage idéal. Son célèbre Autoportrait au col de fourrure *(1500) rappelle des représentations iconographiques du Christ et présente une inscription. Il inclut également son portrait dans des retables somptueux, comme celui de* La Fête du rosaire *(1506) ou du* Martyre des dix mille chrétiens *(1508). L'artiste et son art ne font ici qu'un et Dürer exprime à la fois sa position humaniste concernant la connaissance de soi-même et sa piété chrétienne.*

Bereits als 13-jähriger zeichnet Dürer sich selbst mithilfe eines Spiegels. Diese Silberstiftzeichnung von 1484 ist das älteste erhaltene Werk des Künstlers und markiert den Beginn einer lebenslangen Auseinandersetzung mit der Physiognomie des Menschen sowie mit den Themen Selbstbefragung und Selbstdarstellung. Selbstbildnisse stellen in den 1480er-Jahren noch eine Besonderheit dar, es gibt so gut wie keine autonome malerische Selbstdarstellung eines Künstlers aus dieser Epoche. In den Zeichnungen von 1484, 1493 und 1503 überwiegt die Selbstreflexion und Körperstudie. Seine Selbst-Aktstudie von 1503 ist ein absolutes Novum in der Kunstgeschichte. In den Gemälden von 1493 und 1498 kommt die Selbstdarstellung stärker zum Tragen: nach der letzten Mode gekleidet, jugendlich elegant mit fließenden Locken vor dem Hintergrund einer Ideallandschaft, dabei stets mit ernsthaft zurückhaltendem Blick. Sein berühmtes Selbstbildnis im Pelzrock *(1500) erinnert an ikonenhafte Christusdarstellungen und ist mit einer Inschrift versehen. Auch baut der Künstler sein Porträt in prächtige Altarwerke wie das des* Rosenkranzfestes *(1506) oder der* Marter der Zehntausend *(1508) ein. Hier werden der Künstler und seine Kunst eins, kommt Dürers humanistische Haltung im Wissen um seiner Selbst und gleichzeitig seine christliche Frömmigkeit zum Ausdruck.*

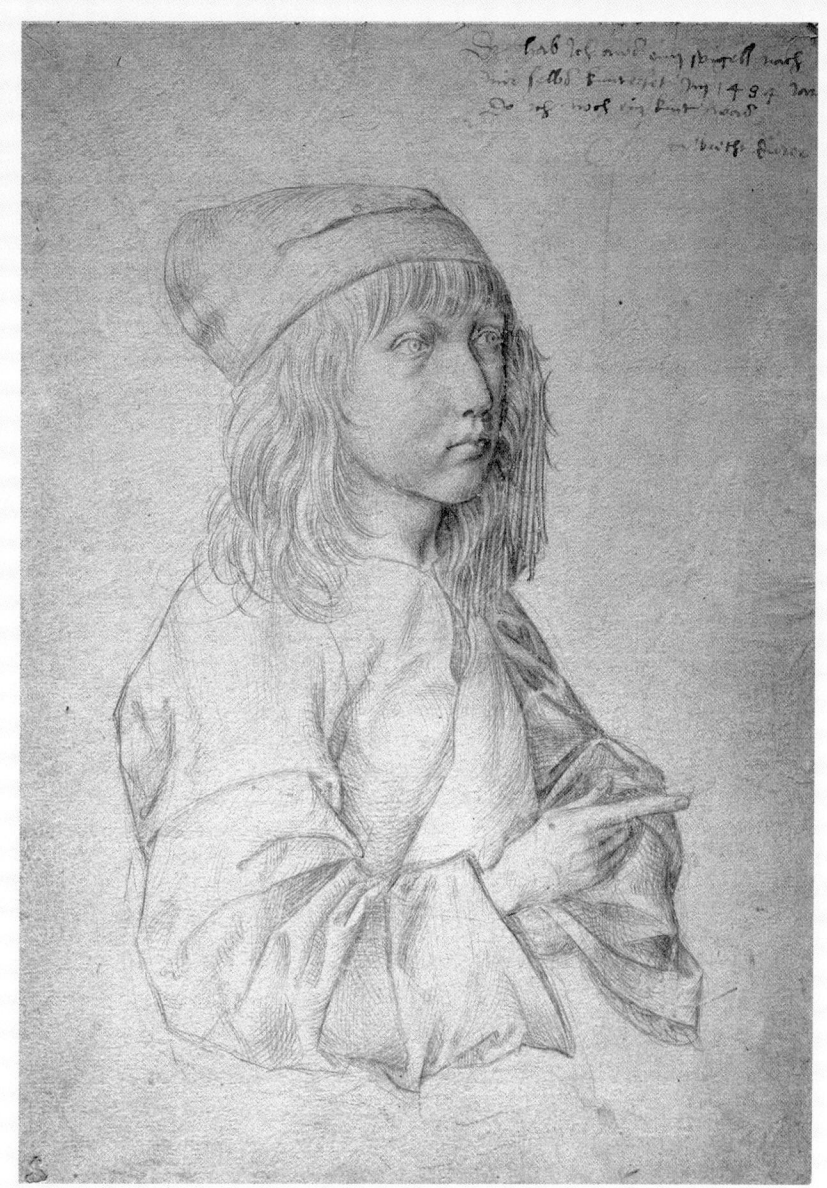

Self-portrait as a boy
Autoportrait à l'âge de treize ans
Selbstbildnis als Knabe
Autorretrato como niño
Autoritratto da ragazzo
Zelfportret als jongen

1484, Silver point/Dessin à la pointe
d'argent, 27,5 × 19,6 cm, Albertina, Wien

89

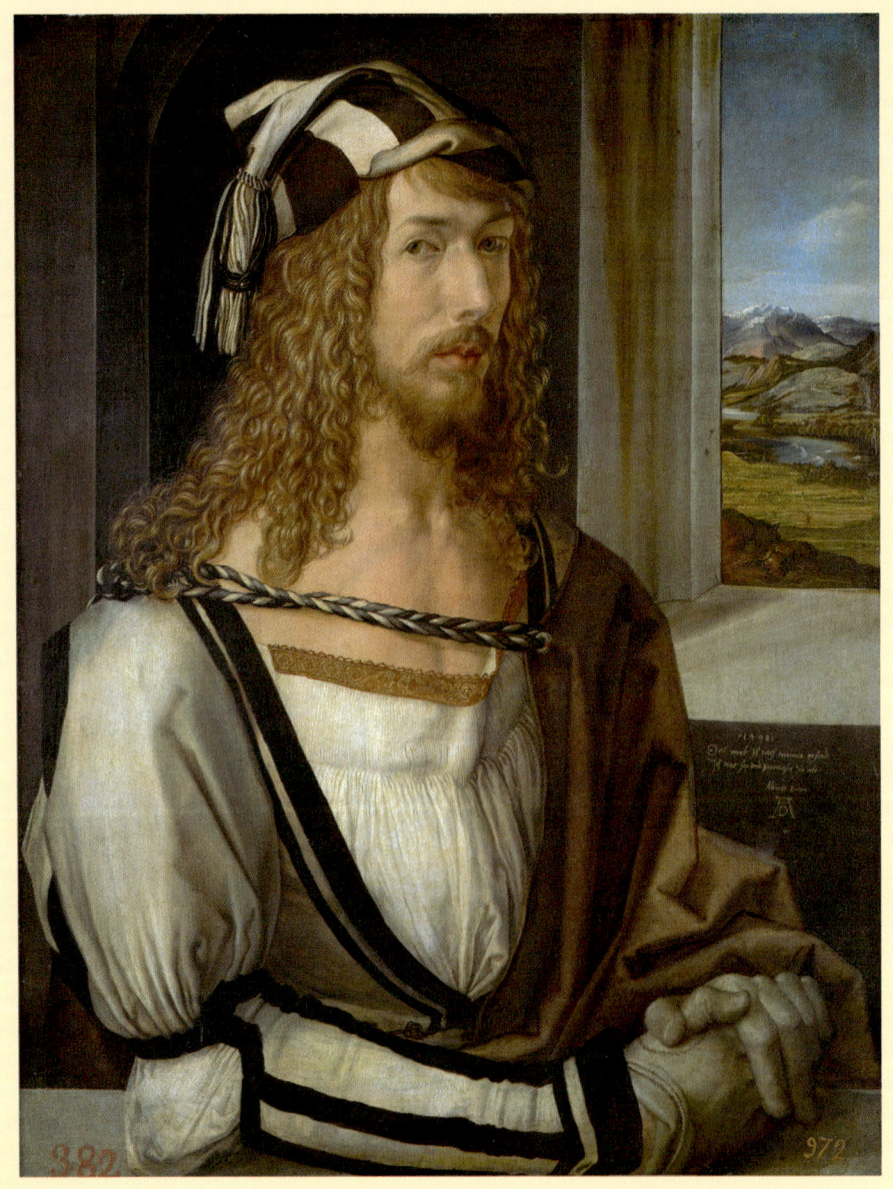

Self-Portrait

Autoportrait

Selbstbildnis

Autorretrato

Autoritratto

Zelfportret

*1498, Oil on wood/Huile sur bois,
52 × 41 cm, Museo del Prado,
Madrid*

A la edad de 13 años Durero se pinta a sí mismo con la ayuda de un espejo. Este grabado a punta de plata de 1484 es la obra más antigua que se conserva del artista, y marca el inicio de una dedicación vital a la fisionomía humana y a la reflexión y representación de su propia persona. Los autorretratos todavía son una rareza en 1480: no existe prácticamente una representación pictórica autónoma de un artista de esta época. En los dibujos de 1484, 1493 y 1503 lo que más pesa es la autoreflexión y el estudio corporal. Su estudio de autorretrato desnudo de 1503 es una absoluta novedad en la historia del arte. En las pinturas de 1493 y 1498 la pintura se centra más en la presentación de su persona: vestido a la última moda, elegante y juvenil con rizos abundantes frente a un paisaje idealizado, si bien con una mirada seria y contenida. Su famoso Autorretrato con traje de piel (1500) recuerda a la iconografía de las representaciones de Cristo, y contiene además una inscripción. El artista también incluye autorretratos en sus espléndidos retablos como la Fiesta del rosario (1506) o el Martirio de los diez mil (1508). Aquí el artista y su obra se vuelven uno, expresando tanto la postura humanista de Durero sobre el conocimiento y sobre sí mismo como su piedad cristiana.

All'età di appena 13 anni, Dürer si raffigura utilizzando uno specchio. Questo disegno a penna d'argento del 1484 è la più antica opera dell'artista pervenuta e segna l'inizio di uno studio sulla fisionomia umana e i temi dell'autointerrogazione e dell'autoespressione che l'artista porterà avanti per tutta la vita. Negli anni Ottanta del Quattrocento gli autoritratti costituiscono ancora una particolarità; in questo periodo, infatti, non vi è pressoché alcun mezzo pittorico autonomo per l'autoritratto di un artista. Nei disegni del 1484, 1493 e 1503 predominano l'autoriflessione e lo studio del corpo. Lo studio di Dürer della sua figura nuda del 1503 è una novità assoluta nella storia dell'arte. Nei dipinti del 1493 e del 1498 l'autoespressione assume una maggiore rilevanza: appare vestito all'ultima moda, con un'eleganza giovanile, i ricci ondeggianti e un paesaggio ideale sullo sfondo, sempre con uno sguardo serio e riservato. Il suo famoso Autoritratto con pelliccia (1500) ricorda le rappresentazioni iconiche di Cristo e presenta un'iscrizione. Il pittore si ritrae anche in alcune delle sue magnifiche pale d'altare, come la Festa del Rosario (1506) o il Martirio dei Diecimila (1508). In queste opere l'artista e la sua arte diventano un tutt'uno, e l'atteggiamento umanista di Dürer emerge per esprimere se stesso e, al contempo, la sua pietà cristiana.

Reeds als 13-jarige tekent Dürer zichzelf met behulp van een spiegel. Deze zilverstift tekening uit 1484 is het oudste behouden gebleven werk van de kunstenaar en markeerde het begin van een levenslange uiteenzetting met de fysionomie van de mens, alsook de items zelfonderzoek en zelfportret. Zelfportretten worden in de jaren 1480er-Jahren nog als een bijzonderheid beschouwd, er bestaat in deze era tot dan toe vrijwel geen enkele autonome presentatie van een kunstenaar in eigen persoon. In de tekeningen van 1484, 1493 en 1503 overweegt de zelfreflexie en studie van het lichaam. Zijn eigen naaktstudie van 1503 mag een absolute primeur in de geschiedens van de kunst heten. In de doeken van 1493 en 1498 krijgt het zelfportret meer nadruk: gekleed volgens de meest recente mode, jeugdig elegant met vloeiende krullen tegen de achtergrond van een ideaal landschapsfafereel, met steevast een uitstraling van serieuze ingetogenheid. Zijn beroemde zelfportret in bontjas (1500) doet denken aan ikoonachtige Christusbeelden en is voorzien van een inscriptie. Ook maakt de kunstenaar zijn portret tot onderdeel van prachtige altaarwerken zoals dat van het Rosenkranzfest (1506) of het Martelaarschap van de Tienduizend (1508). Uit deze werken blijkt de eenwording van de kunstenaar zelf met zijn kunst, de rechtstreekse expressie van Dürers humanistische opstelling ten opzichte van zelfkennis en tevens zijn vroomheid als christen.

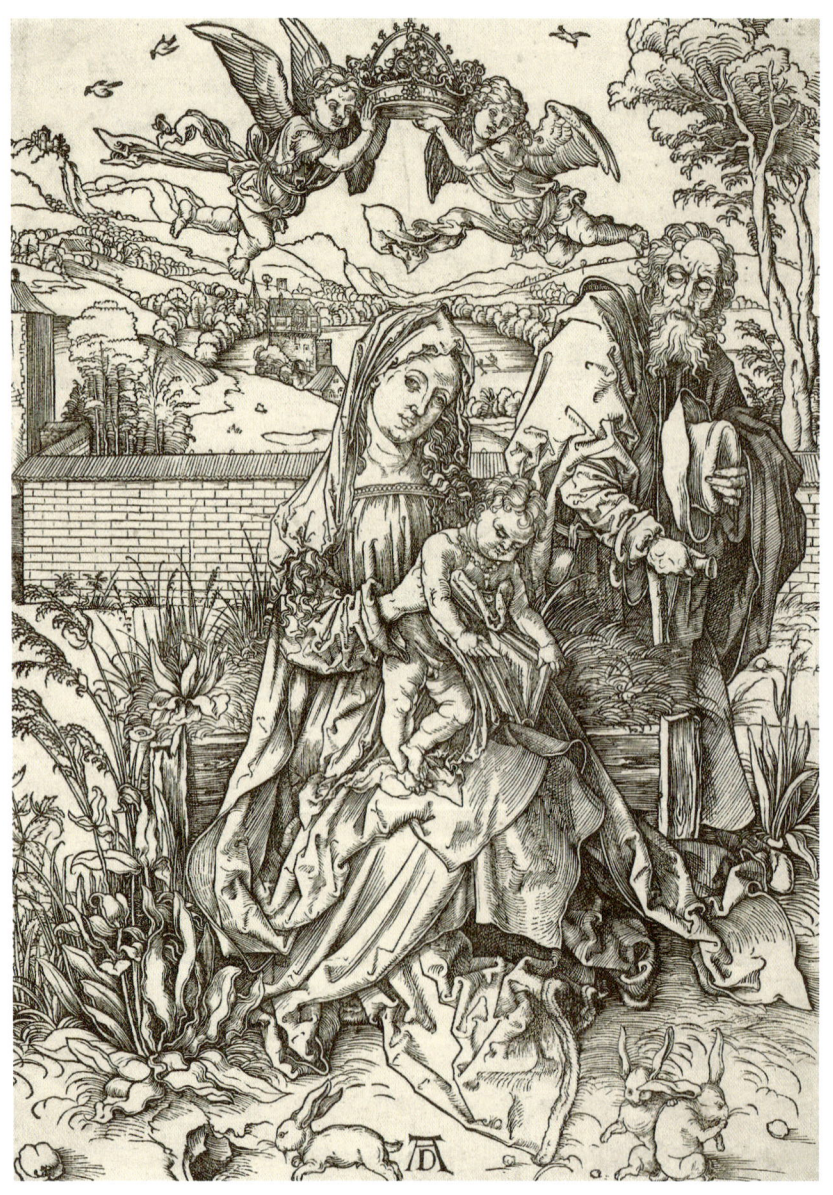

The Holy Family with Three Rabbits
La Sainte Famille aux trois lièvres
Die Heilige Familie mit den drei Hasen
La Sagrada Familia con tres liebres
Sacra Famiglia con le tre lepri
De heilige familie met de drie hazen

*1498, Woodcut/Gravure sur bois,
39 × 28,4 cm, Staatliche Kunsthalle,
Karlsruhe*

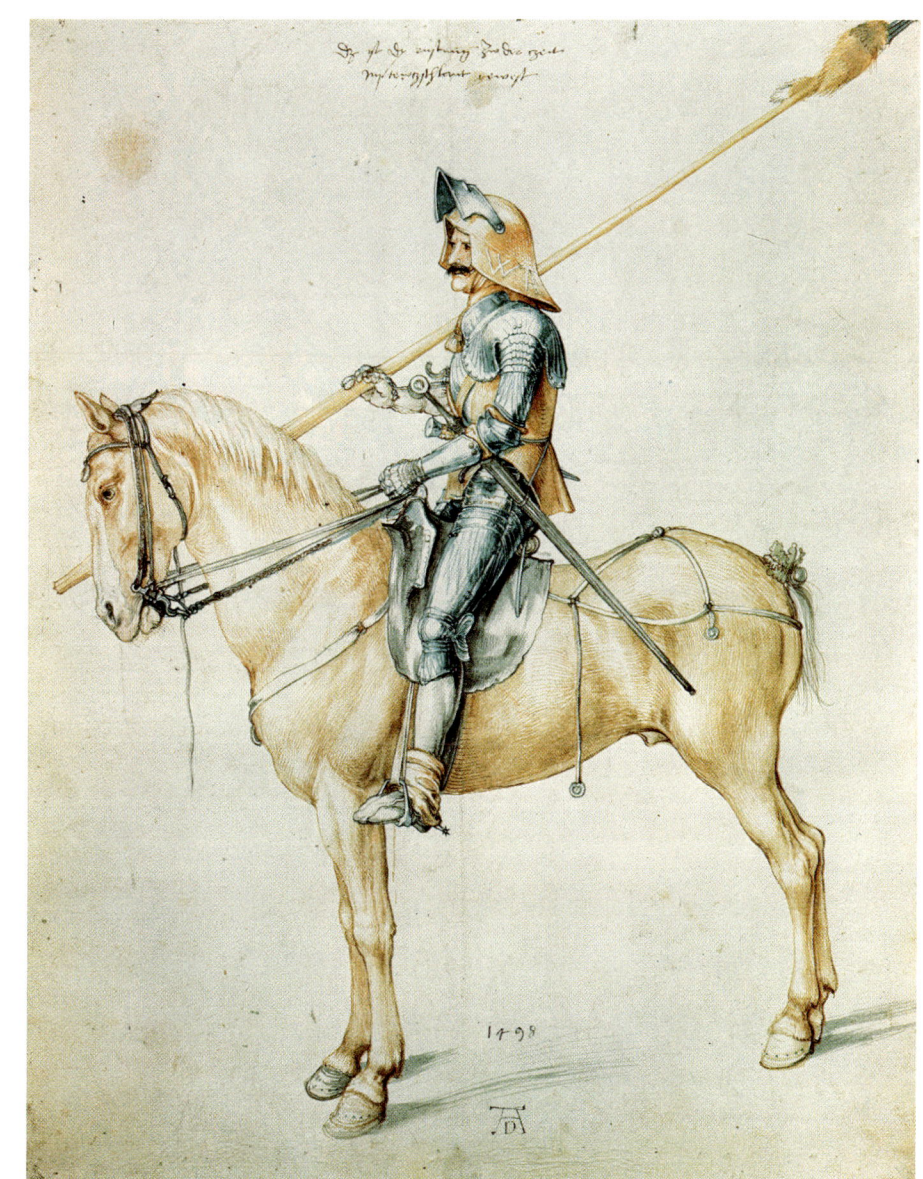

Horseman

Chevalier

Reiter

Caballeros

Cavaliere

Ruiter

1498, Watercolor/Plume et aquarelle, 41 × 32,4 cm, Albertina, Wien

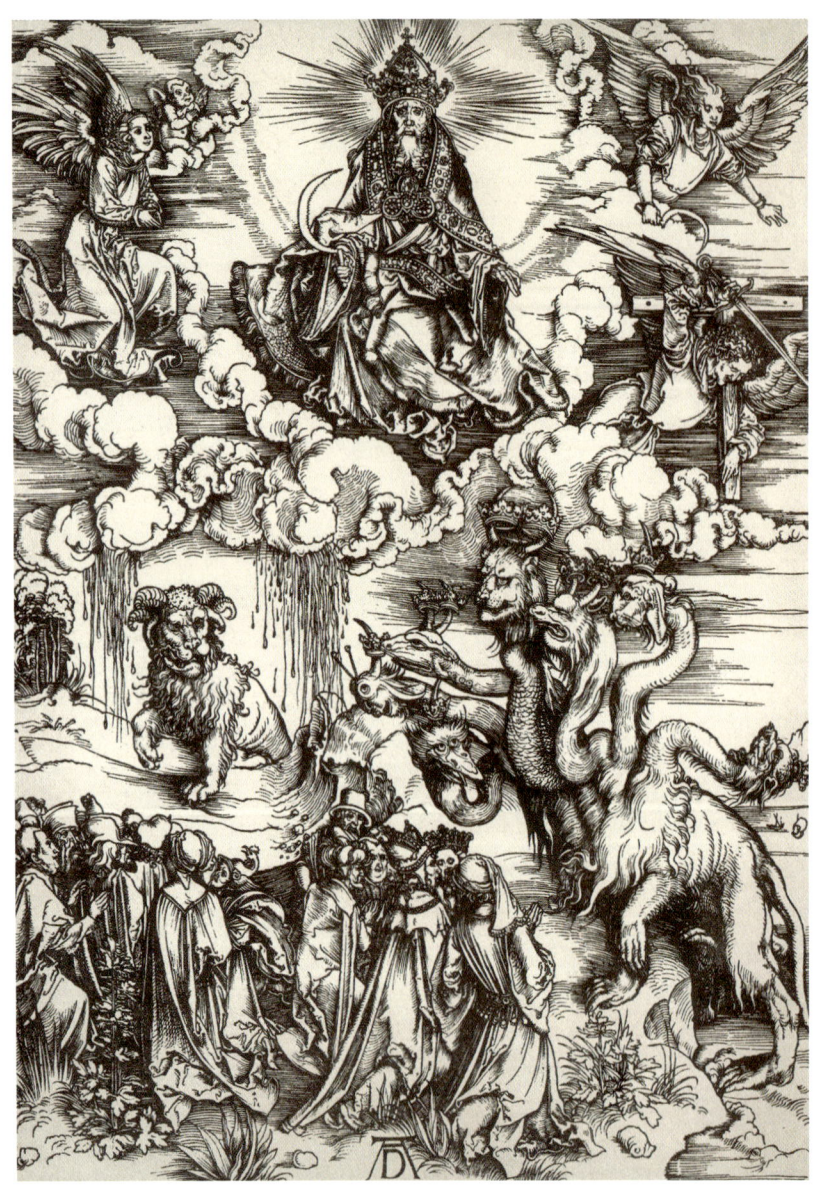

The Beast with the Horns of the Lamb
From the series: *Apokalypsis cum Figuris*

**Le Dragon à sept têtes et la Bête aux
cornes d'agneau,** extrait de l'*Apocalypse*

Das Tier mit den Lammhörnern. Aus
der Folge: *Apokalypsis cum Figuris*

La bestia con cuernos de carnero.
De la serie: *Apokalypsis cum Figuris*

**Il mostro marino e la Bestia con
il corno dell'agnello** Dalla serie:
Apokalypsis cum Figuris

Het beest met de schapehorens.
Uit de reeks: *Apokalypsis com Figuris*

*c. 1497, Woodcut/Gravure sur bois,
39 × 28 cm*

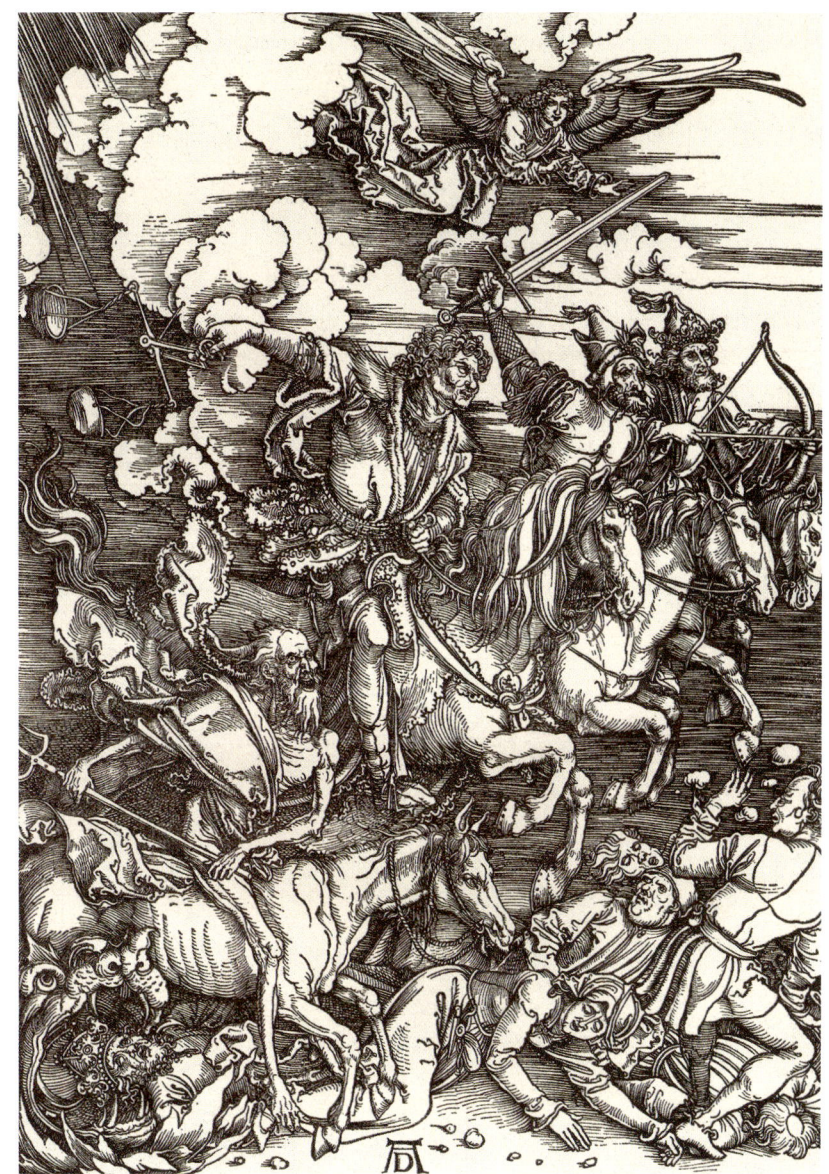

The Four Horsemen of the Apocalypse
From the series: *Apokalypsis cum Figuris*

Les Quatre Cavaliers de l'Apocalypse,
extrait de l'*Apocalypse*

Die vier apokalyptischen Reiter. Aus
der Folge: *Apokalypsis cum Figuris*

Los cuatro jinetes del apocalipsis.
De la serie: *Apokalypsis cum Figuris*

I quattro cavalieri dell'Apocalisse
Dalla serie: *Apokalypsis cum Figuris*

De vier apokalyptische ruiters.
Uit de reeks: *Apokalypsis com Figuris*

*c. 1497, Woodcut/Gravure sur bois,
38 × 28 cm, Kupferstichkabinett, Berlin*

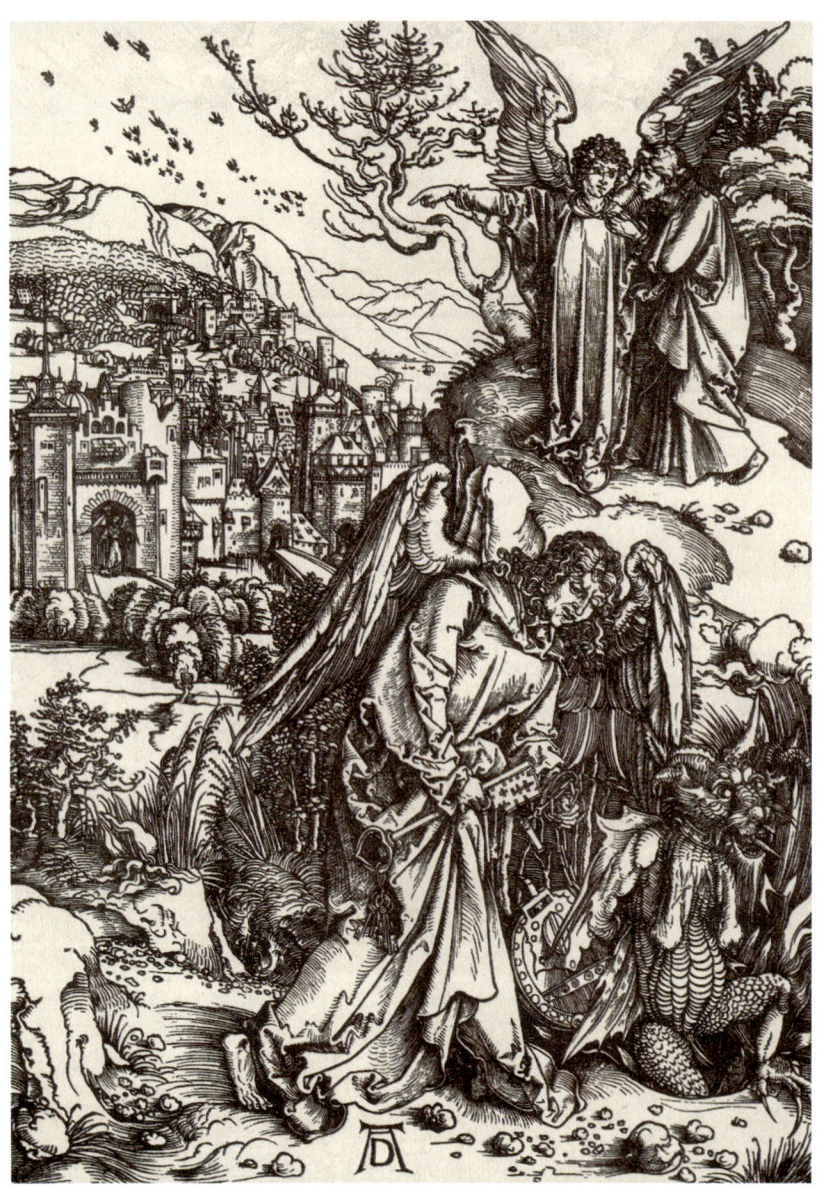

The Angel with the Key to the Abyss
From the series: *Apokalypsis cum Figuris*

L'Ange tenant la clé de l'abîme,
extrait de l'*Apocalypse*

Der Engel mit dem Schlüssel zum Abgrund. Aus der Folge:
Apokalypsis cum Figuris

El ángel con la llave del pozo
De la serie: *Apokalypsis cum Figuris*

Angelo con la chiave del pozzo senza fondo Dalla serie: *Apokalypsis cum Figuris*

De engel met de sleutel tot het ravijn.
Uit de reeks: *Apokalypsis com Figuris*

*c. 1497, Woodcut/Gravure sur bois,
39,5 × 28,5 cm*

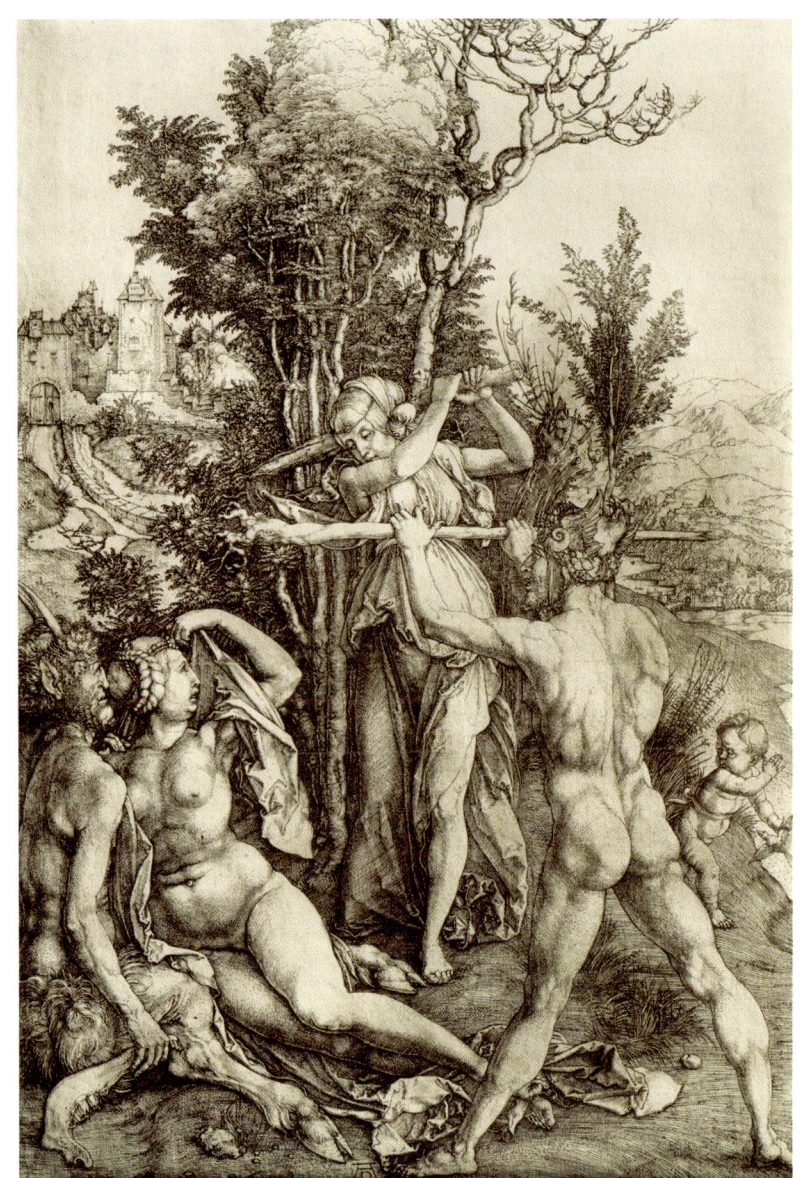

Hercules at the Crossroads
Hercule entre le Vice et la Vertu
Herkules zwischen Tugend und Wollust
Hércules entre la Virtud y la Lujuria
Ercole al bivio sceglie tra Virtù e Piacere
Herkules tussen deugd en wellust

c. 1498, Copperplate engraving/Gravure sur
cuivre, 31,7 × 22,1 cm, Private collection

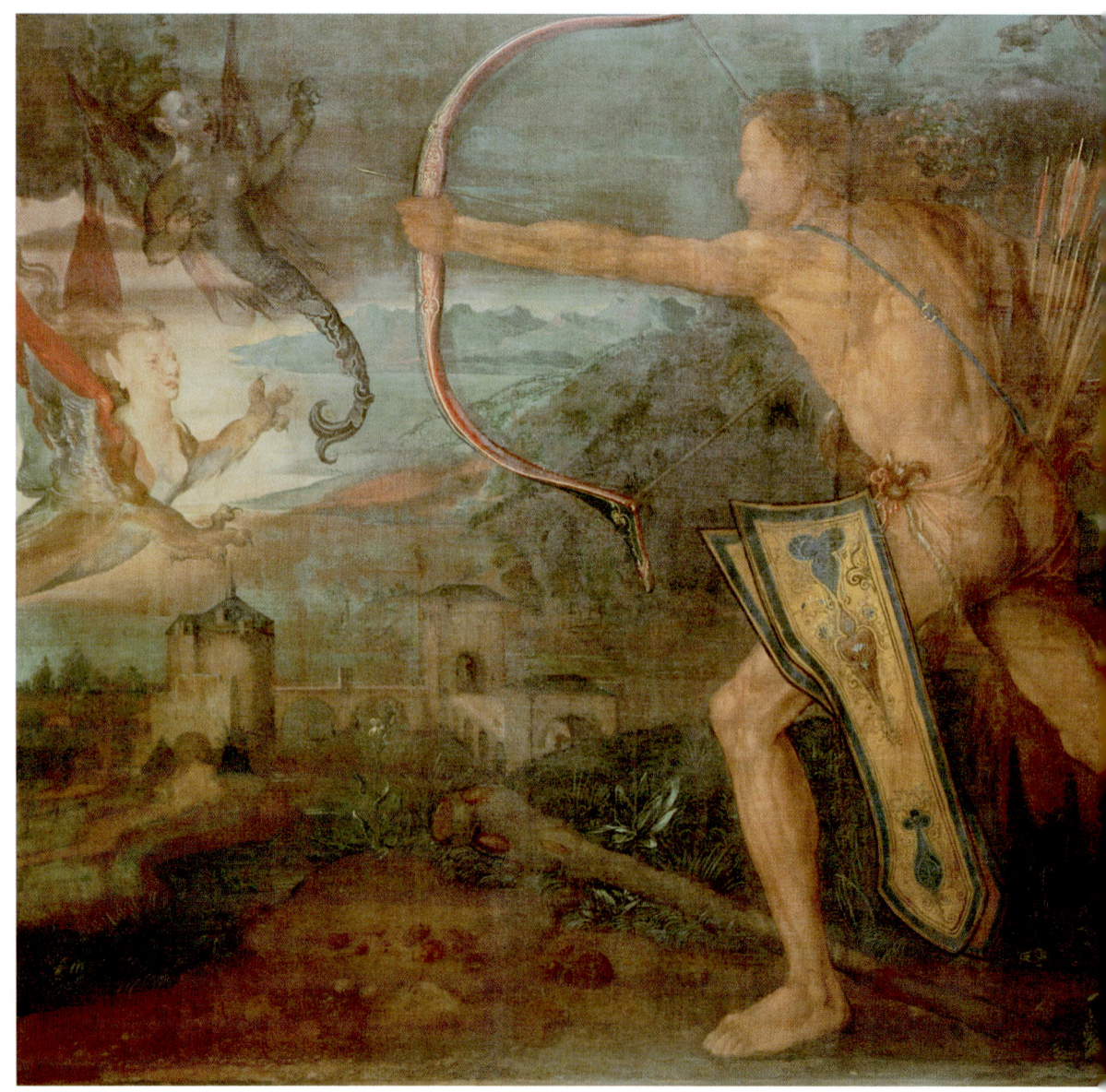

Hercules fighting the Stymphalian Birds

Hercule tuant les oiseaux du lac Stymphale

Herkules im Kampf gegen die Stymphalischen Vögel

Hércules luchando contra las aves del Estínfalo

Ercole uccide gli uccelli di Stinfalo

Herkules in gevecht tegen de Stymfalische vogels

1500, Tempera on canvas/Tempera sur toile, 84,5 × 107,5 cm, Germanisches Nationalmuseum, Nürnberg

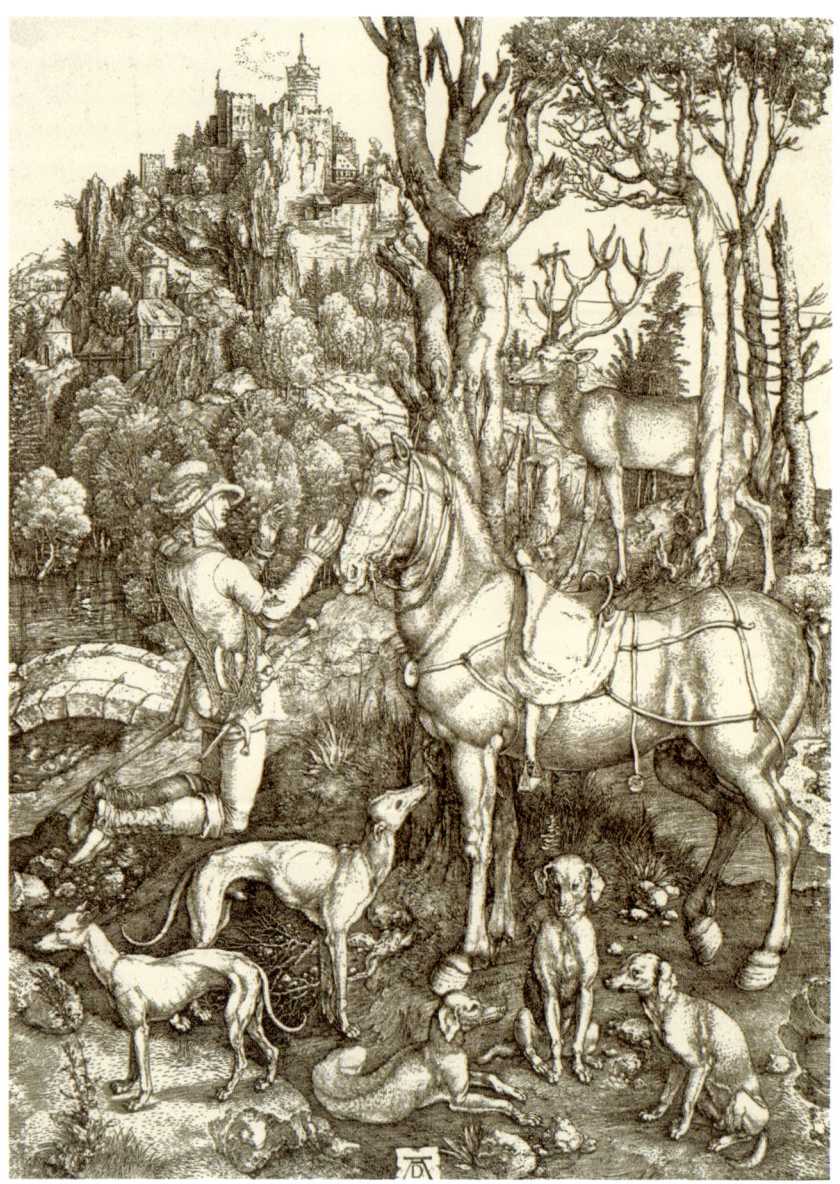

St. Hubert (St. Eustache)

Saint Eustache

Hl. Hubertus, auch **Eustachius** genannt

San Huberto, también llamado **Eustaquio**

Sant'Uberto, detto anche **sant'Eustachio**

Heilige Hubertus, ook **Eustachius** genaamd

1501, Copperplate engraving/Gravure sur cuivre, 35,7 × 25,9 cm, Petit Palais, musée des Beaux-arts de la Ville de Paris, Paris

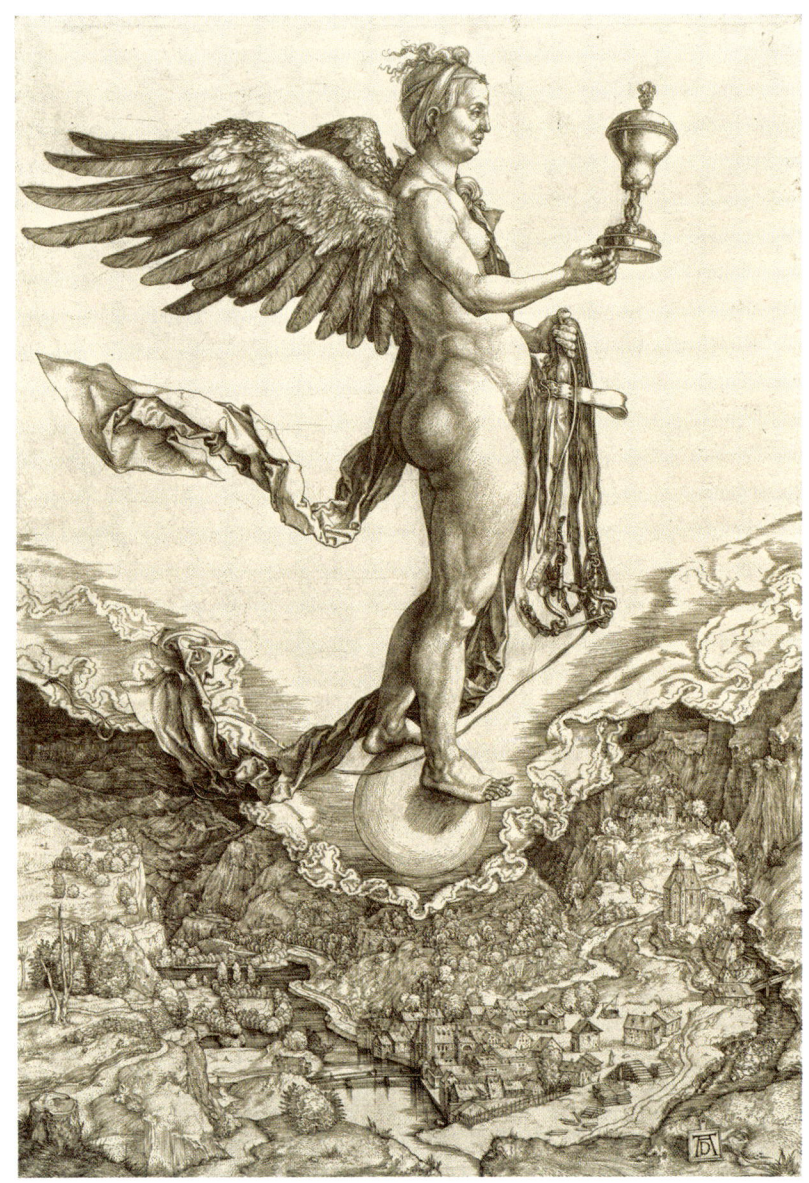

Nemesis (The Great Fortune)

Némésis ou *La Grande Fortune*

Nemesis (Das große Glück)

Némesis (la gran suerte)

Nemesi (Grande Fortuna)

Nemesis (Het grote geluk)

c. 1501, Copperplate engraving/Gravure sur cuivre, 33,4 × 23,1 cm, Städel Museum, Frankfurt am Main

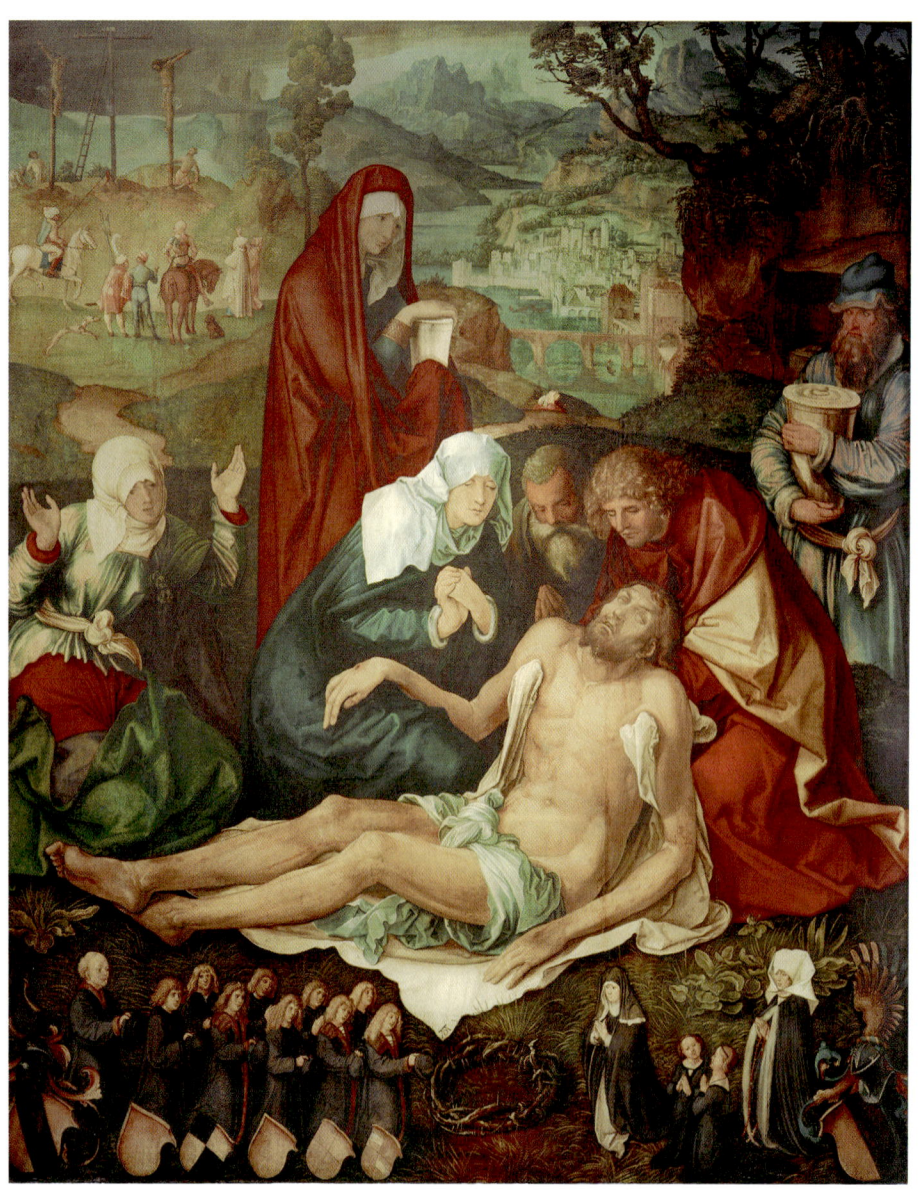

Holzschuher Lamentation

La Déploration du Christ

Holzschuhersche Beweinung

La lamentación de Cristo

Compianto sul Cristo morto

De bewening van Holzschuher

c. 1500, Painting on wood/Huile sur bois, 150 × 120,6 cm, Germanisches Nationalmuseum, Nürnberg

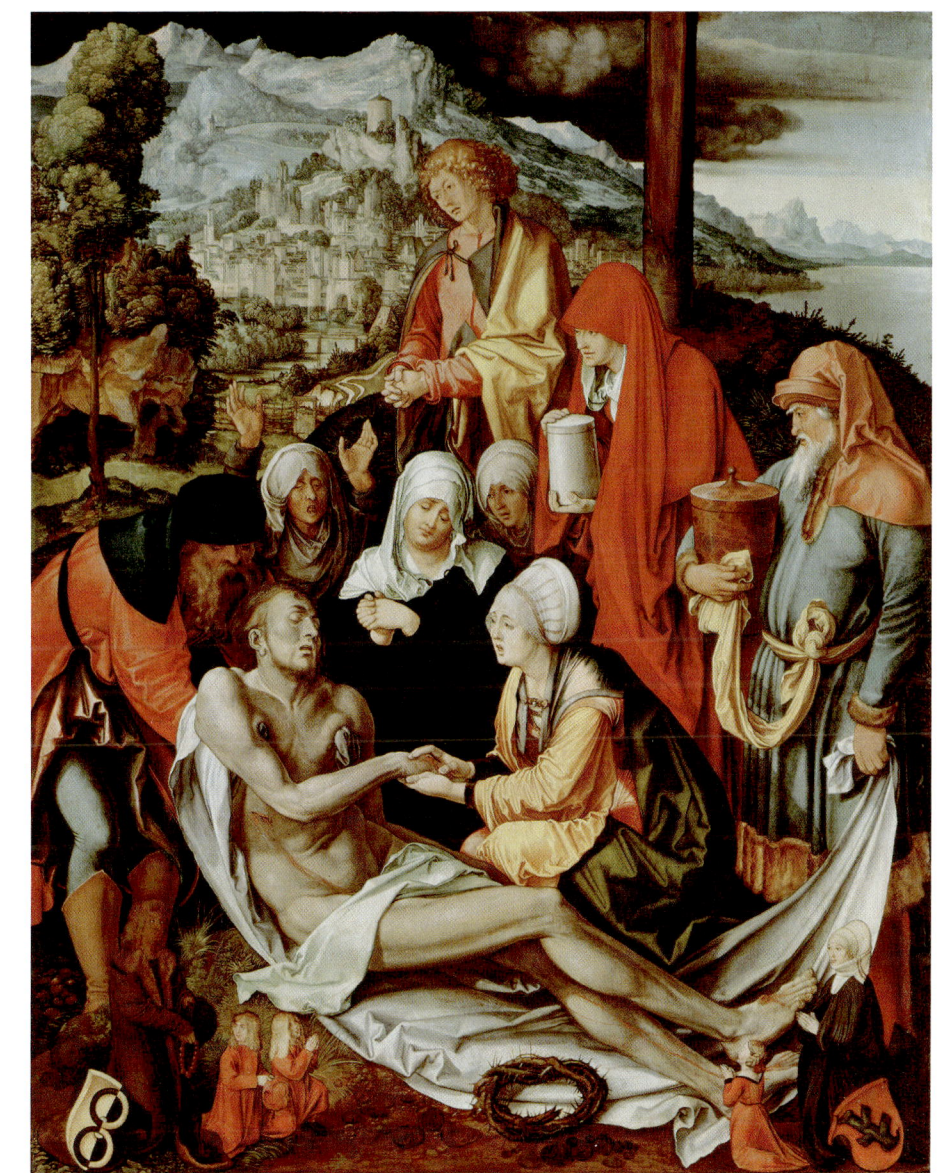

**Lamentation of Christ
for Albrecht Glim**

*La Déploration du Christ
ou Déploration Glimm*

**Beweinung Christi
für Albrecht Glim**

*La lamentación de Cristo
para Albrecht Glim*

**Compianto di Cristo
per Albrecht Glim**

**Bewening van Christus
voor Albrecht Glim**

*c. 1500, Mixed technique on
wood/Huile sur bois,
151,9 × 121,6 cm,
Alte Pinakothek, München*

Portraits became increasingly important in Dürer's work as a painter and drawer. Among his earliest paintings are two portraits of his parents from 1490. After the first portrait commission from Elector Frederick the Wise in 1496, many more customers from the ruling class in Nuremberg commissioned paintings from Dürer. In 1497, Dürer painted his sister-in-law Katharina Frey. In 1499, he portrayed Elsbeth Tucher and the merchant Oswald Krell, followed by portraits of various persons both known and unknown in different media. Dürer was playing with the pictorial tradition of the portrait. He used both the popular three-quarter profile and also the front view with female subjects that had until then been reserved for portraits of the Madonna. Dürer also pithily puts the focus on the personality of the sitter while varying the way the landscape in the background is shown. He used this genre to transfer his humanistic interest in the individual from the world of late Middle Ages to the modern era.

Dans l'œuvre de Dürer, en peinture comme en dessin, le portrait prend une place de plus en plus grande. Parmi ses premiers tableaux, on peut citer les portraits de ses deux parents, en 1490. Après la commande de portrait du prince Frédéric III, en 1496, d'autres ont suivi, émanant des milieux aisés de Nuremberg. En 1499, Dürer peint Elsbeth Tucher et le commerçant Oswald Krell, puis viennent des portraits de personnages connus ou non, utilisant différentes techniques. Dürer joue avec la tradition des portraits. Il utilise les vues de trois-quarts, courantes, mais aussi, pour les sujets féminins, les vues de face, réservées jusqu'alors aux représentations de la Vierge. Il met l'accent également sur la personnalité de celui qu'il représente, et varie les schémas de représentation du paysage en arrière-plan. Grâce à son intérêt pour l'individualité du sujet, il « transfère » aussi ce genre du monde du Moyen Âge tardif à celui de l'époque moderne.

Das Porträt nimmt in Dürers Kunst als Maler und Zeichner einen immer größeren Raum ein. Zu seinen ersten Gemälden gehören die beiden Elternbildnisse von 1490. Auf den ersten Porträtauftrag des Kurfürsten Friedrich des Weisen im Jahr 1496 folgen weitere von Kunden aus Kreisen der Nürnberger Oberschicht. 1497 malt Dürer seine Schwägerin Katharina Frey, 1499 porträtiert er Elsbeth Tucher und den Kaufmann Oswald Krell, es folgen Bildnisse bekannter und unbekannter Personen in unterschiedlichen Medien. Dürer spielt dabei mit der Bildtradition des Porträts. Er bedient sich sowohl des gängigen Dreiviertelprofils als auch, bei weiblichen Sujets, der bis dato für Mariendarstellungen reservierten Frontalansicht. Auch rückt er die Persönlichkeit des Porträtierten durch eine prägnantere Darstellung stärker in den Fokus und variiert das Darstellungsschema des Landschaftshintergrunds. Auch dieses Genre „transferiert" er aufgrund seines humanistischen Interesses an der Individualität des Abgebildeten aus der spätmittelalterlichen Vorstellungswelt in die Neuzeit.

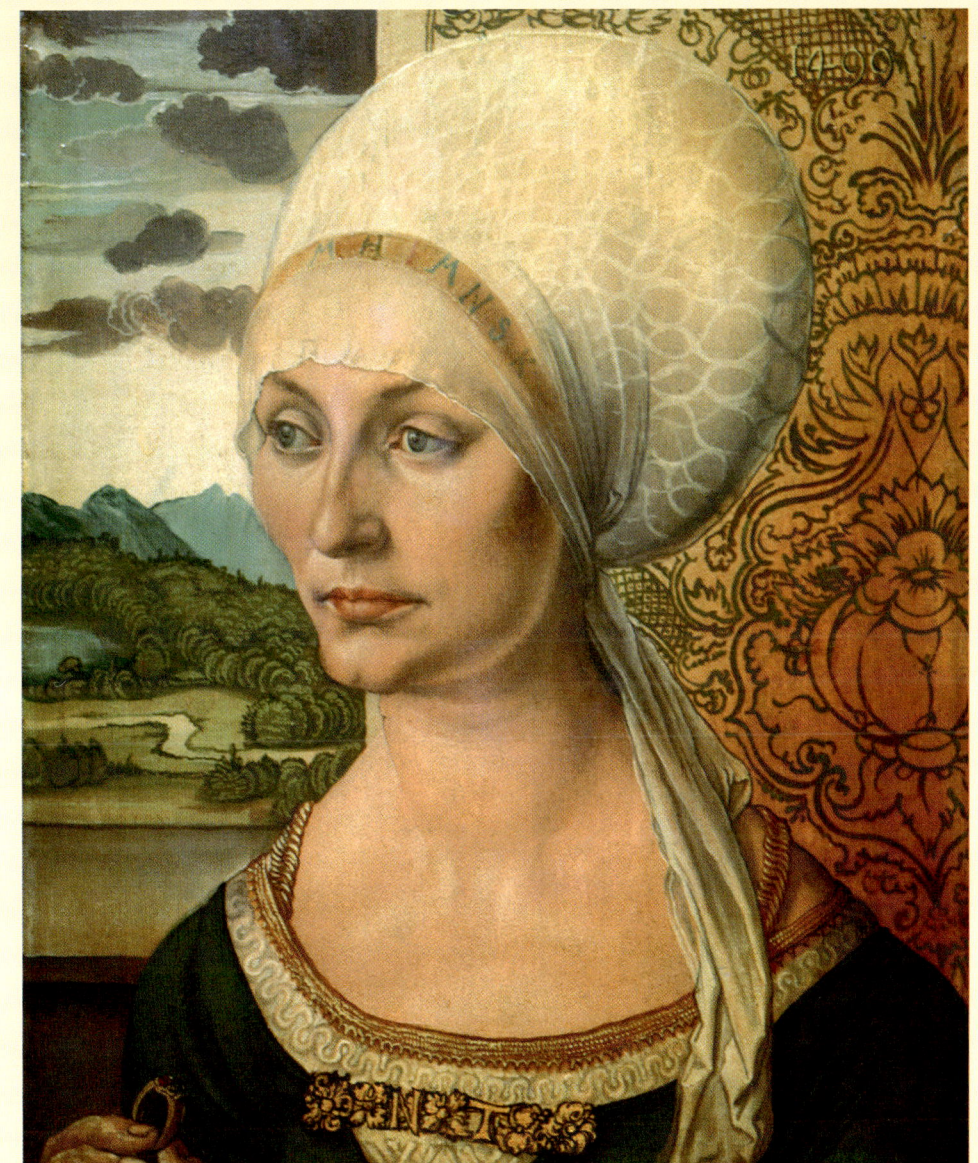

Portrait of Elsbeth Tucher, born Pusch

Portrait d'Elsbeth Tucher, née Pusch

Bildnis der Elsbeth Tucher, geb. Pusch

Retrato de Elsbeth Tucher, (de nacimiento Pusch)

Ritratto di Elsbeth Tucher, nata Pusch

Beeltenis van Elsbeth Tucher, geb. Pusch

1499, Oil on wood/ Huile sur bois, 29 × 23,3 cm, Schloss Wilhelmshöhe, Kassel

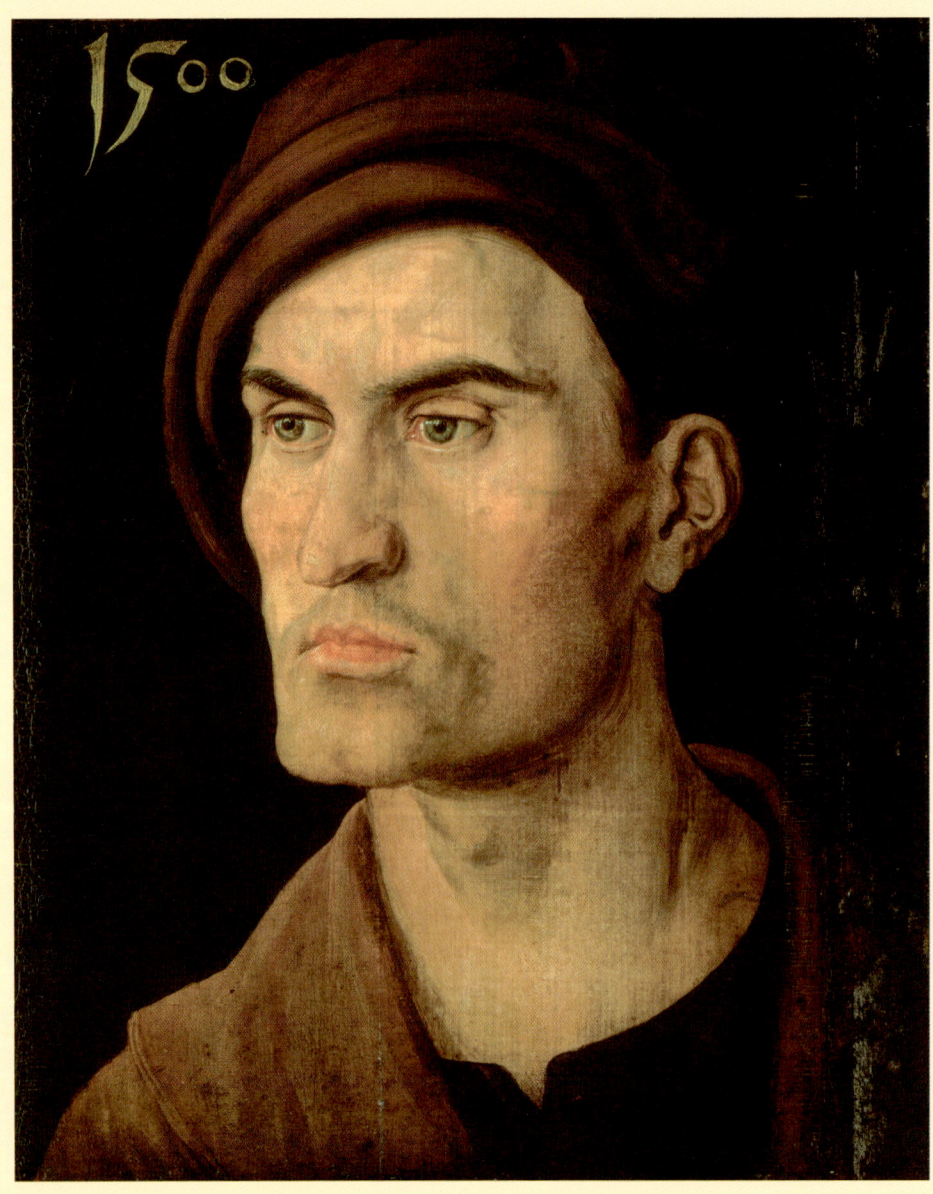

*Portrait of a
Young Man*

*Portrait de
jeune homme*

*Bildnis eines
jungen Mannes*

*Retrato de un
hombre joven*

*Ritratto di
giovane uomo*

*Portret van een
jonge man*

1500, Oil on wood/Huile
sur bois, 29 × 21 cm,
Alte Pinakothek, München

El retrato ocupa cada vez un espacio mayor en la obra de Durero como pintor y dibujante. Entre sus primeras pinturas se encuentran los retratos de sus padres de 1490. Al primer retrato por encargo del príncipe Federico el Sabio, de 1496, le siguen otros de diversos clientes de la clase alta de Núremberg. En 1497 Durero pinta a su suegra Katharina Frey, en 1499 a Elsbeth Tucher y al comerciante Oswald Krell, a los que siguen retratos de personas conocidas y desconocidas en diversas técnicas. Durero juega en ellos con la tradición del retrato. Utiliza el habitual retrato de tres cuartos y también, en los retratos de mujer, la vista frontal reservada hasta entonces para representaciones marianas. También centra el retrato, por medio de una representación más característica, sobre la personalidad del retratado, variando el esquema pictórico del paisaje en el fondo. Gracias a su interés humanista en la individualidad del representado ayuda, también en este género, a llevar el mundo de la representación medieval hacia la Era Moderna.

Il ritratto occupa nella carriera artistica di pittore e disegnatore di Dürer uno spazio sempre maggiore. Tra i suoi primi dipinti si annoverano due ritratti dei suoi genitori, risalenti al 1490. Al primo ritratto su commissione del principe elettore Federico il Saggio del 1496 seguono incarichi da parte di clienti dei circoli più importanti di Norimberga. Nel 1497 Dürer ritrae sua sorella Katharina Frey, nel 1499 Elsbeth Tucher e l'uomo d'affari Oswald Krell, e negli anni a seguire raffigura su diversi mezzi altre persone note e sconosciute. In queste opere Dürer gioca con la tradizione pittorica del ritratto. Utilizza sia il popolare ritratto di tre quarti sia, nei soggetti femminili, la vista frontale, sino ad allora riservata alle rappresentazioni della Vergine. Mette inoltre in risalto la personalità del soggetto mediante una raffigurazione più potente, e varia lo schema di rappresentazione del paesaggio sullo sfondo. In virtù del suo interesse umanistico per l'individualità della persona ritratta, Dürer "trasferisce" anche questo genere dall'immaginario medievale all'epoca moderna.

Het genre portret bestrijkt in Dürers kunst als schilder en tekenaar gestaag meer ruimte. Bij zijn eerste schilderijen behoren de beide portretten van zijn ouders uit 1490. De eerste portretopdracht van de keurvorst Friedrich der Weise in het jaar 1496 wordt opgevolgd door andere klandizie uit de kringen van de Neurenberger bovenklasse. 1497 schildert Dürer zijn schoonzus Katharina Frey, in 1499 portreteert Elsbeth Tucher en de koopman Oswald Krell, er volgen beelden van bekende en onbekende personages in diverse media. Daarbij gaat Dürer speels om de beeldtraditie van het portret. Hij hanteert zowel het gangbare driekwartprofiel, alsook – bij vrouwelijke sujets – het tot dan toe voor Mariabeelden gereserveerde frontale perspectief. Ook plaatst hij de persoonlijkheid van de geportretteerden door middel van een kernachtigere uitbeelding dichter bij de focus, en varieert hij het presentatieschema van het landschapstafereel. Ook dit genre "transfereert" hij op grond van zijn humanistische belangstelling in het individu van de afgebeelde, vanuit de laatmiddeleeuwse verbeelding naar het moderne tijdperk.

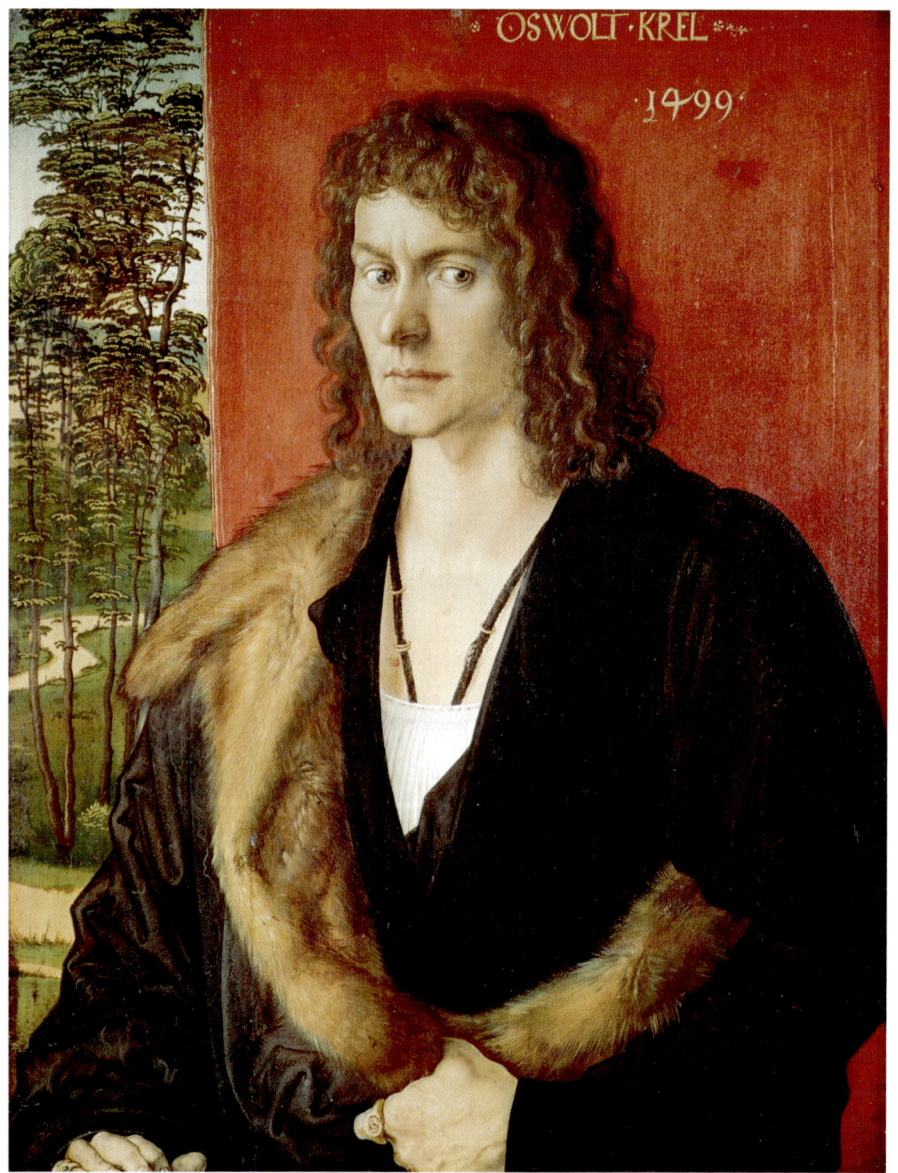

OSWOLT·KREL

1499

Oswald Krell

1499, Oil on wood/
Huile sur bois, 49,6 × 39 cm,
Alte Pinakothek, München

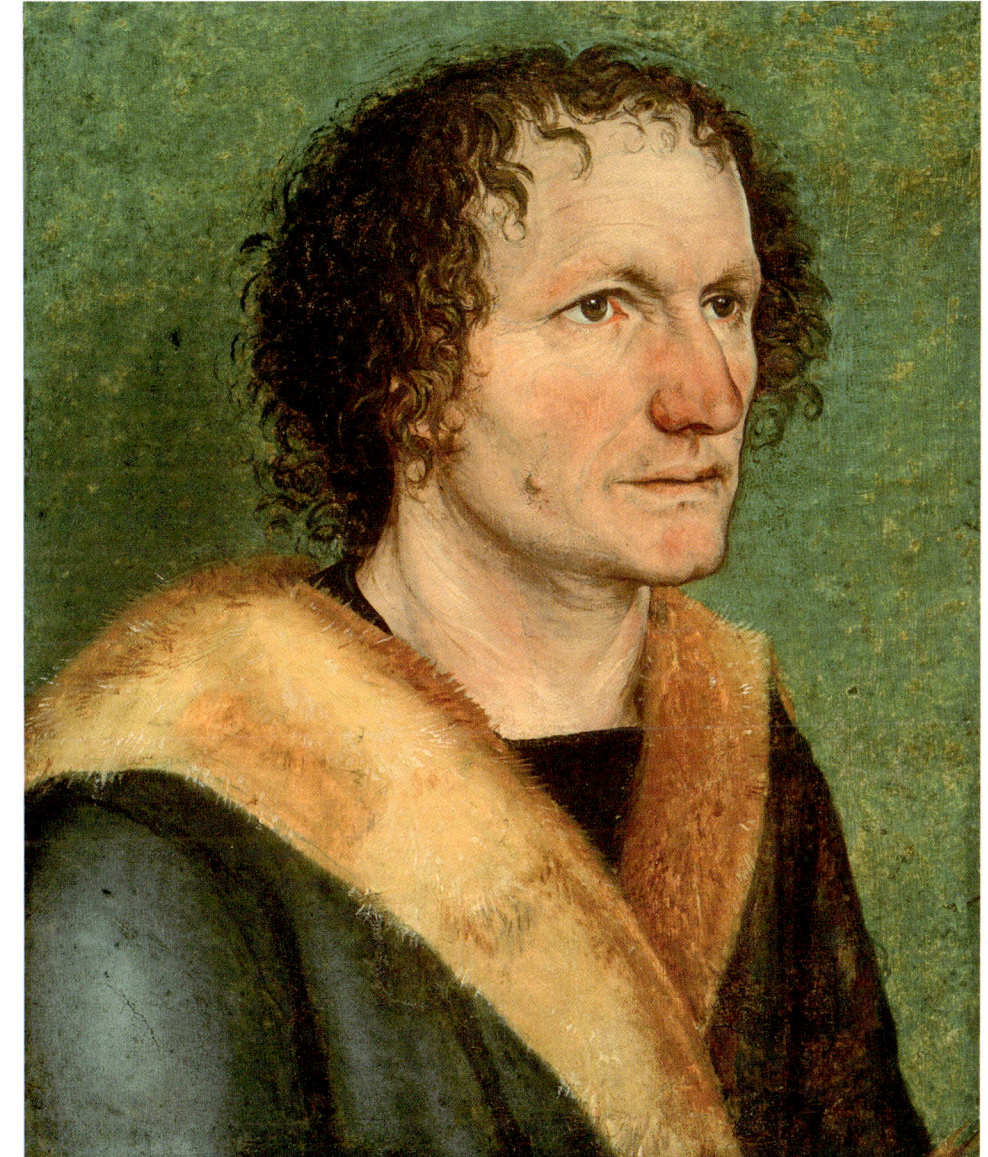

Portrait of a Young Man in Front of a Green Background

Portrait d'un jeune homme sur fond vert

Bildnis eines jungen Mannes vor grünem Hintergrund

Retrato de un joven con fondo verde

Ritratto di giovane su sfondo verde

Beeltenis van een jonge man tegen een groene achtergrond

c. 1500, Parchment on wood/Huile sur parchemin collé sur bois, 25,7 × 20,5 cm, Private collection

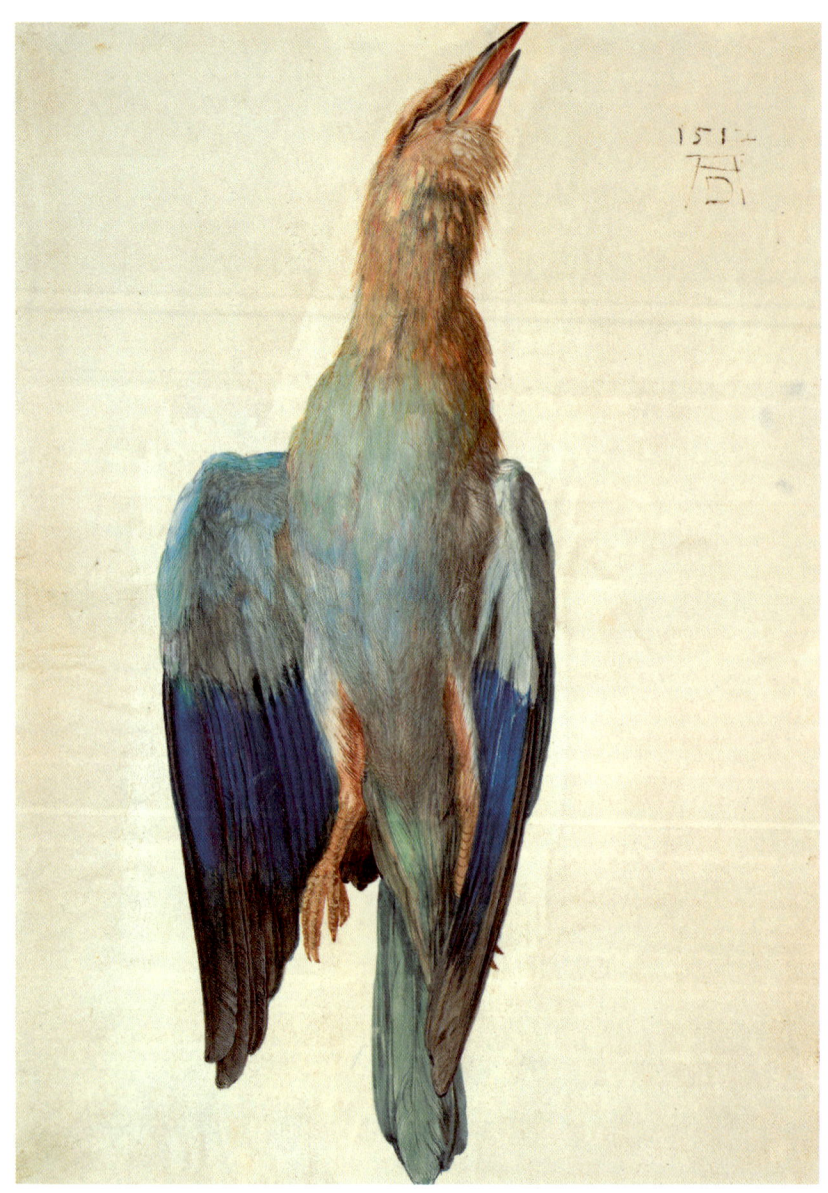

Dead Roller

Rollier mort

Tote Blauracke

Carraca europea muerta

Ghiandaia marina morta

Dode scharrelaar

1500 or/ou 1512, Watercolor and gouache, highlighted with opaque white and gold/Aquarelle et gouache rehaussées de blanc et d'or, 27,4 × 19,8 cm, Albertina, Wien

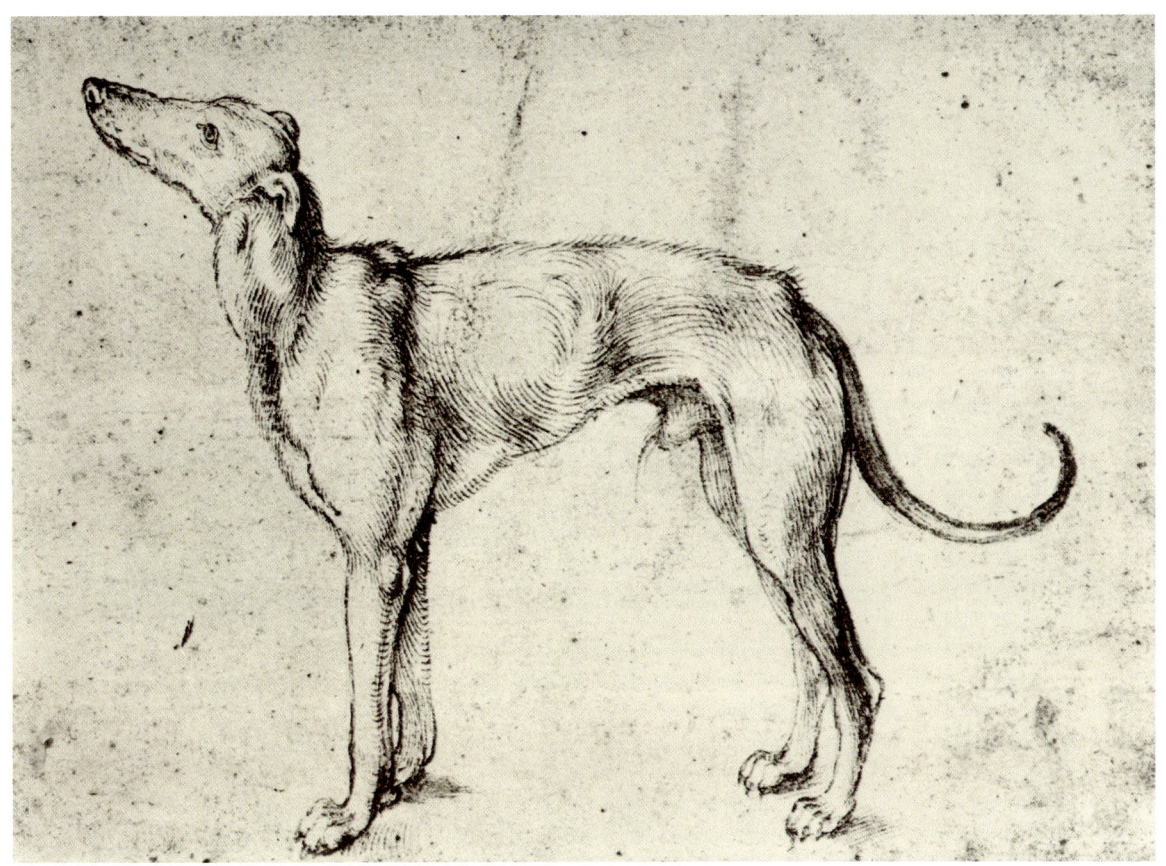

Greyhound

Lévrier

Windhund

Lebrel

Levriero

Windhond

1500, Brushwork in gray/Dessin au pinceau et encre grise, 14,8 × 19,8 cm, Royal Library, Windsor Castle, Windsor

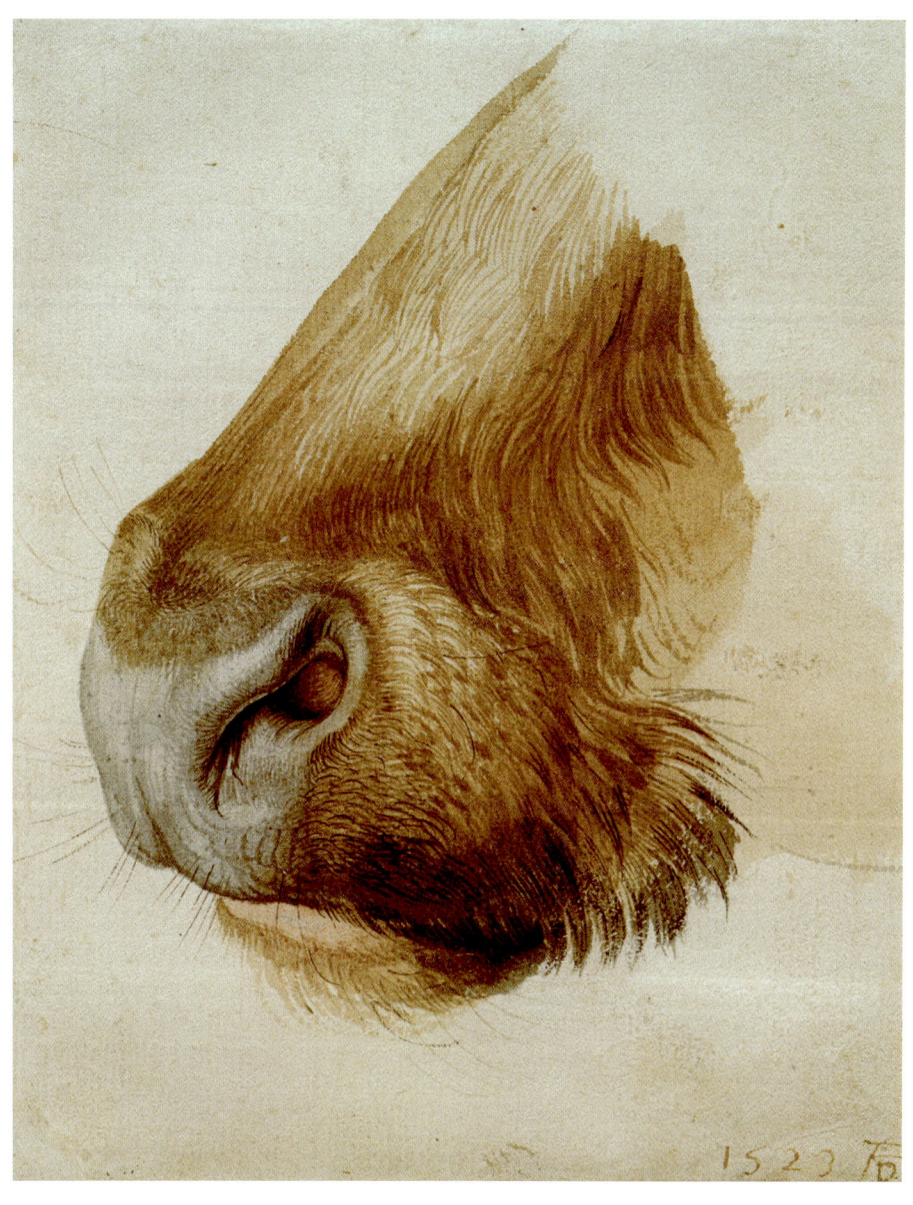

Cow Snout from the Side

Museau de bœuf vu de côté

**Maul eines Rindes
von der Seite**

*Hocico de una res
desde el lateral*

**Muso di una mucca,
vista laterale**

Bek van en rund

*c. 1502, Watercolor and
gouache/Aquarelle et
gouache, 19,9 × 15,8 cm,
British Museum, London*

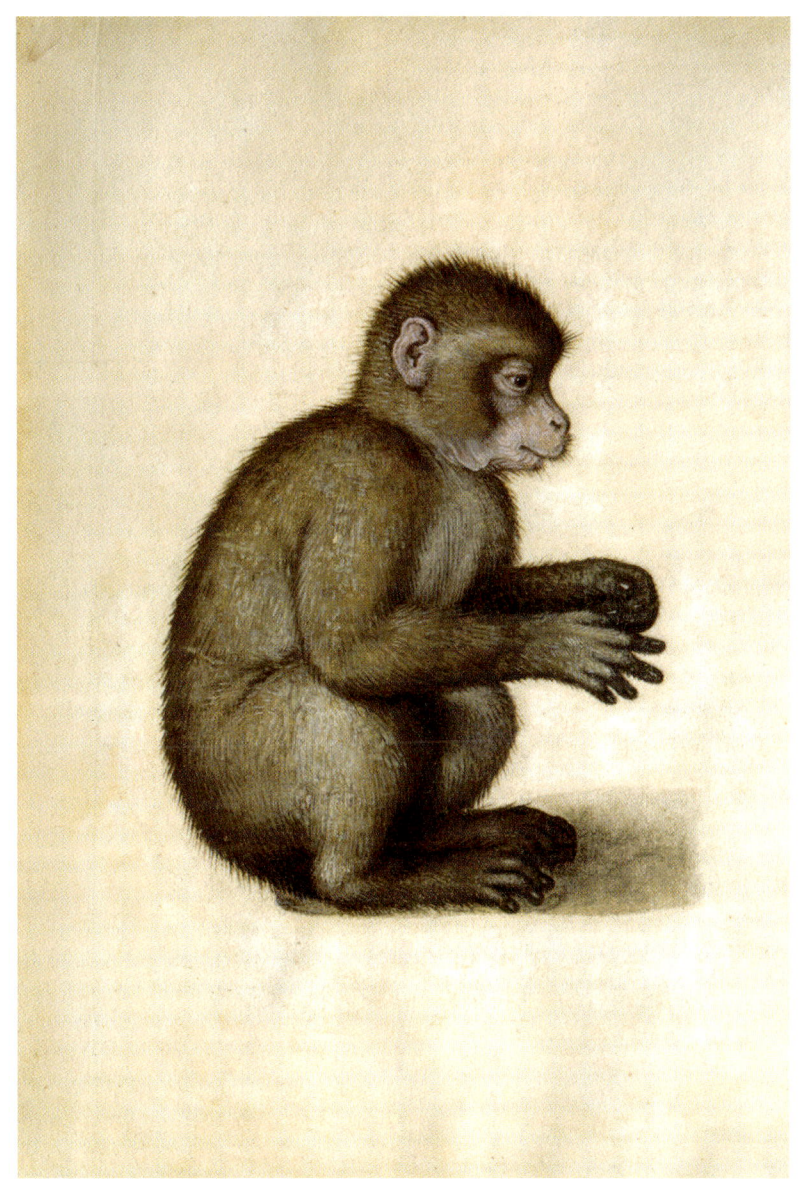

Attributed to/attribué à Dürer

Monkey

Singe

Affe

Mono

Scimmia

Aap

c. 1500, Watercolor and gouache/Aquarelle et
gouache, El Escorial, Madrid

113

Young Hare

Lièvre

Junger Feldhase

Joven liebre

Leprotto

Jonge haas

1502, Watercolor and gouache/Aquarelle et gouache, 25,1 × 22,6 cm, Albertina, Wien

Nature studies of flora and fauna were a major part of Dürer's work. This watercolor from 1502 showing a young hare is probably the most famous of his nature studies and remains to this day an unsurpassed masterpiece of craftsmanship and attention to detail. The same applies to works such as The Great Lawn (1503) and the Iris (1504). In his efforts to recognize the true essence of nature, Dürer methodically fills his pieces with incredible details. The animal's fur varies from fluffy to bristly, while the warm body appears to pulsate as the whiskers and nose twitch. As much as this comical portrait of the hare corresponds to our modern sensibilities, Dürer probably did not consider this. For him, the cute beast of the meadow was merely an object of study. Can the artistic principles of scale, proportion, and harmony also apply also to the lowliest of beings? And yet, there is also something special about the synthesis of reason and emotion that Dürer expresses in his works.

Les études de la faune et de la flore occupent aussi une place importante dans l'œuvre de Dürer. Son aquarelle de 1502 représentant un jeune lièvre est sans doute la plus célèbre de ses études du monde naturel, et constitue aujourd'hui encore un chef-d'œuvre inégalé en matière d'habileté et de précision des détails. Cela vaut aussi pour des œuvres comme La Grande Touffe d'herbes (1503) et L'Iris (vers 1503). En s'efforçant de reconnaître la véritable essence de la nature, Dürer procède avec méthode et avec une précision incroyable. Le pelage de l'animal varie, de duveteux à hérissé, son corps chaud semble abriter un cœur qui bat et ses moustaches et son nez frémissent. Aussi mignonne que puisse nous paraître l'image du lièvre avec notre sensibilité actuelle, cette idée n'effleurait probablement pas même Dürer. Pour lui, cet adorable habitant des prairies était avant tout un champ d'étude : peut-on aussi appliquer les grandes lois artistiques de la mesure, de la proportion et de l'harmonie aux organismes les plus petits ? Et pourtant, toute la spécificité des œuvres de Dürer réside dans cette synthèse de la raison et des sensations qu'il y exprime.

Naturstudien aus der Tier- und Pflanzenwelt nehmen einen festen Platz im Werk Dürers ein. Das 1502 entstandene Aquarell eines jungen Feldhasen ist die wohl berühmteste seiner Naturstudien, bis heute stellt sie ein unübertroffenes Meisterwerk an Kunstfertigkeit und Detailgenauigkeit dar. Gleiches gilt für Werke wie Das große Rasenstück (1503) und die Schwertlilie (1504). Im Bemühen, das wahre Wesen der Natur zu erkennen, geht Dürer mit unglaublicher Präzision und Methodik vor. Das Fell des Tieres variiert von flauschig bis struppig, der warme Körper scheint zu pulsieren, die Barthaare und das Näschen zucken. So sehr das possierliche Bild des Hasen unserer modernen Sensibilität entspricht, so wenig mag Dürer diese empfunden haben. Für ihn stellt der niedliche Wiesenbewohner ein Studienfeld dar: Lässt sich auch auf den kleinsten und niedrigsten Organismus die künstlerische Gestaltungsordnung von Maßstab, Proportion und Harmonie anwenden? Und doch, das Besondere bleibt immer die Synthese aus Ratio und Empfindung, die Dürer mit seinen Werken zum Ausdruck bringt.

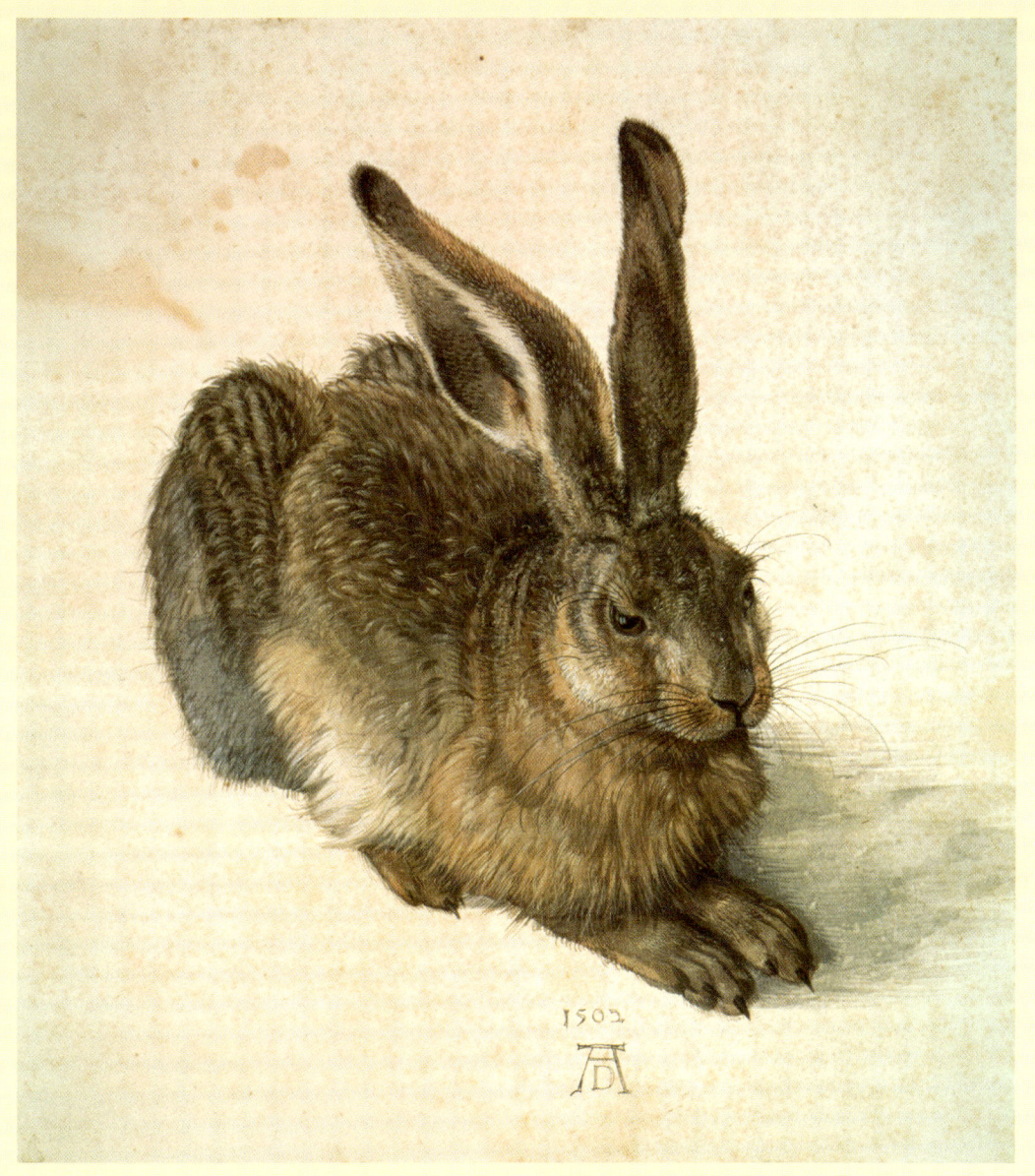

1502

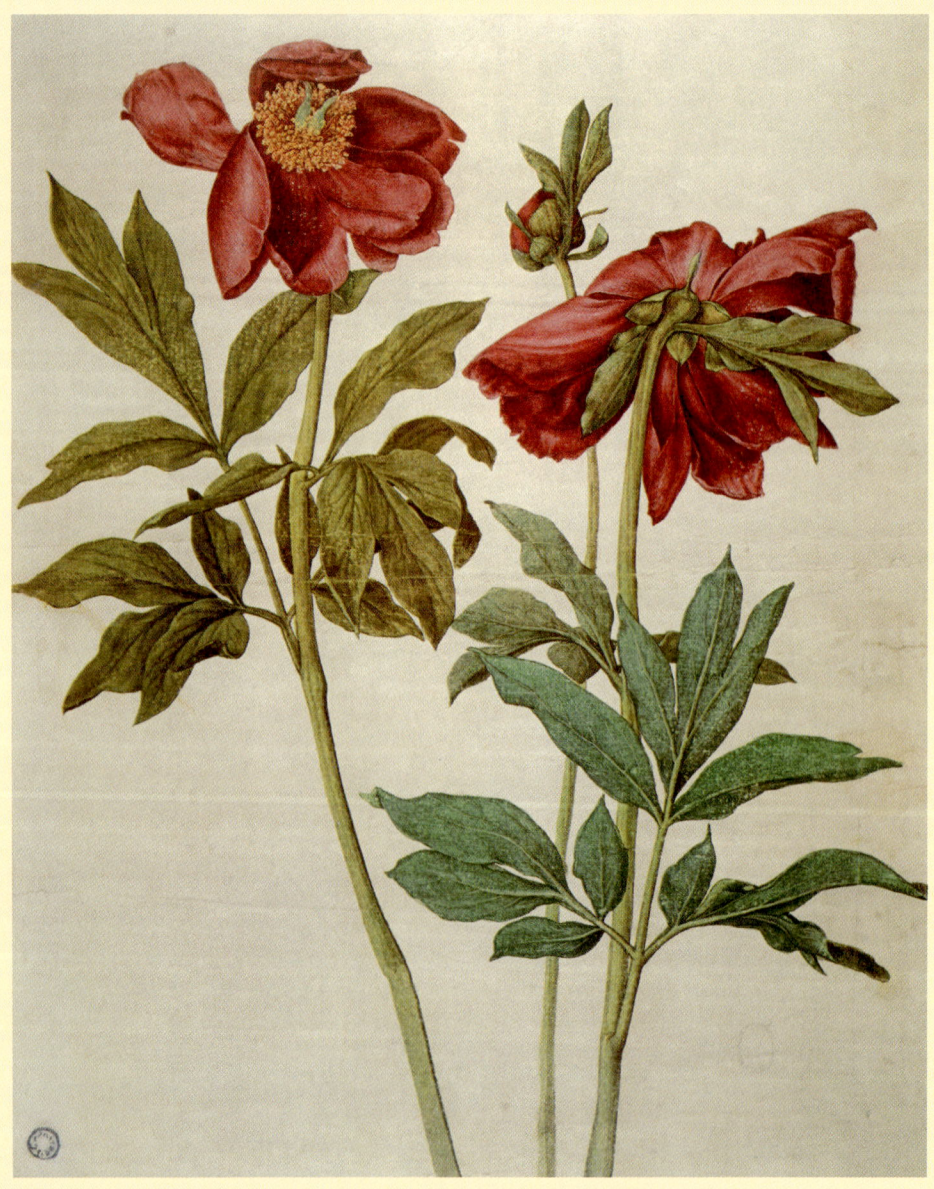

Peonies

Pivoines

Pfingstrosen

Peonías

Peonie

Pioenrozen

c. 1500, Gouache and watercolor/Aquarelle et gouache, 37,6 × 30,8 cm, Kunsthalle, Bremen

Los estudios sobre naturaleza del mundo vegetal y animal ocupan un lugar central en la obra de Durero. La acuarela de la joven liebre, de 1502, es probablemente su estudio natural más famoso, considerado hasta hoy en día una obra maestra insuperable de detallismo y ejecución artística. Lo mismo podría decirse de obras como Césped *(1503)* o Iris *(1504)*. En su esfuerzo por conocer la verdadera naturaleza de las cosas, Durero pone toda su precisión y empeño metódico. El pelaje del animal cambia de suave a enmarañado, su cuerpecillo cálido parece palpitar, sus bigotes y nariz agitarse. Aunque la adorable imagen de la liebre se adapte a nuestra sensibilidad moderna, lo más probable es que Durero no la viera así. Para él el gracioso habitante de las praderas era más bien un caso de estudio: ¿Podemos aplicar el orden artístico de medida, proporción y armonía también a los pequeños y más insignificantes organismos? Y efectivamente, lo extraordinario es siempre esa síntesis entre proporción y sensibilidad que Durero consigue en sus trabajos.

Lo studio della natura attraverso la raffigurazione di soggetti tratti dalla flora e la fauna occupa un posto permanente nell'opera di Dürer. L'acquerello del 1502 raffigurante un leprotto è probabilmente il più famoso dei suoi studi naturalistici e rappresenta tutt'oggi un capolavoro insuperato di artigianalità e attenzione al dettaglio. Lo stesso vale per opere come Il grande prato *(1503)* e Iris *(1504)*. In uno sforzo per riconoscere la vera essenza della natura, Dürer lavora con incredibile precisione e metodica. Il pelo dell'animale passa da soffice a ispido, il corpo caldo sembra pulsare, i baffi e il naso si contraggono. Questa graziosa rappresentazione della lepre si sposa perfettamente con la nostra sensibilità moderna, sebbene questa non fosse affatto l'intenzione primaria di Dürer. Per lui il simpatico animale rappresentava infatti un campo di studio, per rispondere alla domanda: è possibile applicare anche al più minuto e umile organismo le norme artistiche della scala, della proporzione e dell'armonia? Eppure, l'elemento più speciale del disegno resta la sintesi di razionalità e sentimento che caratterizza tutte le opere dell'artista tedesco.

Natuurstudies uit de wereld van dieren en planten nemen een vaste plaats in het werk van Dürer in. Het in 1502 ontstane aquarel van een jonge haas is vermoedelijk de meest legendarische van zijn natuurstudies, tot heden een onovertroffen meesterwerk, getuigend van virtuositeit en oog voor detail. Hetzelfde valt te zeggen over werken als Das große Rasenstück *(1503)* en Die Schwertlilie *(1504)*. In een poging, de essentie van de natuur te begrijpen gaat Dürer met een ongelooflijke precisie en methodiek te werk. De vacht van het dier varieert van wollig tot weerbarstig, het warme lichaampje lijkt te vibreren, de snorharen en het neusje trillen. Ook al beantwoordt het potsierlijke beeld van het konijn aan onze hedendaagse sensibiliteit, Dürer zou deze gevoelens bepaald niet hebben gedeeld. Voor hem stelt deze schattige weilandbewoner niets anders dan een studieterrein voor: Is het mogelijk om ook op het kleinste en nederigste organisme het artistieke principe van de vormgeving toe te passen, wat betreft schaal, proportie en harmonie? En toch – het bijzondere blijft altijd de synthese van ratio en gewaarwording, die Dürer met zijn oeuvre weet te vertolken.

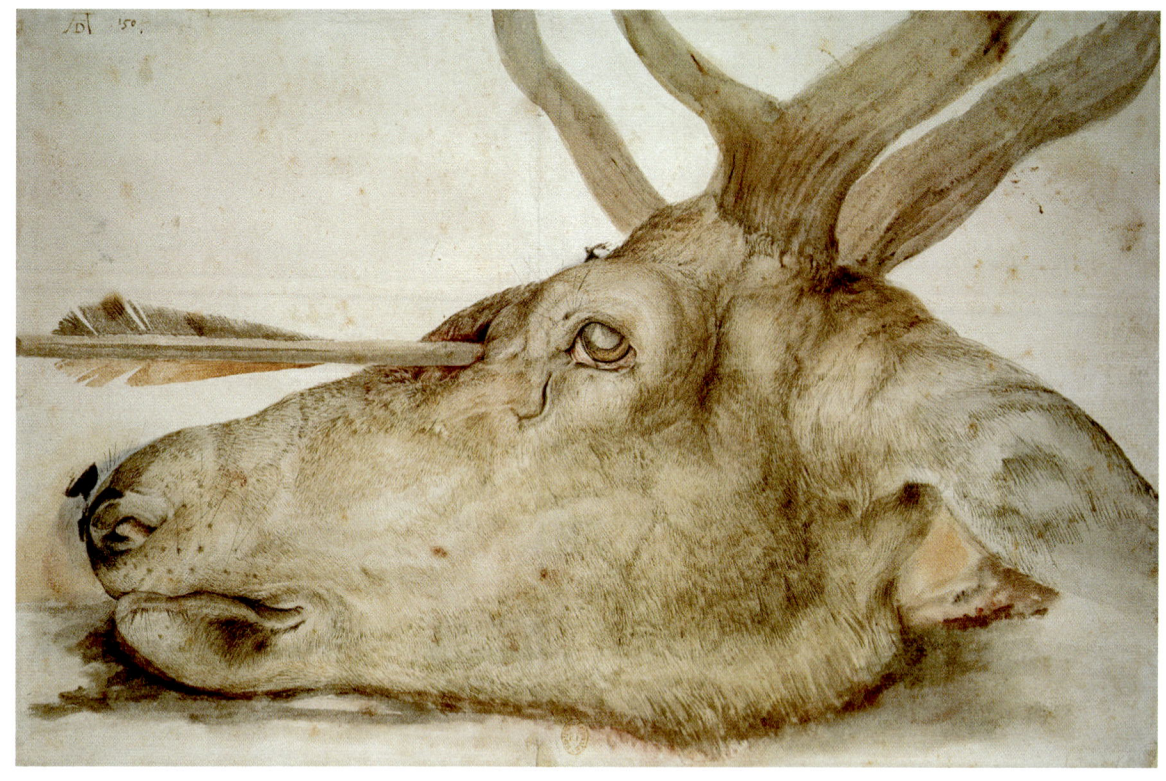

Head of a Deer

Tête de cerf percée d'une flèche

Kopf eines getöteten Hirsches

Cabeza de un ciervo muerto

Testa di cervo ucciso

Kop van een gedoode hert

1503, Watercolor and gouache, highlighted with opaque white/Aquarelle et gouache rehaussées de blanc, 25,2 × 39,1 cm, Bibliothèque Nationale, Paris

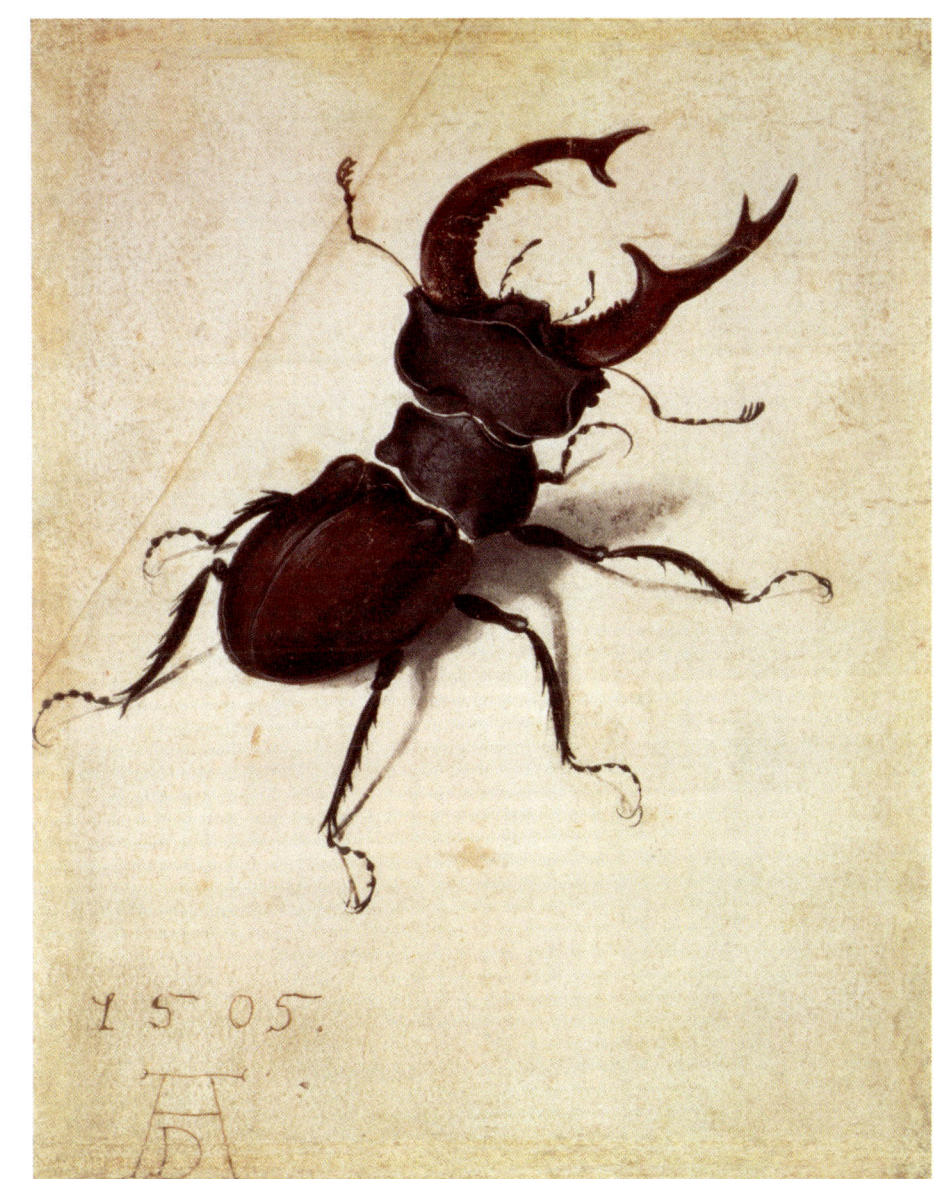

Stag Beetle
Un lucane
Hirschkäfer
Ciervo volante
Cervo volante
Vliegend hert

1505, Gouache and
watercolor/Aquarelle et
gouache, 14,1 × 11,4 cm,
Getty Center, Los Angeles

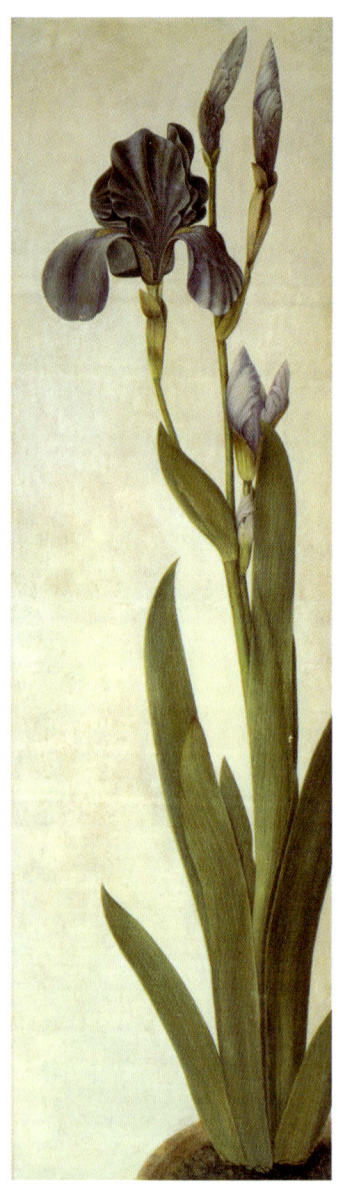

Iris
Iris
Schwertlilie
Iris
Iris
Irissen

c. 1503, Gouache and watercolor/Aquarelle et gouache, El Escorial, Madrid

Cowslip
Primevères
Schlüsselblume
Primula veris
Primula
Primula

1526, Gouache and watercolor/Aquarelle et gouache, 19,2 × 16,8 cm,
National Gallery of Art, Washington

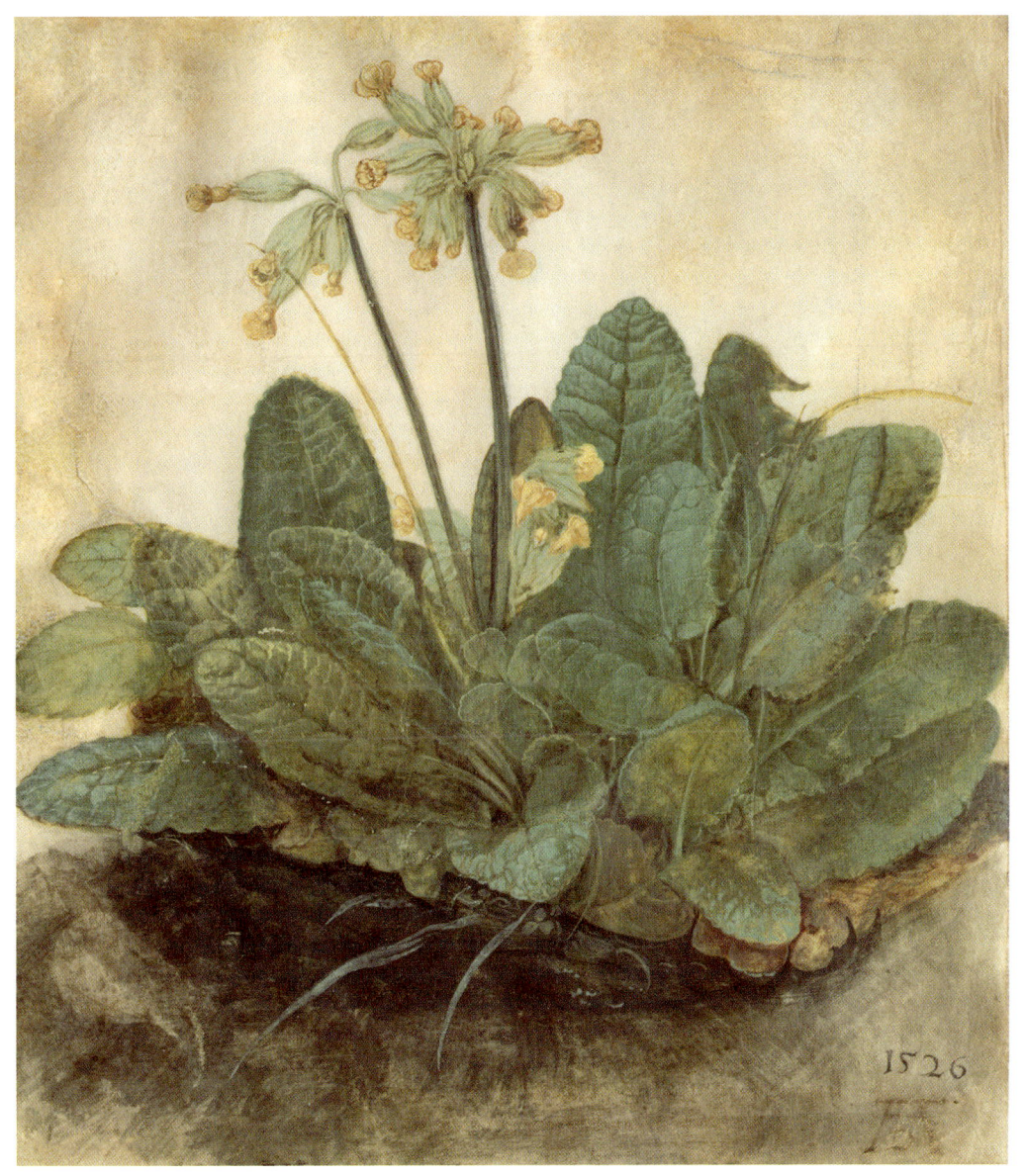

1526

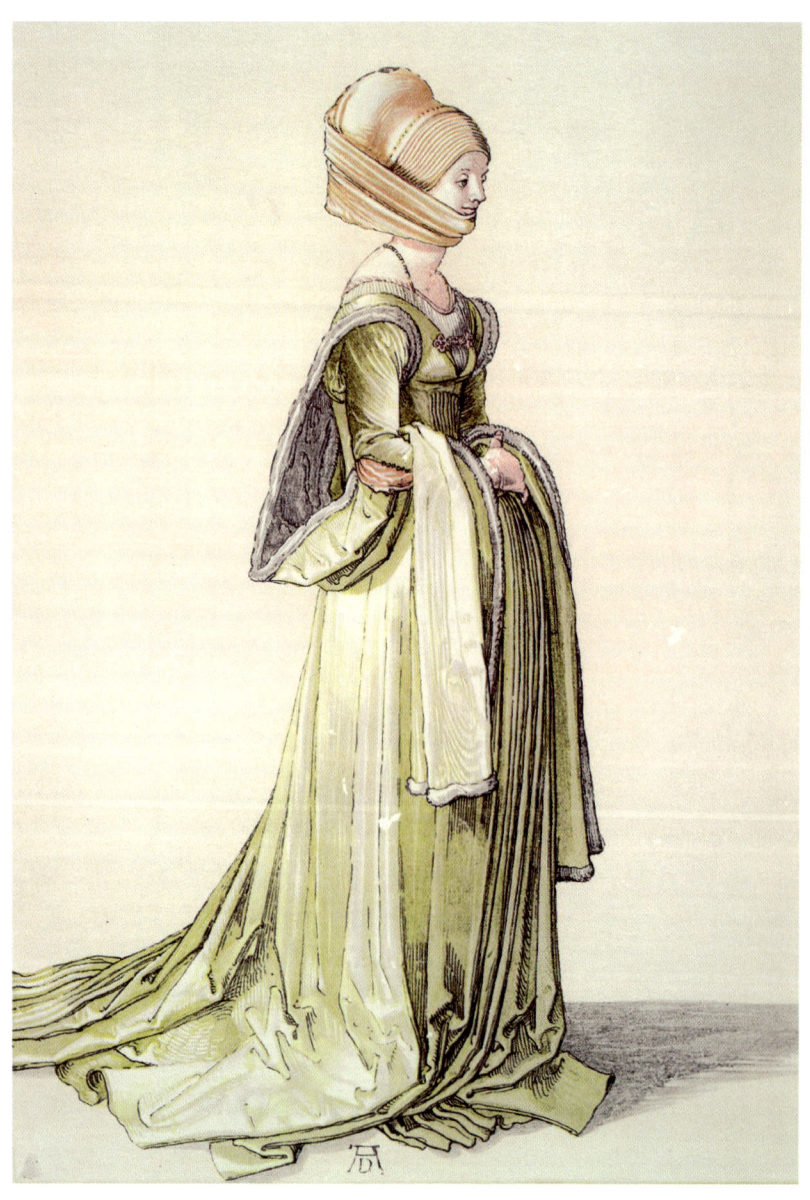

**Nuremberg Woman in Her
Dancing Clothes**

Nurembergeoise en robe de danse

Nürnbergerin im Tanzkleid

Mujer de Núremberg con traje de baile

Dama di Norimberga in abito da ballo

Neurenbergse in danskledij

*1500, Pen and ink with watercolor/
Plume et aquarelle, 32,5 × 21,8 cm,
Albertina, Wien*

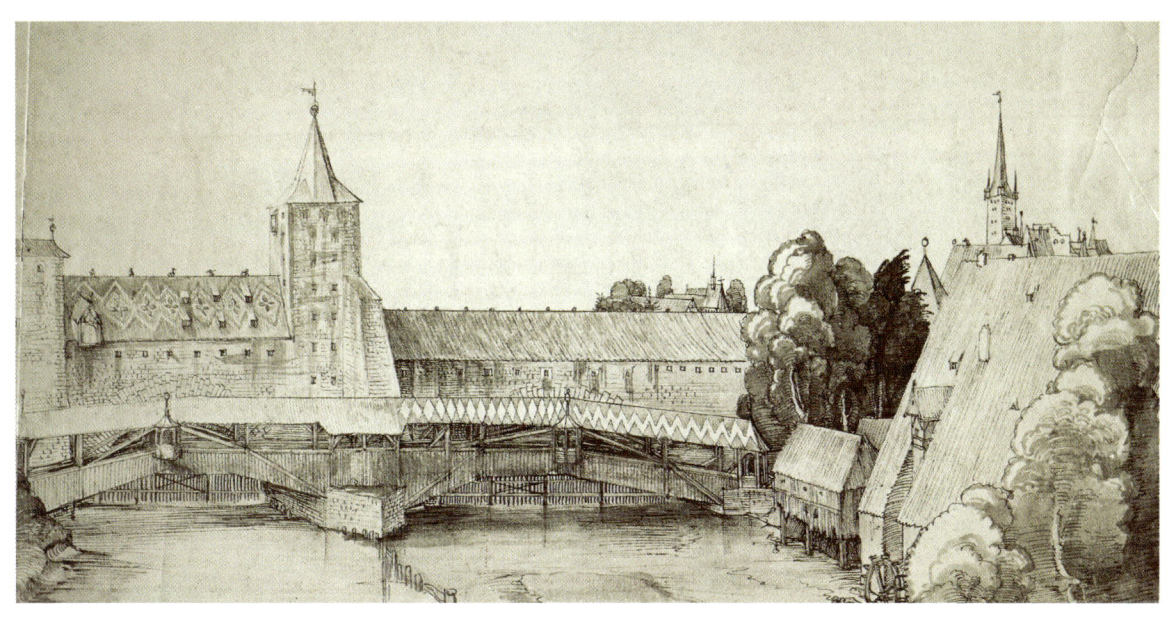

The Dry Dock at the Hallentor in Nürnberg

La Passerelle couverte à la porte de Haller, à Nuremberg

Der Trockensteg beim Hallentor in Nürnberg

Trockensteg en Núremberg

Il bacino di carenaggio presso la porta d'ingresso di Norimberga

De Trockensteg vlakbij Hallerpoort in Neurenberg

c. 1496, Pen and ink with watercolor/Plume et aquarelle, 15,9 × 32,3 cm, Albertina, Wien

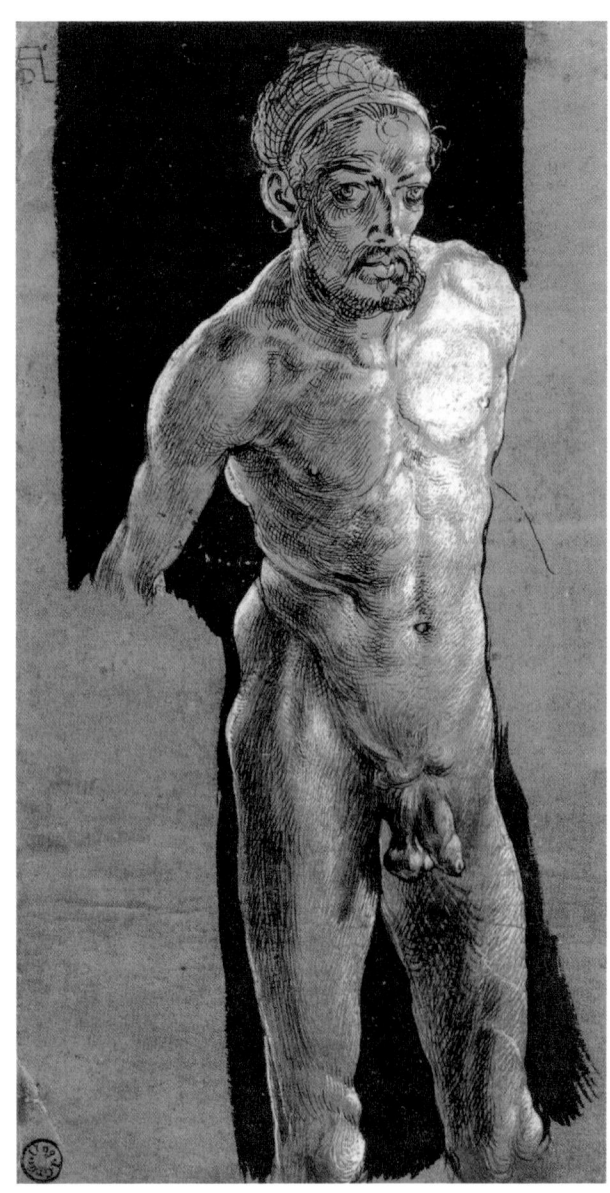

Nude Study (Self-Portrait)

Étude de nu ou *Autoportrait nu*

Aktstudie (Selbstbildnis)

Estudio para un desnudo (Autorretrato)

Studio di nudo (autoritratto)

Naaktstudie

c. 1509, Pen and brush, on paper washed in green/Plume et encre noire, grise, blanche, 29,2 × 15,4 cm, Schlossmuseum, Weimar

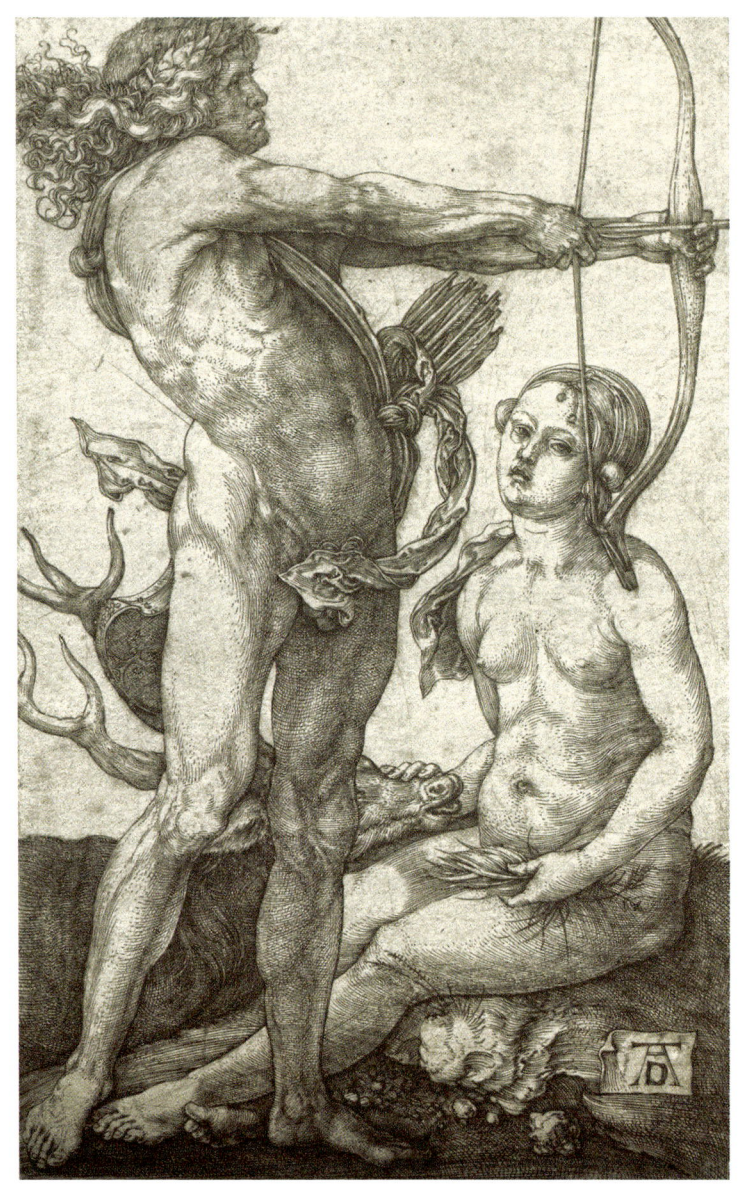

Apollo and Diana

Apollon et Diane

Apollo und Diana

Apolo y Diana

Apollo e Diana

Apollo en Diana

c. 1503, Copperplate engraving/Gravure sur cuivre,
11,5 × 7,2 cm, Veste Coburg, Coburg

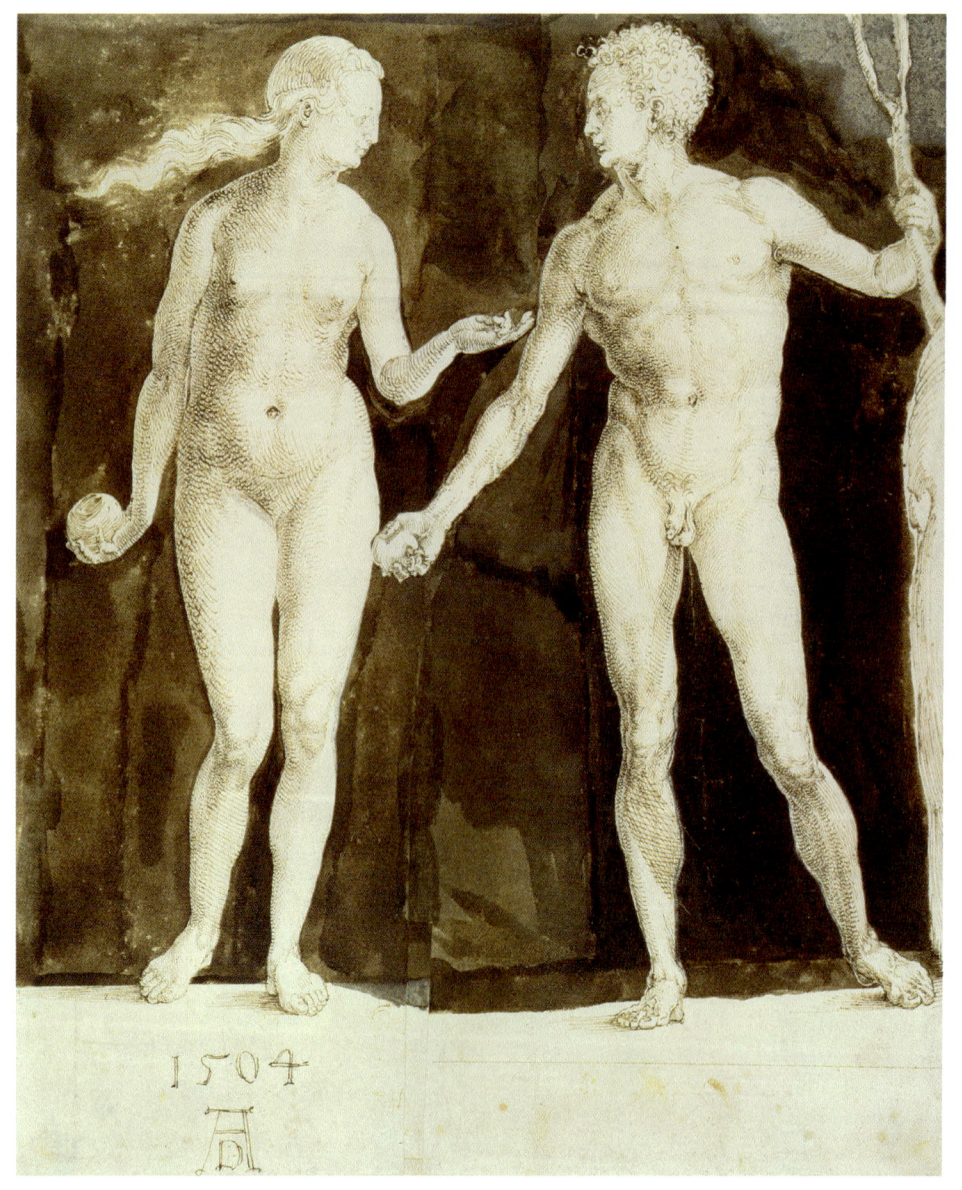

Adam and Eve

Adam et Ève

Adam und Eva

Adán y Eva

Adamo ed Eva

Adam en Eva

1504, Pen and ink, background washed/ Dessin à la plume, 24,2 × 20,1 cm, Morgan Library & Museum, New York

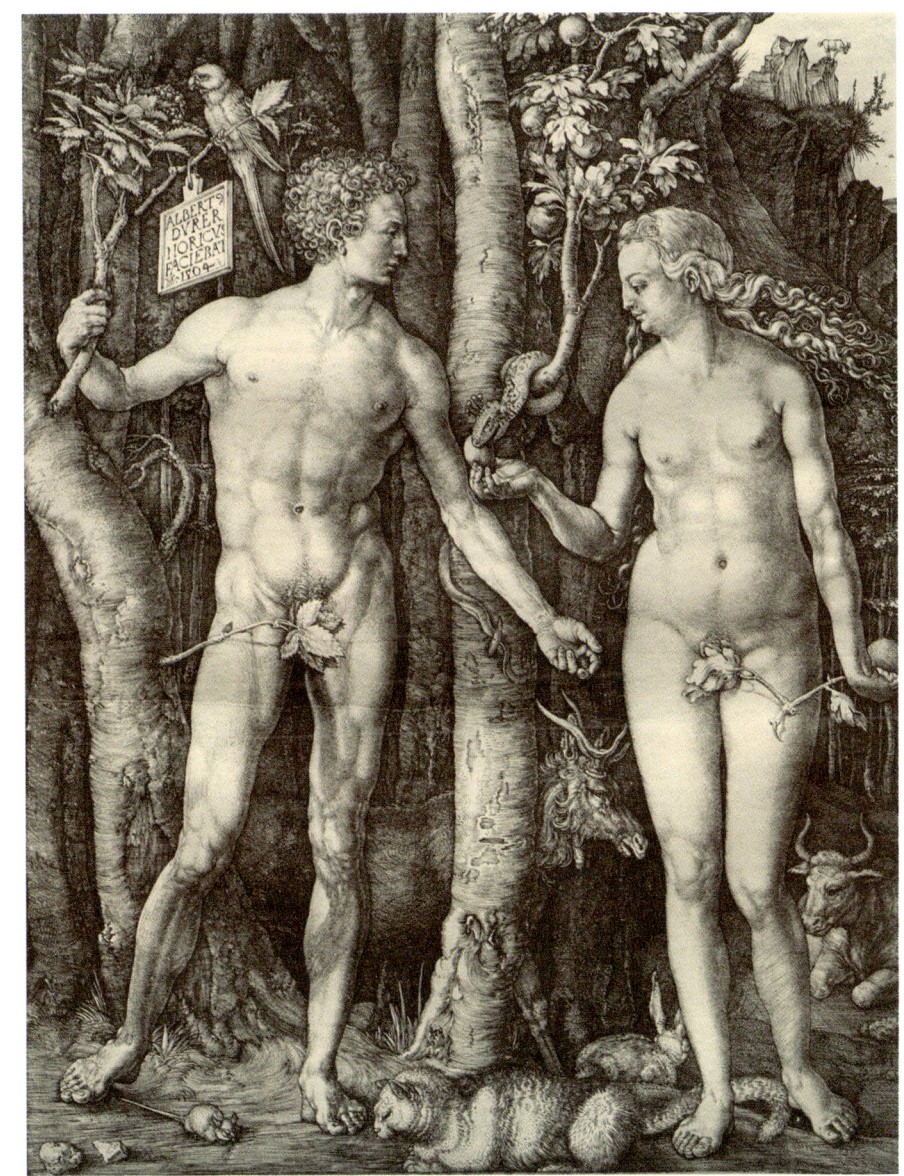

Adam and Eve (The Fall)

***Adam et Ève* ou
*La Chute de l'homme***

***Adam und Eva
(Der Sündenfall)***

***Adán y Eva
(La caída del hombre)***

***Adamo ed Eva
(La caduta dell'uomo)***

Adam en Eva (de zondeval)

*1504, Copperplate engraving/
Gravure sur cuivre, 26 × 20,3 cm,
Staatliche Graphische
Sammlung, München*

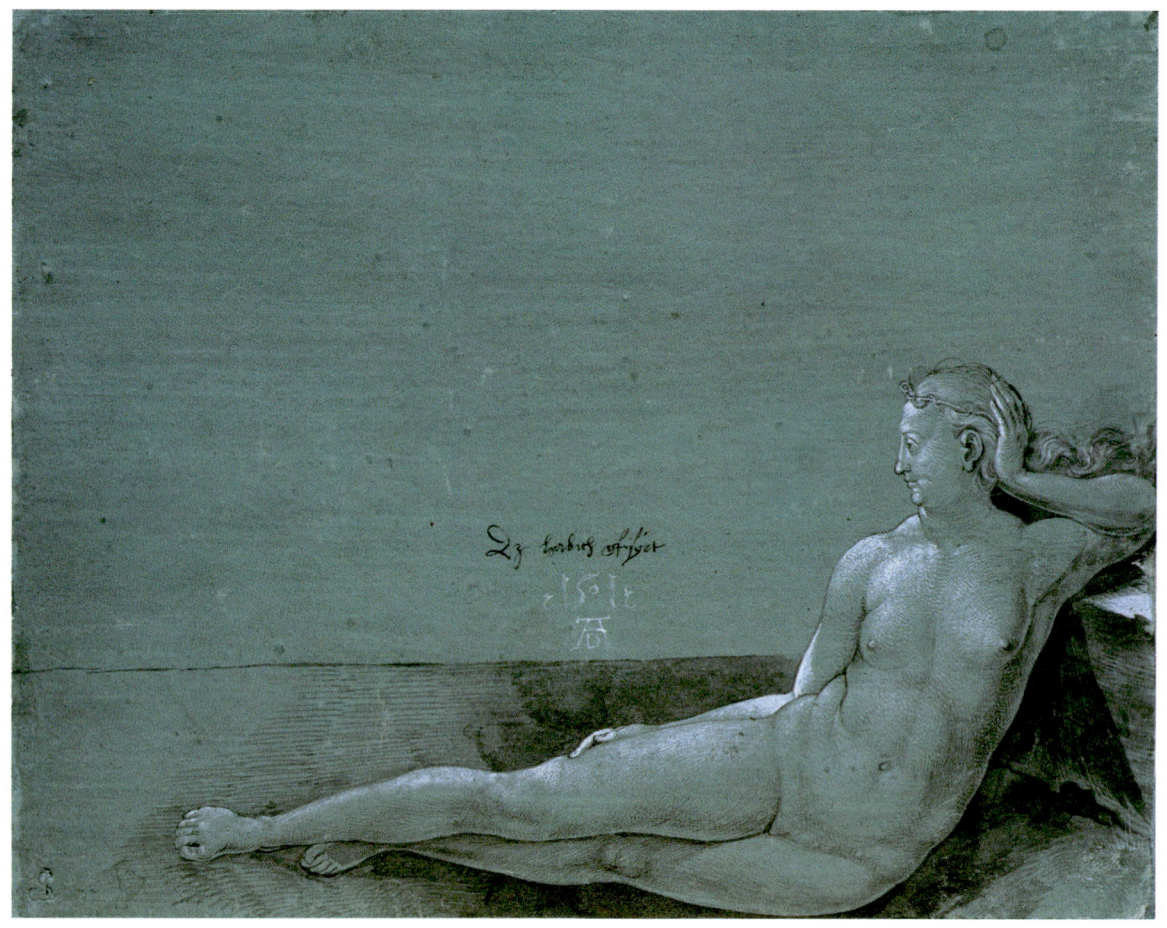

Reclining Nude

Nu féminin allongé

Liegender Akt

Desnudo tumbado

Nudo disteso

Liggend naakt

1501, Pen and brush, on paper washed in green/Plume et pinceau, 17 × 22,1 cm, Albertina, Wien

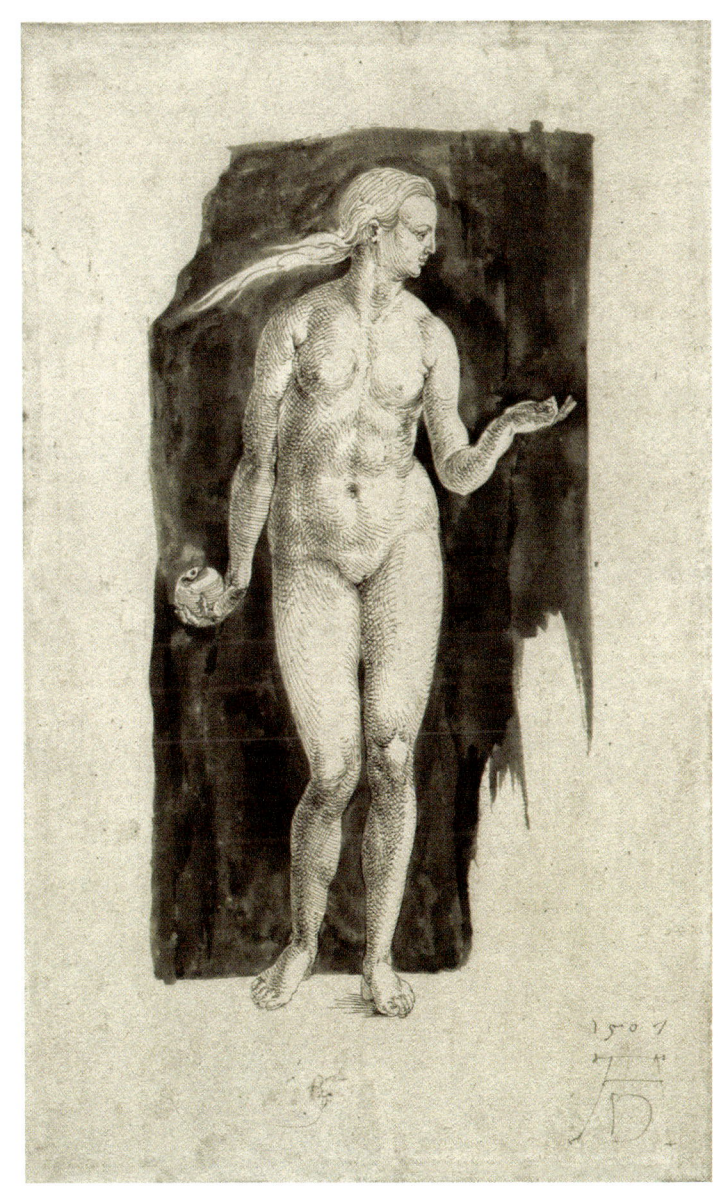

Study for **the Figure of Eve**

Étude pour **Ève**

Studie für **die Figur der Eva**

Estudio sobre **la figura de Eva**

Studio per **la figura di Eva**

Studie voor **het beeld van Eva**

1504, Pen and ink in brown/Dessin à la plume,
27,7 × 17,1 cm, British Museum, London

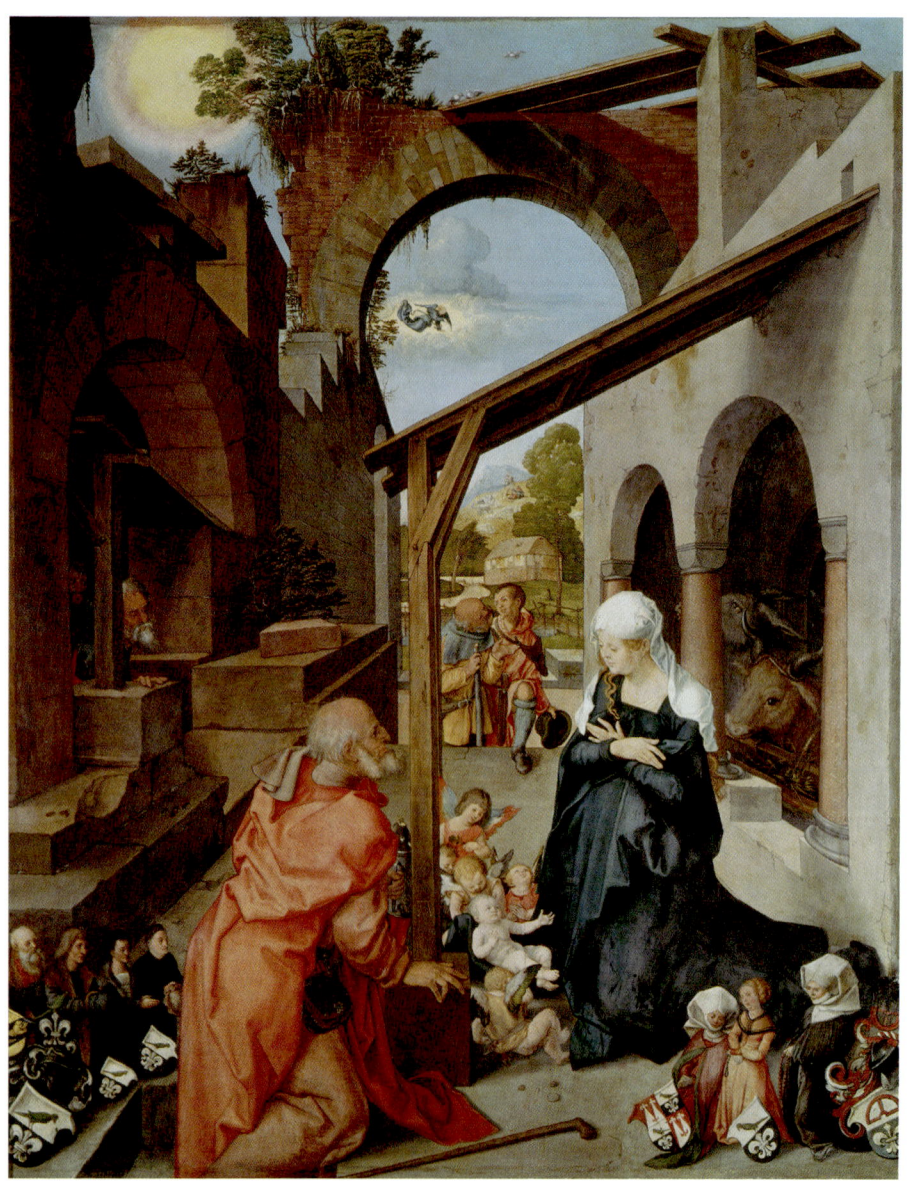

The Nativity (Central Panel of *Paumgartner Altar*)

La Nativité, panneau central du *Retable Paumgartner*

Die Geburt Christi (Mittelteil des *Paumgartner-Altars*)

El nacimiento de Cristo (tablero central del *Altar de Paumgartner*)

L'Adorazione del Bambino (pala centrale dell'*Altare Paumgartner*)

De geboorte van Christus (middelste paneel van het *Paumgartner altaar*)

c. 1504, Oil on wood/Huile sur bois, 155 × 126 cm, Alte Pinakothek, München

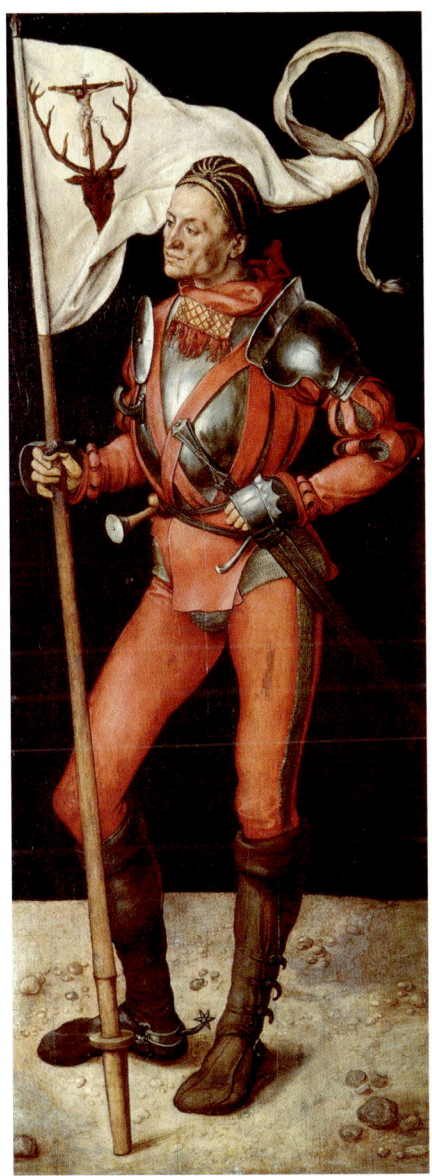

Lukas Paumgartner as St. Eustache (right inner wing of the *Paumgartner Altar*)

Saint Eustache, panneau droit du *Retable Paumgartner*

Lukas Paumgartner als hl. Eustachius (rechter Innenflügel des *Paumgartner-Altars*)

Lukas Paumgartner como San Eustaquio (tablero derecho interno del *retablo de Paumgartner*)

Lukas Paumgartner come sant'Eustachio (pannello interno destro dell'*Altare Paumgartner*)

Lukas Paumgartner als hl. Eustachius (rechter binnenvleugel van het *Paumgartner altaar*)

c. 1504, Oil on wood/ Huile sur bois, 157 × 61 cm, Alte Pinakothek, München

Stephan Paumgartner as St. George (left inner wing of the *Paumgartner Altar*)

Saint Georges, panneau gauche du *Retable Paumgartner*

Stephan Paumgartner als hl. Georg (linker Innenflügel des *Paumgartner-Altars*)

Stephan Paumgartner como San Jorge (tablero izquierdo interno del *retablo de Paumgartner*)

Stephan Paumgartner come san Giorgio (pannello interno sinistro dell'*Altare Paumgartner*)

Stephan Paumgartner als hl. Georgius (linker binnenvleugel van het *Paumgartner altaar*)

c. 1504, Oil on wood/ Huile sur bois, 157 × 61 cm, Alte Pinakothek, München

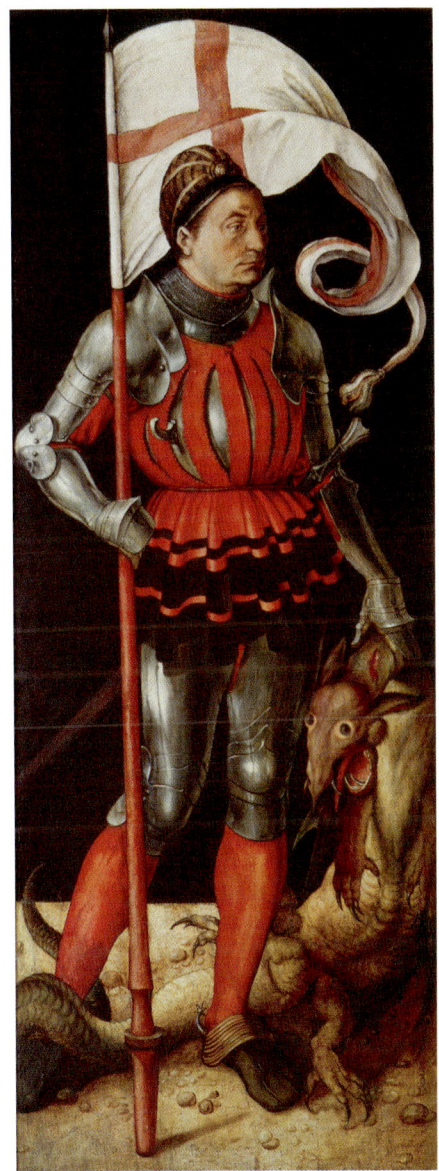

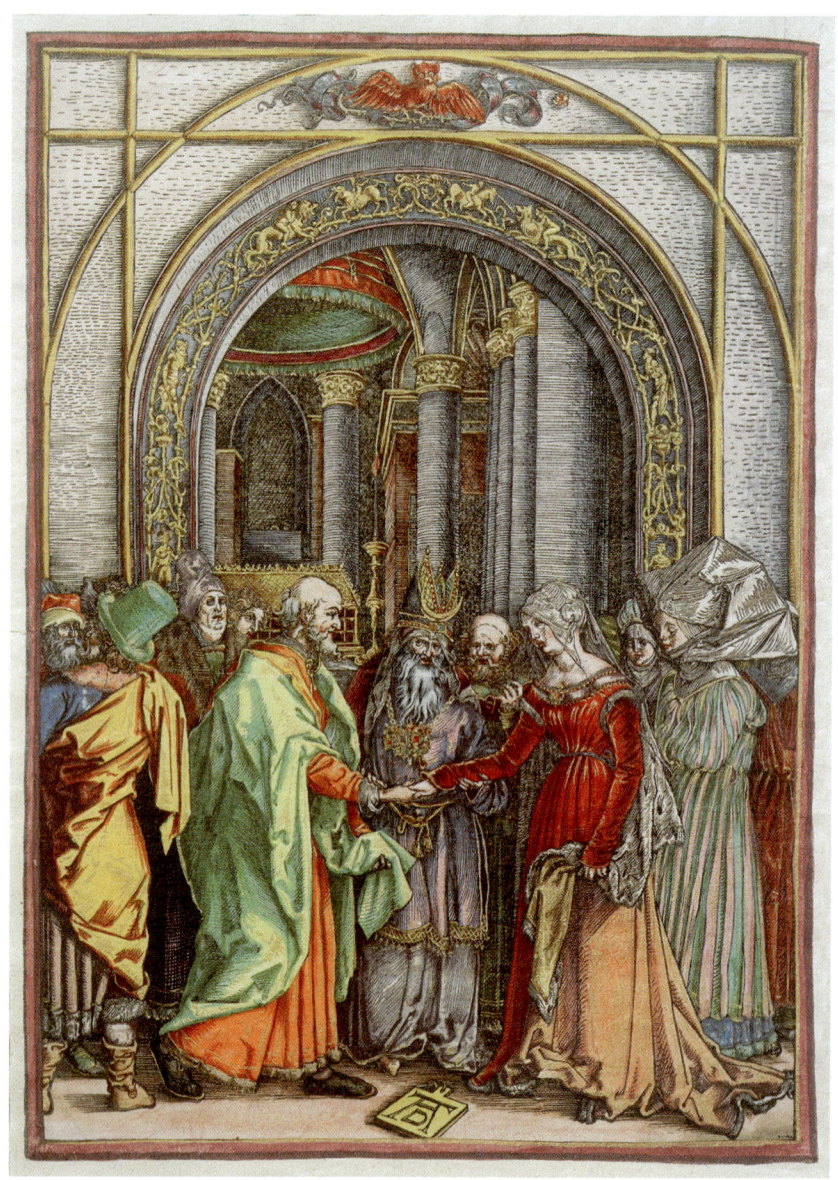

The Betrothal of Mary
From the series: *The Life of the Virgin* (published 1511)

Le Mariage de la Vierge,
extrait de *La Vie de la Vierge*

Die Verlobung Mariens.
Aus der Folge: *Das Marienleben*
(erschienen 1511)

Los desposorios de la Virgen.
De la serie: *La vida de la Virgen* (aparecida a 1511)

Sposalizio della Vergine. Dalla serie:
Vita della Vergine (pubblicata nel 1511)

De verloving van Maria. Uit de
reeks: *Het leven van Maria*
(verschenen in 1511)

c. 1504, Woodcut, originally colored/
Gravure sur bois colorisée, 35,9 × 25 cm,
Museum Otto Schäfer, Schweinfurt

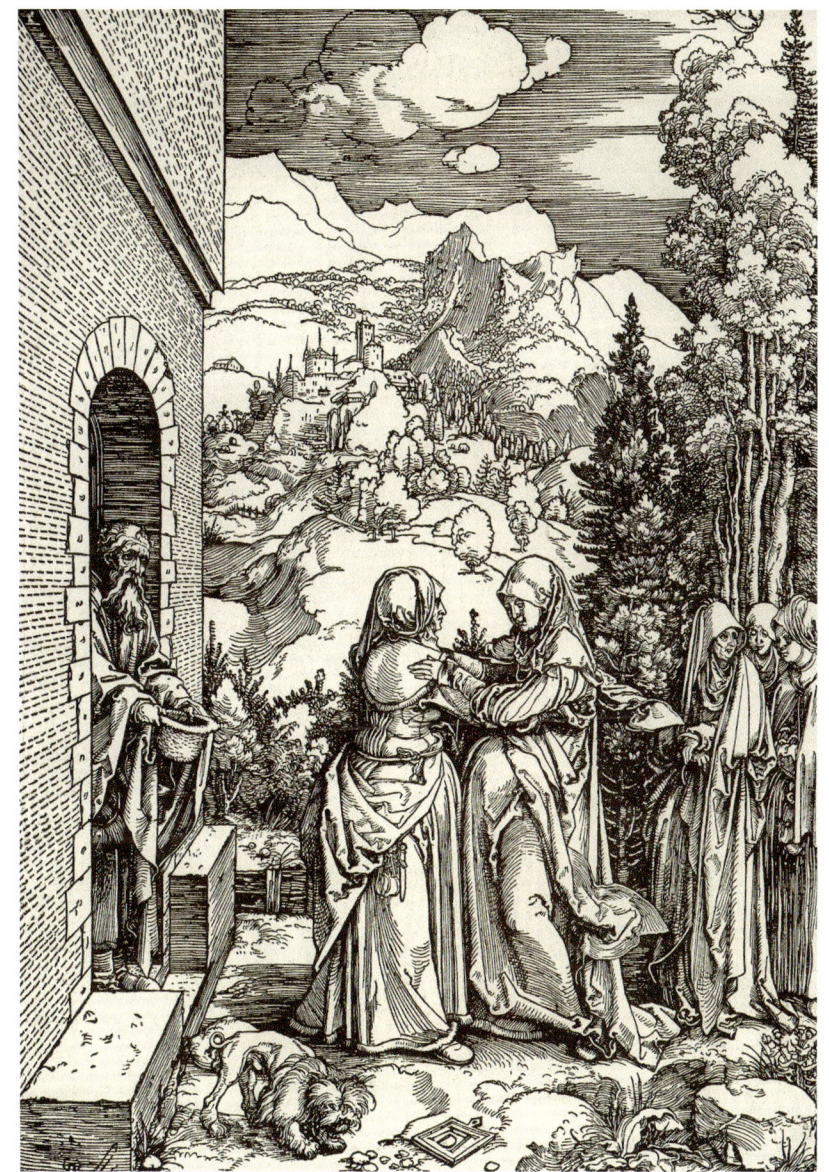

The Visitation From the series: *The Life of the Virgin* (published 1511)

La Visitation, extrait de *La Vie de la Vierge*

Die Heimsuchung. Aus der Folge: *Das Marienleben* (erschienen 1511)

La Visitación. De la serie: *La vida de la Virgen* (aparecida a 1511)

Visitazione. Dalla serie: *Vita della Vergine* (pubblicata nel 1511)

De bezoeking. Uit de reeks: *Het leven van Maria* (verschenen in 1511)

c. 1504, Woodcut/Gravure sur bois, 30 × 21,1 cm, Petit Palais, musée des Beaux-arts de la Ville de Paris, Paris

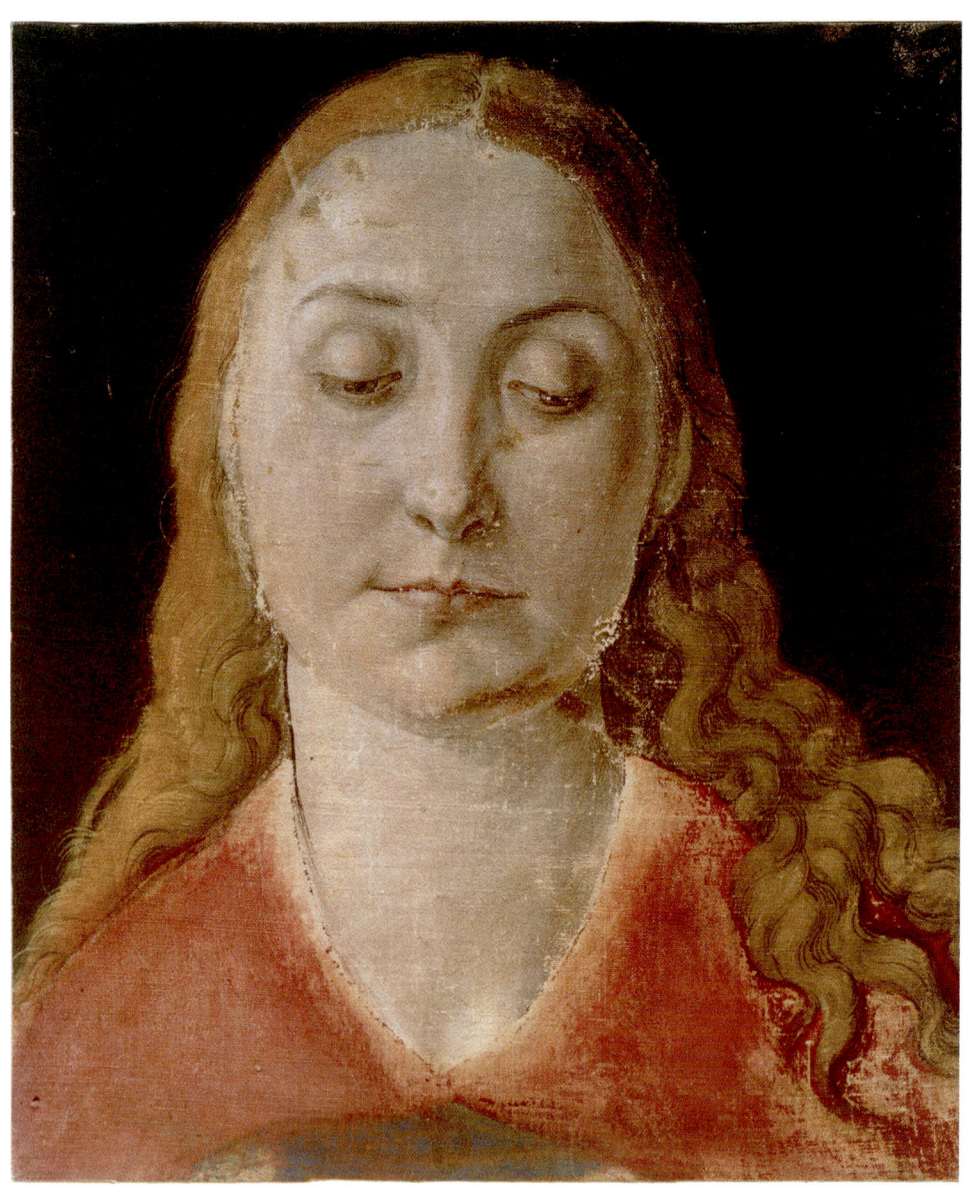

Head of a Woman

Tête de femme ou **Étude pour une Sainte Vierge**

Kopf einer Frau

Cabeza de mujer

Testa di donna

Hoofd van een vrouw

1503, Oil on canvas/ Huile sur toile, 22,5 × 21,6 cm, Bibliothèque Nationale, Paris

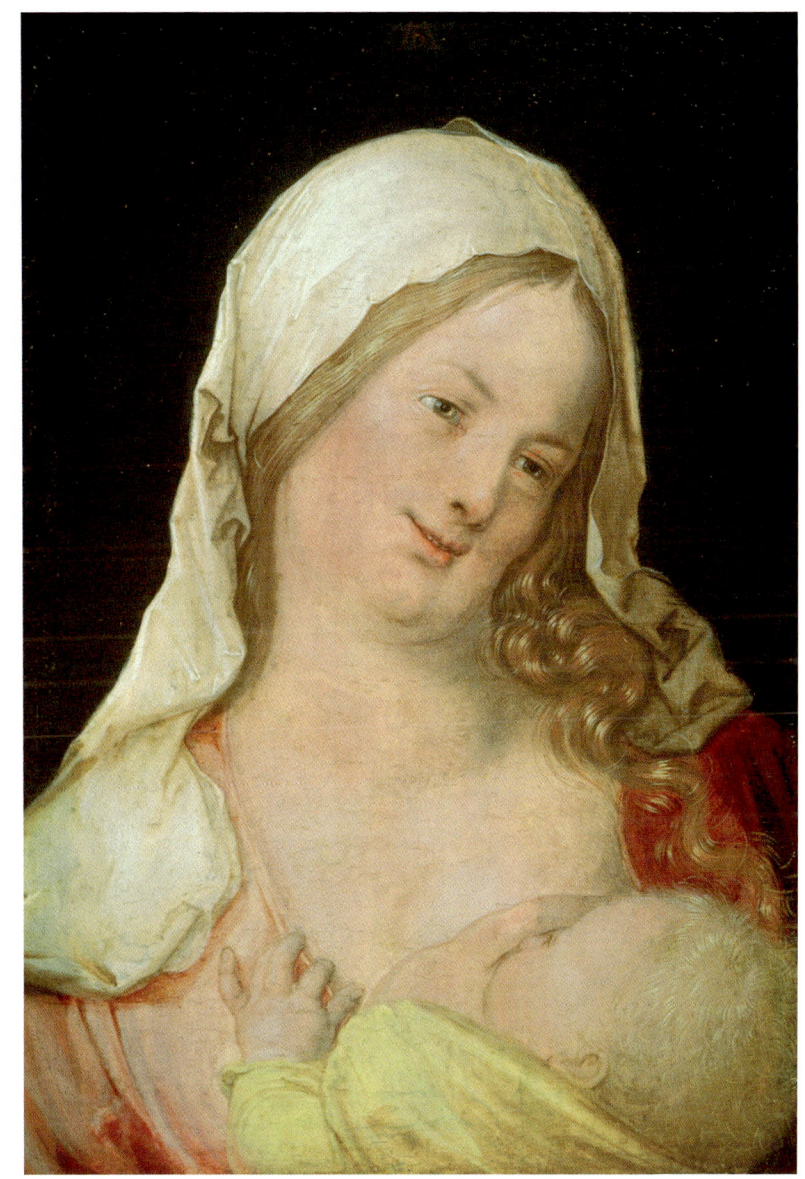

Mary Nursing the Child
La Vierge allaitant l'Enfant
Maria, das Kind stillend
María amamantando al niño
Maria che allatta il Bambino
Maria, haar kind voedend

1503, Oil on wood/Huile sur bois,
24,1 × 18,3 cm, Kunsthistorisches Museum, Wien

135

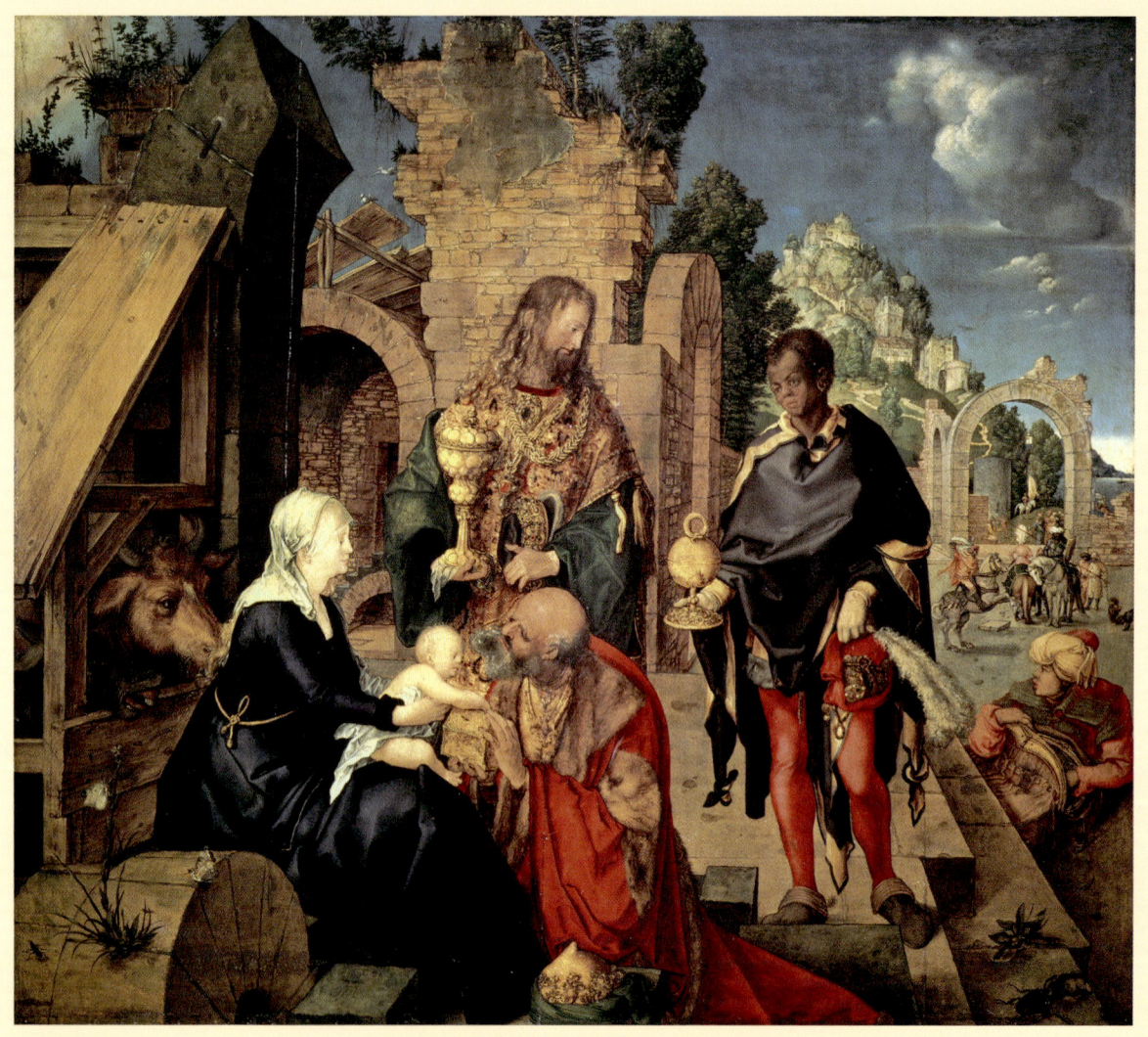

Adoration of the Magi   **Anbetung der Könige**   **Adorazione dei Magi**

L'Adoration des mages   **Adoración de los Reyes Magos**   **Aanbidding van de koningen**

1504, Oil on wood/Huile sur bois, 100 × 114 cm, Galleria degli Uffizi, Firenze

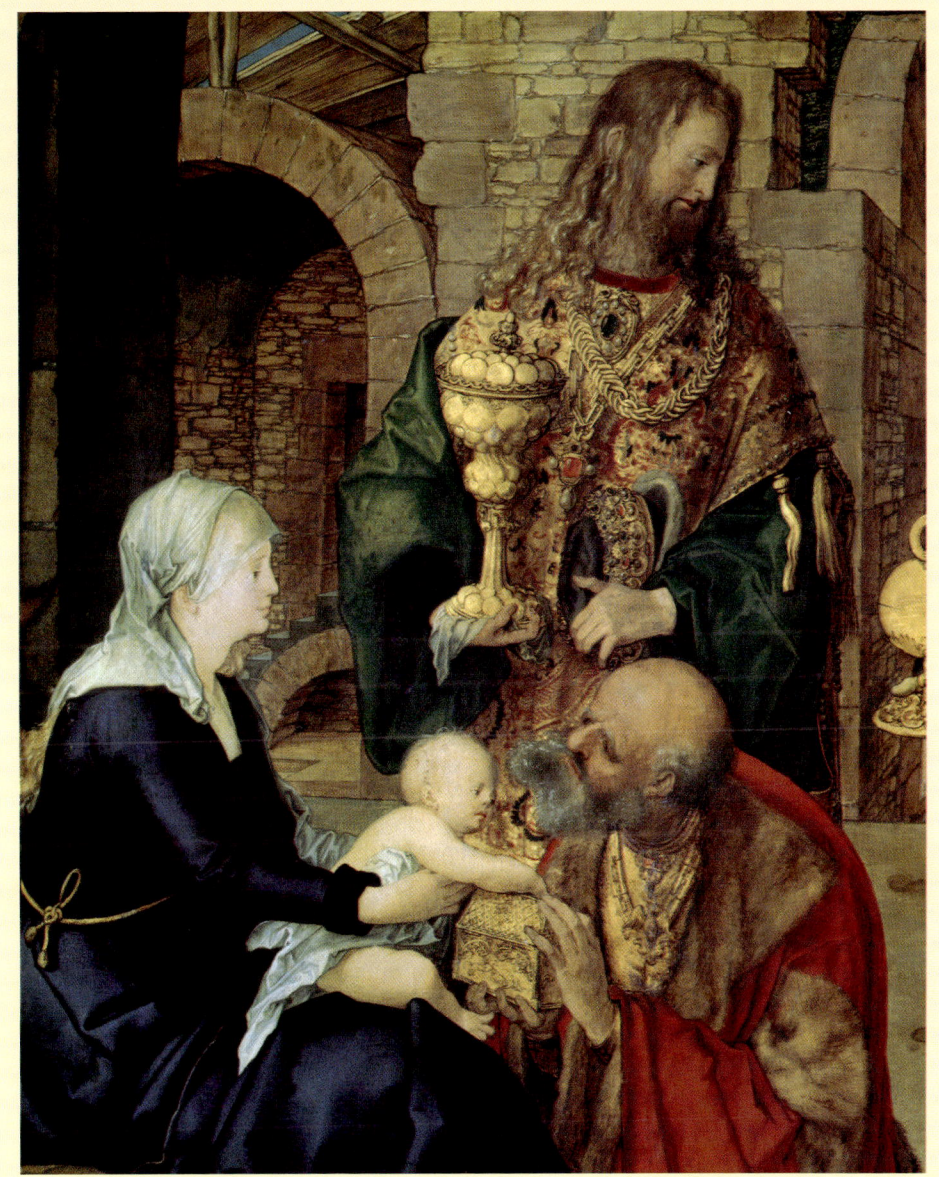

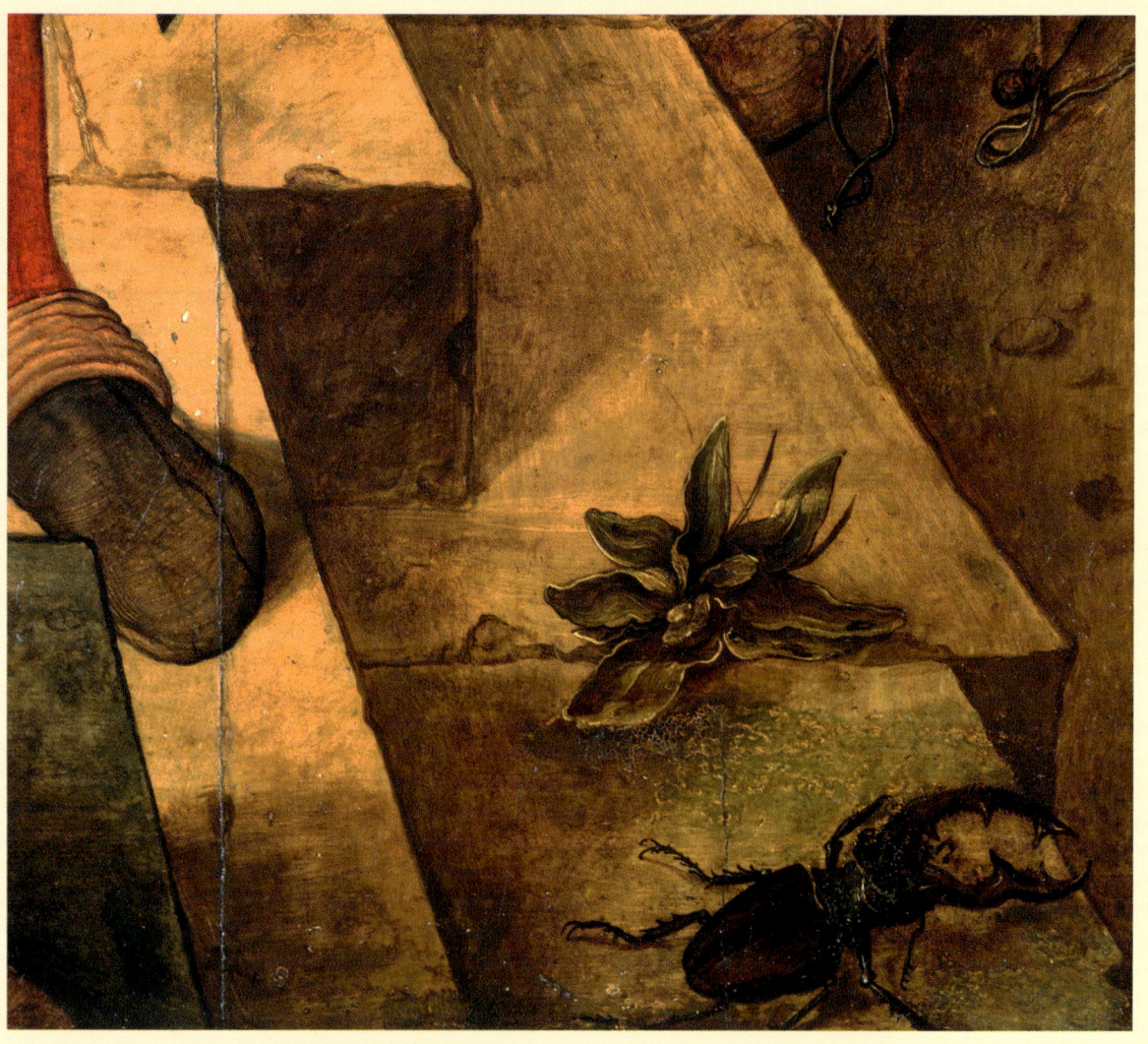

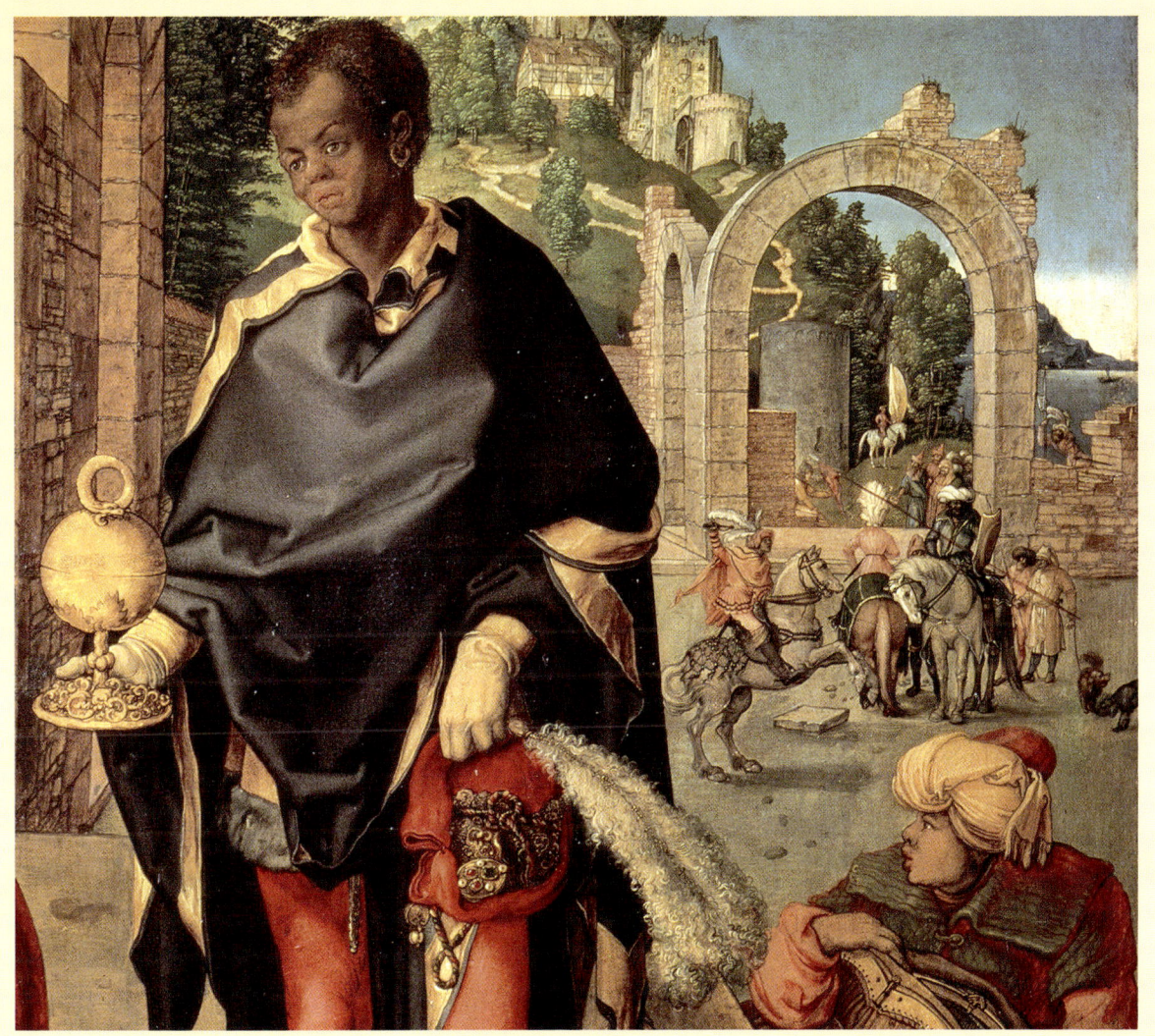

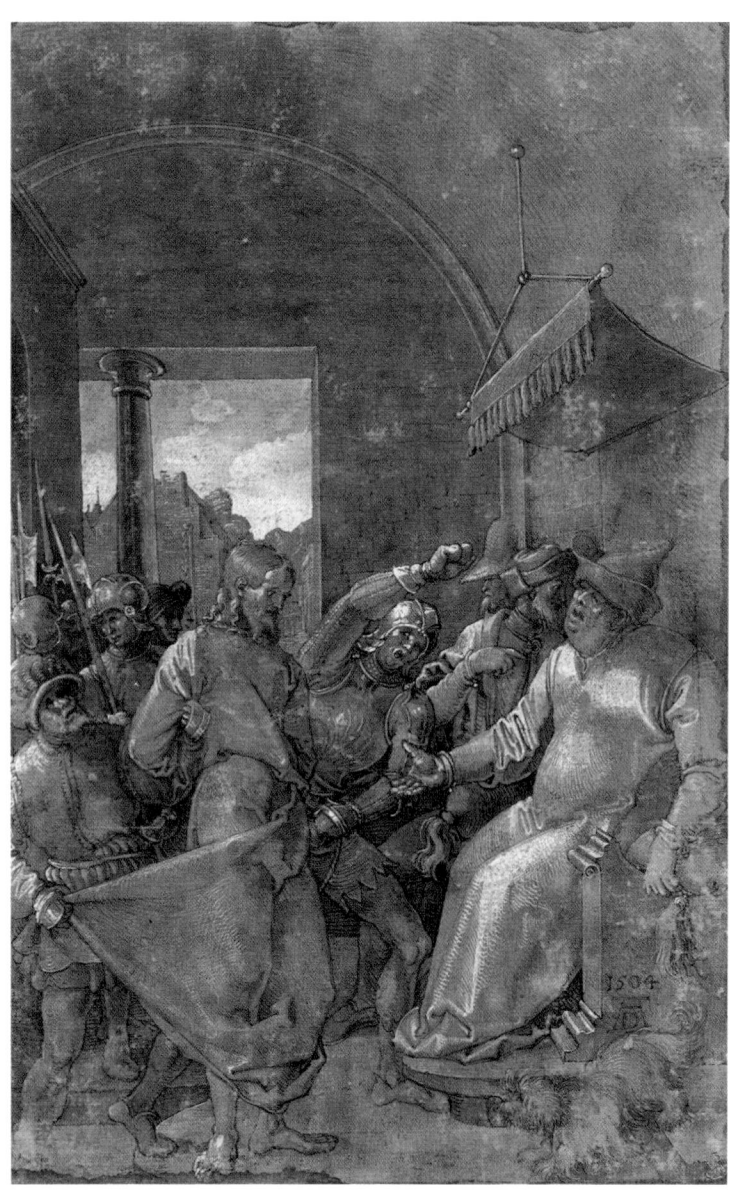

Christ before Caiaphas (or Annas)
From the series: *Green Passion*

Le Christ devant Caïphe, extrait de la *Passion verte*

Christus vor Kaiphas (oder Hannas).
Blatt aus der Folge: *Grüne Passion*

Cristo ante Caifás (o Anás)
estampa de la serie: *Pasión Verde*

Cristo davanti a Caifa (o Anna).
Foglio della serie: *Passione Verde*

Christus voor Kaiphas (of Hannas)
Pamflet uit de reeks *Groene Passie*

1504, Pen and black ink, heightened with opaque white on paper washed in green/Plume et encre noire, sur papier vert, 28,3 × 17,8 cm, Albertina, Wien

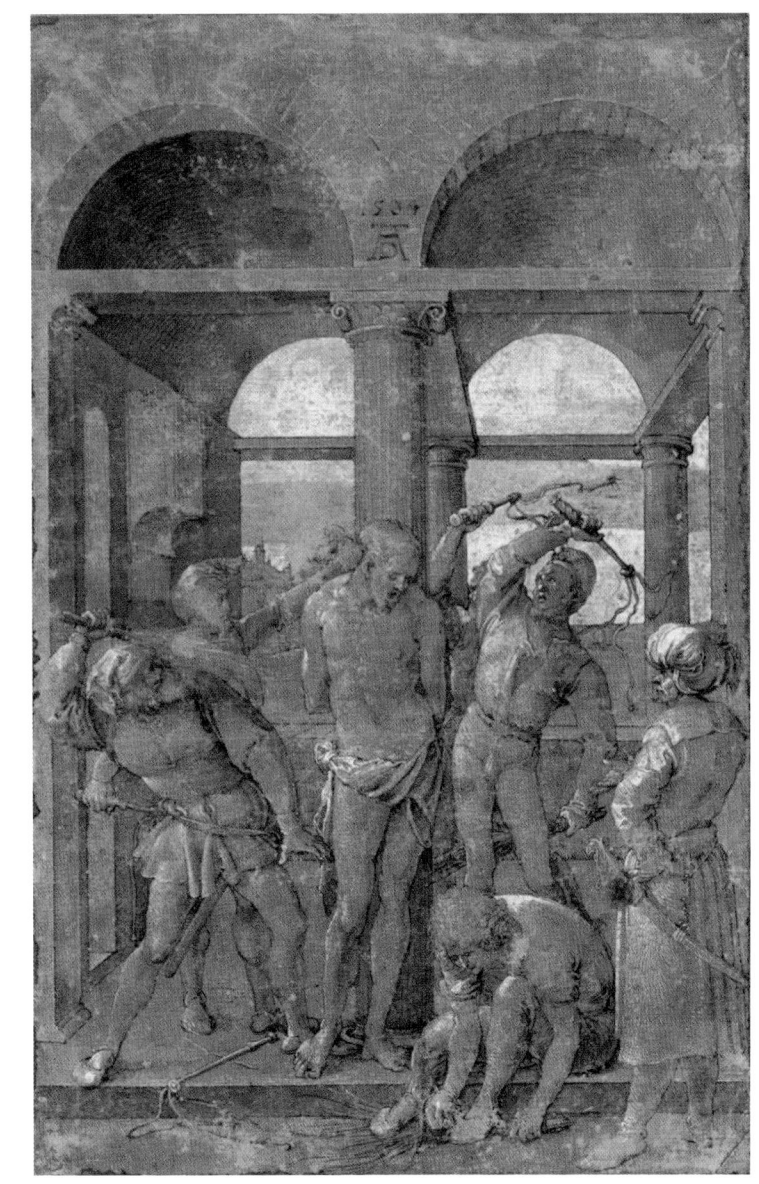

Flagellation of Christ From the series: *Green Passion*

La Flagellation du Christ, extrait de la *Passion verte*

Geißelung Christi. Blatt aus der Folge: *Grüne Passion*

La flagelación de Cristo
Estampa de la serie: *Pasión Verde*

Flagellazione di Cristo
Foglio della serie: *Passione Verde*

Geseling van Christus.
Pamflet uit de reeks *Groene Passie*

*1504, Pen and black ink, heightened with opaque
white on paper washed in green/Plume et encre noire,
rehaussé de gouache sur papier vert, 28,8 × 18,8 cm,
Albertina, Wien*

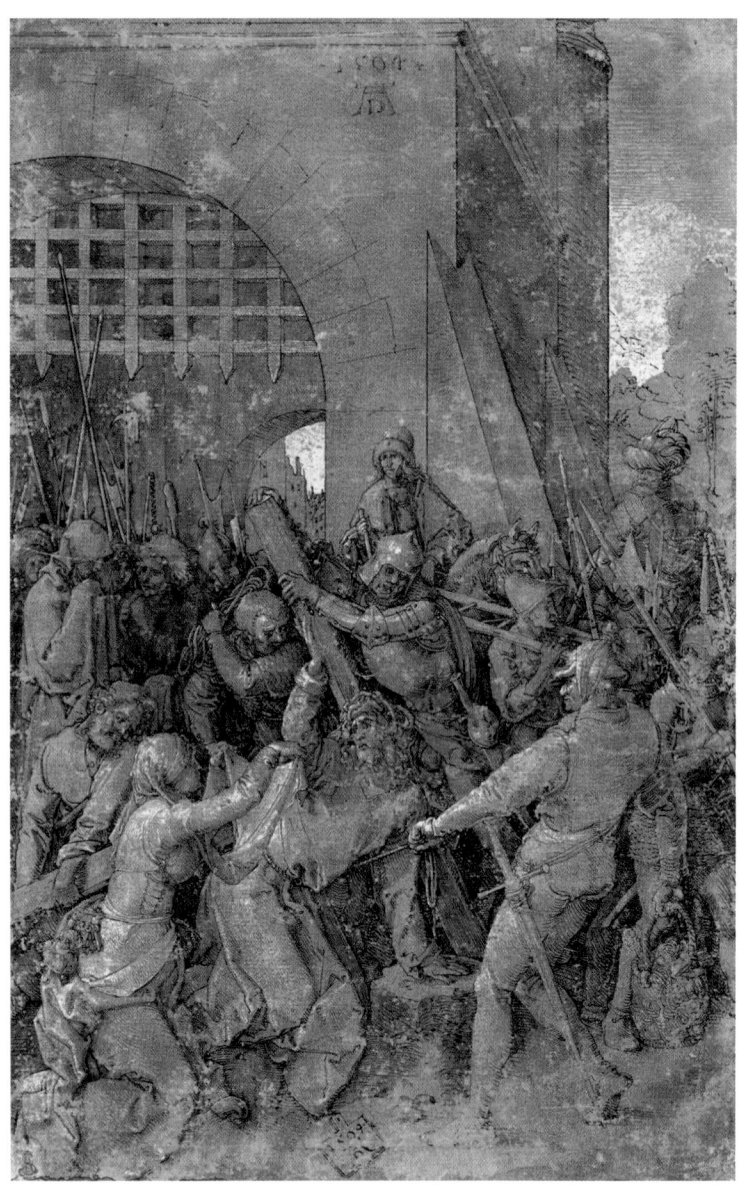

Bearing the Cross From the series: *Green Passion*

Le Portement de croix, extrait de la *Passion verte*

Kreuztragung. Blatt aus der Folge: *Grüne Passion*

Cristo llevando la cruz
Estampa de la serie: *Pasión Verde*

Cristo che porta la croce.
Foglio della serie: *Passione Verde*

Kruisdraging. Pamflet uit de reeks *Groene Passie*

1504, Pen and black ink, heightened with opaque white on paper washed in green/Plume et encre noire, rehaussé de gouache sur papier vert, 28,8 × 18,8 cm, Albertina, Wien

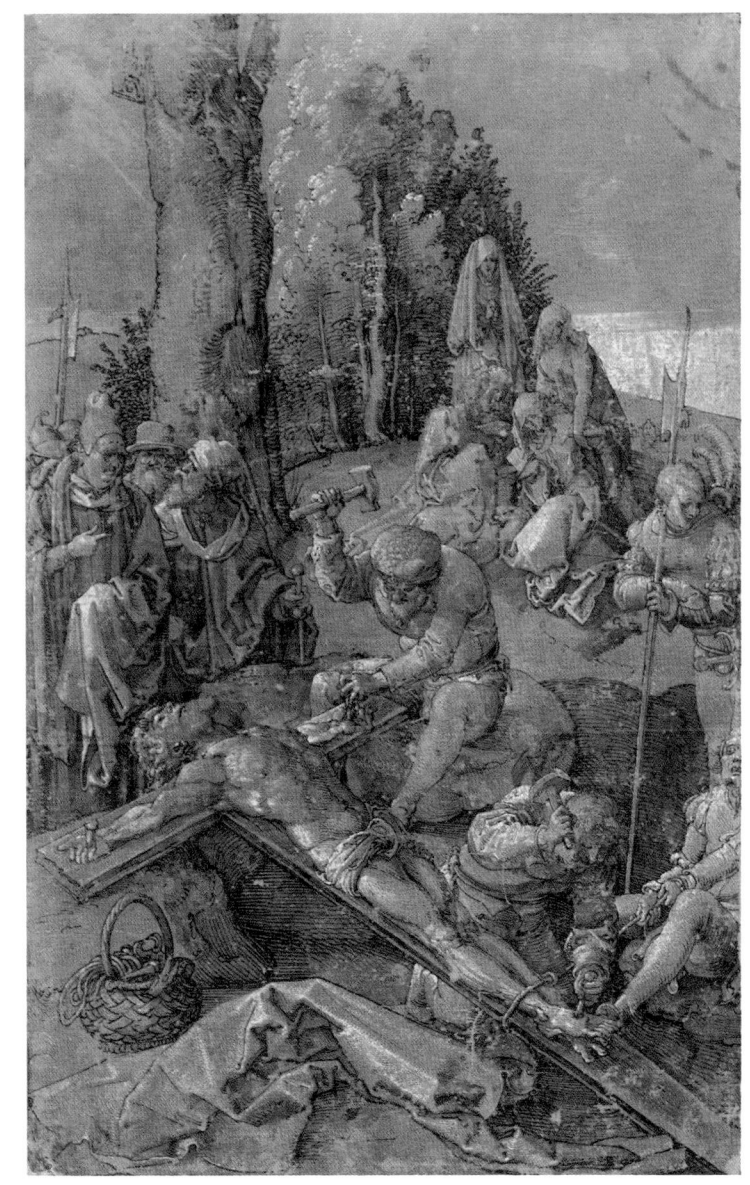

Nailing to the Cross From the series: *Green Passion*

La Crucifixion, extrait de la *Passion verte*

Kreuznagelung. Blatt aus der Folge: *Grüne Passion*

Clavando a Cristo en la cruz
Estampa de la serie: *Pasión Verde*

Cristo inchiodato alla croce.
Foglio della serie: *Passione Verde*

Jezus wordt aan het kruis gespijkerd.
Pamflet uit de reeks *Groene Passie*

*1504, Pen and black ink, heightened with opaque
white on paper washed in green/Plume et encre noire,
rehaussé de gouache sur papier vert, 28,8 × 18,2 cm,
Albertina, Wien*

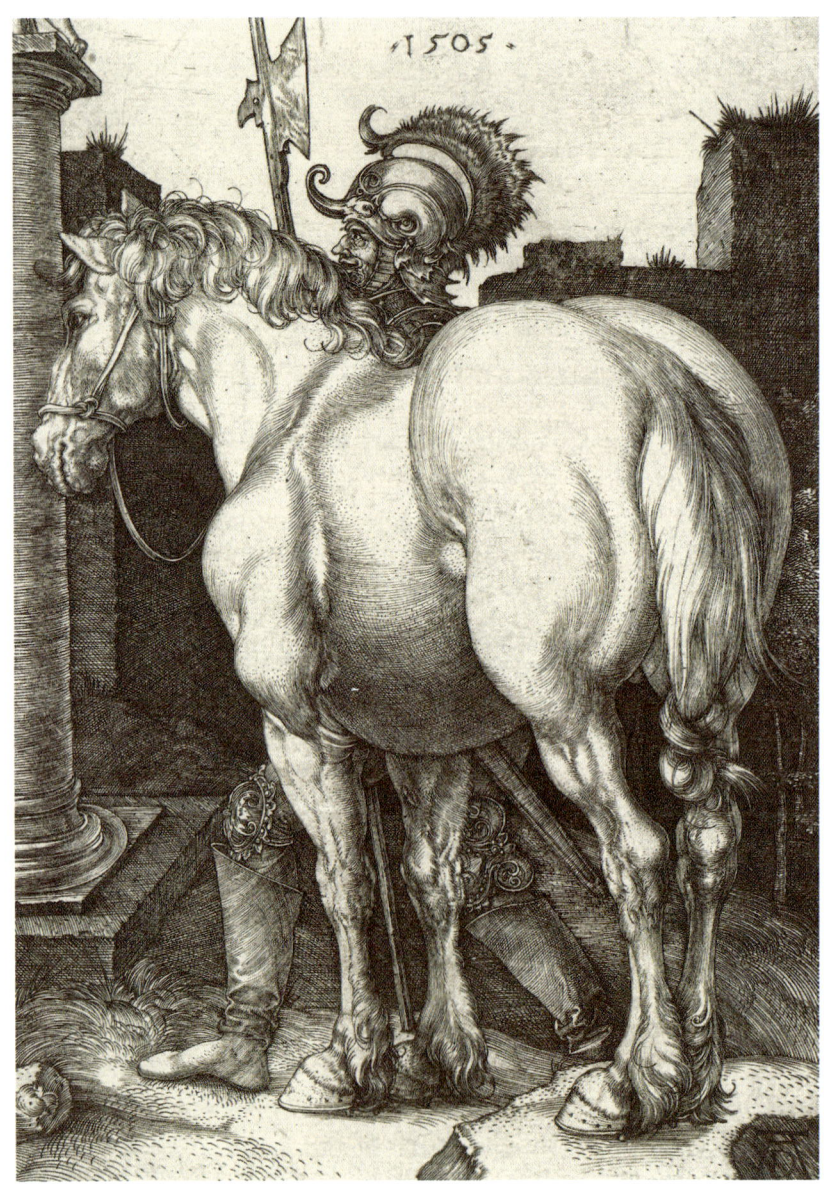

The Large Horse

Le Grand Cheval

Das große Pferd

El gran caballo

Il grande cavallo

Het grote paard

*1505, Copperplate engraving/
Gravure sur cuivre, 16,7 × 11,9 cm,
British Museum, London*

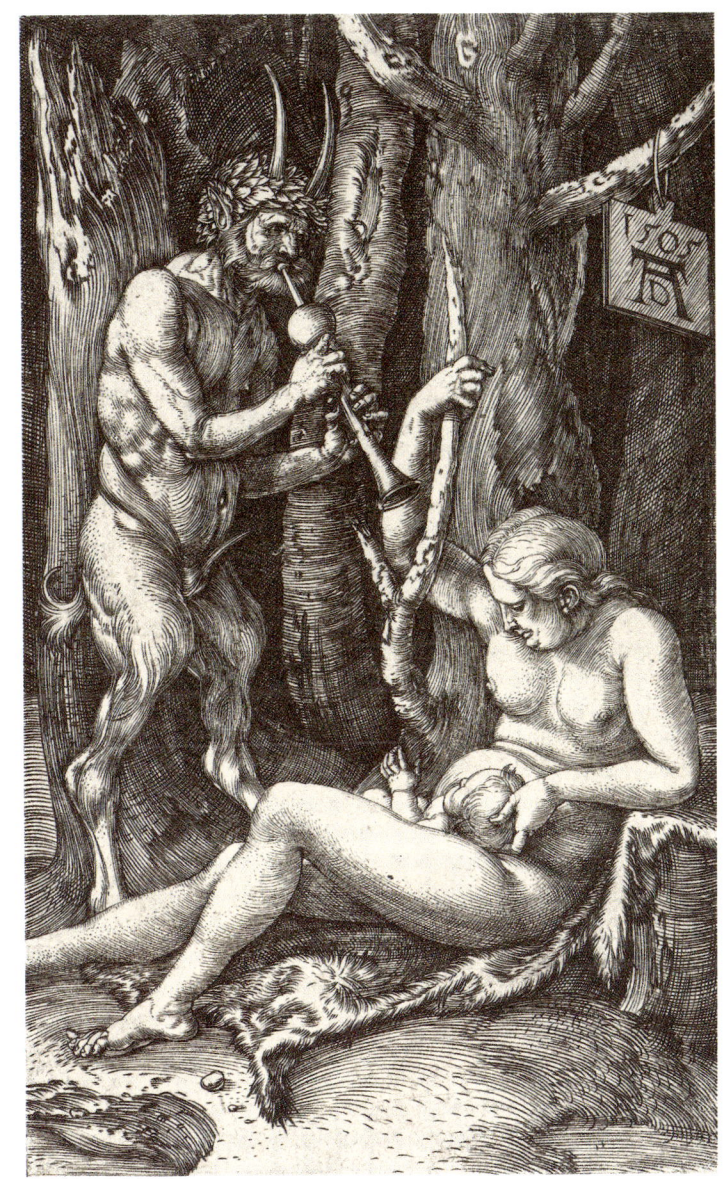

Satyr Family (Satyr and Nymph)

La Famille de satyres

Satyrfamilie (Satyr und Nymphe)

Familia de sátiros (sátiro y ninfa)

Famiglia di satiri (satiro e ninfa)

Familie van Satyr (Satyr en de nimf)

1505, Copperplate engraving/Gravure sur cuivre,
11,8 × 7,2 cm, Kupferstichkabinett, Dresden

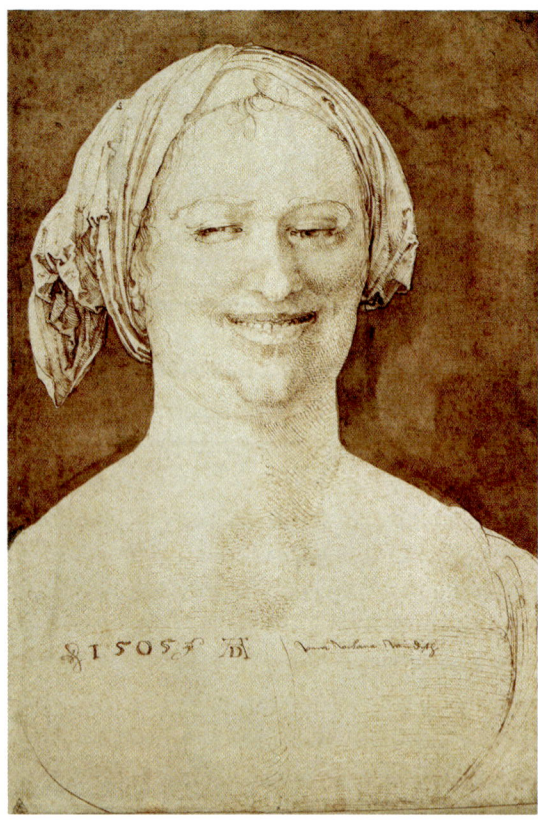

Slovenian Peasant Woman
(Carinthian Peasant Woman Laughing)

Portrait d'une paysanne

Windische Bäuerin
(Lachende Kärntner Bäuerin)

Campesina de Windisch (campesina carintia riendo)

Contadina slovena
(Contadina carinziana che ride)

Windische boerin
(Lachende Karintische boerin)

1505, Pen and ink, brown ink, and washed/Plume, encre brune et lavis,
41,6 × 28,1 cm, British Museum, London

Second trip to Italy

When Dürer embarked on his second trip to Venice, he was now a much-copied master painter whose work was well-known beyond the borders of German-speaking Europe. This made the initial rejection of his fellow painters in Venice all the more difficult for Dürer. He spent more than a year there. The German merchants' guild had hired him to paint the colorful altar for *The Feast of Our Lady of the Rosary,* which finally gave

Deuxième voyage en Italie

Lorsque Dürer entreprend son deuxième voyage à Venise, il est déjà depuis longtemps un maître reconnu et copié bien au-delà des frontières du Saint-Empire romain germanique. Il est d'autant plus affecté de l'accueil très froid que lui réservent les peintres vénitiens. Il passe là-bas plus d'un an. La guilde des marchands allemands lui commande le retable *La Fête du rosaire,* aux couleurs somptueuses, qui lui vaudra finalement

Zweite Italienreise

Als Dürer seine zweite Reise nach Venedig unternimmt, tut er dies als ein längst über die Grenzen des Deutschen Reiches hinaus anerkannter und viel kopierter Meister. Umso härter trifft ihn die anfängliche Ablehnung seiner Malerkollegen in Venedig. Mehr als ein Jahr verbringt er dort. Die deutsche Kaufmannsgilde beauftragt ihn mit dem farbenprächtigen Altargemälde *Das Rosenkranzfest,*

Segundo viaje a Italia

Cuando Durero realiza su segundo viaje a Venecia, lo hace como un maestro muy imitado y reconocido fuera de las fronteras del Imperio germánico. Por lo que el rechazo inicial de sus colegas pintores en Venecia le afecta todavía más. Pasa más de un años en la ciudad. El gremio de comerciantes alemanes le encarga la profusamente colorida *Fiesta del Rosario,* que finalmente le ganó mucho más que la aceptación de

Il secondo viaggio in Italia

Quando Dürer decide di intraprendere il suo secondo viaggio a Venezia è oramai un maestro ben noto e molto copiato oltre i confini del Reich tedesco. Nella città italiana, però, incontra il duro rifiuto iniziale dei suoi colleghi pittori veneziani. Resta oltralpe più di un anno, durante il quale la corporazione dei commercianti tedeschi gli affida il compito di dipingere la colorata pala d'altare intitolata *Festa del Rosario,* che finalmente gli dona la

Tweede Italiaanse reis

Wanneer Dürer aan zijn tweede reis naar Venedig begint, doet hij dat in de gedaante van een allang buiten de grenzen van het Duitse Rijk erkende en veelvuldig nagebootste meester. Des te harder komt de aanvankelijke afwijzing van zijn collega's in Venedig aan. Langer dan een jaar duurt zijn verblijf. Het Duitse gilde van Kooplieden geeft hem opdracht tot het kleurrijke altaarbeeld *Das Rosenkranzfest,* hetgeen

him the acceptance that he so craved
from the cultured artists of Venice.
He met Giovanni Bellini and Jacopo
de' Barbari. Wealthy art connoisseurs
and a young generation of painters
and engravers, including Campagnola,
Giorgione, and Titian came to appreciate
Dürer's outstanding prints. From
correspondence with his friend Willibald
Pirckheimer we learn how much Dürer
enjoyed life in Venice.

plus que la reconnaissance escomptée
au sein des cercles artistiques cultivés
de Venise. Il rencontre Giovanni Bellini
et Jacopo de' Barbari. Les amateurs
d'art fortunés et la jeune génération de
peintres et de graveurs en herbe, comme
Campagnola, Giorgione ou Titien,
nourrissent une grande estime pour le
travail de gravure exceptionnel de Dürer.
Si l'on en croit sa correspondance avec
son ami Willibald Pirckheimer, Dürer
apprécie énormément la vie animée de
la Cité des Doges.

welches ihm schließlich mehr als die
erhoffte Akzeptanz in den kultivierten
venezianischen Künstlerkreisen
verschafft. Er trifft mit Giovanni Bellini
und Jacopo de' Barbari zusammen.
Vermögende Kunstkenner und eine
junge Generation von Nachwuchsmalern
und Kupferstechern – unter ihnen
Campagnola, Giorgione und
Tizian – schätzen Dürers hervorragende
druckgrafische Werke. Aus einem
Briefwechsel mit seinem Freund
Willibald Pirckheimer erfahren wir,
wie sehr Dürer das Leben in der
pulsierenden Lagunenstadt genießt.

Head of the Old Man with a Long Beard

Tête de vieillard avec une longue barbe

Kopf des alten Mannes mit langem Bart

Cabeza de un anciano con barba

Testa di vecchio con una lunga barba

Hoofd van een oude man met een lange baard

1505, Pen and ink in dark brown/Dessin à la plume, 18,7 × 13,1 cm, Châteaux de Malmaison et Bois-Préau, Rueil-Malmaison

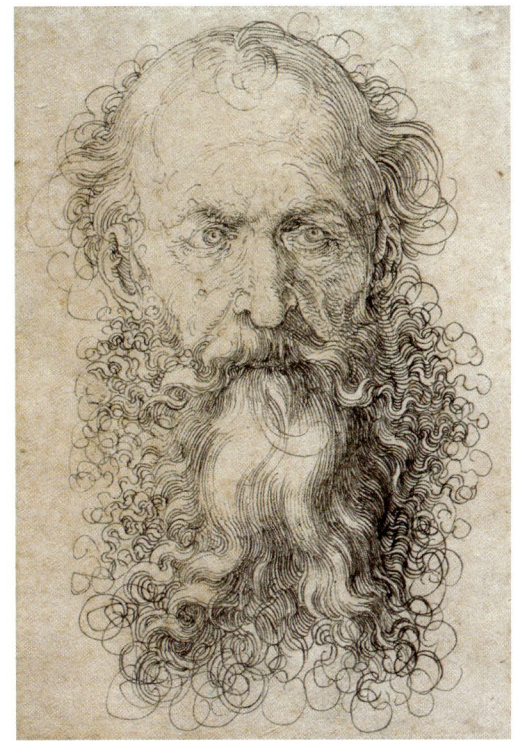

los círculos artísticos venecianos. Se encuentra con Giovanni Bellini y Jacopo de' Barbari. Pudientes amantes del arte y toda una generación de jóvenes pintores y grabadores –entre otros Campagnola, Giorgione y Tiziano– admiran los excepcionales trabajos de impresión de Durero. De su correspondencia con su amigo Willibald Pirckheimer podemos extraer cuánto disfrutaba Durero de la vida en la vibrante ciudad de los canales.

sperata accettazione negli ambienti artistici veneziani. Conosce Giovanni Bellini e Jacopo de' Barbari, nonché ricchi intenditori d'arte e una giovane generazione di pittori e incisori, tra i quali figurano Campagnola, Giorgione e Tiziano, che apprezzano le eccellenti opere grafiche di Dürer. Leggendo la corrispondenza con l'amico Willibald Pirckheimer si comprende subito quanto Dürer si stesse godendo la vita nella vivace città lagunare.

hem uiteindelijk meer dan de verhoopte acceptatie van de gecultiveerde Venetiaanse artistieke kringen verschaft. Hij ontmoet Giovanni Bellini en Jacopo de' Barbari. Vermogende kunstkenners en een jonge generatie van aankomende kunstschilders en kopergraveurs – onder hen Campagnola, Giorgione und Tizian – weten Dürers uitmuntende grafische werken te waarderen. Uit een briefwisseling met zijn vriend Willibald Pirckheimer komen wij te weten hoeveel Dürer van het leven in de bruisende lagunestad geniet.

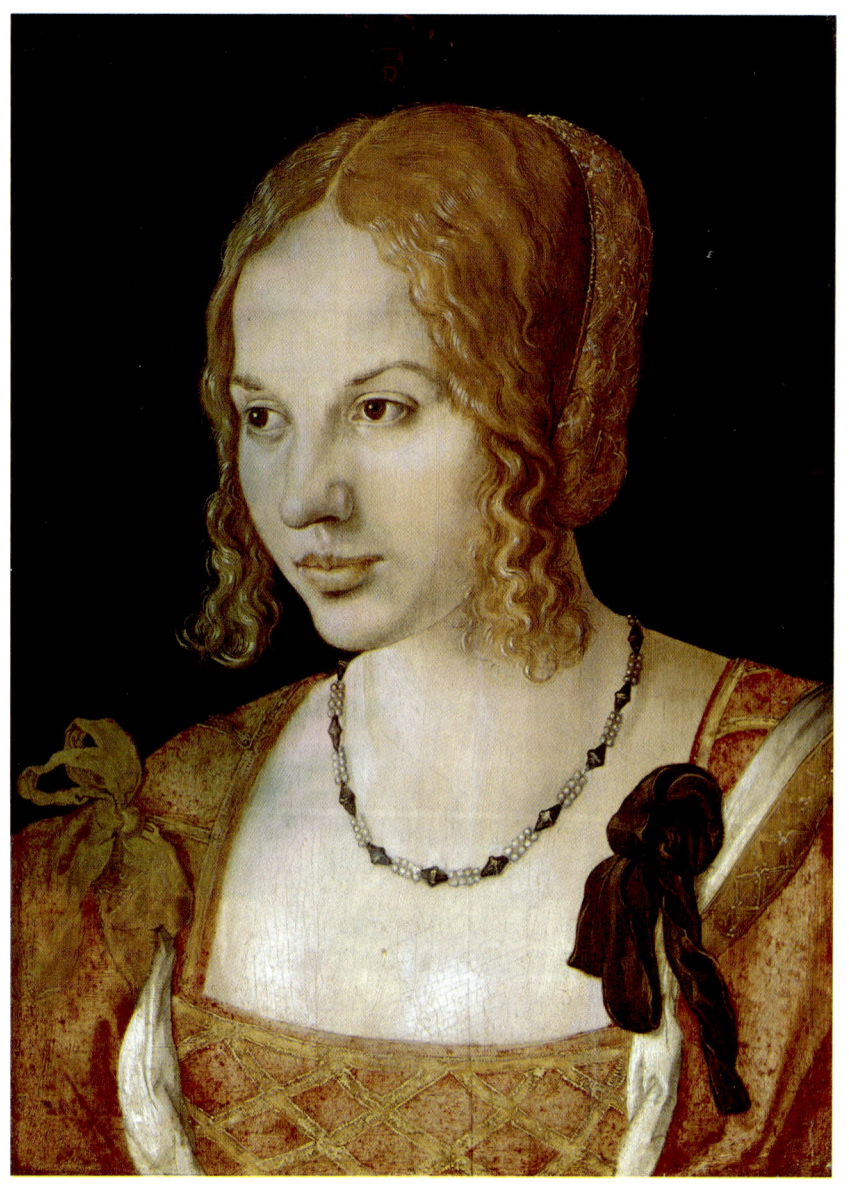

**Portrait of a Young
Woman from Venice**

Portrait d'une jeune Vénitienne

Bildnis einer jungen Venezianerin

Retrato de una joven veneciana

Ritratto di giovane veneziana

Portret van een jonge Venetiaanse

1505, Oil on wood/Huile sur bois,
32,5 × 24,5 cm, Kunsthistorisches
Museum, Wien

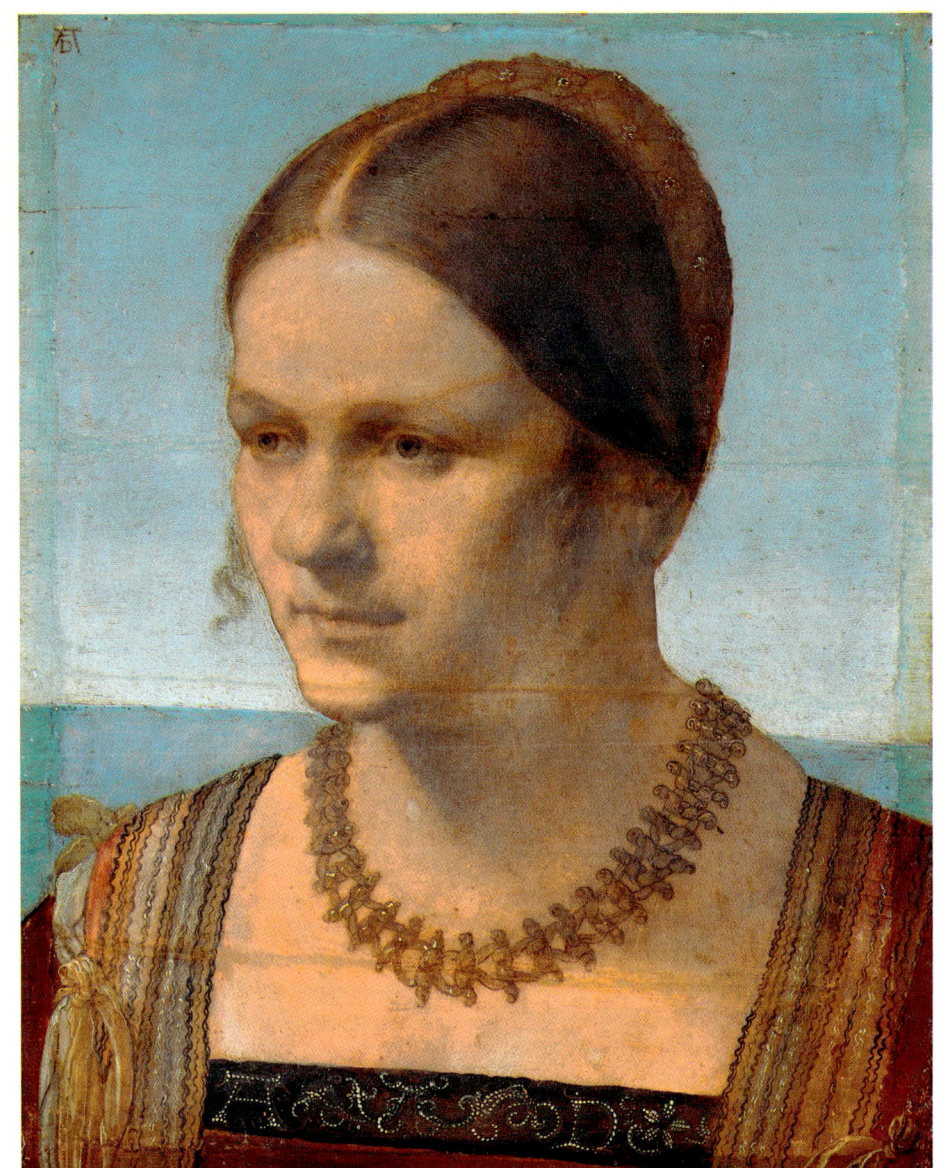

**Portrait of a Young
Woman from Venice**

*Portrait d'une
jeune Vénitienne*

**Bildnis einer jungen
Venezianerin**

*Retrato de una
joven veneciana*

Ritratto di veneziana

*Portret van een
jonge Venetiaanse*

*1506, Oil on wood/Huile
sur bois, 28,5 × 21,5 cm,
Staatliche Museen,
Gemäldegalerie, Berlin*

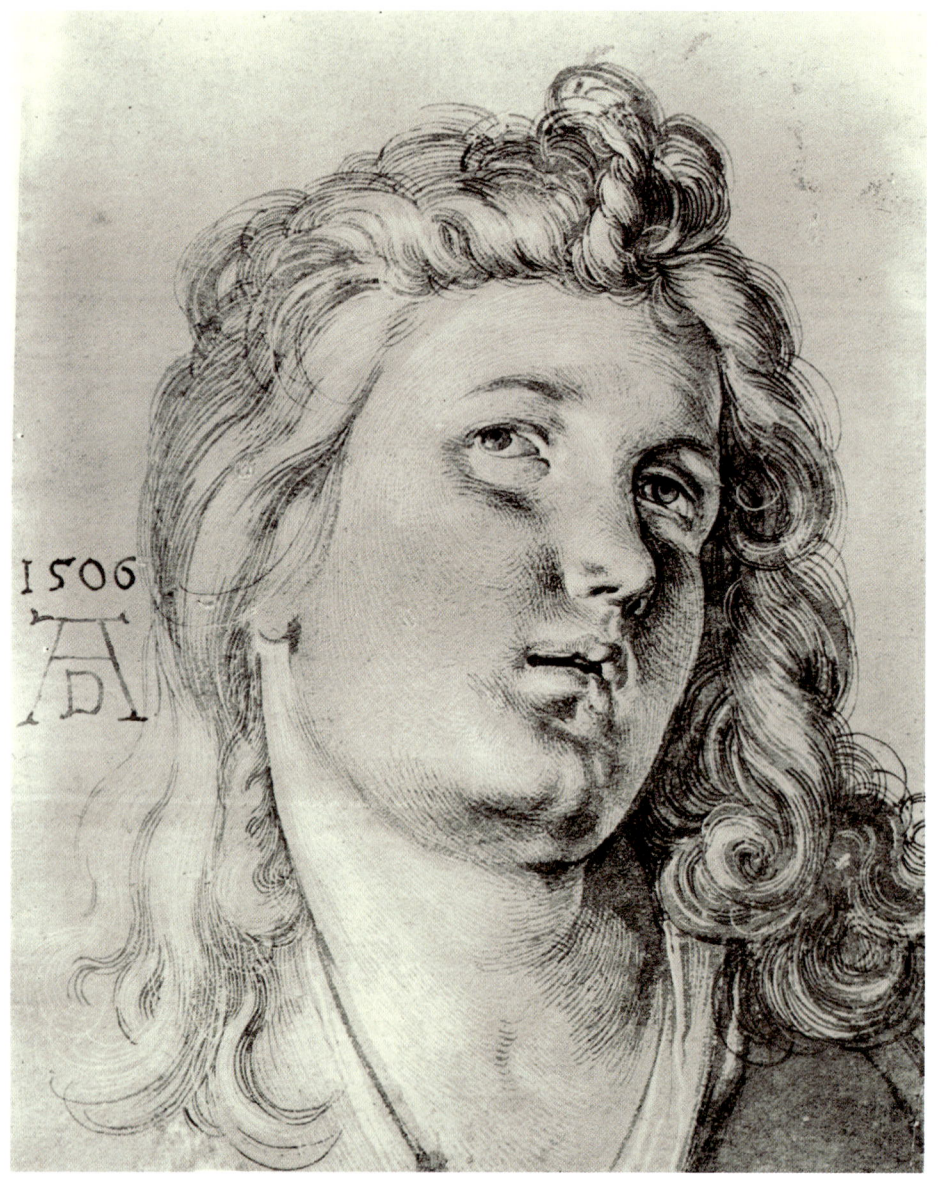

Angel's Head
(Study for *the Angels
Playing Instruments
in the Feast of Our
Lady of the Rosary*)

Tête d'ange
(étude pour un détail
de *La Fête du rosaire*)

Engelkopf
(Studie zum
*musizierenden Engel
des Rosenkranzfestes*)

Cabeza de ángel
(estudio para el
*ángel músico de la
Fiesta del Rosario*)

Testa di angelo
(studio per gli *angeli
musicisti della Festa
del Rosario*)

Hoofd van een engel
(studie bij *Rosenkranzfest*)

*1506, Brush drawing on
Venetian paper/Dessin
au pinceau et gouache
sur papier vénitien,
27 × 20,8 cm, Albertina,
Wien*

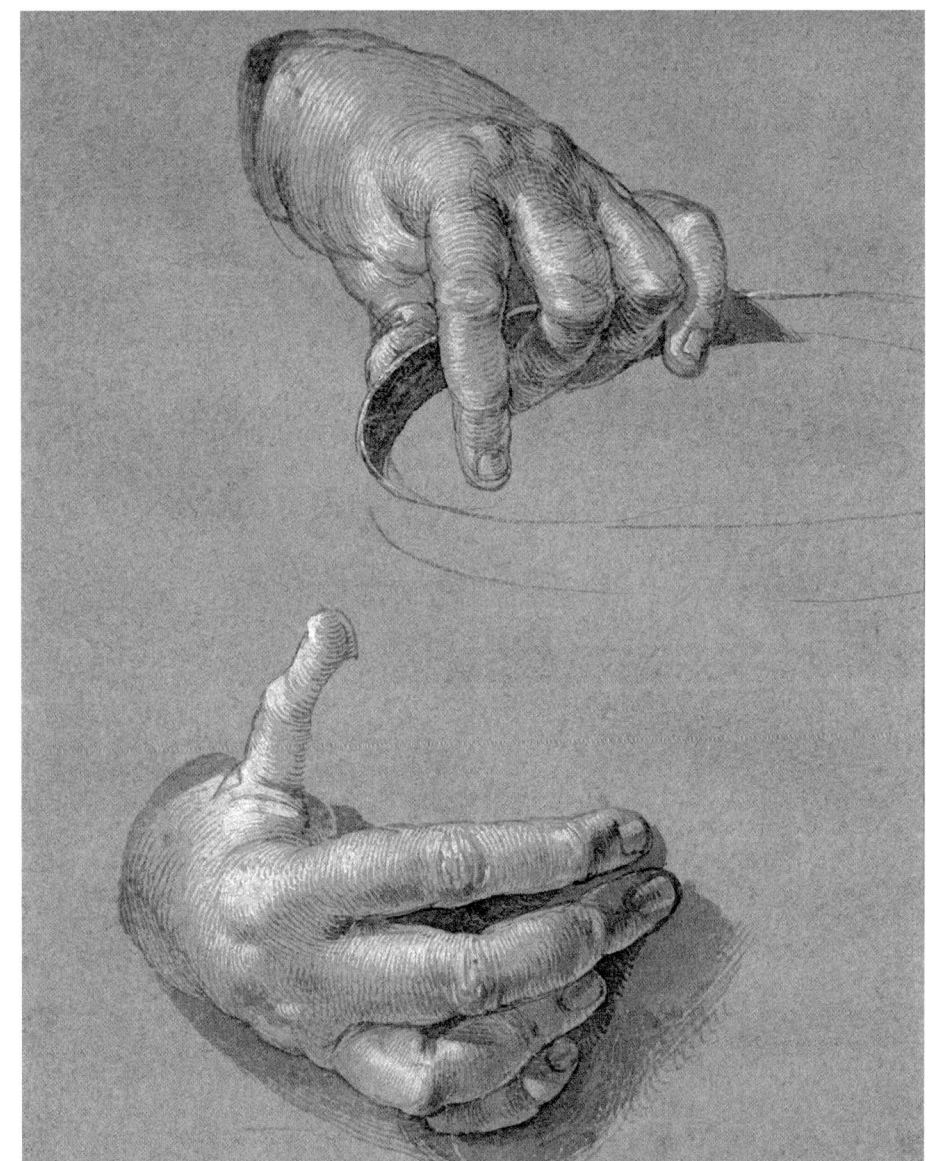

Hands of Maria
(Study for the *Feast of Our Lady of the Rosary*)

Les Mains de la Vierge
(étude pour un détail de *La Fête du rosaire*)

Hände der Maria
(Studie zum *Rosenkranzfest*)

Manos de María
(Estudio para la *Fiesta del Rosario*)

Le mani di Maria
(Studio per la *Festa del Rosario*)

Handen van Maria
(studie bij *Rosenkranzfest*)

1506, Brush drawing on blue Venetian paper/Dessin au pinceau et gouache sur papier vénitien, 21 × 16,7 cm, Albertina, Wien

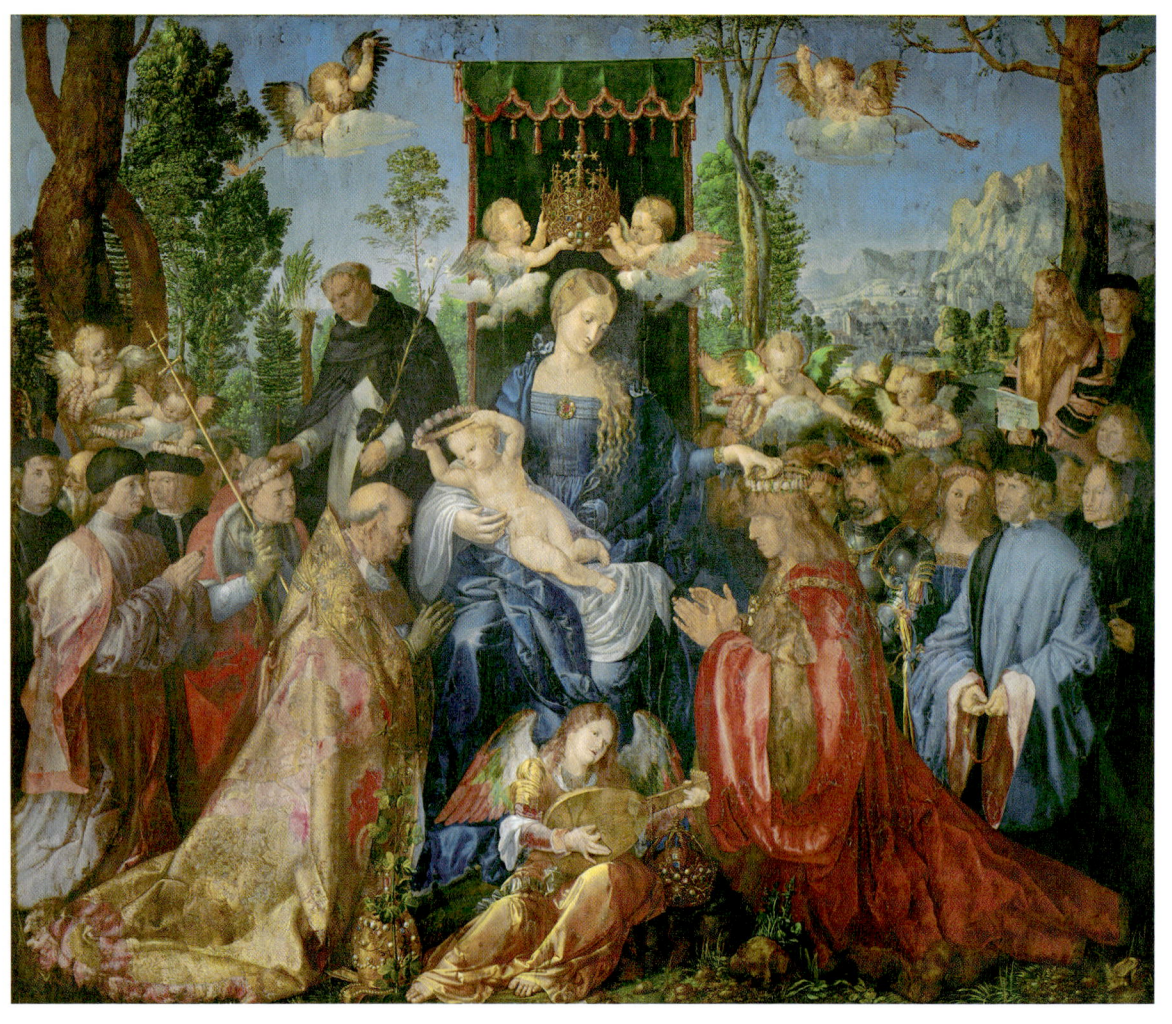

The Feast of the Rosary ***Das Rosenkranzfest*** ***Festa del Rosario***

La Fête du rosaire ***La Fiesta del Rosario*** ***Het Rosenkranzfest***

1506, Oil on wood/Huile sur bois, 162 × 194 cm, Národní galerie, Praha

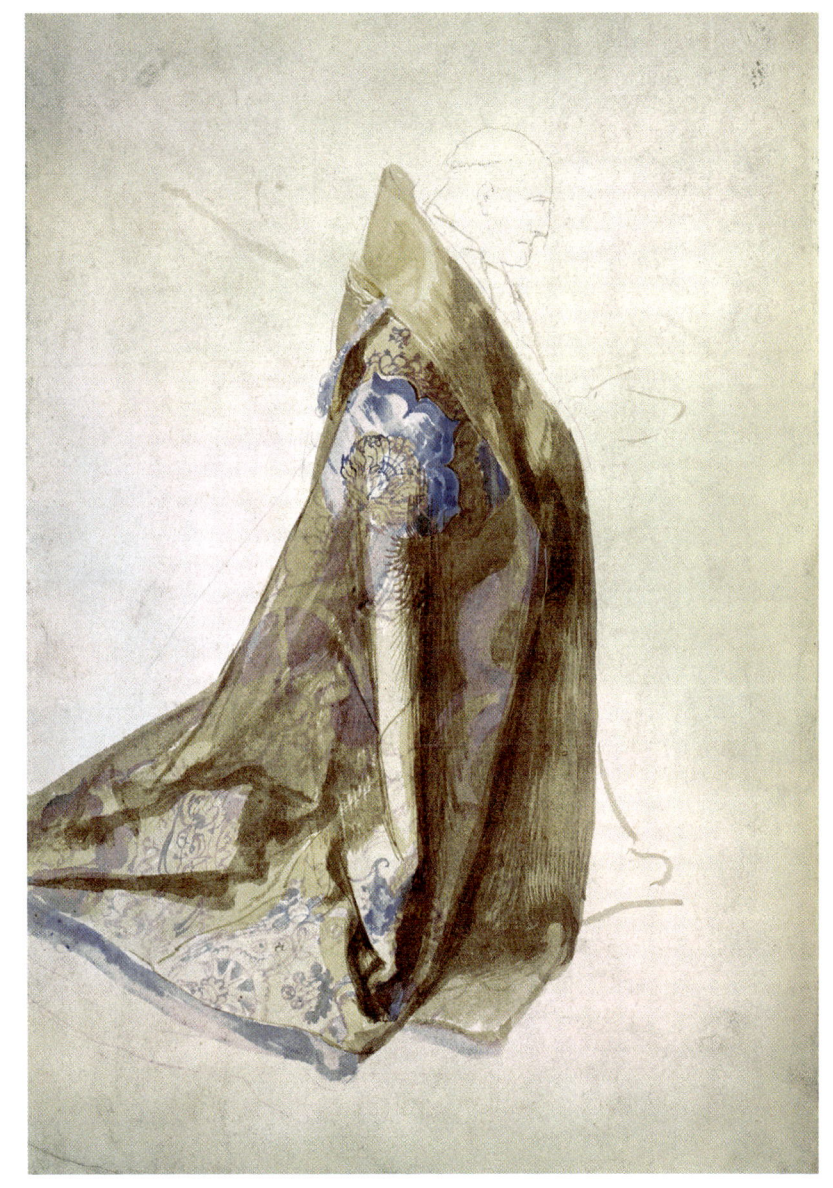

Study for the **Robe of Pope Julius II.**
from the *Feast of Our Lady of the Rosary*

Le Manteau du pape (étude pour
un détail de *La Fête du rosaire*)

**Gewandstudie für die Figur des Papstes
Julius II.** aus dem *Rosenkranzfest*

Estudio de **vestimentas para la figura
del Papa Julio II** en la *Fiesta del Rosario*

Studio della **veste per la figura di Papa
Giulio II** per la *Festa del Rosario*

Kledijstudie voor **het beeld van Paus
Julius II** (detail van *Rosenkranzfest*)

*1506, Watercolor/Aquarelle, 42,7 × 28,8 cm,
Albertina, Wien*

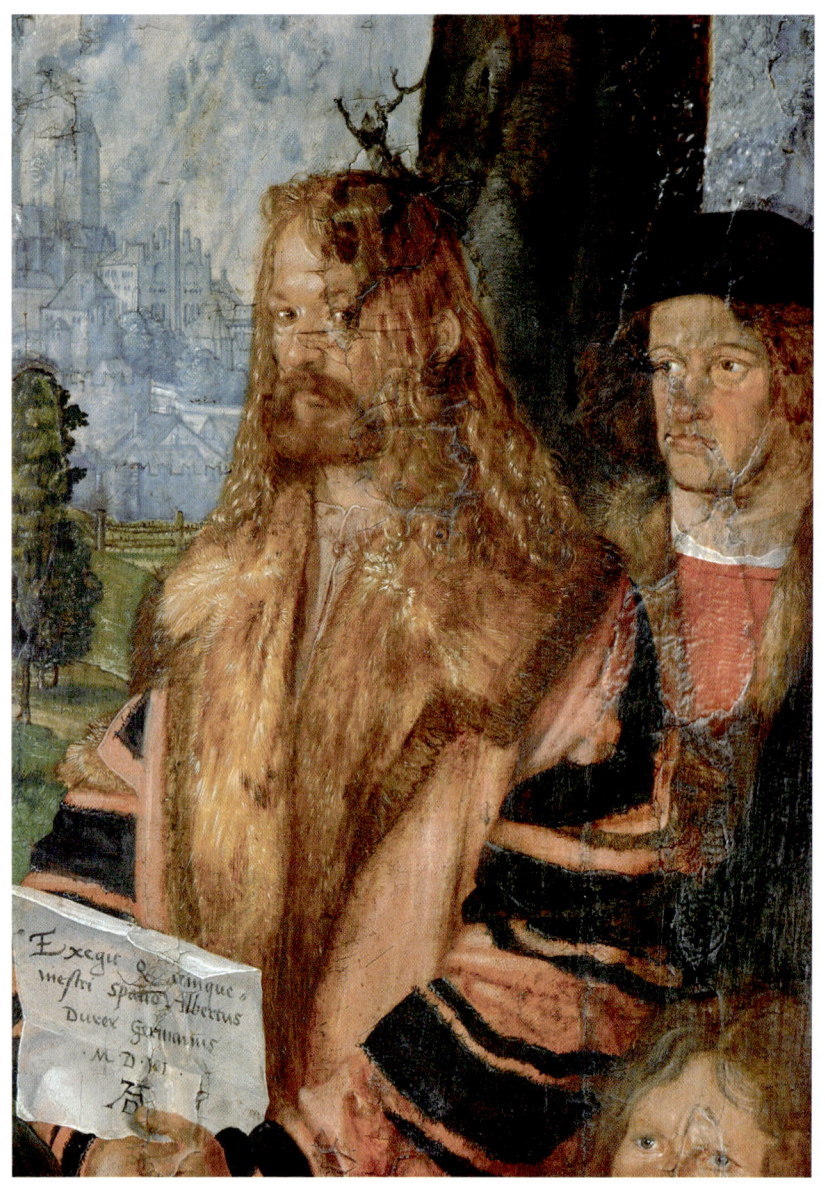

Within the painting:

Exegit &ingue mefri Spano Albertus Durer germanus M·D·VI.

Self-Portrait (excerpt from the *Feast of Our Lady of the Rosary*)

La Fête du rosaire (détail, autoportrait)

Selbstbildnis (Ausschnitt aus dem *Rosenkranzfest*)

Autorretrato (detalle de la *Fiesta del Rosario*)

Autoritratto (particolare della *Festa del Rosario*)

Zelfportret (detail van *Rosenkranzfest*)

1506, Oil on wood/Huile sur bois, Národní galerie, Praha

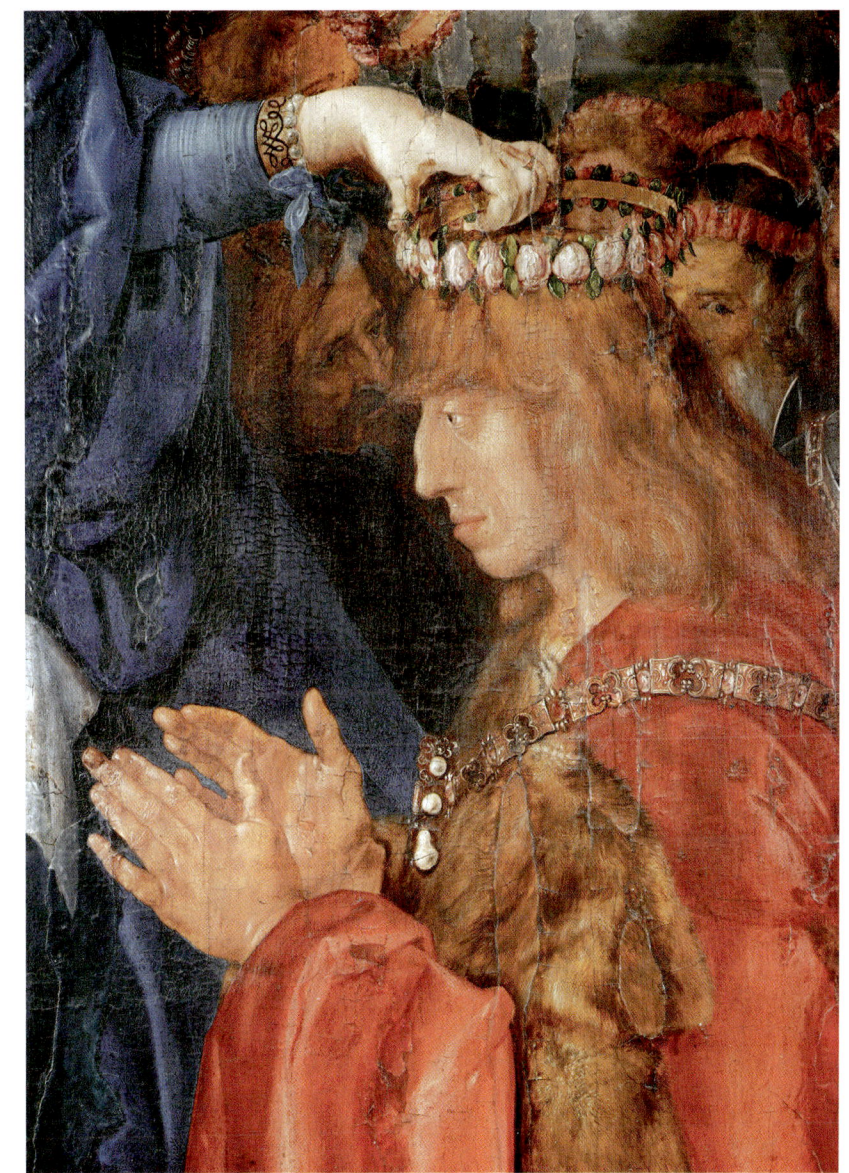

Emperor Maximilian I (excerpt from the *Feast of Our Lady of the Rosary*)

La Fête du rosaire (détail, l'empereur Maximilien Ier)

Kaiser Maximilian I. (Ausschnitt aus dem *Rosenkranzfest*)

Emperador Maximiliano I (detalle de la *Fiesta del Rosario*)

L'Imperatore Massimiliano I (particolare della *Festa del Rosario*)

Keizer Maximillian I (detail van *Rosenkranzfest*)

1506, Oil on wood/Huile sur bois, Národní galerie, Praha

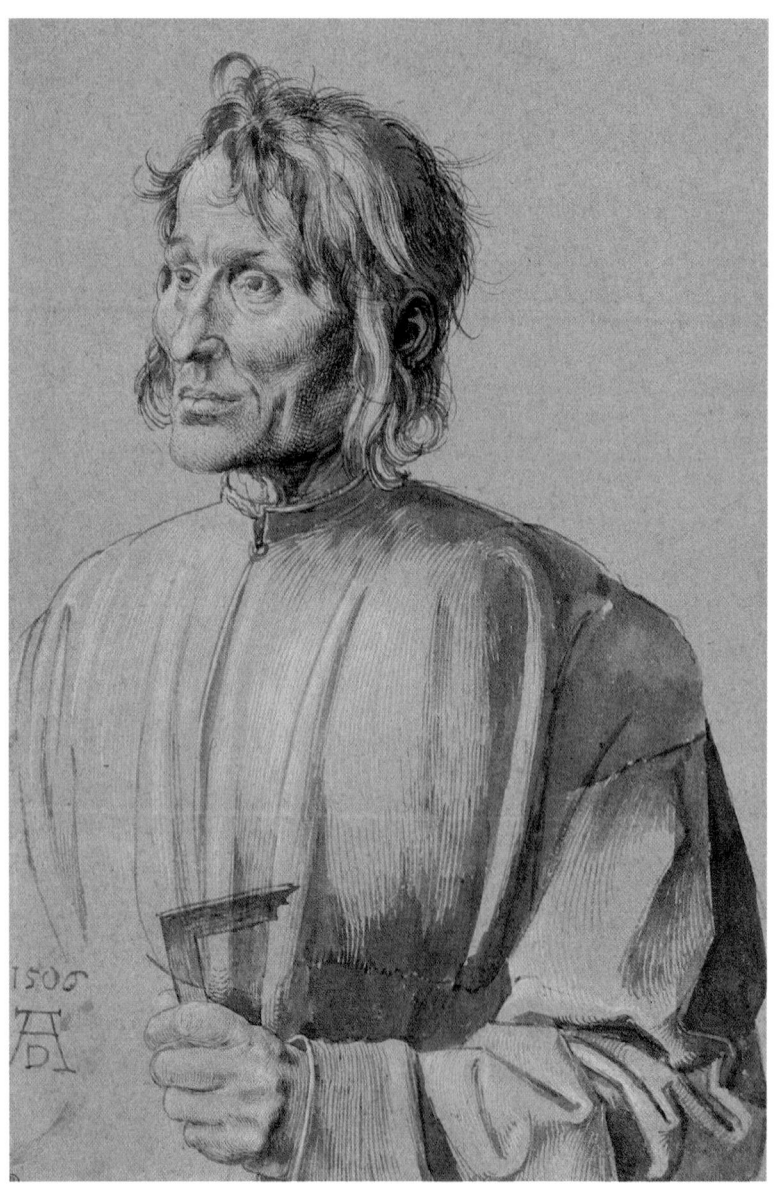

Portrait of a builder, perhaps
Hieronymus of Augsburg (Study for
the *Feast of Our Lady of the Rosary*)

Portrait du maître d'œuvre Jérôme
d'Augsbourg (étude pour un
détail de *La Fête du rosaire*)

Bildnis eines Baumeisters, sog. Hieronymus
von Augsburg (Studie zum *Rosenkranzfest*)

Retrato de un maestro constructor,
conocido como Jerónimo de Augsburgo
(estudio para la *Fiesta del Rosario*)

Ritratto di un costruttore, Hieronymus von
Augsburg (Studio per la *Festa del Rosario*)

Portret van een bouwmeester,
zogenaamd Hieronymus van Augsburg
(studie bij *Rosenkranzfest*)

1506, Brush drawing on blue Venetian paper/
Dessin au pinceau bleu sur papier vénitien,
39,1 × 26,7 cm, Kupferstichkabinett, Berlin

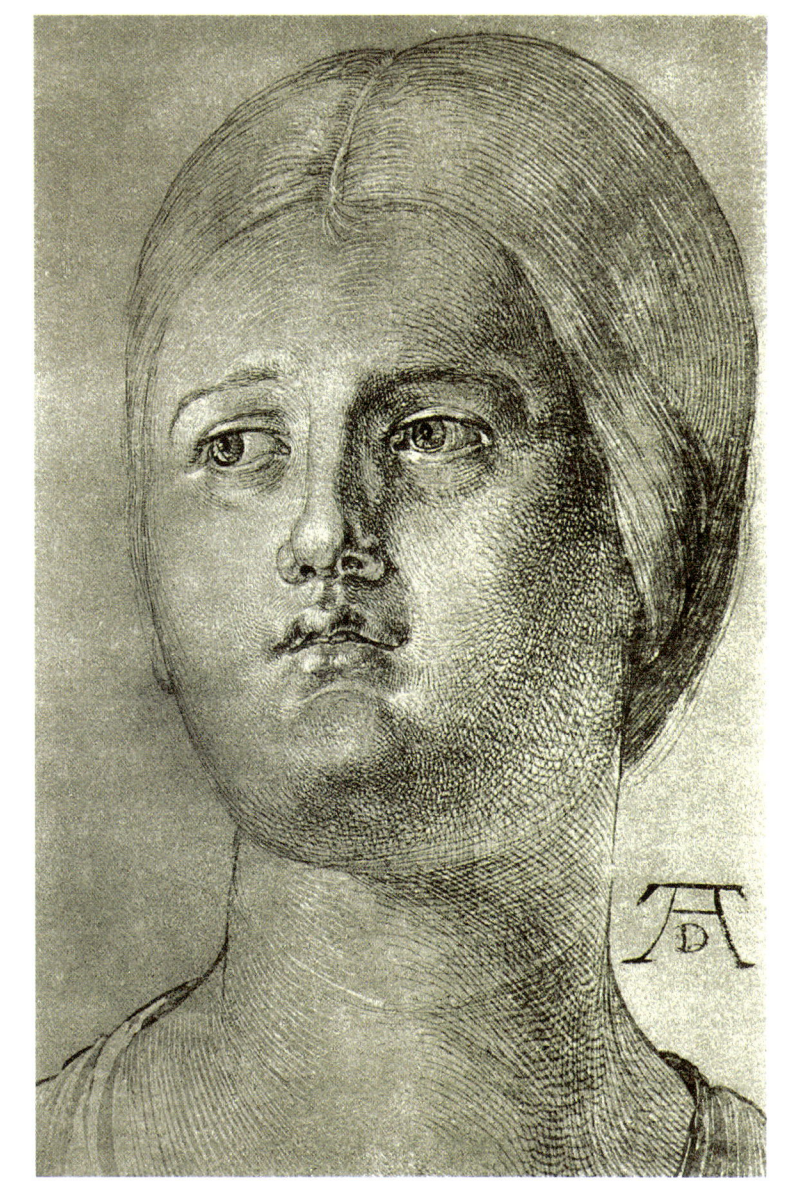

Head of a Woman

Tête de femme (étude pour *La Vierge au serin*)

Kopf einer Frau

Cabeza de mujer

Testa di donna

Hoofd van een vrouw

*1506, Brush drawing on Venetian paper/
Dessin au pinceau sur papier vénitien, 28,5 × 19 cm,
Albertina, Wien*

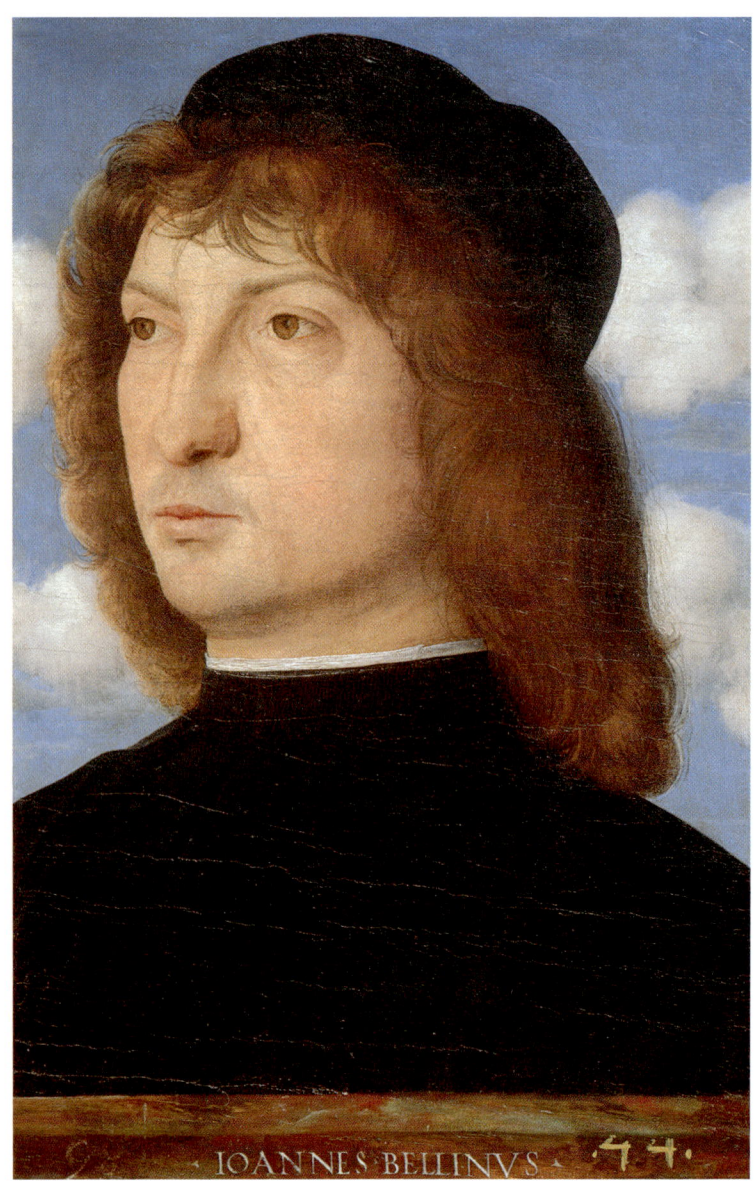

IOANNES BELLINVS · 44 ·

Portrait of a Venetian Man

Portrait d'un Vénitien

Bildnis eines Venezianers

Retrato de un veneciano

Ritratto di giovane veneziano

Portret van een Venetiaan

c. 1500, Oil on wood/Huile sur bois, 29,7 × 20 cm,
National Gallery of Art, Washington

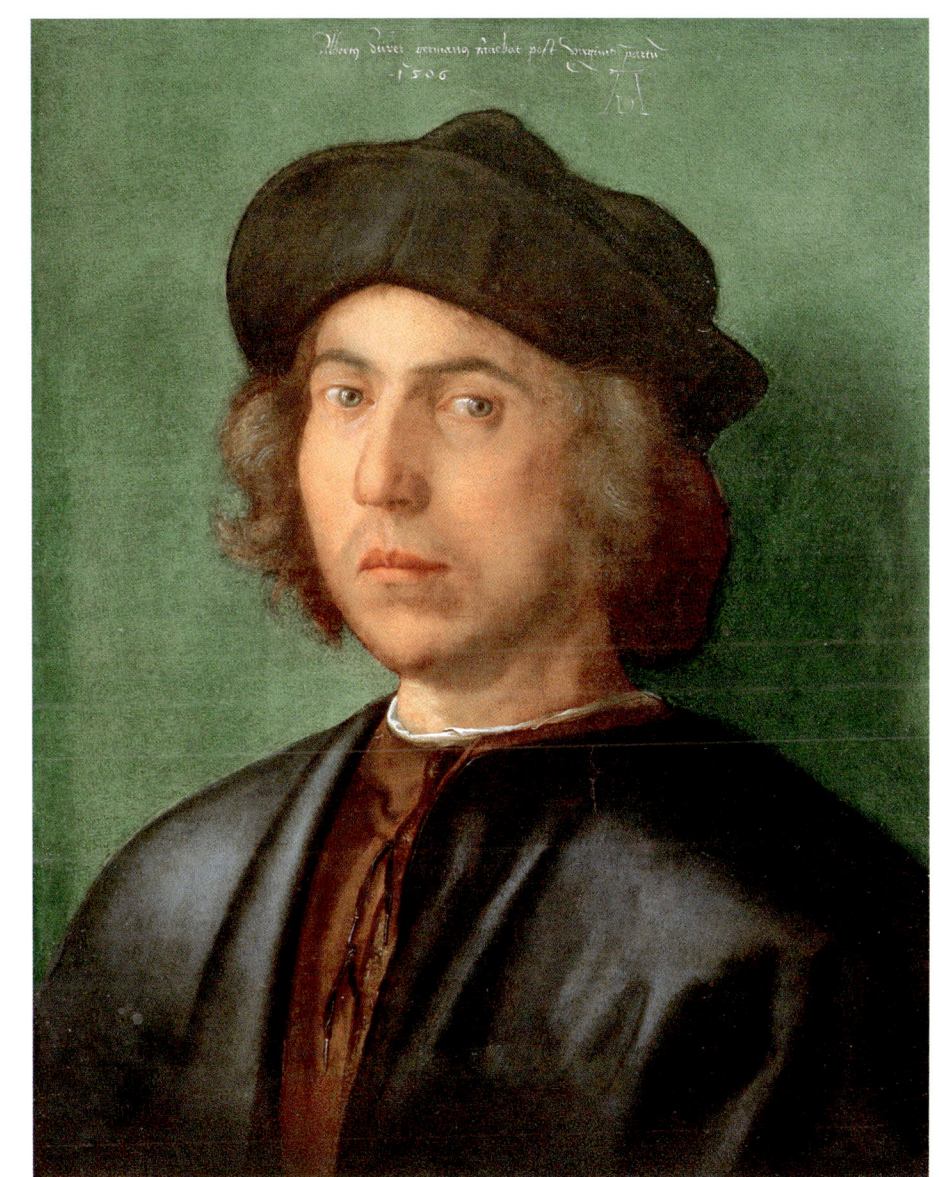

Portrait of a Young Man

Portrait d'un jeune Vénitien

Bildnis eines jungen Mannes

Retrato de un hombre joven

Ritratto di giovane uomo

Portret van een jongeman

1506, Oil on wood/ Huile sur bois, 47 × 35 cm, Palazzo Rosso, Genova

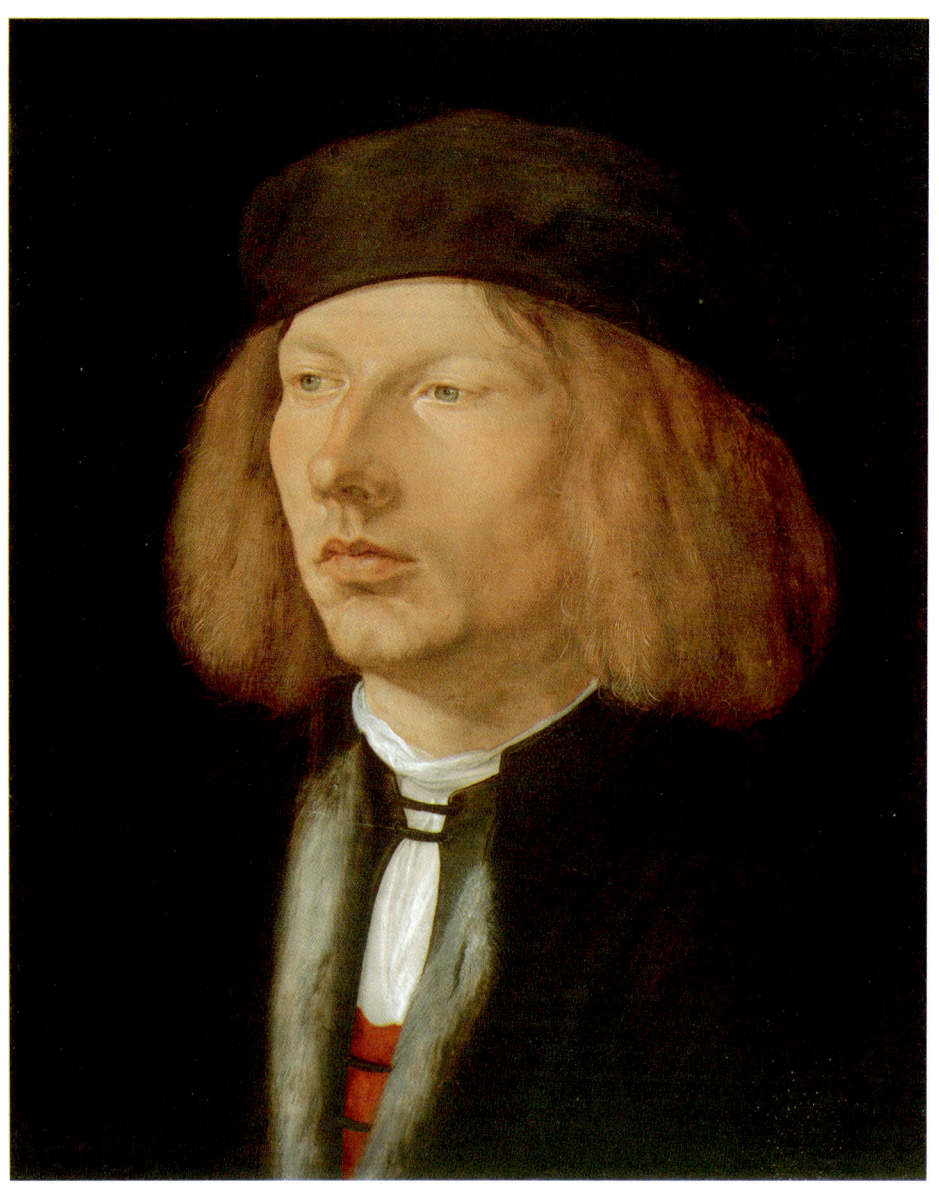

Burkhard von Speyer

*1506, Oil on wood/Huile
sur bois, 31,7 × 26 cm,
Royal Collection, Windsor
Castle, Windsor*

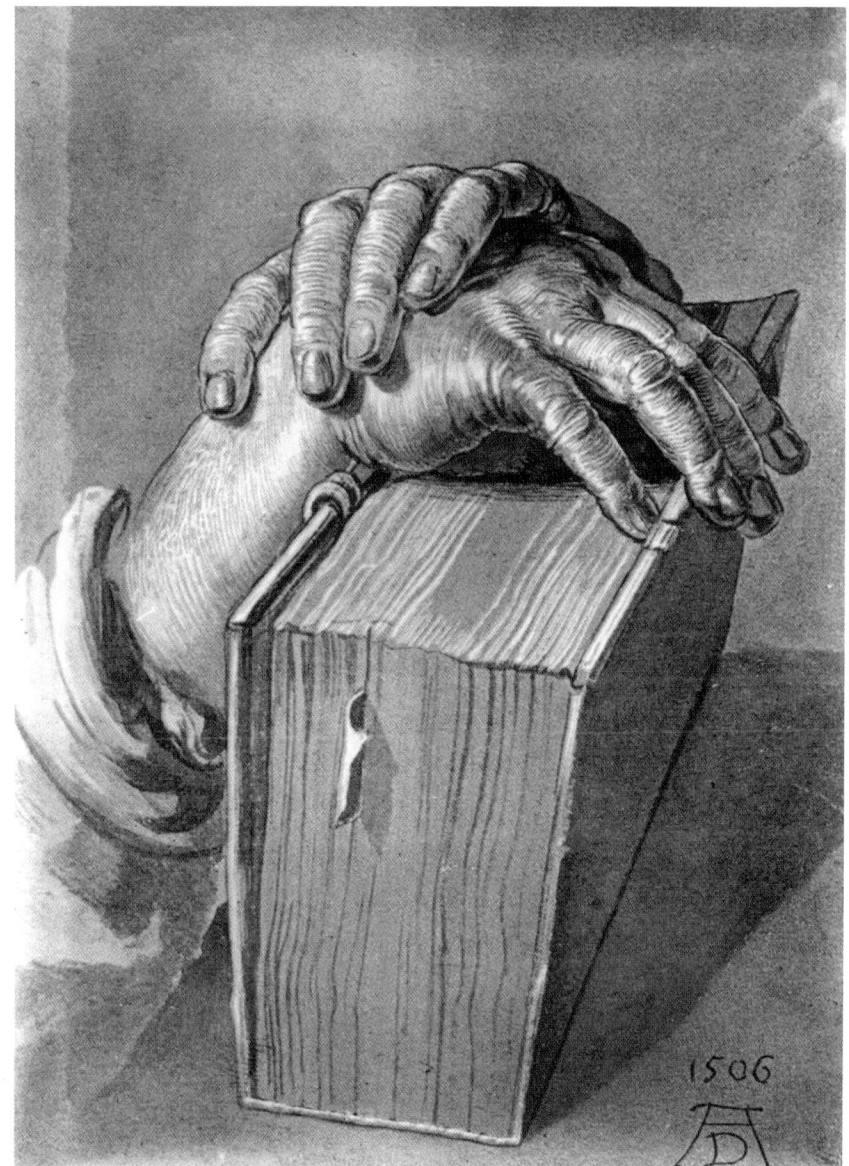

Study of **Hands Holding a Book**
(Study for the painting *Jesus among the Scribes in the Temple*)

Mains tenant un livre (étude pour *Jésus à l'âge de douze ans parmi les docteurs*)

Händestudie mit Buch (Studie für das Gemälde *Der zwölfjährige Jesus unter den Schriftgelehrten*)

Estudio de **manos con libro** (estudio para la pintura *Jesús con doce años entre los escribas*)

Studio di **mani con libro** (studio per il dipinto *Cristo dodicenne tra i dottori*)

Handenstudie met boek (Studie voor het doek *De twaalfjarige Jezus met de schriftgeleerden*)

1506, Brush drawing on Venetian paper/Dessin au pinceau sur papier vénetien, 24,8 × 41,6 cm, Private collection

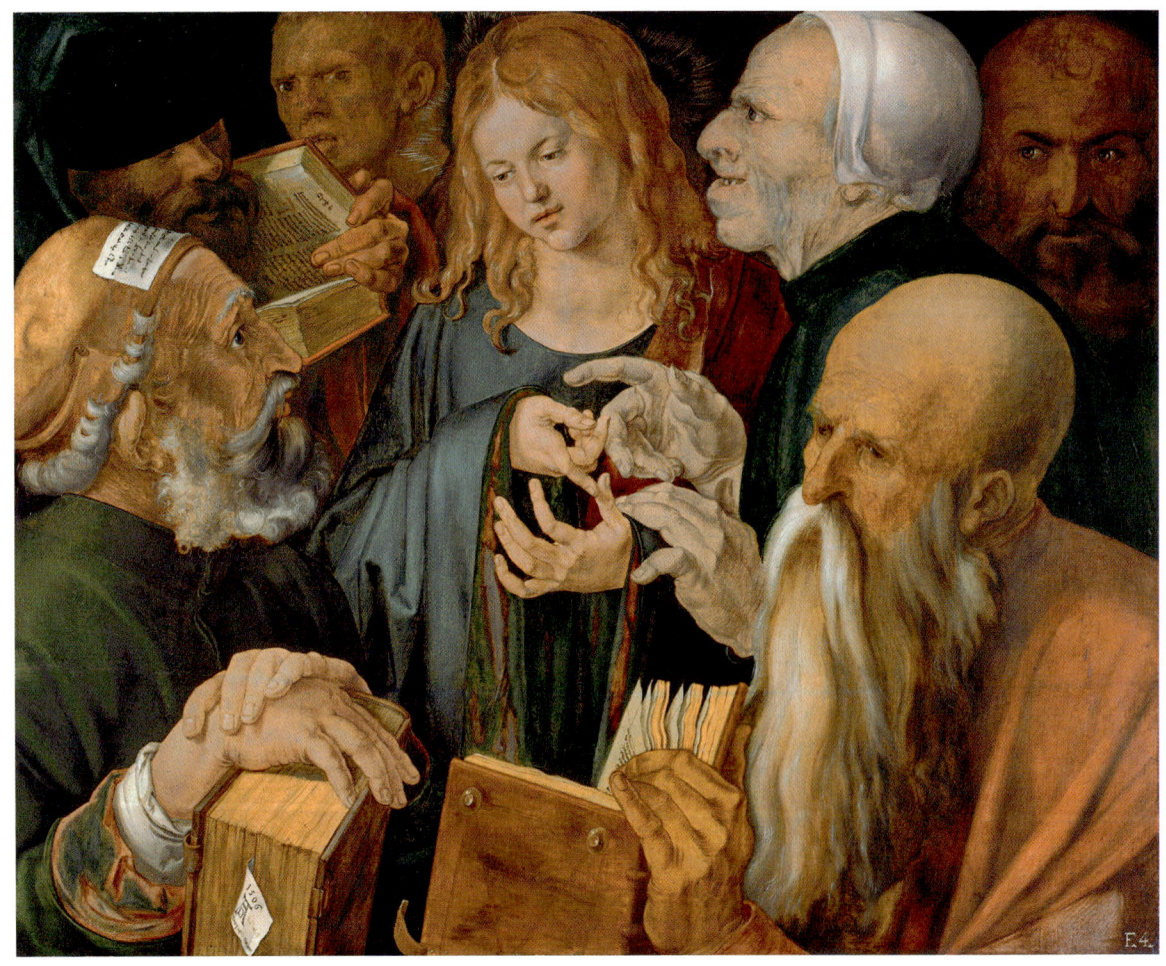

**Jesus among the Scribes
in the Temple**

**Jésus à l'âge de douze
ans parmi les docteurs**

**Der zwölfjährige Jesus
unter den Schriftgelehrten**

**Jesús con doce años
entre los escribas**

**Cristo dodicenne
tra i dottori**

**De twaalfjarige Jezus met
de schriftgeleerden**

1506, Oil on wood/Huile sur bois, 64,3 × 80,3 cm, Museo Thyssen-Bornemisza, Madrid

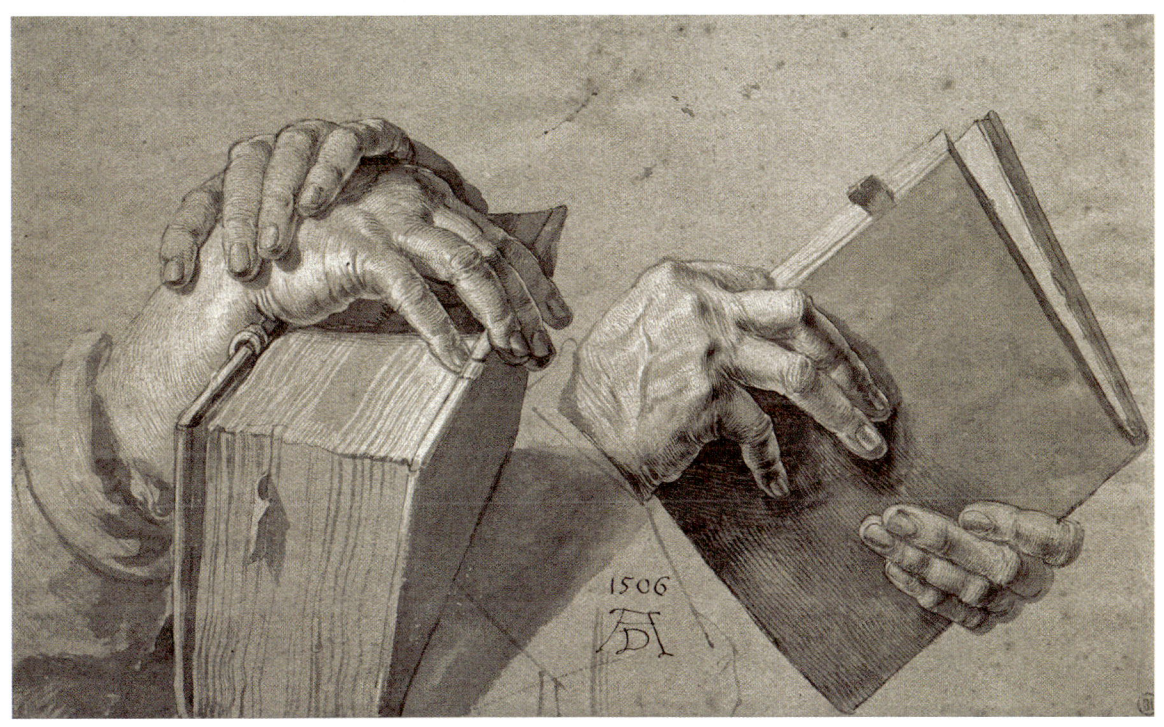

Study for the painting **Jesus among the Scribes in the Temple**

Étude pour **Jésus à l'âge de douze ans parmi les docteurs**

Studie für das Gemälde **Der zwölfjährige Jesus im Tempel**

Estudio para la pintura **Jesús con doce años entre los escribas**

Studio per il dipinto **Cristo dodicenne tra i dottori**

Studie voor het doek **De twaalfjarige Jezus met de schriftgeleerden**

1506, Brush drawing in gray on Venetian paper/Dessin au pinceau sur papier vénetien, 13,7 × 18,8 cm, Gemanisches Nationalmuseum, Nürnberg

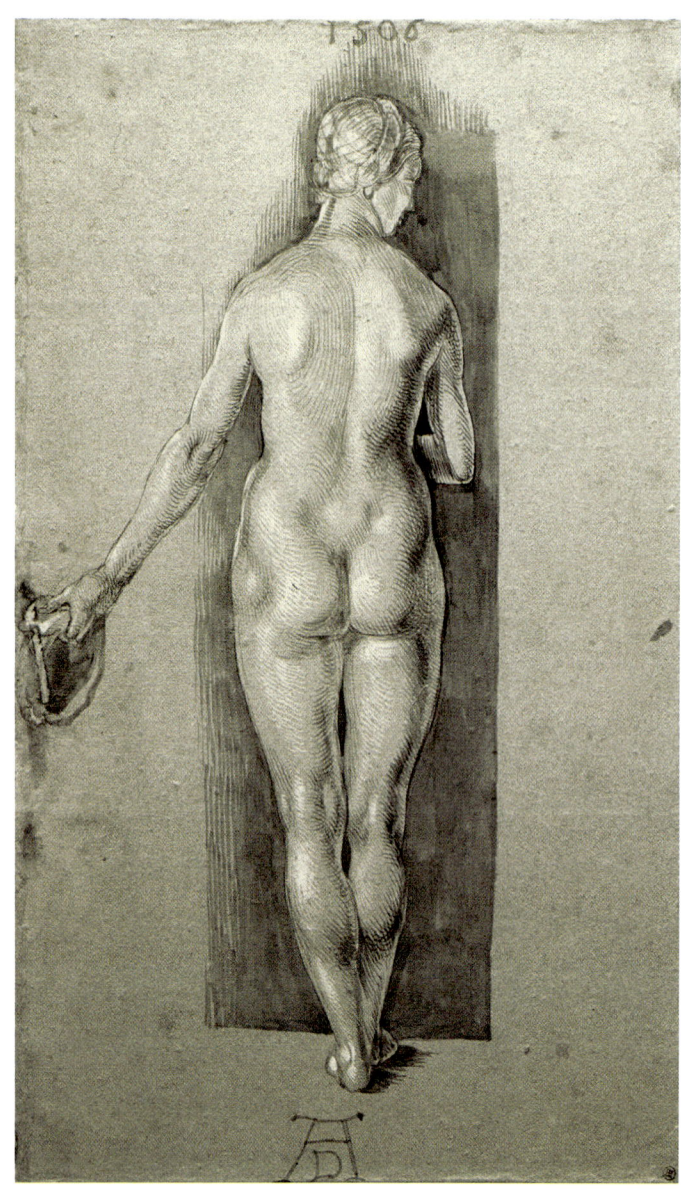

Female Nude from Behind

Nu féminin de dos

Weiblicher Akt von rückwärts

Desnudo femenino visto por detrás

Donna nuda di spalle

Vrouwelijk naakt op de rug gezien

*1506, Brush drawing in gray on Venetian paper/
Dessin au pinceau sur papier vénetien, 38,4 × 22,6 cm,
Kupferstichkabinett, Berlin*

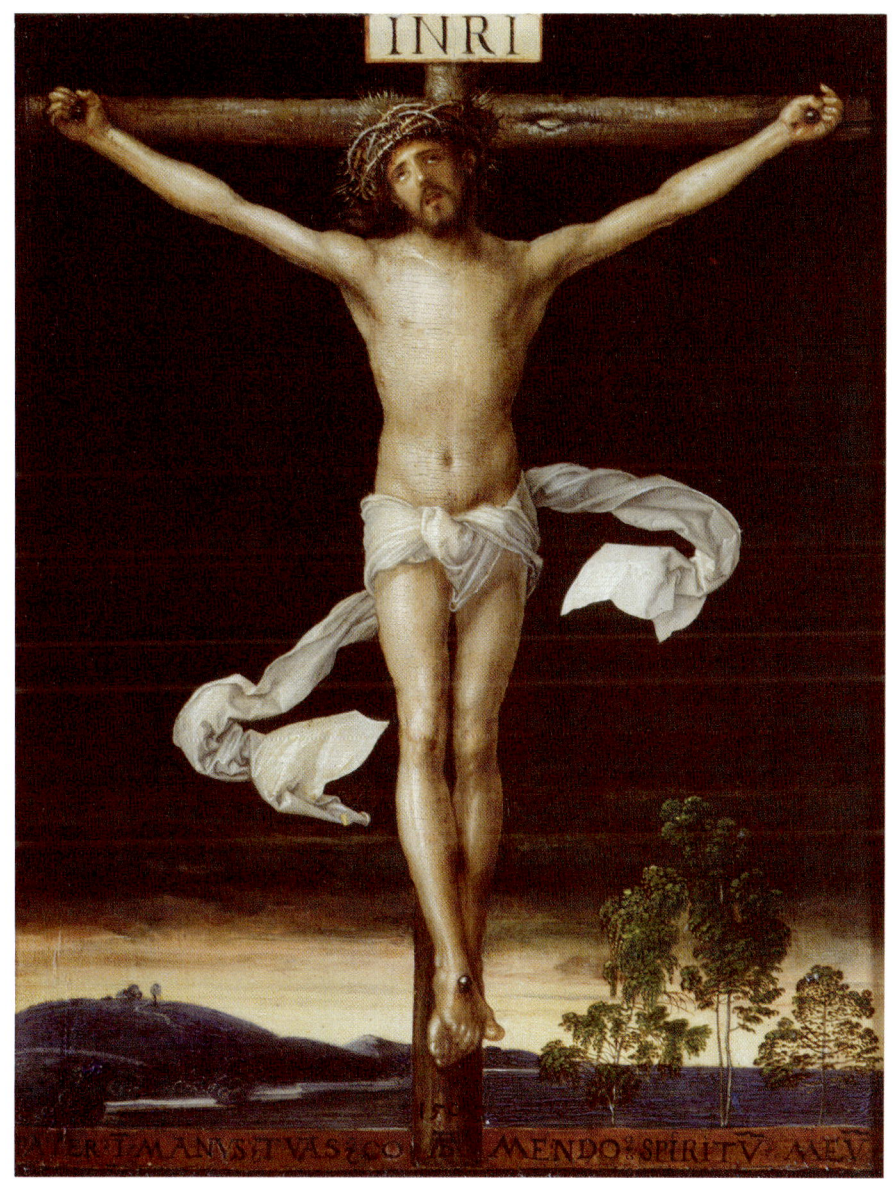

Christ on the Cross
Le Christ en croix
Christus am Kreuz
Cristo en la cruz
Cristo sulla Croce
Christus aan het kruis

1506, Oil on wood/Huile sur bois,
20 × 16 cm, Gemäldegalerie Alte
Meister, Dresden

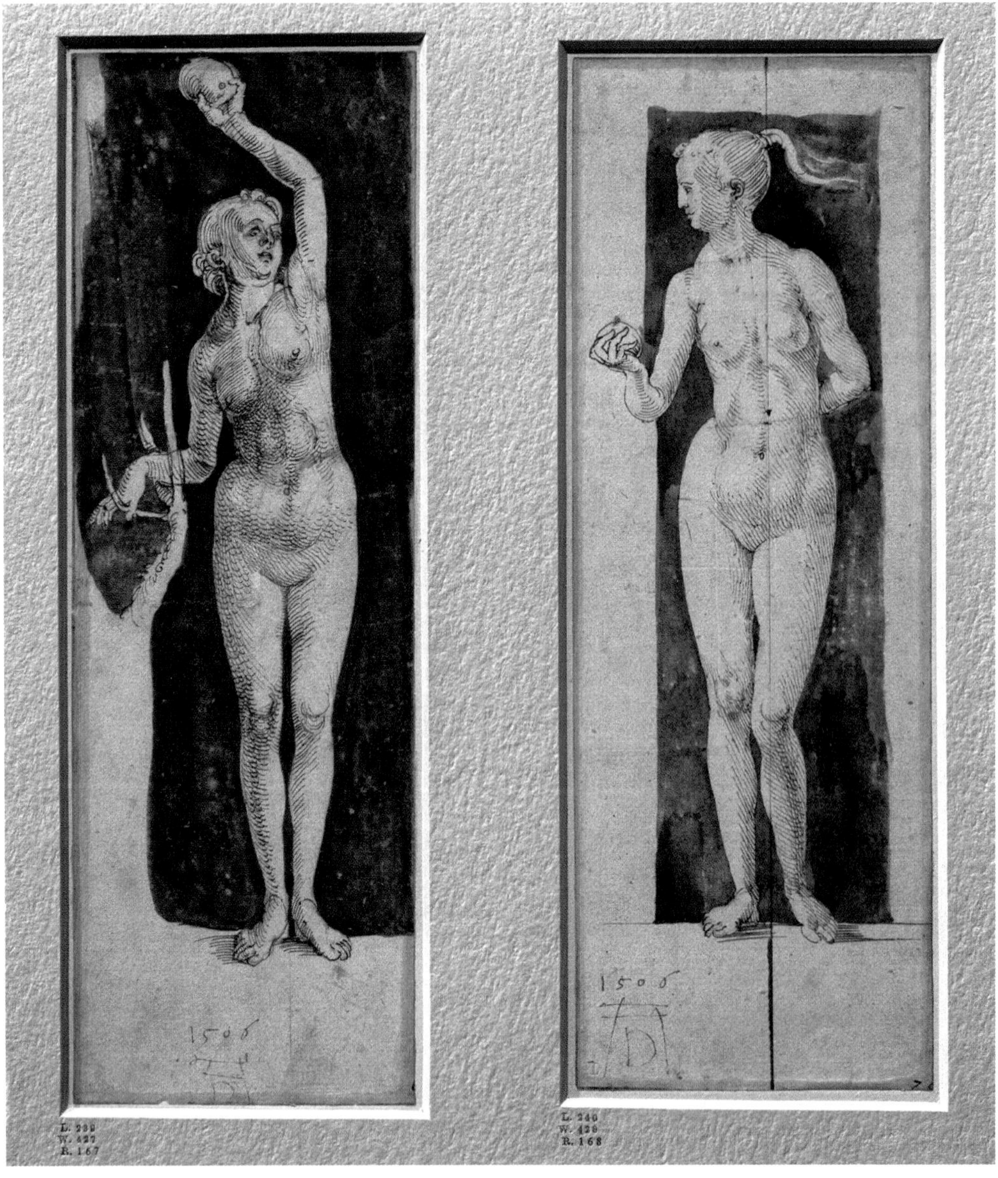

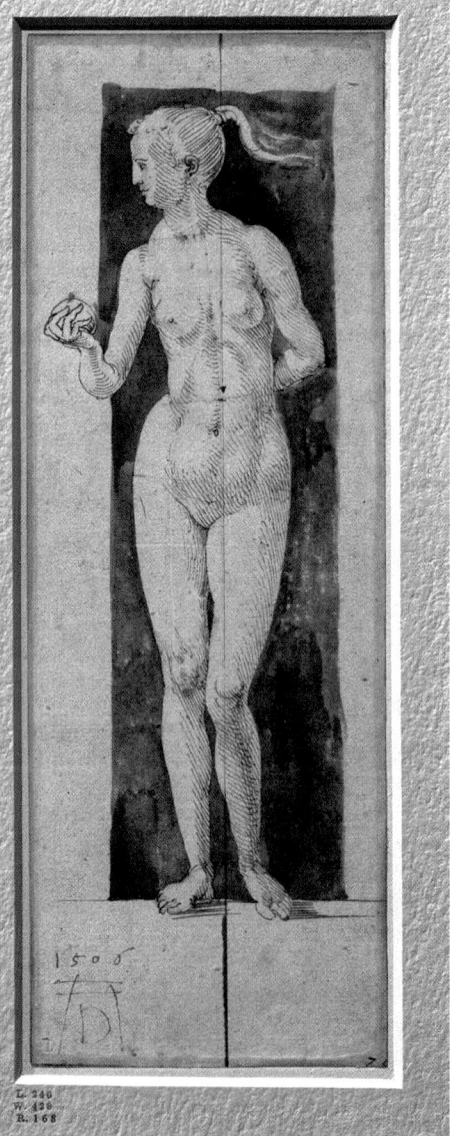

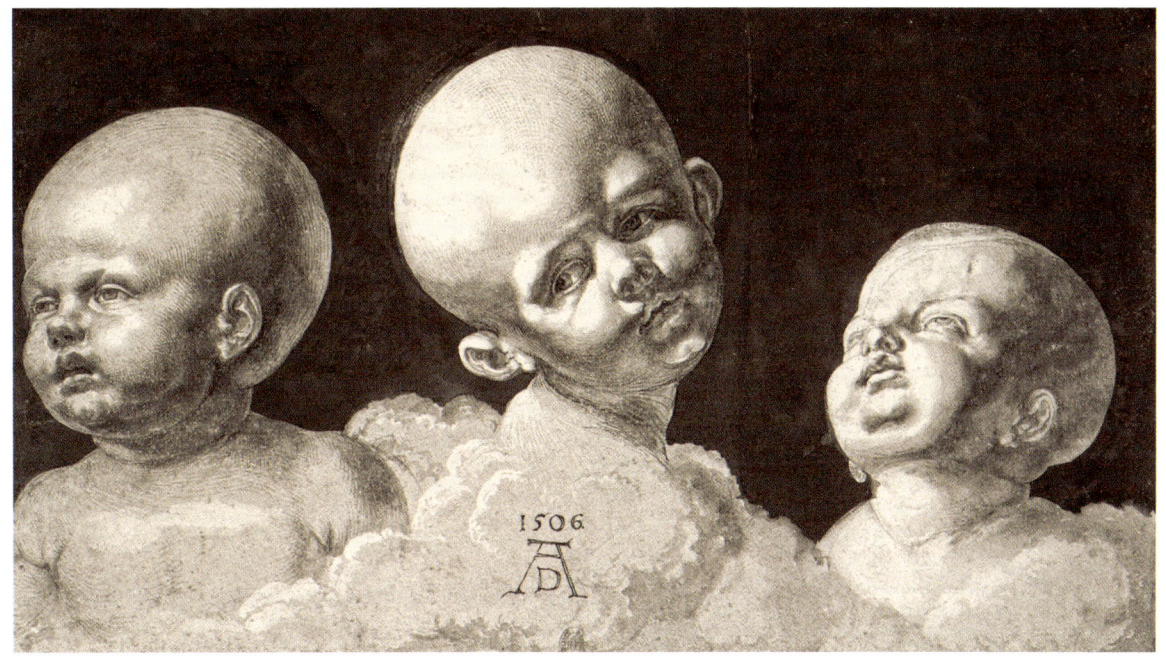

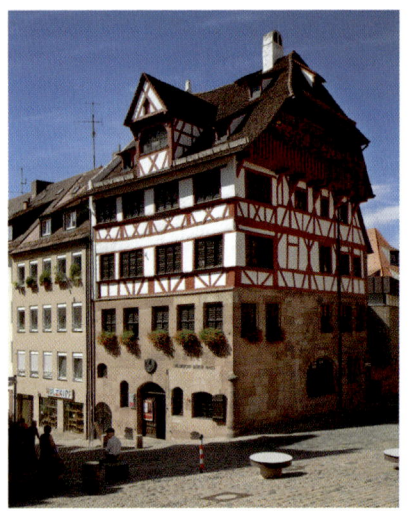

Dürer's Home from 1509–1528 on Zisselgasse, Nuremberg

Maison d'Albrecht Dürer, habitée de 1509–1528, à Nuremberg, Zisselgasse

Wohnhaus Dürers (bewohnt von 1509–1528) in der Zisselgasse in Nürnberg

Vivienda de Durero (habitada entre 1509–1528) en la Zisselgasse, Núremberg

La casa di Dürer (in cui visse dal 1509–1528) in via Zisselgasse di Norimberga

Woonhuis van Dürer (bewoond van 1509–1528) in de Zisselgasse in Neurenberg

Years of Mastery

As Dürer returned from Italy in spring 1507, he received another commission from his patron Elector *Frederick the Wise.* He was asked to create a painting on a subject that he had already depicted as a woodcut back in 1496: *The Martyrdom of the Ten Thousand.* In the resulting work, Dürer has painted himself with his friend Conrad Celtis surrounded by thousands of martyred Christians. Whether this is an allusion to a specific historical event from when the Christians were being persecuted is unclear. The second major commission came from Frankfurt. City councilor Jacob Heller ordered a triptych for the Dominican church and it would become one of Dürer's most expensive works. The two-part painting was created in 1507 (currently held in Madrid). Dürer had already portrayed the fall from grace in a 1496 woodcut. This life-size portrait of the

Passé maître

Lorsque Dürer rentre d'Italie au printemps 1507, il reçoit tout de suite une commande de son mécène, Frédéric III. Il doit travailler sur un thème auquel il s'est déjà attaqué en 1496 dans une gravure sur bois : *Le Martyre des dix mille chrétiens.* Avec un certain aplomb, il se représente, avec son ami Conrad Celtis (ou Willibald Pirckheimer), au milieu de la foule des chrétiens massacrés. On ne sait pas avec certitude s'il s'agit là d'une référence à un événement historique concret de l'époque de la persécution des chrétiens. Sa deuxième grosse commande lui vient de Francfort. Le conseiller Jakob Heller lui demande un triptyque pour l'église des Dominicains, qui deviendra l'œuvre la plus coûteuse de Dürer. C'est aussi en 1507 qu'il réalise un célèbre tableau en deux parties *Adam et Ève* (conservé à Madrid). Dürer avait déjà abordé le thème du péché

Jahre der Meisterschaft

Als Dürer im Frühjahr 1507 aus Italien zurückkehrt, erhält er gleich einen Auftrag seines Gönners *Friedrich des Weisen.* Er soll ein Thema bearbeiten, das er bereits 1496 in einem Holzschnitt umgesetzt hatte: *Die Marter der Zehntausend.* Selbstbewusst malt er sich gemeinsam mit seinem Freund Conrad Celtis mitten in das Gewirr niedergemetzelter Christenmenschen – ob hier auf ein konkretes historisches Ereignis aus Zeiten der Christenverfolgung angespielt wird, ist ungeklärt. Der zweite Großauftrag erfolgt aus Frankfurt. Der Ratsherr Jakob Heller gibt ein Triptychon für die Dominikanerkirche in Auftrag – es soll eines der kostspieligsten Werke Dürers werden. 1507 entsteht auch das zweiteilige Gemälde *Adam und Eva* (Madrid). Dem Thema des Sündenfalls hatte sich Dürer bereits 1496 in einem

View of the historic kitchen
Cuisine de la maison d'Albrecht Dürer à Nuremberg
Blick in die historische Küche
Vista de la cocina original
Vista della cucina storica
Gezicht op een historische keuken

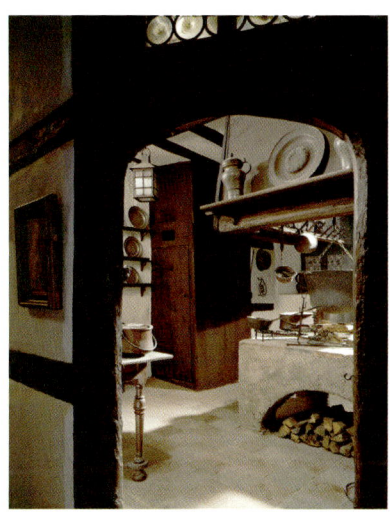

Los años de madurez

Cuando Durero vuelve de Italia, en 1507, recibe inmediatamente un encargo de su mecenas *Federico el Sabio*. Debería trabajar sobre un tema que ya había representado en una xilografía de 1496: *El martirio de los diez mil.* Seguro de sí mismo, se pinta junto a su amigo Conrad Celtis en el centro de la maraña de cristianos masacrados. No queda claro si este episodio hace referencia a un evento histórico concreto de los tiempos de la persecución de cristianos. El segundo gran encargo llega de Fráncfort. El concejal Jakob Heller encarga un tríptico para la iglesia de los Dominicanos, que sería una de las obras más costosas de Durero. En 1507 finaliza también la pintura, en dos partes (Madrid). Durero ya había dedicado un grabado al tema del pecado original en 1496. La representación a tamaño natural de

Gli anni della maestria

Nella primavera del 1507, di ritorno dall'Italia, Dürer riceve immediatamente un incarico da parte del suo mecenate *Federico il Saggio,* che gli chiede di affrontare un tema che aveva già trattato nel 1496 in una xilografia: *Il Martirio dei Diecimila.* Con grande sicurezza di sé si dipinge insieme al suo amico Conrad Celtis in mezzo al labirinto di Cristiani uccisi (non è chiaro se si alluda a un evento storico concreto dei tempi della persecuzione dei Cristiani). Il secondo incarico importante lo riceve da Francoforte, nello specifico dal consigliere Jacob Heller, che gli commissiona per la chiesa domenicana un trittico che sarà una delle opere più costose di Dürer. Al 1507 risale anche il doppio dipinto *Adamo ed Eva* (Madrid), in cui il pittore affronta il tema del peccato originale che aveva già trattato in un'incisione del

Jaren van meesterschap

Wanneer Dürer in het voorjaar van 1507 terugkeert uit Italie, ontvangt hij onmiddellijk een opdracht van zijn mecenas *Friedrich der Weise.* Hij moet het item bewerken, dat hij reeds in 1496 heeft vertaald in een houtsnede: *Die Marter der Zehntausend.* Zelfbewust schildert hij zichzelf samen met zijn vriend Conrad Celtis inmidden van een duister geheel van neergesabelde christenen – het is niet opgehelderd of het hier gaat om een concreet historische gebeurtenis uit de tijd van de christenvervolging. De tweede grote opdracht zou volgen vanuit Frankfurt. Raadsheer Jacob Heller geeft opdracht voor een drieluik ten behoeve van de Dominicanenkerk – het zou een van de meest kostbare werken van Dürer worden. 1507 ontstaat ook het tweedelige beeltenis (Madrid). Aan het thema van de zondeval had Dürer reeds

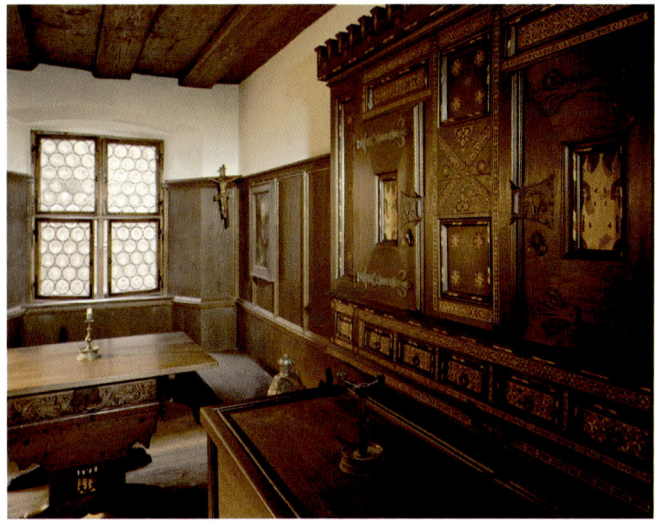

View of the historic living room

Salle de séjour de la maison d'Albrecht
Dürer à Nuremberg

Blick in den historischen Wohnraum

Vista del salón original

Vista del soggiorno storico

Gezicht op een historische woonruimte

nearly naked *Adam and Eve* is extremely precise and follows Dürer's theory of ideal proportions. This piece of sensual, yet innocent bravura was to have a pioneering role in the pictorial tradition of large-scale nudes.

In 1509, Dürer was given the highest political honor of the city of Nuremberg. In the same year, Dürer acquired a larger home in Zisselgasse. He needed to keep his business thriving, especially with prints, to afford the stately edifice and the accompanying household. This led to series of passions and the series *The Life of Mary.*

originel en 1496, dans une gravure sur cuivre. Cette représentation grandeur nature d'Adam et Ève, presque nus, est d'une précision extrême et respecte les idéaux de Dürer concernant les proportions. Ce morceau de bravoure aussi sensuel qu'innocent fait figure de pionnier dans la représentation des nus en grand format.

En 1509, Dürer est nommé membre du Grand Conseil, la plus haute distinction honorifique de la ville de Nuremberg. La même année, il fait l'acquisition d'une grande maison dans la Zisselgasse. Le financement de travaux aussi considérables et du train de vie associé nécessite des affaires florissantes, qui passent surtout par la vente de gravures. C'est ainsi que naissent plusieurs Passions et la série sur *La Vie de la Vierge.*

Kupferstich gewidmet. Die lebensgroße Darstellung der beiden fast nackten Figuren ist überaus präzise und folgt dem Idealbild der Dürerschen Proportionslehre. Dem sinnlich-unschuldigen Bravourstück kommt eine Pionierrolle in der Bildtradition großformatiger Aktdarstellungen zu.

1509 wird Dürer als „Genannter des Größeren Rats" die höchste politische Würde der Stadt Nürnberg zuteil. Im selben Jahr erwirbt Dürer ein größeres Wohnhaus in der Zisselgasse – zur Unterhaltung des stattlichen Bauwerks sowie des dazugehörigen Hausstands bedarf es eines florierenden Geschäfts vor allem mit Druckgrafiken. So entstehen Passionsfolgen und die Reihe *Das Marienleben.*

Old Woman with Sack of Money (back of the painting *Bust Portrait of a Young Man*)

Vieille femme tenant un sac d'argent, allégorie de l'avarice
(verso du tableau *Portrait d'un jeune homme*)

Alte Frau mit Geldsack (Rückseite des Gemäldes *Brustbild eines jungen Mannes*)

Anciana con bolsa de dinero (parte trasera de la pintura *Busto de un hombre joven*)

Anziana con sacchetto di denaro (lato posteriore del dipinto *Ritratto di giovane uomo*)

Oude vrouw met geldbeurs (achterkant van het doek *Borstbeeld van een jongeman*)

1507, Oil on wood/Huile sur bois, 35 × 29 cm, Kunsthistorisches Museum, Wien

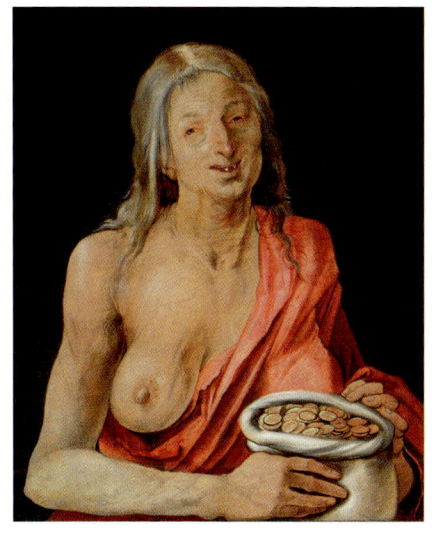

Adán y Eva, casi desnudos, es la gran precisión y corresponde a la figura ideal según la teoría de la proporción de Durero. Esta obra maestra, de inocente sensualidad, supone un paso de pionero en la tradición pictórica de desnudos de gran formato.

En 1509 se otorga a Durero la más alta condecoración política de la ciudad al ser nombrado al Gran Consejo. En el mismo año Durero adquiere una gran casa en la Zisselgasse– para mantener el trabajo de los arquitectos y en general de la manutención del inmueble necesita de una actividad comercial floreciente, sobre todo con gráficos. Así, crea series de Pasión, y la serie *La vida de la Virgen*.

1496. La rappresentazione a grandezza naturale di *Adamo ed Eva,* quasi nudi, è molto precisa e segue l'immagine ideale della teoria delle proporzioni di Dürer. Questa eccellente rappresentazione tra l'innocente e il sensuale assumerà un ruolo pionieristico nella tradizione pittorica dei nudi di grandi dimensioni.

Nel 1509 Dürer viene nominato membro del Gran Consiglio di Norimberga, la più alta carica politica della città tedesca, e acquista una grande residenza signorile in via Zisselgasse. La manutenzione del maestoso edificio e della casa richiede un'attività fiorente, che prospera soprattutto grazie alle stampe. Nascono così le serie sulla passione di Cristo e *la Vita della Vergine.*

in 1495 in een kopergravure aandacht besteed. De levensgrote vertolking van de beide bijna naakte figuren van *Adam und Eva* is buitengewoon nauwkeurig en volgt het ideaalbeeld van de proportieleer van Dürer. Het tegelijk sensueel en onschuldig aandoende bravourestuk kan een debuut in de beeldtraditie van naaktschilderijen met een grote afmeting worden genoemd.

In 1509 valt Dürer de hoogste politieke eer van de stad Neurenberg ten deel. Hij mag zich voortaan "Genannter des Größeren Rats" noemen. In hetzelfde jaar verwerft Dürer een groter woonhuis in de Zisselgasse – voor het onderhoud van het statige bouwwerk en bijbehorende huisraad moet hij het hebben van een bloeiende handel met vooral drukgrafieken. Zodoende ontstaan afleveringen van het Passieverhaal en de reeks *Das Marienleben.*

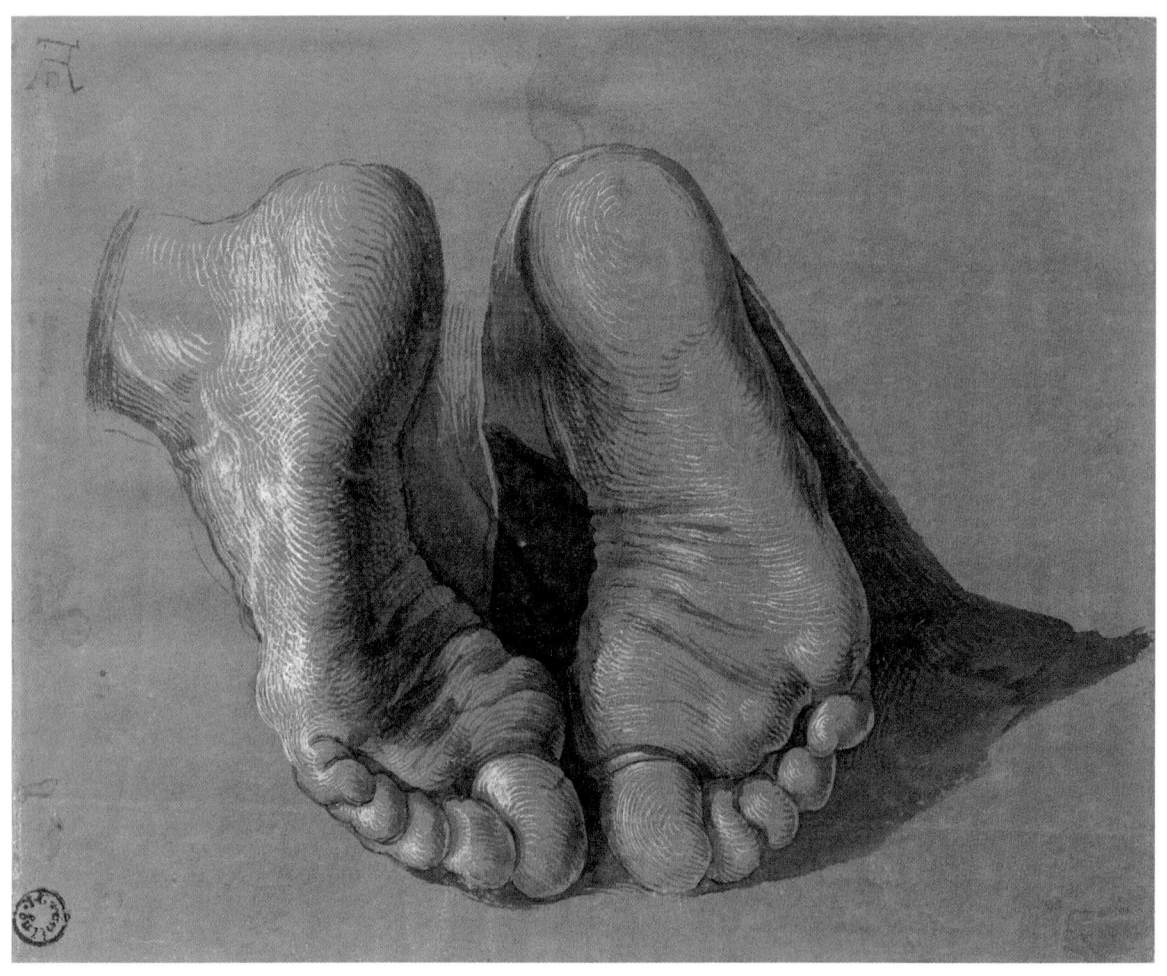

Feet of a Kneeling Apostle
(Study for the *Heller Altar*)

Füße eines knienden Apostels
(Studie zum *Heller-Altar*)

Piedi di un apostolo in ginocchio
(studio per *l'Altare Heller*)

Pieds de l'apôtre Paul agenouillé
(étude pour le *retable Heller*)

Pies de un apóstol arrodillado
(estudio para el *Retablo de Heller*)

Voeten van een knielende apostel
(studie bij het *Haller-altaar*)

c. 1508, Brush drawing on paper washed in green/Dessin au pinceau, 17,6 × 21,6 cm, Museum Boijmans Van Beuningen, Rotterdam

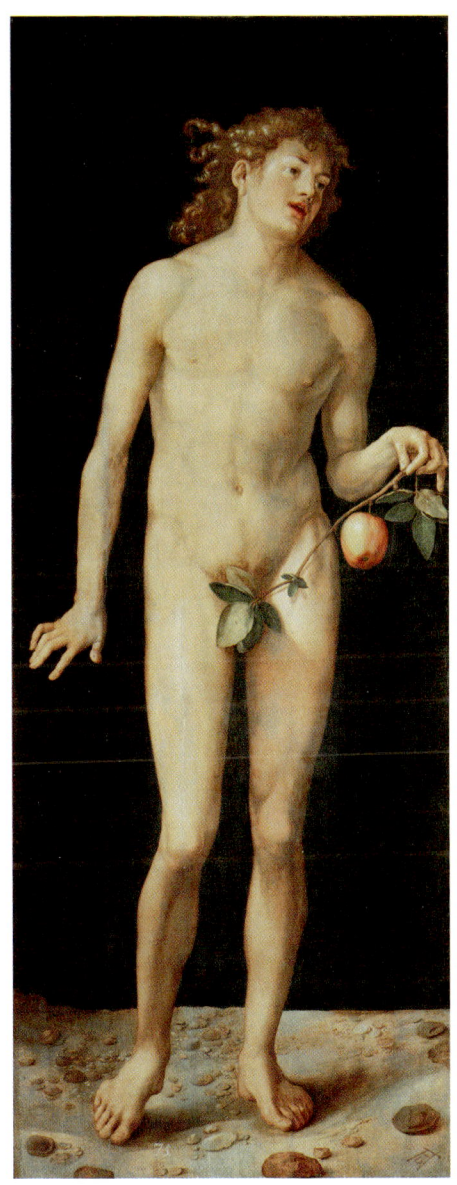

Adam (counterpart of *Eve*)

Adam

Adam (Gegenstück zu *Eva*)

Adán (contraparte de *Eva*)

Adamo (tavola contrapposta a quella di *Eva*)

Adam (Pendant bij *Ёva*)

1507, Oil on wood/Huile sur bois, 209 × 81 cm, Museo del Prado, Madrid

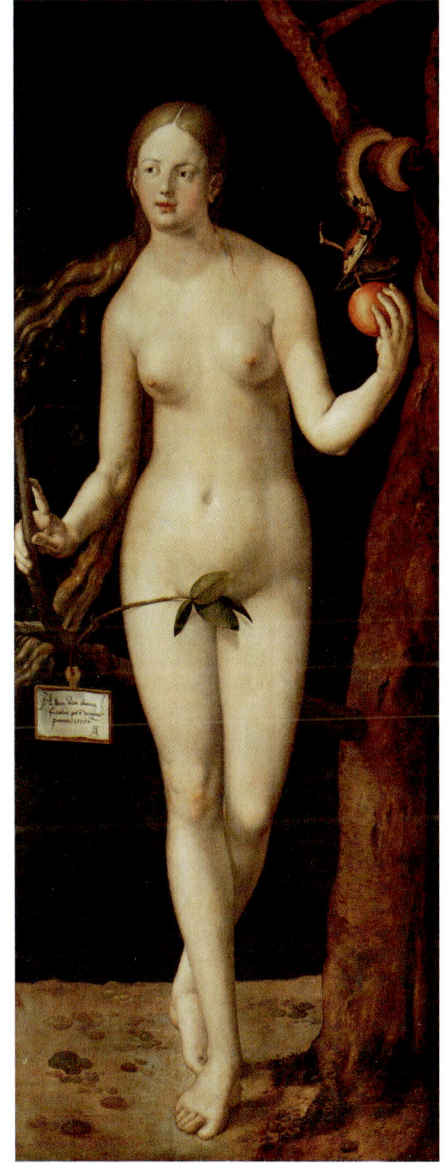

Eva (counterpart of *Adam*)

Ève

Eva (Gegenstück zu *Adam*)

Eva (contraparte de *Adán*)

Eva (tavola contrapposta a quella di *Adamo*)

Eva (Pendant bij *Adam*)

1507, Oil on wood/Huile sur bois, 209 × 80 cm, Museo del Prado, Madrid

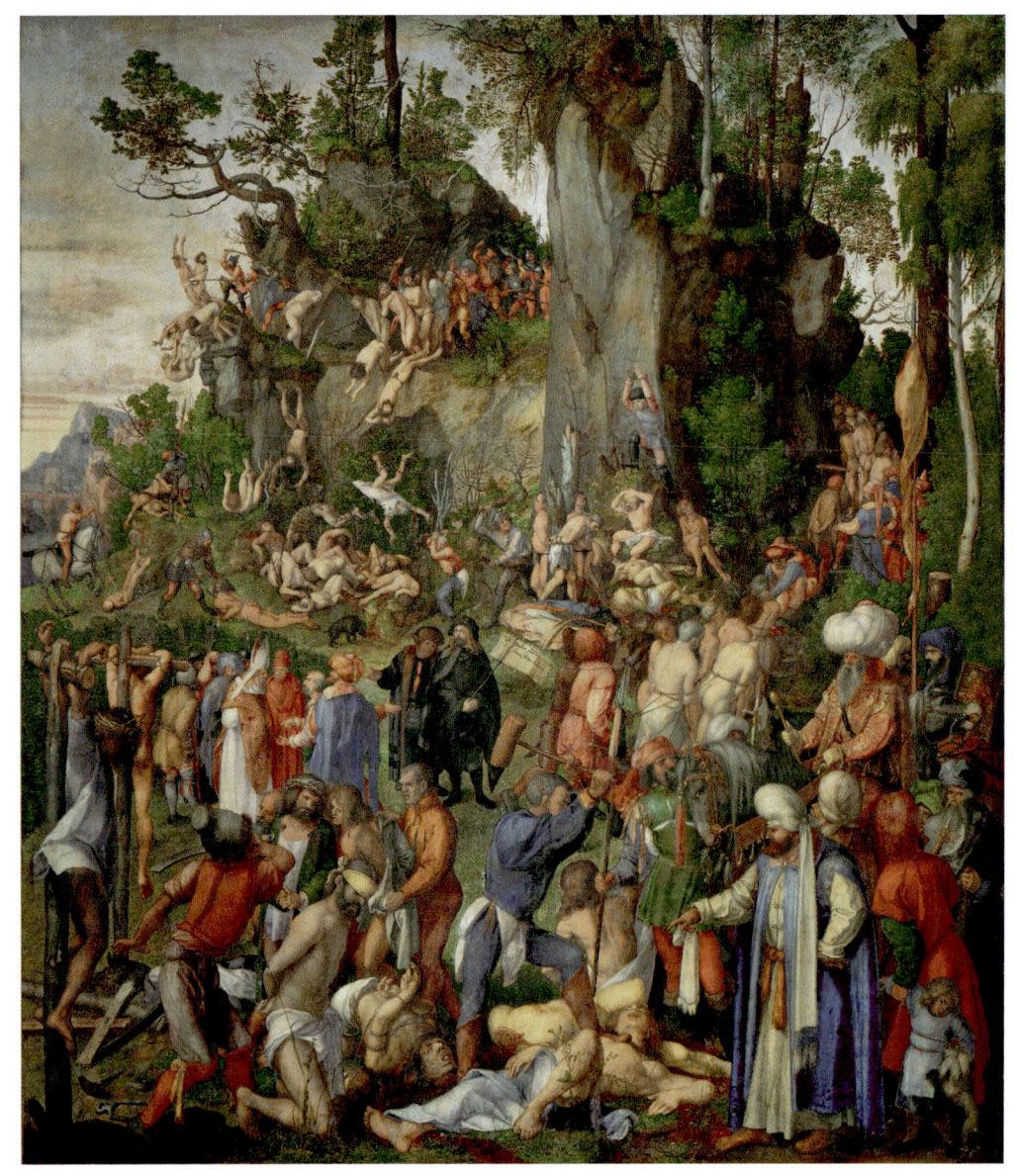

Martyrdom of the Ten Thousand

Le Martyre des dix mille chrétiens

Marter der zehntausend Christen

Martirio de los diez mil cristianos

Martirio dei Diecimila

Martelgang van de tienduizend christenen

1508, Wood transferred to canvas/
Huile sur toile, 99 × 87 cm,
Kunsthistorisches Museum, Wien

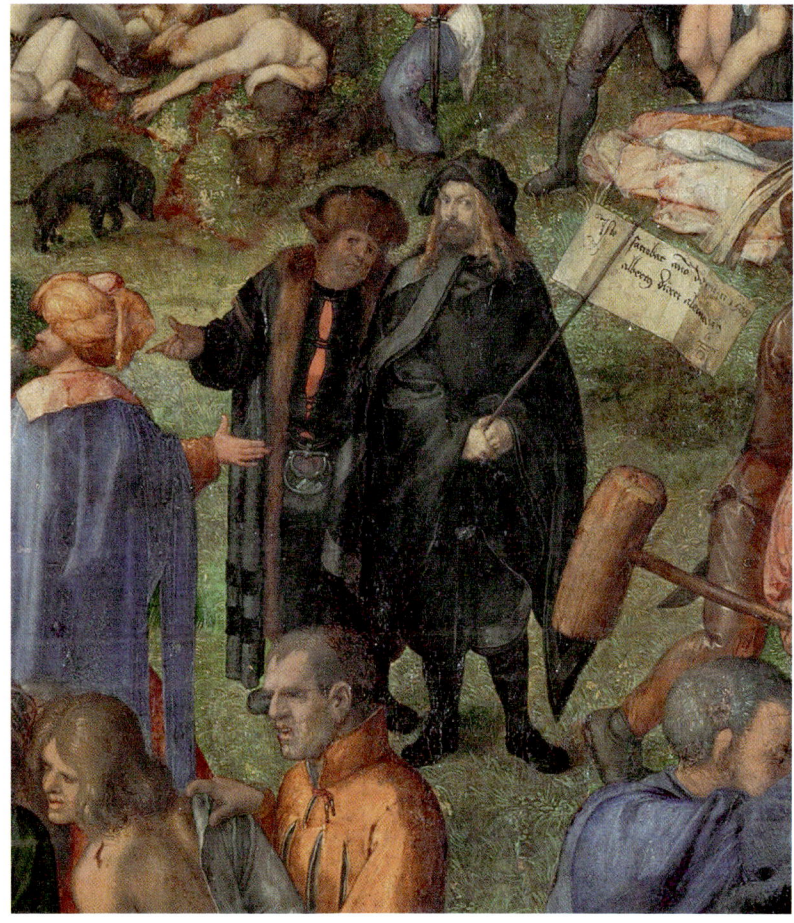

In the center, *a self-portrait of Dürer with Conrad Celtis or Willibald Pirckheimer*

Autoportrait au milieu, avec Conrad Celtis ou Willibald Pirckheimer

In der Bildmitte *Selbstbildnis Dürers mit Conrad Celtis oder Willibald Pirckheimer*

Autorretrato de Durero con Conrad Celtis o Willibald Pirckheimer en el centro

Con al centro un *autoritratto di Dürer con Conrad Celtis o Willibald Pirckheimer*

In het midden van het beeld een *zelfportret van Dürer met Conrad Celtis of Wilibald Pirckheimer*

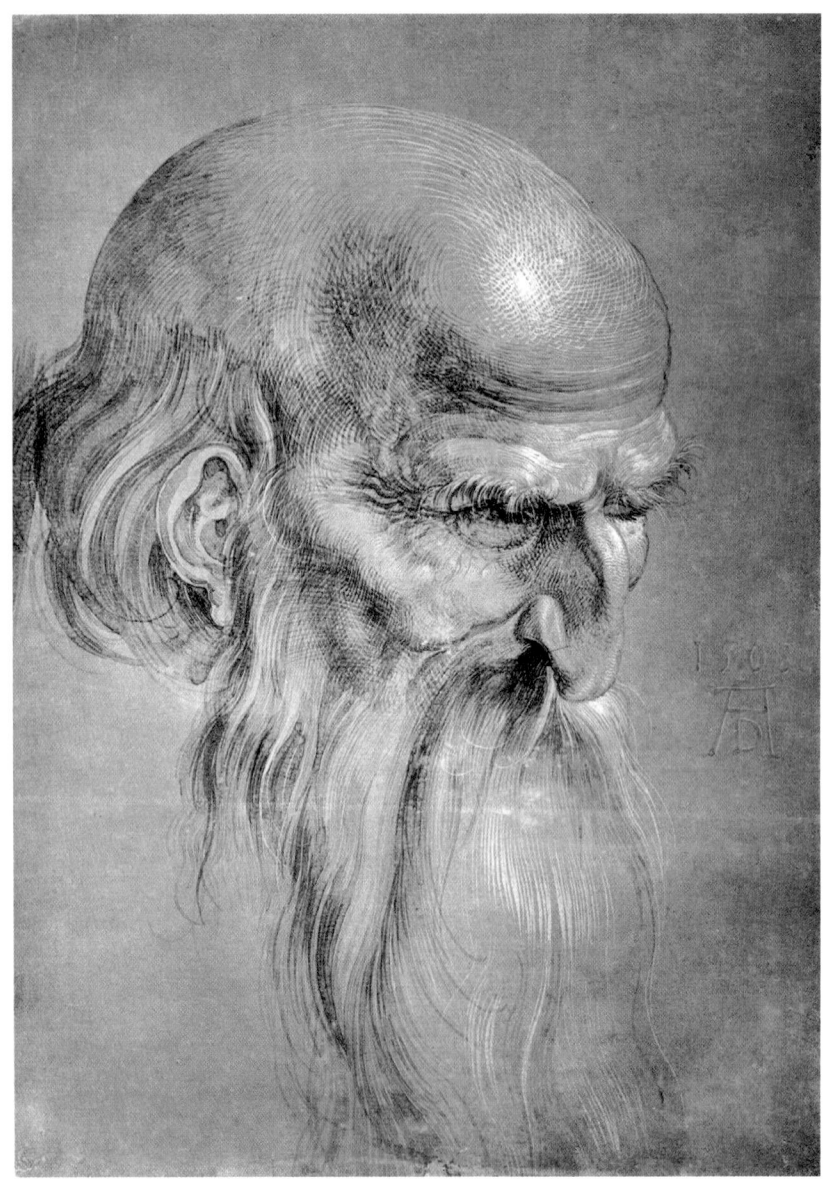

Head of an Apostle
(Study for the *Heller Altar*)

Tête d'apôtre
(étude pour un détail du *Retable Heller*)

Kopf eines Apostels
(Studie zum *Heller-Altar*)

Cabeza de un apóstol
(estudio para el *Retablo de Heller*)

Testa di un apostolo
(studio per *l'Altare Heller*)

Hoofd van een apostel
(Studie bij het *Heller-altaar*)

1508, Brush drawing on paper washed in green/Dessin au pinceau, 31,6 × 22,9 cm, Albertina, Wien

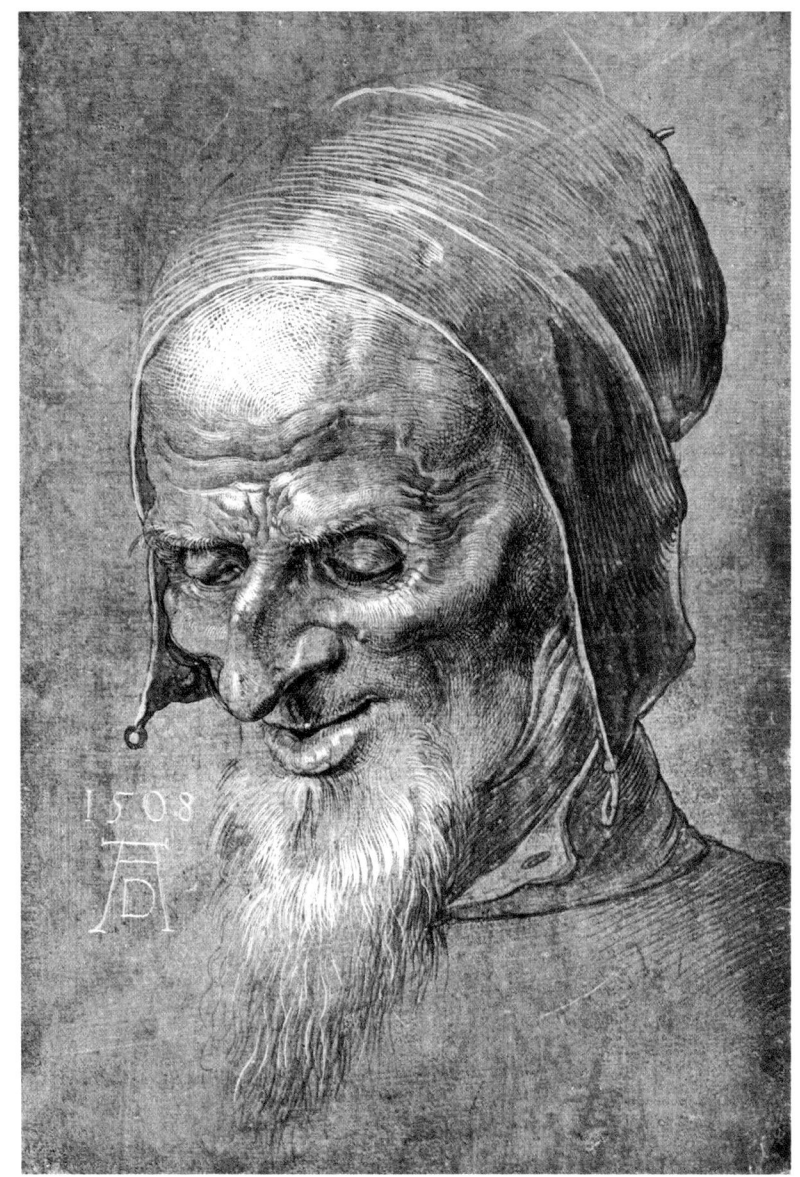

Head of an Apostle (Study for *the Heller Altar*)

Tête d'apôtre portant un bonnet
(étude pour un détail du *Retable Heller*)

Kopf eines Apostels (Studie zum *Heller-Altar*)

Cabeza de un apóstol
(estudio para el *Retablo de Heller*)

Testa di un apostolo
(studio per l'*Altare Heller*)

Hoofd van een apostel
(Studie bij het *Heller-altaar*)

*1508, Brush drawing on paper
washed in green/Dessin au pinceau,
31,7 × 21,2 cm, Albertina, Wien*

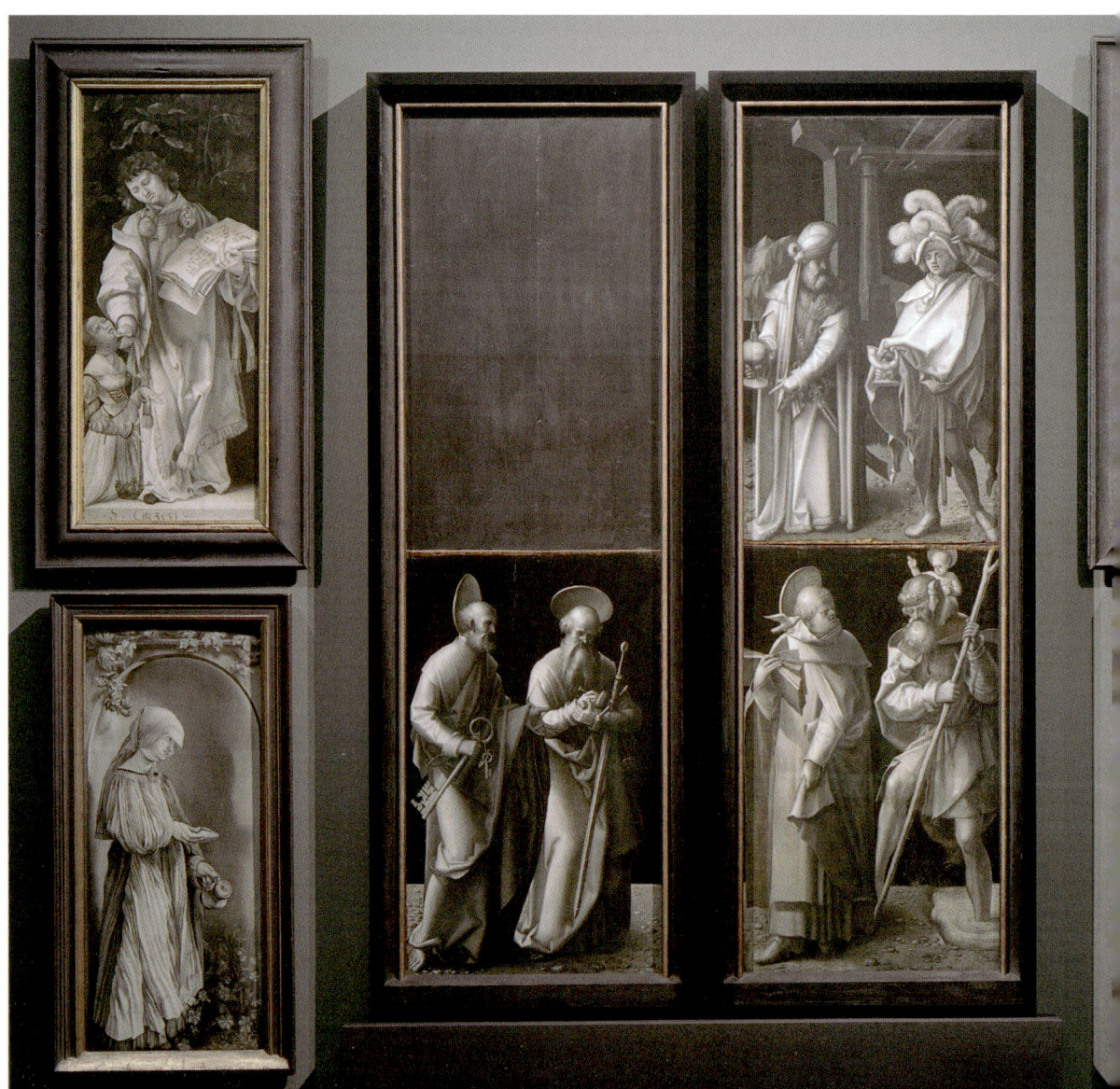

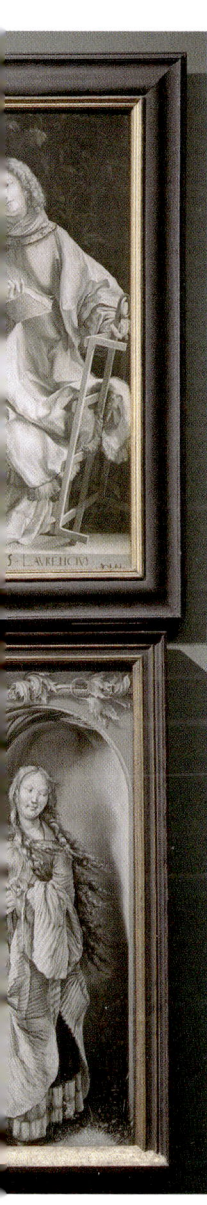

With the collaboration/avec la collaboration de Matthias Grünewald (c. 1475–1528)

Closed state of the *Heller-Altar: Adoration of the Magi* (only right part survives), *Saints Peter and Paul, St. Thomas Aquinas, and St. Christopher* (wing outsides) *and Saints Lawrence, Elizabeth of Hungary, Cyriac, and an unidentified female saint* (fixed wings)

Fragments de l'extérieur du *Retable Heller* (au centre, *Adoration des mages,* volet gauche manquant, *saint Pierre et saint Paul, saint Thomas d'Aquin et saint Christophe de Lycie ;* à gauche, *saint Laurent, Élisabeth de Thuringe ;* à droite, *saint Cyriaque, une sainte, probablement sainte Lucie)*

Geschlossener Zustand des *Heller-Altars: Anbetung der Heiligen Drei Könige* (nur rechter Teil erhalten), *die hll. Petrus und Paulus, Thomas von Aquin und Christophorus* (Flügelaußenseiten) *und die hll. Laurentius und Elisabeth von Thüringen sowie Cyriakus und eine weibliche Heilige* (Standflügel)

El Retablo en disposición cerrada: *La adoración de los Reyes Magos* (solo se conserva la parte derecha), *San Pedro y San Pablo, Santo Tomás de Aquino y San Cristóforo* (en las tablas exteriores) *y los Santos Lorenzo y Elisabeth de Turingia así como Ciríaco y una santa* (en las calles)

Altare Heller chiuso: *Adorazione dei Magi* (solo parte destra pervenuta), *san Pietro e san Paolo, san Tommaso d'Aquino e san Cristoforo* (pannelli esterni) *e san Lorenzo e santa Elisabetta di Turingia, e san Ciriaco e una santa* (pannello fisso)

Gesloten positie van het *Heller altaar: aanbidding van de heilige drie koningen* (enkel het rechter gedeelte is bewaard gebleven) *de heilige Petrus en Paulus, Thomas van Aquino en Christophorus* (buitenkant van de vleugels) *en de heilige Laurentius en Elisabeth van Thüringen alsook Cyriacus en een vrouwelijke heilige* (staande vleugel)

c. 1507–12, Oil on wood/Plume et gouache, sur panneau de bois, Historisches Museum/Städel Museum, Frankfurt am Main/ Staatliche Kunsthalle, Karlsruhe

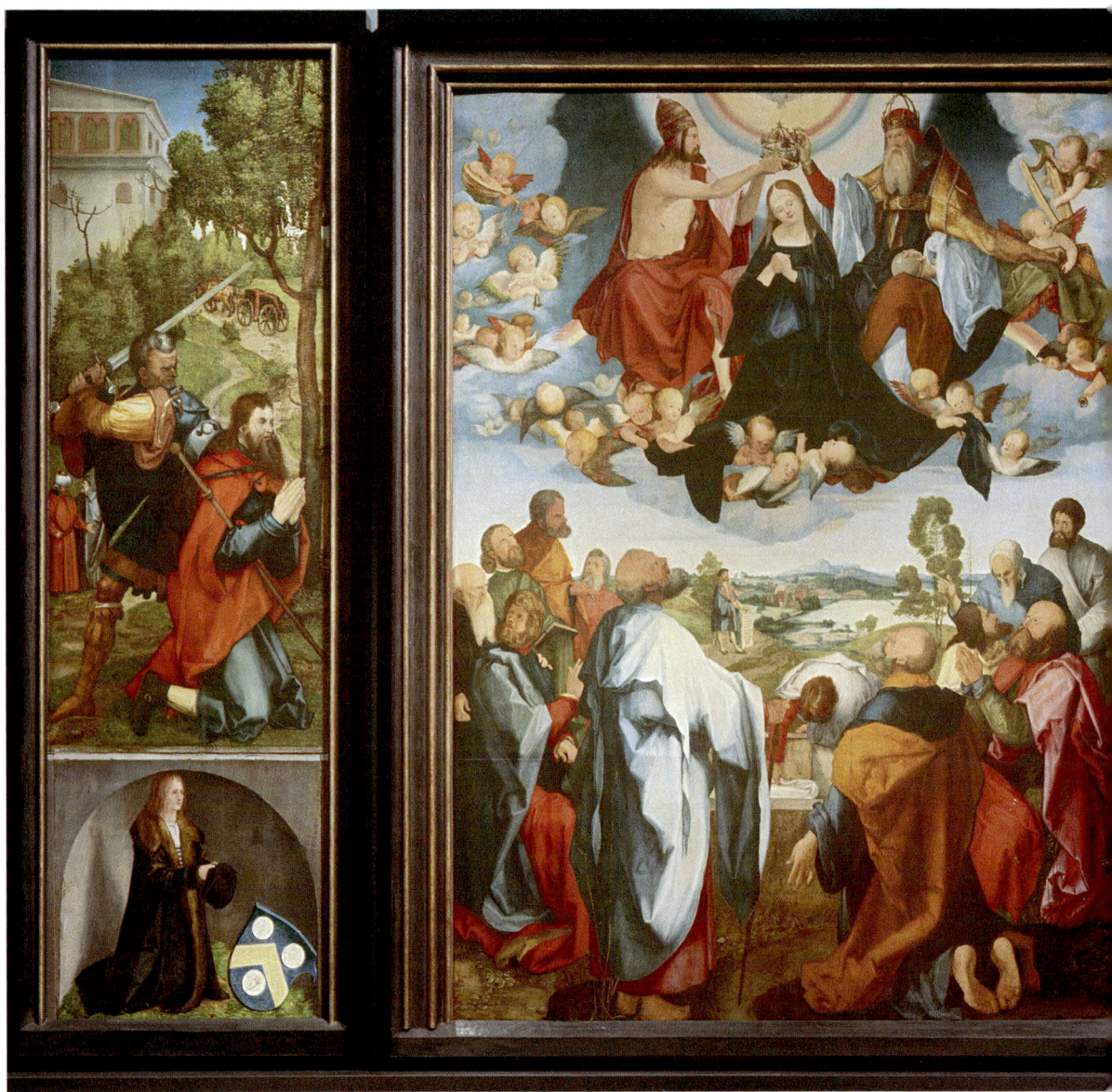

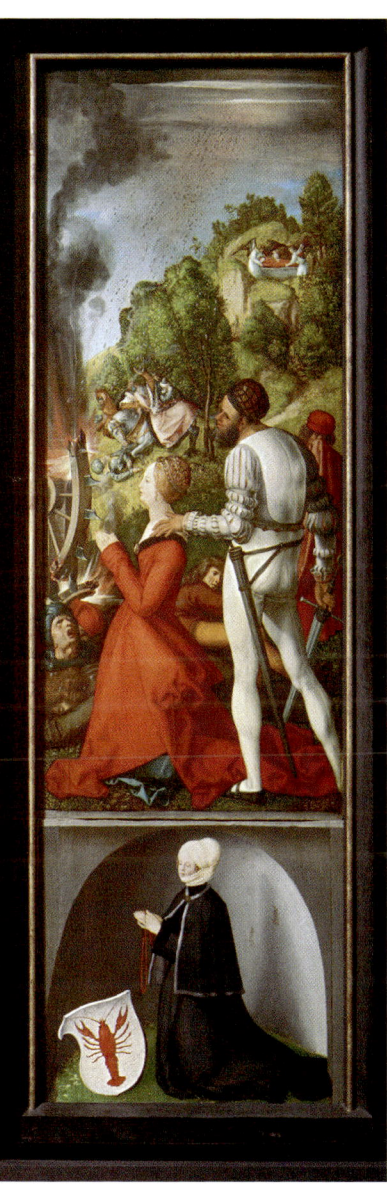

Central panel/panneau central : Jobst Harrich (c. 1579–1617) after/d'après Albrecht Dürer

Right and left panels/panneaux de gauche et de droite : Albrecht Dürer

Opened state of the ***Heller-Altar: Assumption and Coronation of the Virgin*** (middle panel), ***Martyrdom of St. James the Younger and St. Catherine of Alexandria and the Patrons Jakob Heller and Katharina Melems*** (inside wings)

Retable Heller, au centre, ***Assomption et couronnement de la Vierge ;*** à gauche, ***Martyre de saint Jacques de Zébédée et sainte Catherine d'Alexandrie ;*** à droite, ***Jakob Heller et son épouse, Catherine Melmens***

Geöffneter Zustand des ***Heller-Altars: Himmelfahrt und Krönung Mariens*** (Mitteltafel), ***Martyrium des Apostels Jakobus d.J. und der hl. Katharina von Alexandrien und Stifterbilder Jakob Hellers und Katharina Melems*** (Flügelinnenseiten)

El Retablo en disposición abierta: ***Ascensión y Coronación de María*** (tabla central), ***martirio del apóstol Santiago el Menor y Santa Catalina de Alejandría y los mecenas Jakob Heller y Catalina Melem*** (en las tablas laterales interiores)

Altare Heller aperto: ***Assunzione e incoronazione della Vergine*** (pannello centrale), ***Martirio di san Giacomo e di santa Caterina d'Alessandria, e immagini del committente Jakob Heller e Katharina Melems*** (pannelli laterali interni)

Het Heller-altaar in geopende toestand: de hemelvaart en de kroning van Maria (centrale paneel), ***de marteldood van de apostel Jakobus de jongere en de heilige Catharina van Alexandrië en afbeeldingen van de opdrachtgevers Jakob Heller en Katharina von Melem*** (vleugelpanelen)

1507–09 and 1617, Oil on wood/Huile sur bois, 189 × 138 cm, Historisches Museum/Städel Museum, Frankfurt am Main/Staatliche Kunsthalle, Karlsruhe

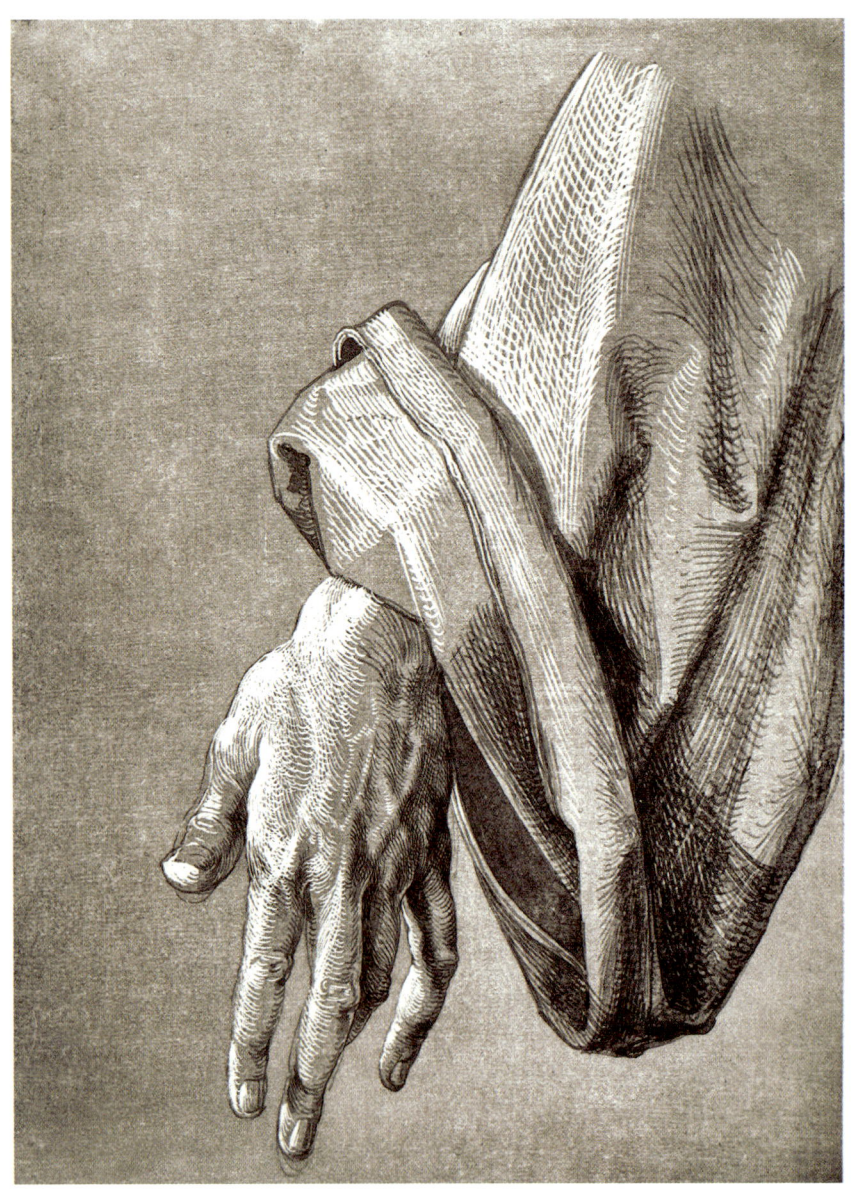

Study of an **Apostle's Hand (Heller Altar)**

Main gauche d'un apôtre (étude pour le *Retable Heller*)

Studie zur **Hand eines Apostels (Heller-Altar)**

Estudio para una **mano de un apóstol (Retablo de Heller)**

Studio della **mano di un apostolo (Altare Heller)**

Studie bij de **hand voan een apostel (Heller-Altaar)**

1508, Brush drawing on paper washed in green/Dessin au pinceau, 31,7 × 19,8 cm, Albertina, Wien

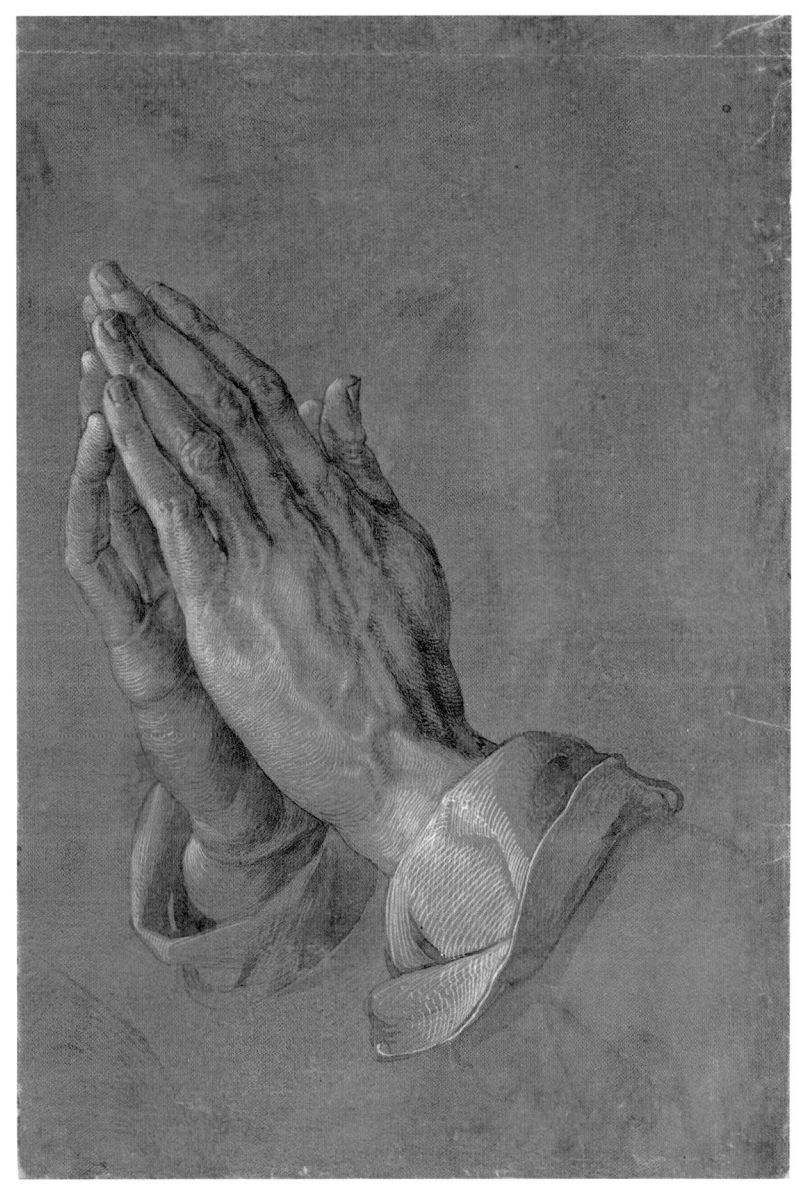

Praying Hands (Study for the *Heller Altar*)

Mains en prière (étude pour le *Retable Heller*)

Betende Hände (Studie zum *Heller-Altar*)

Manos en oración (estudio para el *Retablo de Heller*)

Mani preganti (studio per l'*Altare Heller*)

Biddende handen (studie bij het *Heller-altaar*)

1508, Brush drawing in gray and black/ Dessin au pinceau, lavis de gris et gouache, 21,9 × 19,7 cm, Albertina, Wien

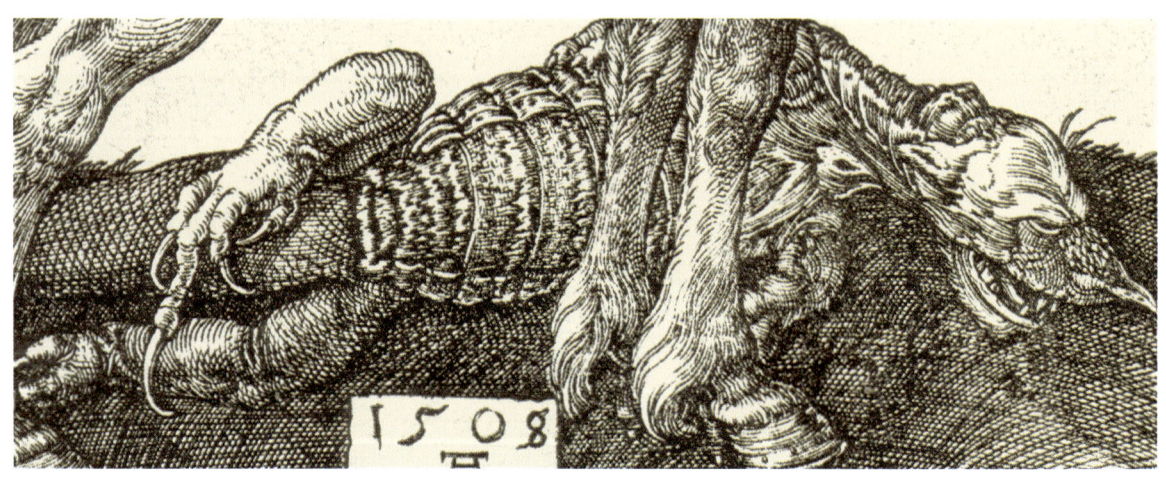

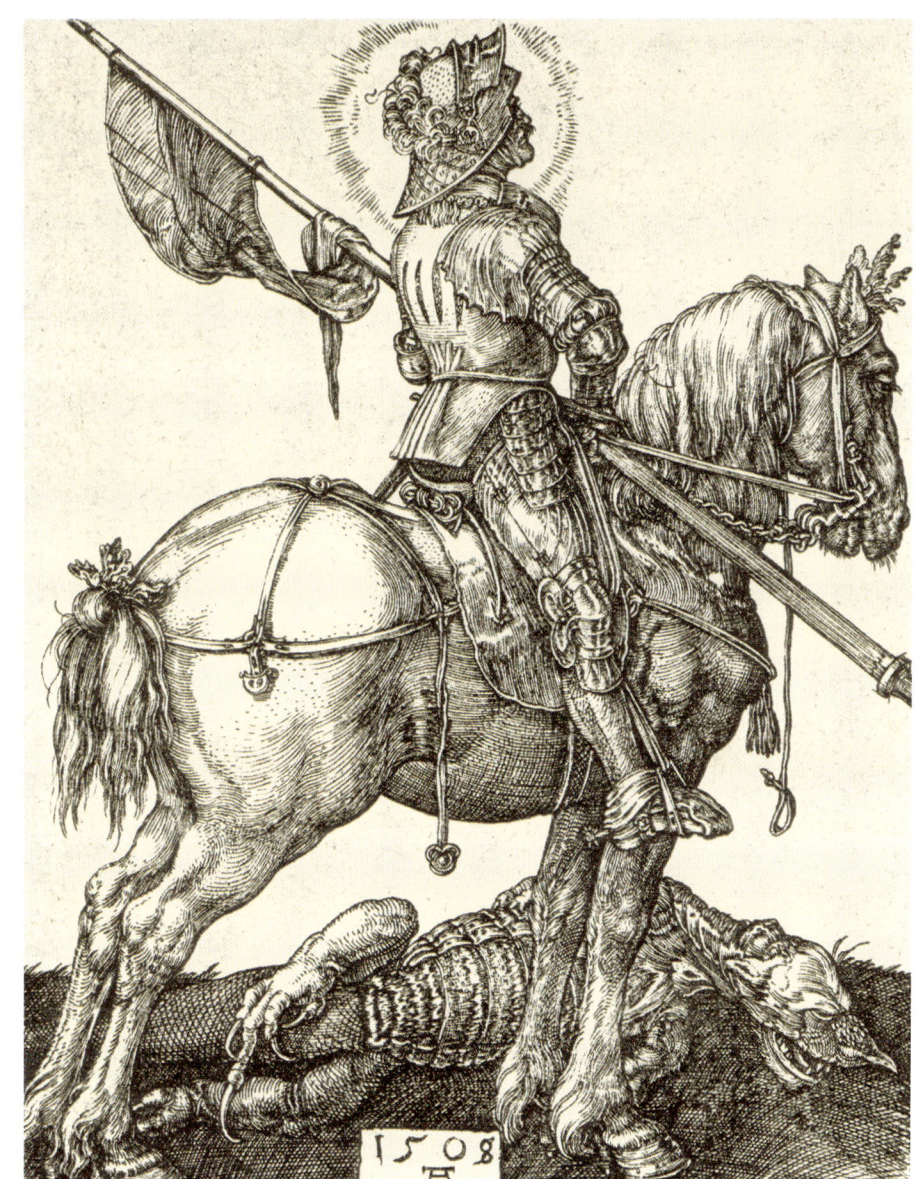

Saint George on Horseback
Saint Georges à cheval
Der hl. Georg zu Pferd
San Jorge a caballo
San Giorgio a cavallo
De heilige Georgius te paard

1505, Copperplate engraving/
Gravure sur cuivre,
10,1 × 8,6 cm

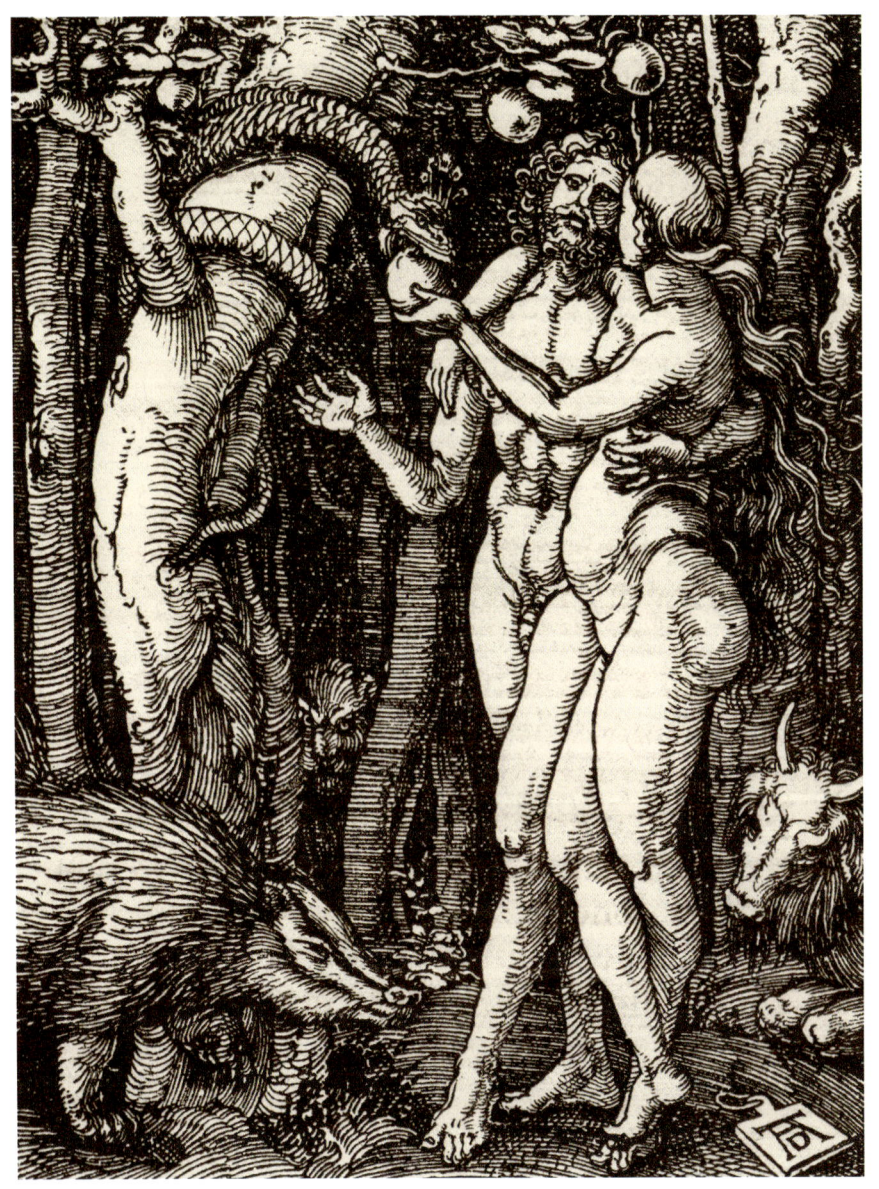

The Fall from Grace
1st page from the series:
Small Passion (published 1511)

La Chute de l'Homme, extrait
de *La Petite Passion sur bois*

Sündenfall. 1. Blatt aus der Folge:
Kleine Passion (erschienen 1511)

Adán y Eva 1. estampa de la
serie: *Pequeña Pasión* (1511)

Peccato originale. 1. Foglio
della serie: *Piccola Passione*
(pubblicata nel 1511)

Zondeval. 1e pamflet uit de reeks
Kleine Passie (verschenen in 1511)

*c. 1510, Woodcut/Gravure sur bois,
12,7 × 9,7 cm*

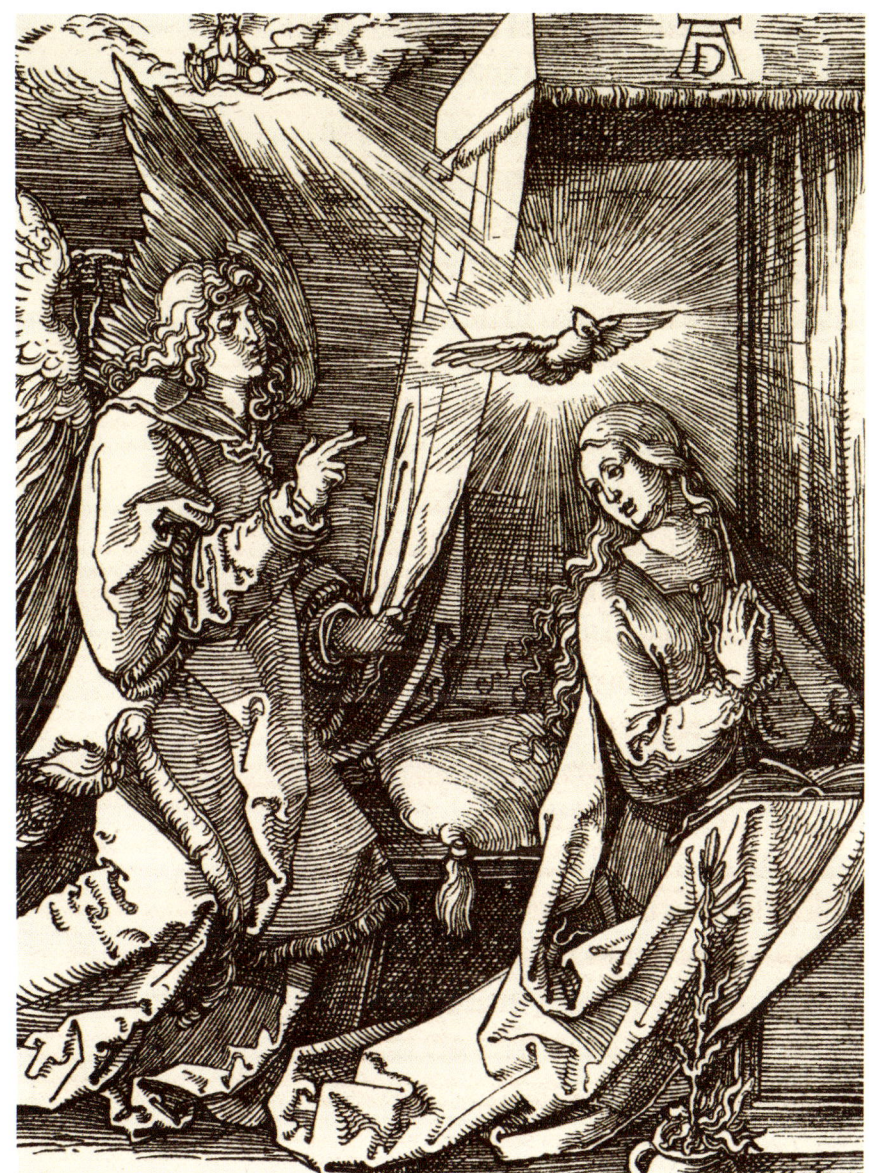

Annunciation
3rd page from the series: *Small Passion* (published 1511)

L'Annonciation, extrait de *La Petite Passion sur bois*

Verkündigung. 3. Blatt aus der Folge: *Kleine Passion* (erschienen 1511)

La Anunciación. 3. estampa de la serie: *Pequeña Pasión* (1511)

Annunciazione. 3. Foglio della serie: *Piccola Passione* (pubblicata nel 1511)

Verkondiging. 3e pamflet uit de reeks: *Kleine Passie* (verschenen in 1511)

c. 1510, Woodcut/Gravure sur bois, 12,8 × 9,8 cm

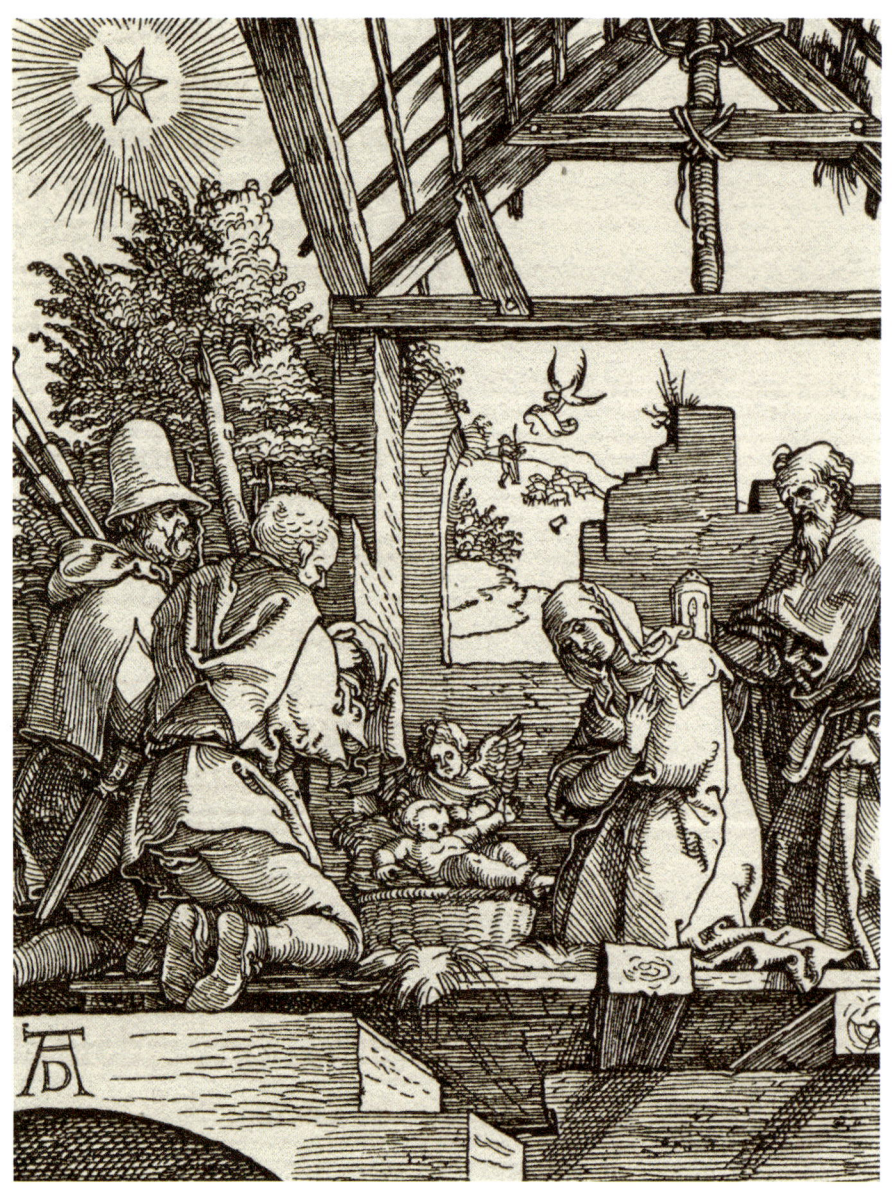

Adoration of the Shepherds
4th page from the series: *Small Passion* (published 1511)

La Nativité, extrait de
La Petite Passion sur bois

Anbetung der Hirten. 4. Blatt
aus der Folge: *Kleine Passion*
(erschienen 1511)

La adoración de los pastores.
4. estampa de la serie:
Pequeña Pasión (1511)

Natività. 4. Foglio della
serie: *Piccola Passione*
(pubblicata nel 1511)

Aanbidding van de herders. 4e
pamflet uit de reeks *De Kleine
Passie* verschenen in 1511

*c. 1510, Woodcut/Gravure sur
bois, 12,7 × 9,8 cm*

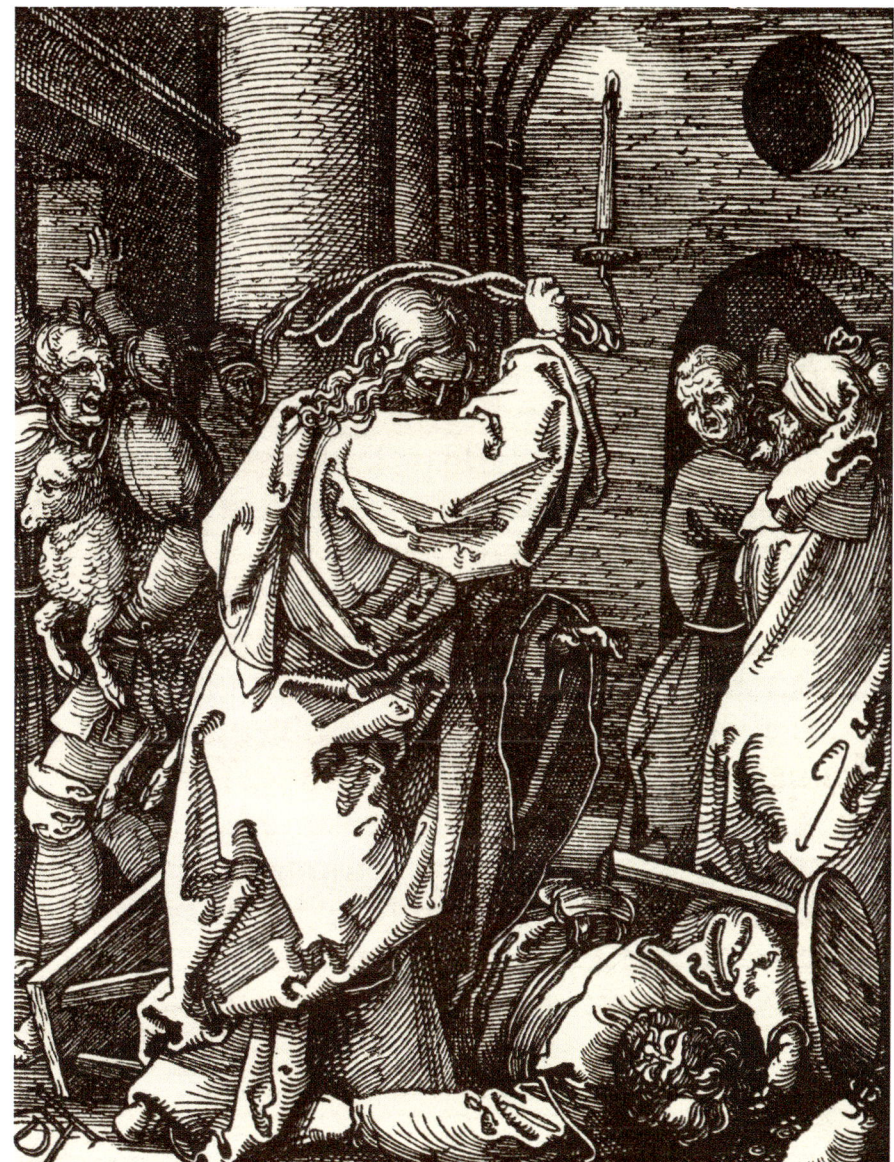

***Driving the Moneychangers
from the Temple.***
6th page from the series:
Small Passion (published 1511)

***Jésus chassant les marchands
du Temple,*** extrait de
La Petite Passion sur bois

***Vertreibung der Händler
aus dem Tempel.*** 6. Blatt
aus der Folge: *Kleine
Passion* (erschienen 1511)

***La expulsión de los
comerciantes del tempo.***
6. estampa de la serie:
Pequeña Pasión (1511)

***Cacciata dei mercanti dal
Tempio.*** 6. Foglio della
serie: *Piccola Passione*
(pubblicata nel 1511)

***Verdrijving van de handelaars
uit de tempels.*** 6e pamflet
uit de reeks *De Kleine Passie*
(verschenen in 1511)

*c. 1510, Woodcut/Gravure sur
bois, 12,7 × 9,7 cm*

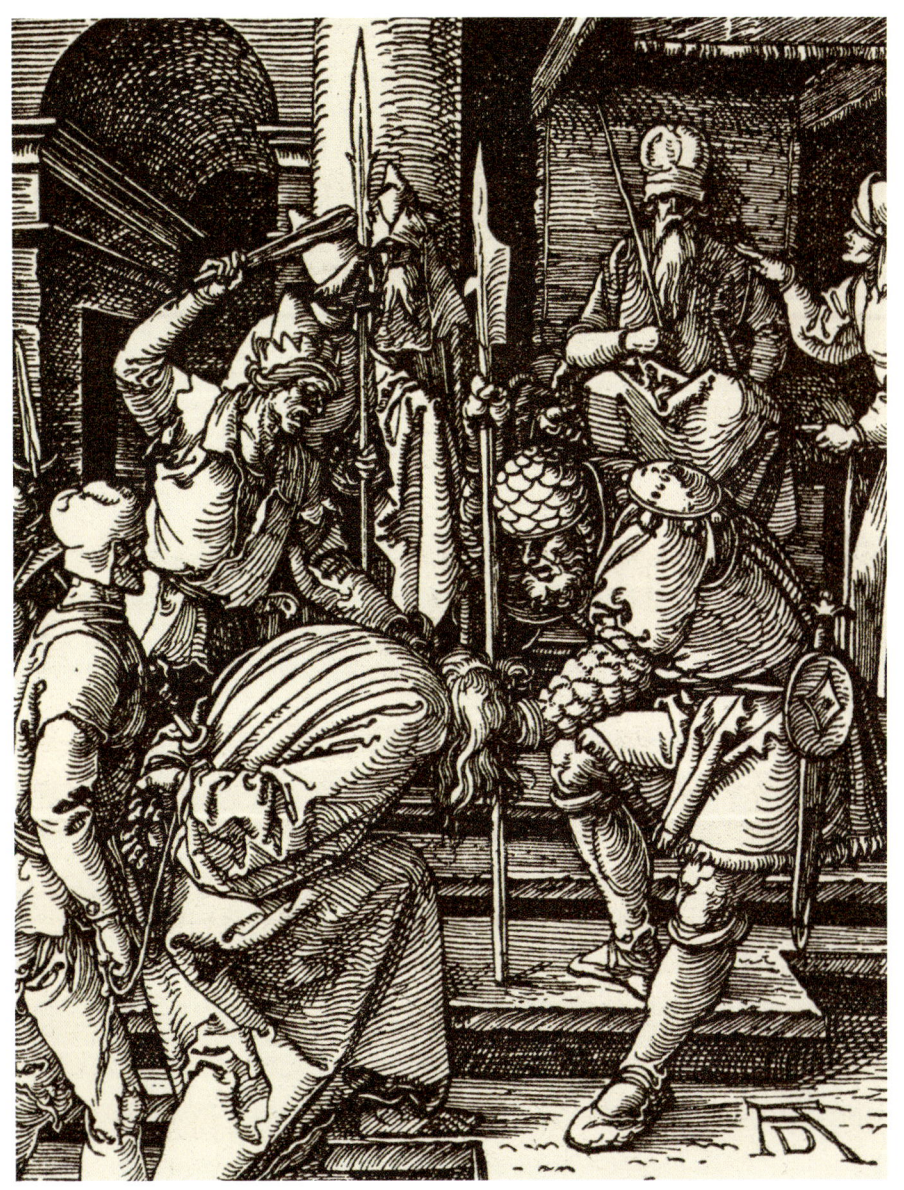

Christ before Annas.
12th page from the series
Small Passion (published 1511)

**La Comparution devant
Anne,** extrait de *La Petite
Passion sur bois*

Christus vor Hannas. 12. Blatt
aus der Folge: *Kleine Passion*
(erschienen 1511)

Cristo ante Anás 12ª estampa
de la serie: *Pequeña Pasión*
(1511)

Cristo davanti ad Annas.
12° stampa della serie: *Piccola
Passione* (pubblicata nel 1511)

Christus voor Annas.
12e pamflet uit de reeks *Kleine
Passie* (verschenen in 1511)

*c. 1510, Woodcut/Gravure sur
bois, 12,7 × 9,7 cm*

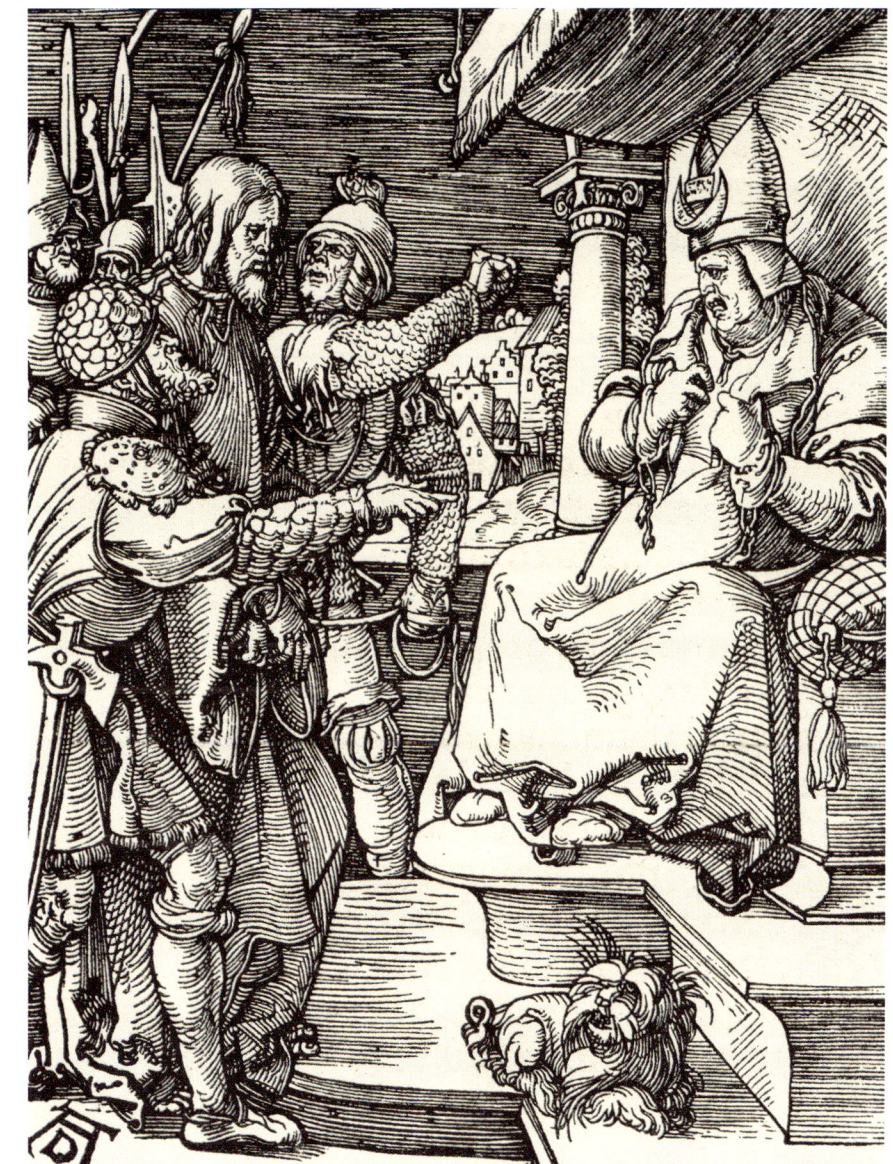

Christ before Caiaphas.
13th page from the series
Small Passion (published 1511)

**La Comparution devant
Caïphe,** extrait de *La Petite
Passion sur bois*

Christus vor Kaiphas. 13. Blatt
aus der Folge: *Kleine Passion*
(erschienen 1511)

Cristo ante Caifás 13ª estampa
de la serie: *Pequeña Pasión* (1511)

Cristo davanti a Caifa.
13° stampa della serie: *Piccola
Passione* (pubblicata nel 1511)

Christus voor Kajafas.
13e pamflet uit de reeks
Kleine Passie (verschenen in 1511)

*c. 1510, Woodcut/Gravure sur bois,
12,7 × 9,7 cm*

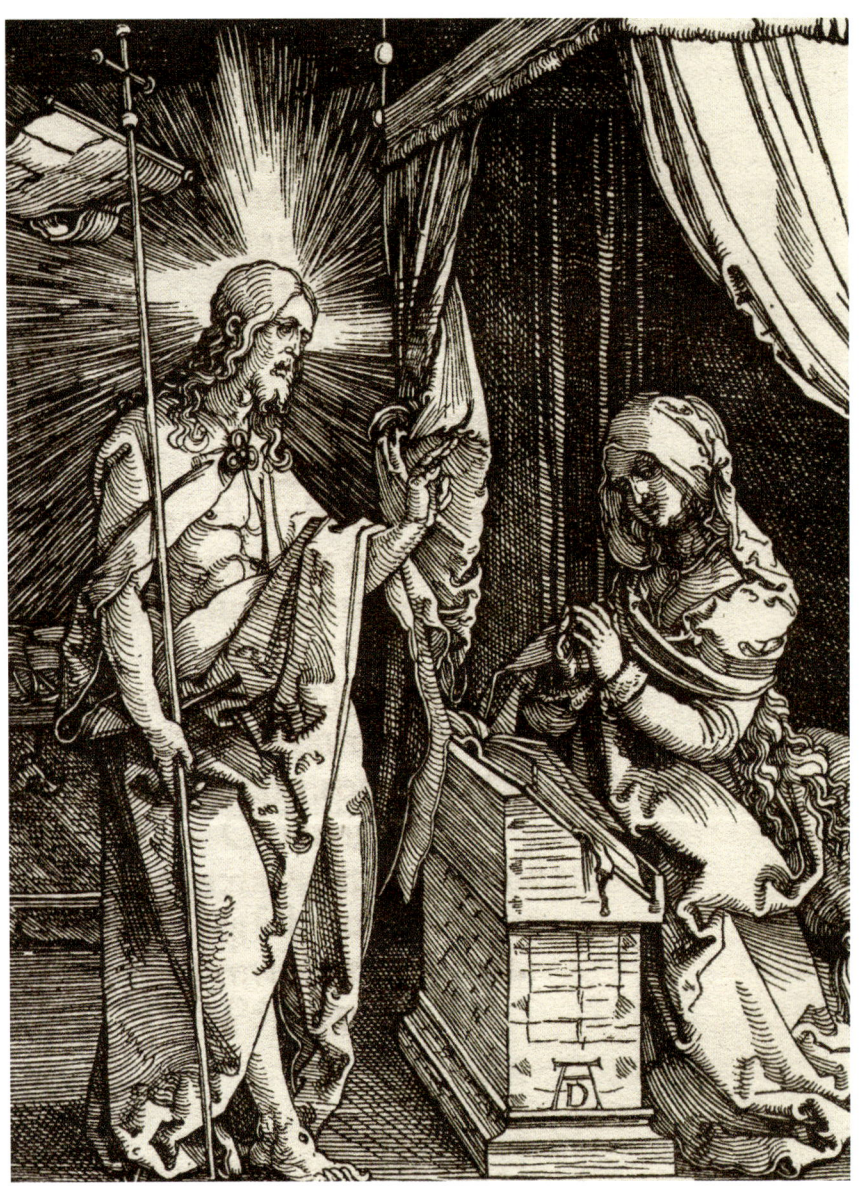

Christ appears to his Mother.
30th page from the series
Small Passion (published 1511)

L'Apparition du Christ à sa mère,
extrait de *La Petite Passion sur bois*

***Christus erscheint seiner
Mutter.*** 30. Blatt aus der Folge:
Kleine Passion (erschienen 1511)

Cristo se aparece a su madres
30ª estampa de la serie:
Pequeña Pasión (1511)

Cristo appare a sua madre.
30° stampa della serie: *Piccola
Passione* (pubblicata nel 1511)

***Christus verschijnt voor zijn
moeder.*** 30e pamflet uit de reeks
Kleine Passie (verschenen in 1511)

*c. 1510, Woodcut/Gravure sur bois,
12,7 × 9,6 cm*

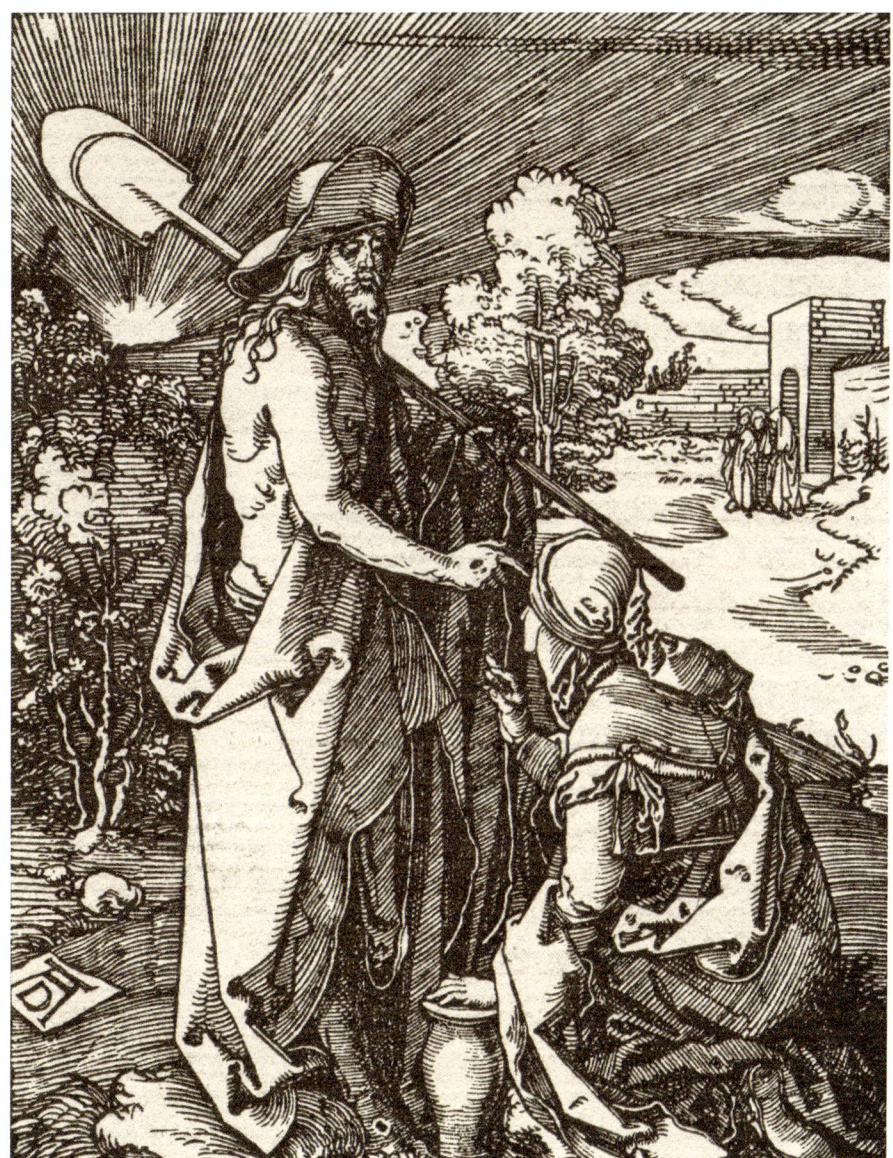

Christ as the Gardener.
31st page from the series
Small Passion (published 1511)

Noli me tangere, extrait de
La Petite Passion sur bois

Christus als Gärtner. 31. Blatt
aus der Folge: *Kleine Passion*
(erschienen 1511)

Cristo como jardinero.
31ª estampa de la serie:
Pequeña Pasión (1511)

Cristo giardiniere. 31°
stampa della serie: *Piccola
Passione* (pubblicata nel 1511)

Christus als tuinman.
31e pamflet uit de reeks *Kleine
Passie* (verschenen in 1511)

*c. 1510, Woodcut/Gravure sur
bois, 12,7 × 9,7 cm*

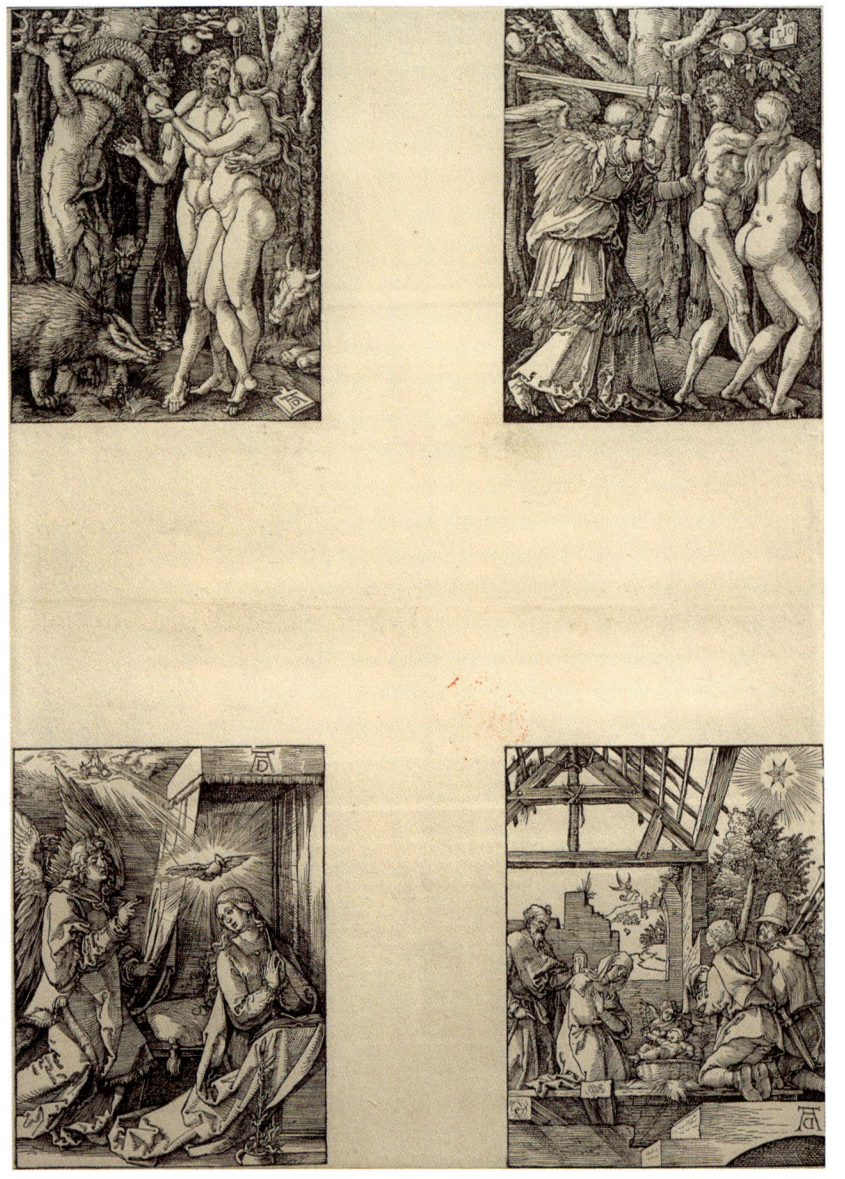

Fall from Grace, Expulsion from Paradise, Annunciation, Adoration of the Shepherds (sheet with four woodcuts from the *Small Passion*)

La Chute de l'Homme, l'Expulsion du Paradis, L'Annonciation et la Nativité, extraits de *La Petite Passion sur bois*

Sündenfall, Vertreibung aus dem Paradies, Verkündigung, Anbetung der Hirten (Bogen mit vier Holzschnitten aus der *Kleinen Passion*)

Adán y Eva, Expulsión del Paraíso, La anunciación, La adoración de los pastores (página con cuatro xilografías de la *Pequeña Pasión*)

Peccato originale, Cacciata dal Paradiso terrestre, Annunciazione, Natività (foglio con quattro xilografie della serie *Piccola Passione*)

Zondeval, verdrijving uit het Paradijs, verkondiging, aanbidding door de herders (bogen met vier houtsnedes uit de *Kleine Passie*)

c. 1510, Woodcut/Gravure sur bois, 35,2 × 25,2 cm, Rijksmuseum, Amsterdam

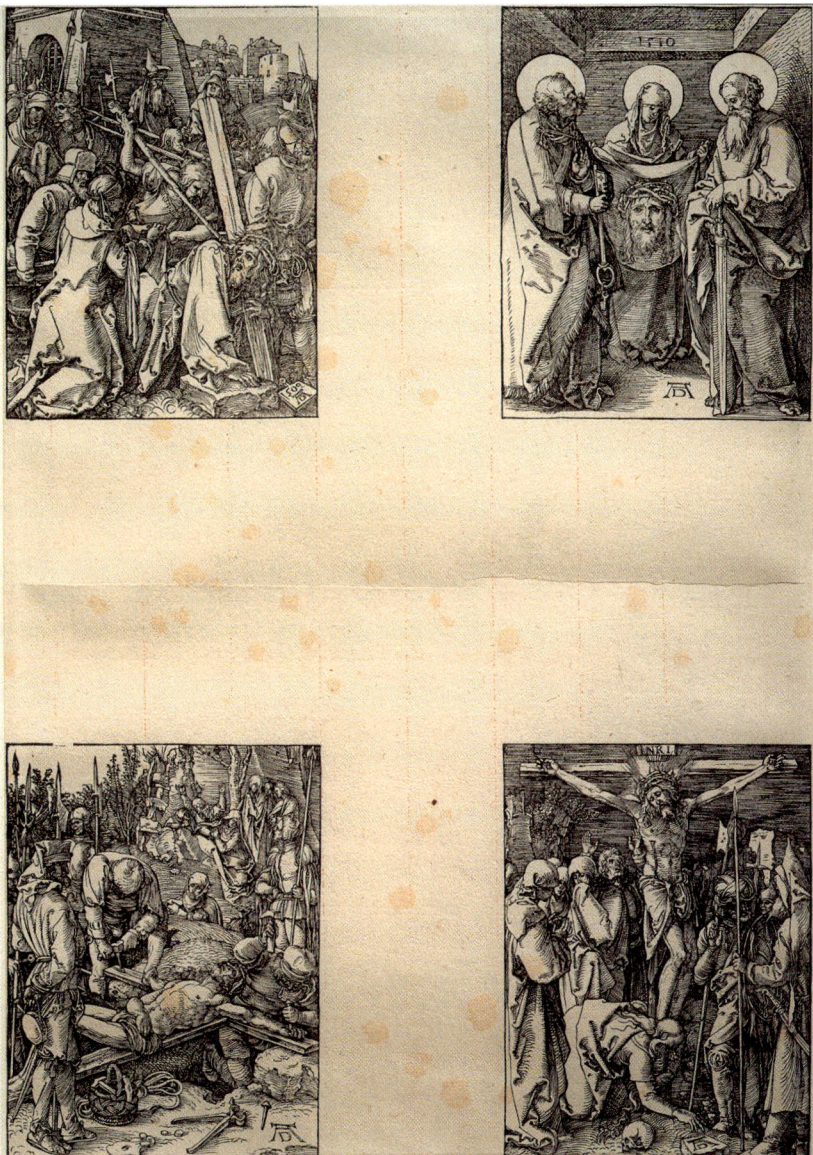

Bearing the Cross, Veronica, Nailing to the Cross, Crucifixion (sheet with four woodcuts from the *Small Passion*)

Le Portement de croix, Sainte Véronique entre saint Pierre et saint Paul, Jésus cloué sur la croix, La Crucifixion, extraits de *La Petite Passion sur bois*

Kreuztragung, Veronika, Kreuzannagelung, Kreuzigung (Bogen mit vier Holzschnitten aus der *Kleinen Passion*)

Llevando la cruz, La Verónica, Clavando a Cristo en la cruz, La crucifixión (página con cuatro xilografías de la *Pequeña Pasión*)

Cristo portacroce, Sudario della Veronica, Cristo inchiodato alla croce, Crocifissione (foglio con quattro xilografie della serie *Piccola Passione*)

De kruisdraging van Christus, Veronika, Christus wordt aan het kruis gespijkerd (Boog met vier houtsnedes uit de *Kleine Passie*)

c. 1510, Woodcut/Gravure sur bois, 35,2 × 25,2 cm, Rijksmuseum, Amsterdam

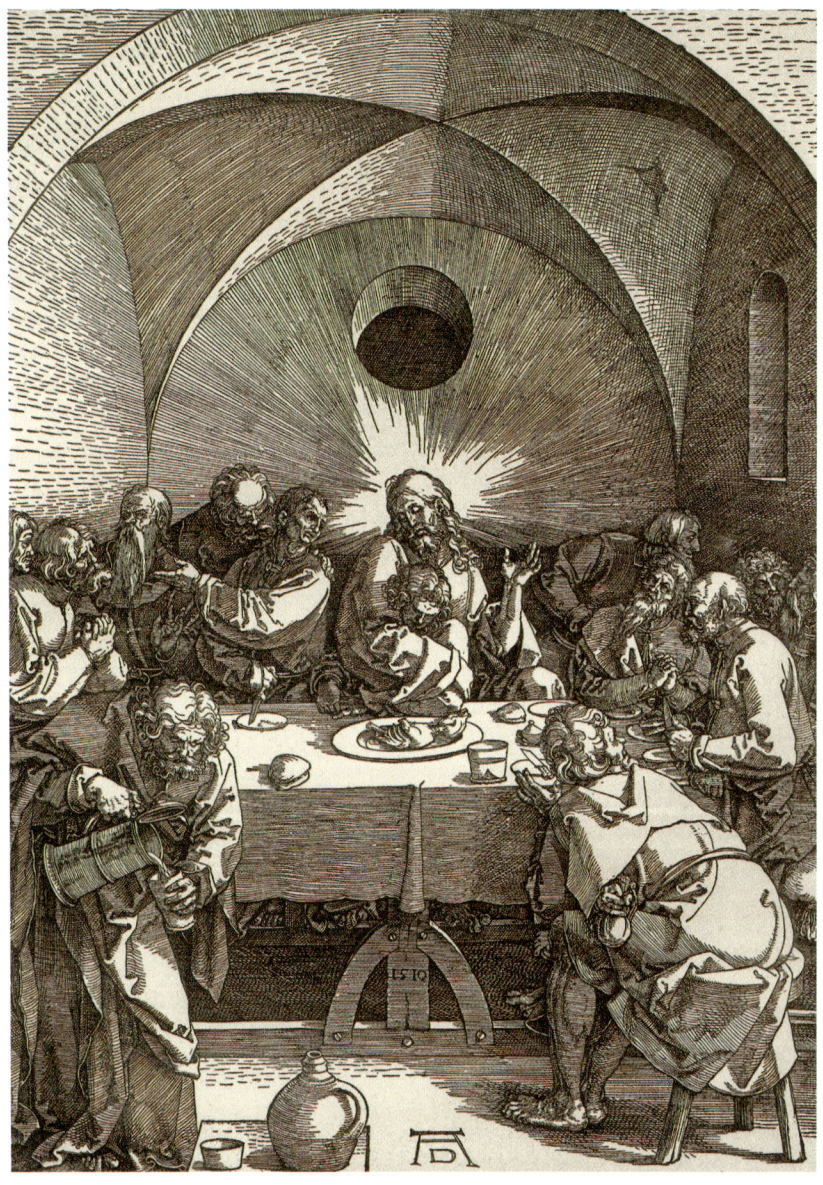

Last Supper 1st From the series:
Large Passion (published 1511)

La Dernière Cène, extrait de
La Grande Passion sur bois

Abendmahl. 1. Blatt aus der Folge:
Große Passion (erschienen 1511)

La última cena. 1. estampa de
la serie: *Gran Pasión* (1511)

Ultima Cena. 1. Foglio della serie*:*
Grande Passione (pubblicata nel 1511)

Het laatste avondmaal. 1e pamflet
uit de reeks *De Grote Passie*

*1510, Woodcut/Gravure sur bois,
39,5 × 28,4 cm, Rijksmuseum, Amsterdam*

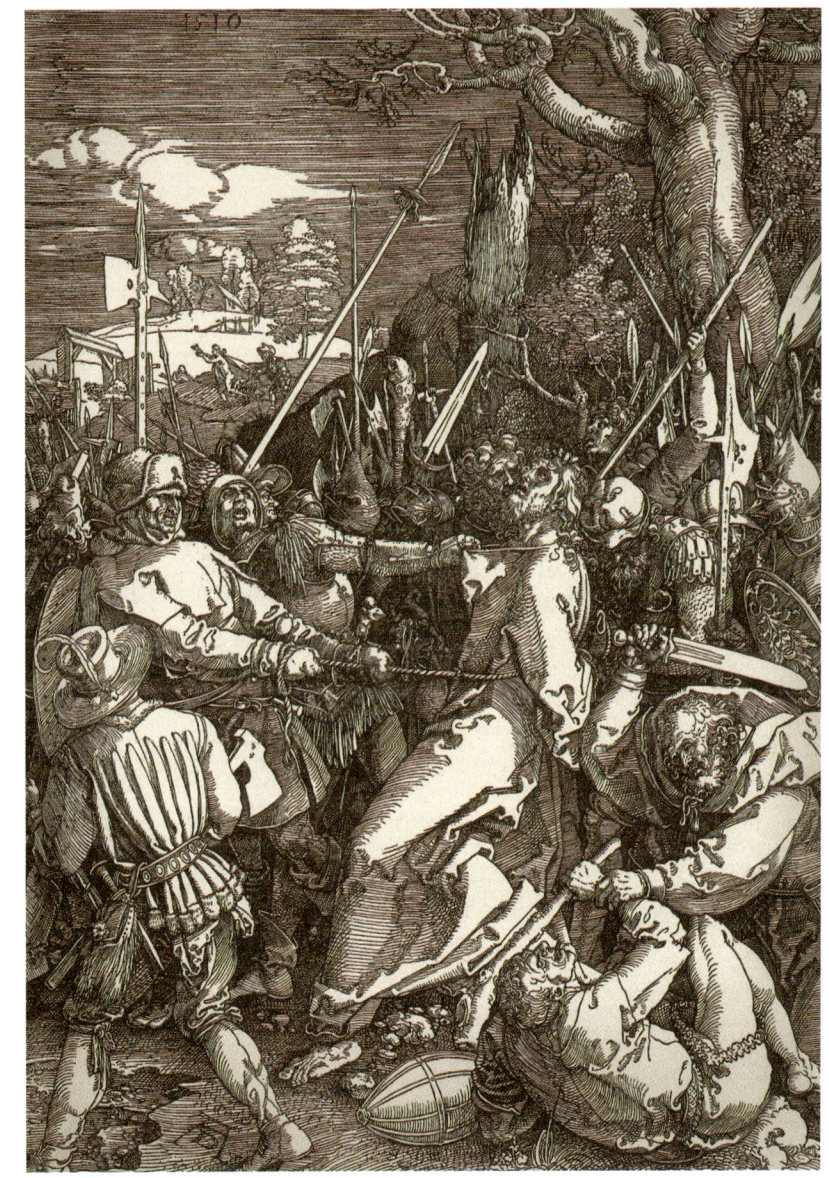

The Arrest of Christ 3rd From the series: *Large Passion* (published 1511)

L'Arrestation du Christ, extrait de *La Grande Passion sur bois*

Gefangennahme Christi. 3. Blatt aus der Folge: *Große Passion* (erschienen 1511)

El prendimiento de Cristo. 3. estampa de la serie: *Gran Pasión* (1511)

Cattura di Cristo. 3. Foglio della serie: *Grande Passione* (pubblicata nel 1511)

De gevangenzetting van Christus. 3e pamflet uit de reeks *De Grote Passie*

1510, Woodcut/Gravure sur bois, 39,4 × 28 cm, Rijksmuseum, Amsterdam

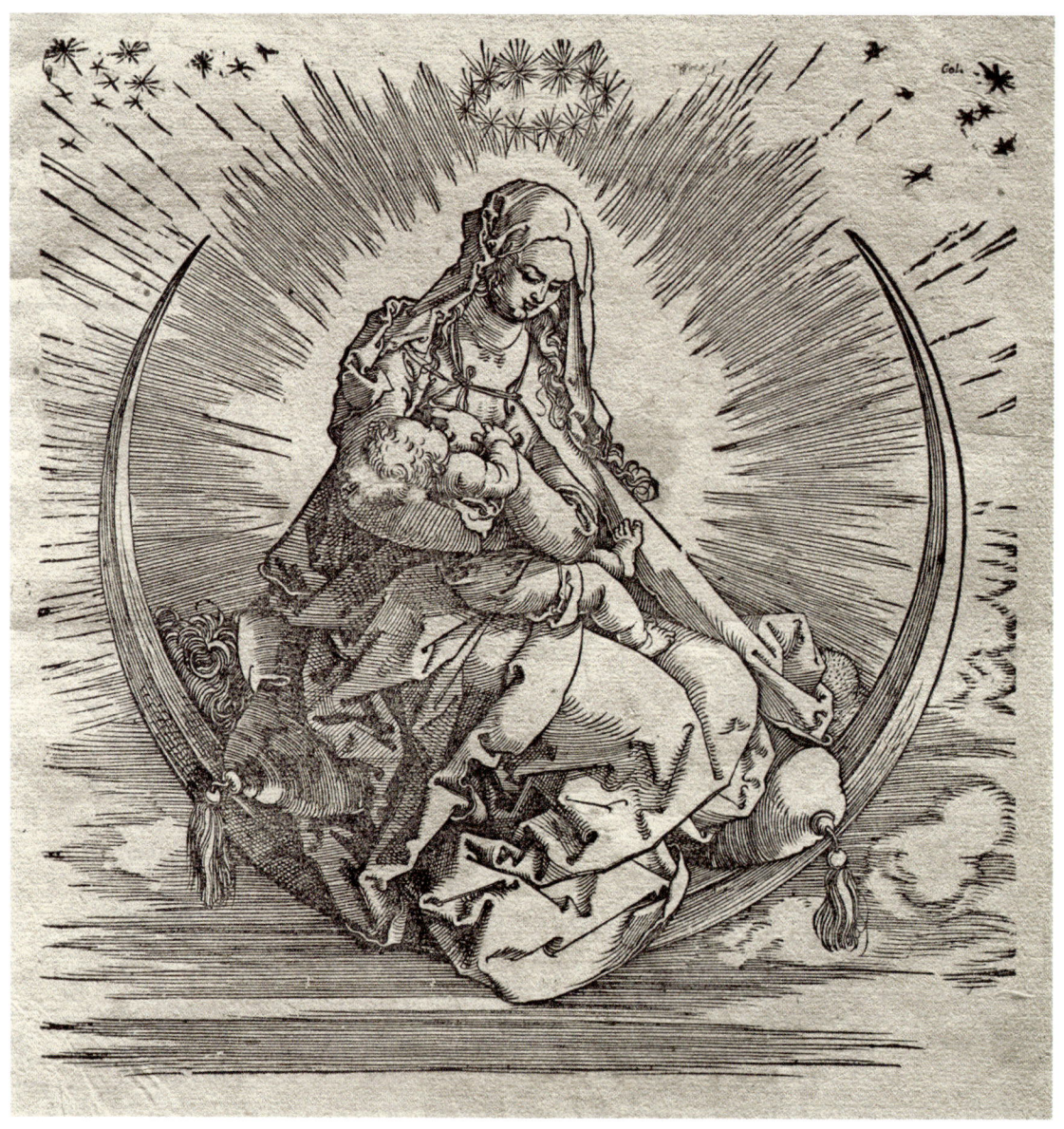

Mary on the Crescent Moon
Title page from the series:
The Life of the Virgin
(published 1511)

**La Vierge assise sur un
croissant de lune,** page de
titre de *La Vie de la Vierge*

Maria auf der Mondsichel.
Titelblatt aus der
Folge: *Das Marienleben*
(erschienen 1511)

La Virgen sobre la luna creciente.
Portada de la serie: *La vida de
la Virgen* (aparecida a 1511)

Maria sulla luna crescente.
Frontespizio della serie: *Vita della
Vergine* (pubblicata nel 1511)

Maria op de maansikkel.
Kaftillustratie uit de
reeks *Het leven van Maria*
(verschenen in 1511)

*c. 1511, Woodcut/Gravure sur bois,
20,5 × 19,5 cm*

Adoration of the Magi
L'Adoration des mages
Die Anbetung der Könige
La adoración de los Reyes Magos
Adorazione dei Magi
De aanbidding der koningen
*1511, Woodcut/Gravure sur bois,
21,9 × 21,8 cm*

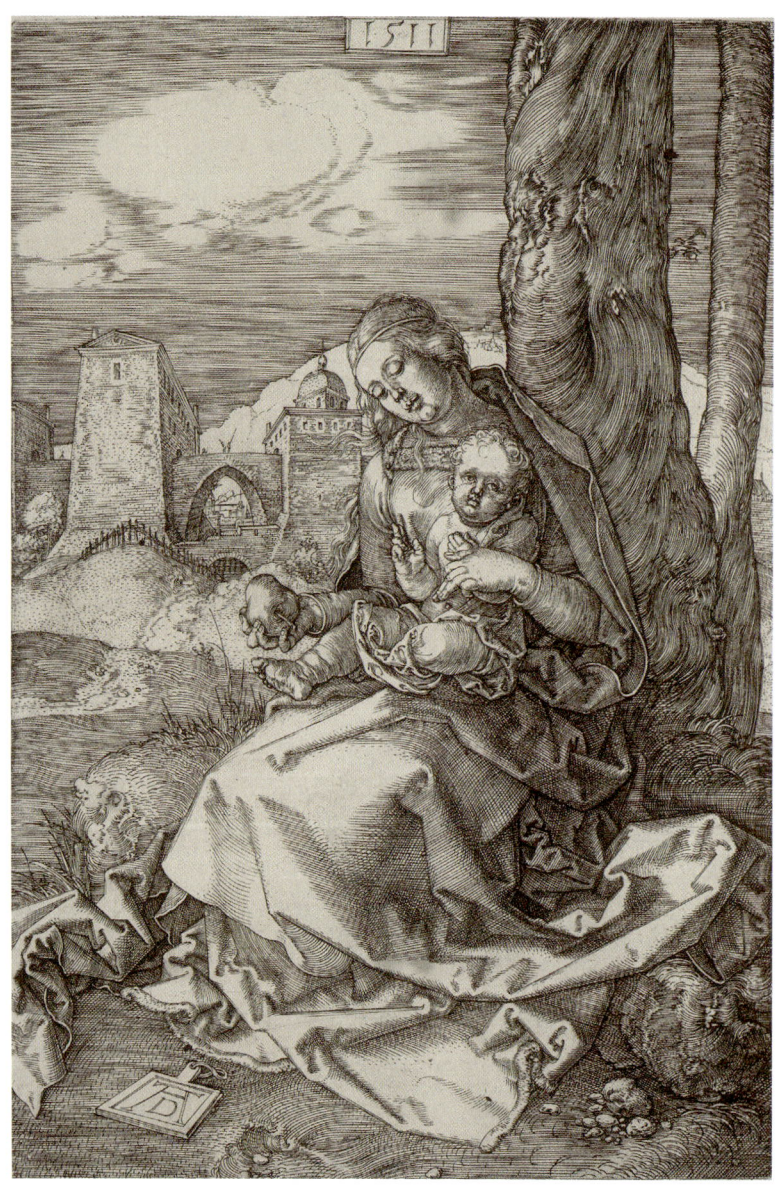

Madonna with the Pear

La Vierge à la poire

Maria mit der Birne

La Virgen de la pera

Vergine della pera

Maria met peer

1511, Woodcut/Gravure sur cuivre,
15,8 × 10,6 cm, Museo Civico, Pescia

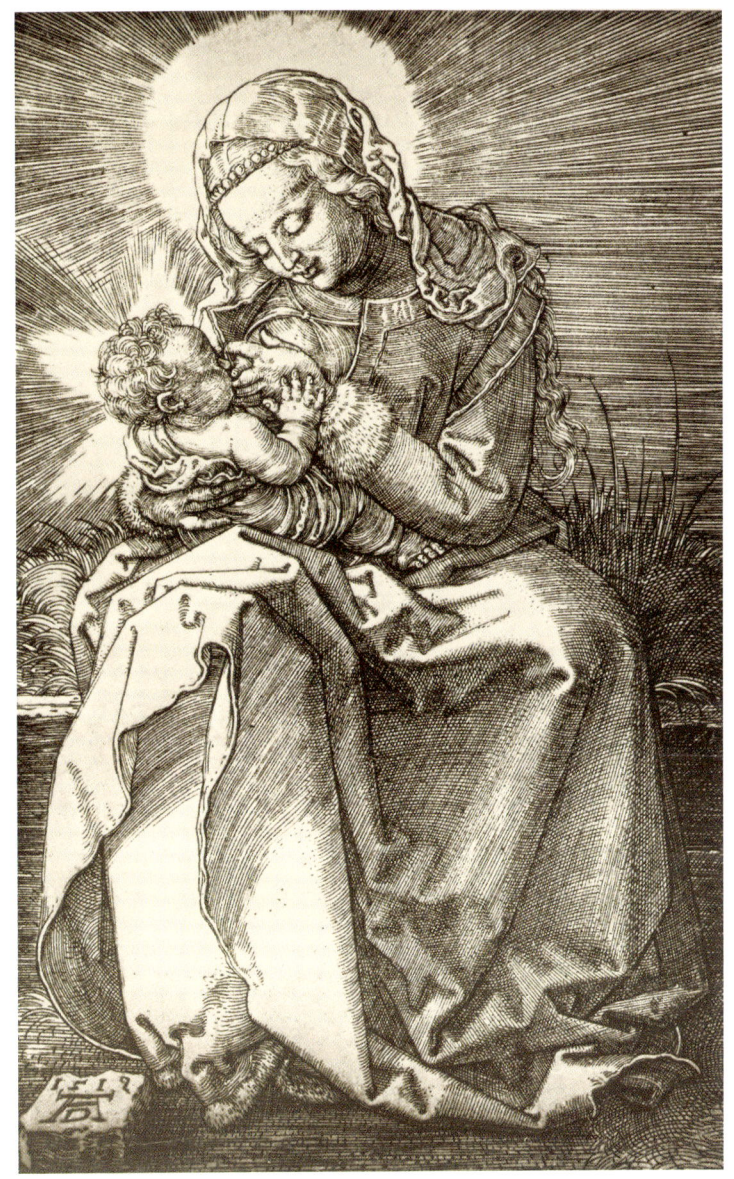

Mary Nursing the Child

La Vierge allaitant l'Enfant Jésus

Maria, das Kind stillend

María amamantando al niño

Maria che allatta il Bambino

Maria, haar kind voedend

*1519, Copperplate engraving/Gravure sur cuivre,
11,6 × 7,4 cm, Petit Palais, musée des Beaux-arts
de la Ville de Paris, Paris*

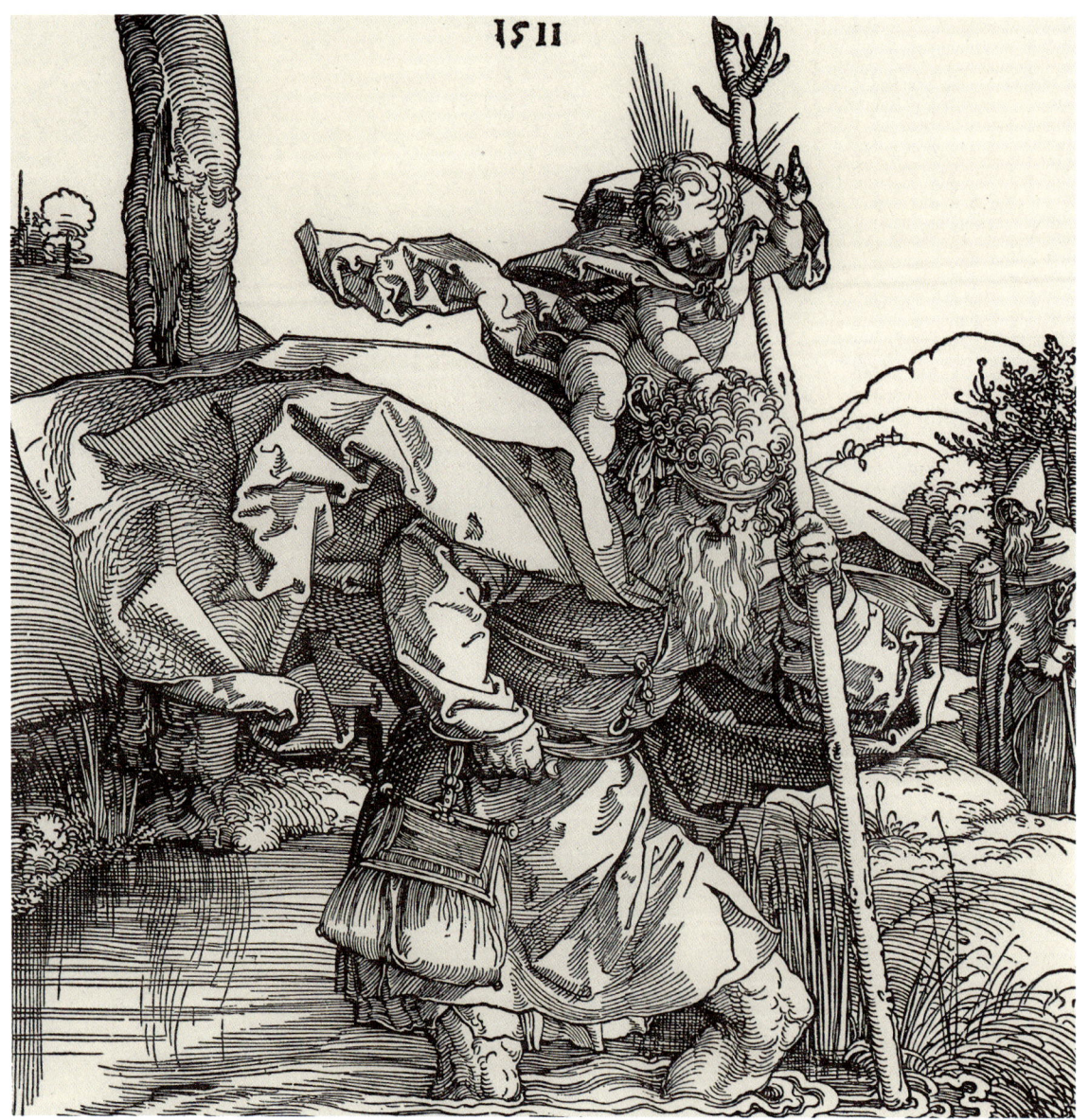

Saint Christopher

Saint Christophe traversant l'eau

Der hl. Christophorus

San Cristóforo

San Cristoforo

De heilige Christophorus

*1511, Woodcut/Gravure sur bois, 21 × 21 cm,
Petit Palais, musée des Beaux-arts de la
Ville de Paris, Paris*

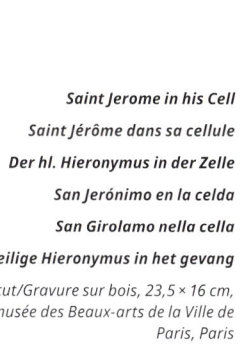

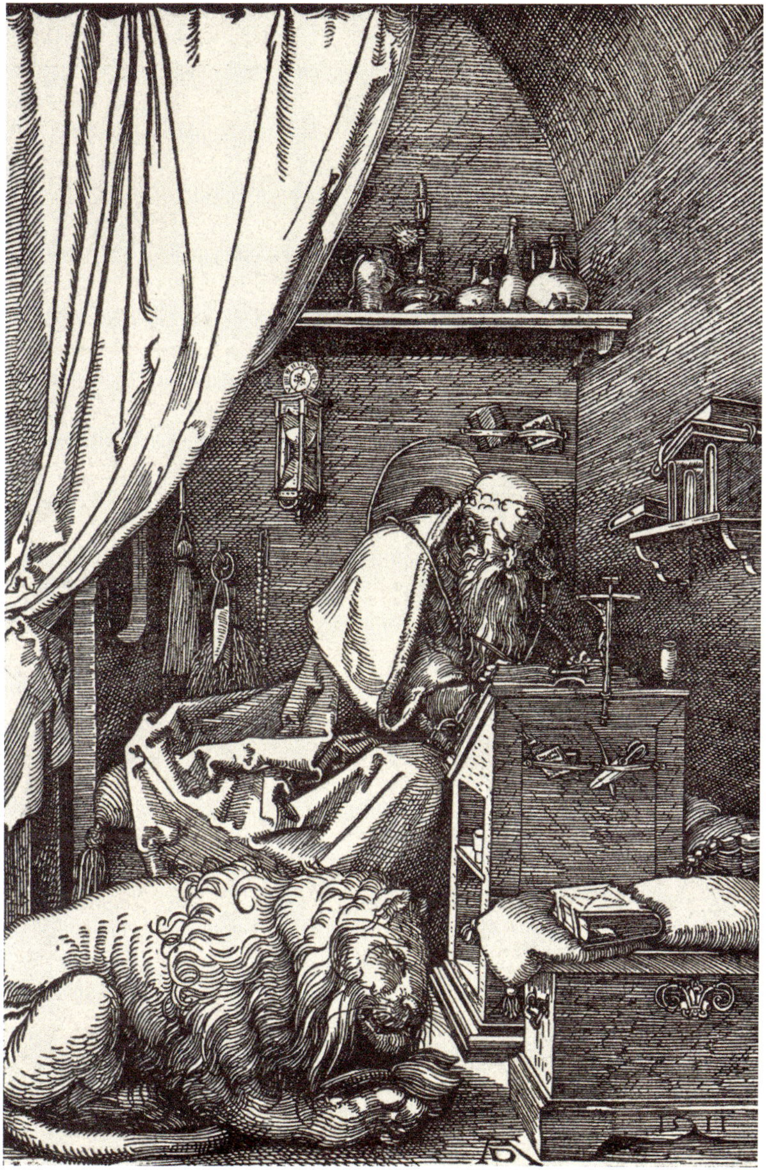

Saint Jerome in his Cell

Saint Jérôme dans sa cellule

Der hl. Hieronymus in der Zelle

San Jerónimo en la celda

San Girolamo nella cella

De heilige Hieronymus in het gevang

*1511, Woodcut/Gravure sur bois, 23,5 × 16 cm,
Petit Palais, musée des Beaux-arts de la Ville de
Paris, Paris*

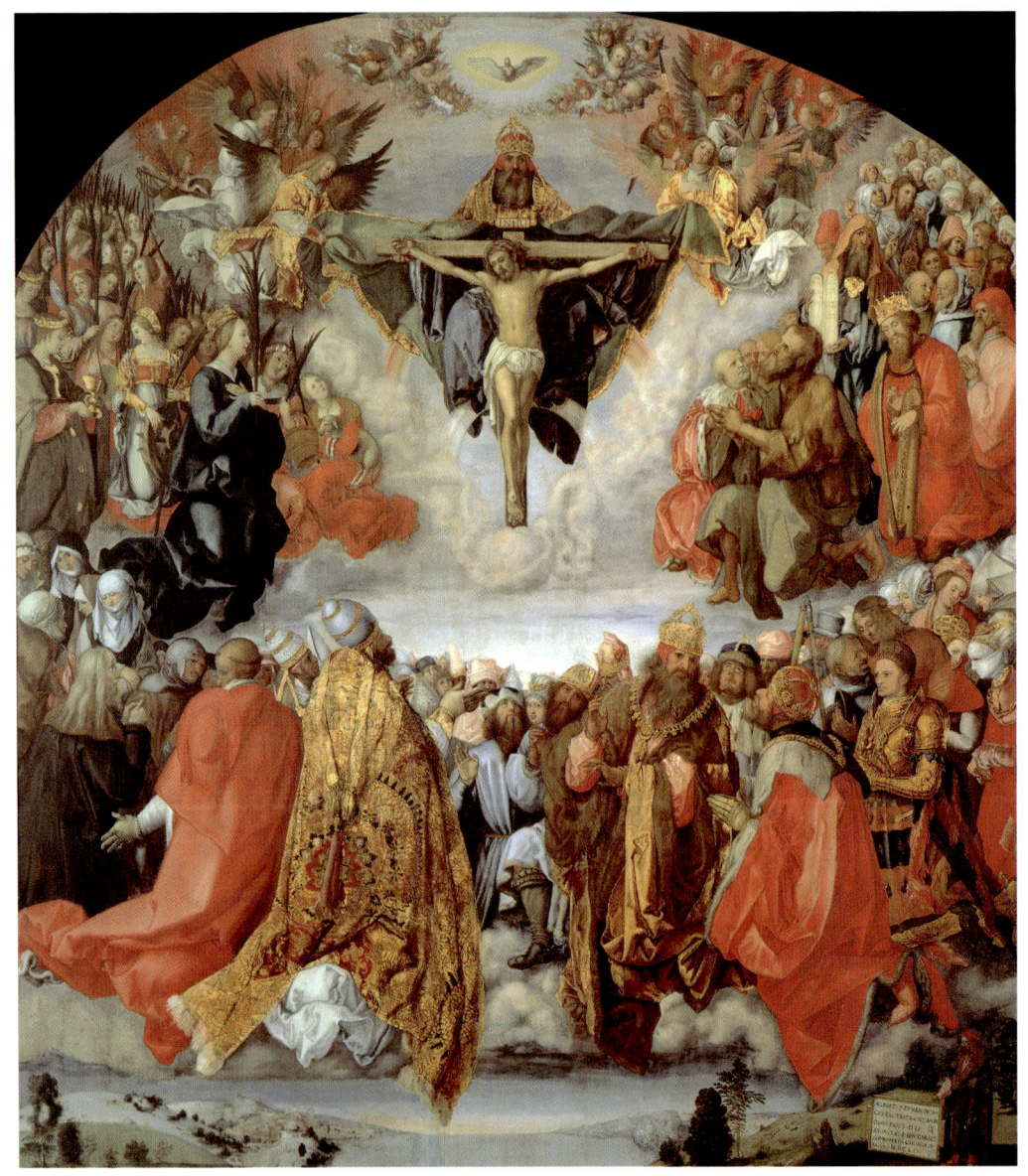

All Saints

Adoration de la Sainte Trinité
ou **Retable de Tous les Saints,**
dit aussi **Retable Landauer**

Das Allerheiligenbild

Retablo de todos los santos

**Adorazione della
Santissima Trinità**

Het allerheiligenbeeld

*1511, Oil on wood/Huile sur bois,
135 × 123 cm, Kunsthistorisches
Museum, Wien*

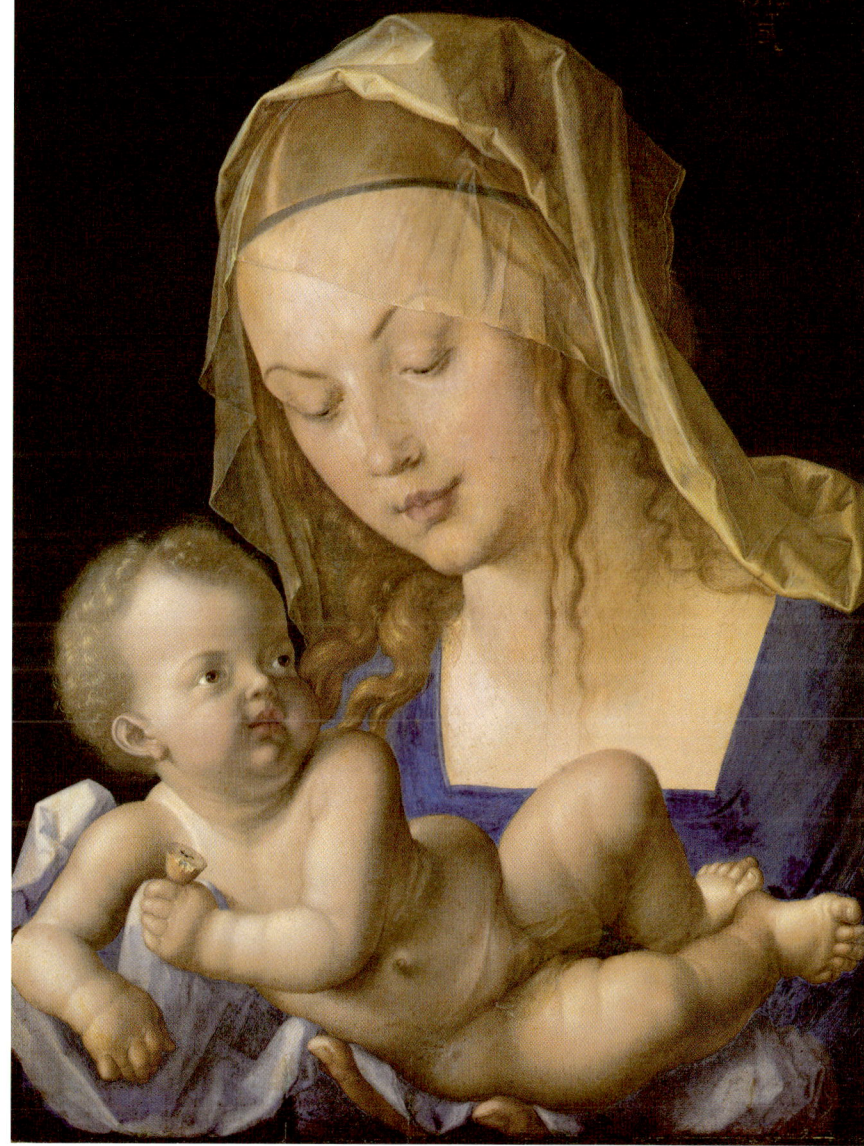

Madonna with Child

La Vierge et l'Enfant

Maria mit dem Kind

Virgen con el niño

Maria col Bambino

Maria met haar kind

*1512, Oil on wood/Huile sur bois,
49 × 37 cm, Kunsthistorisches
Museum, Wien*

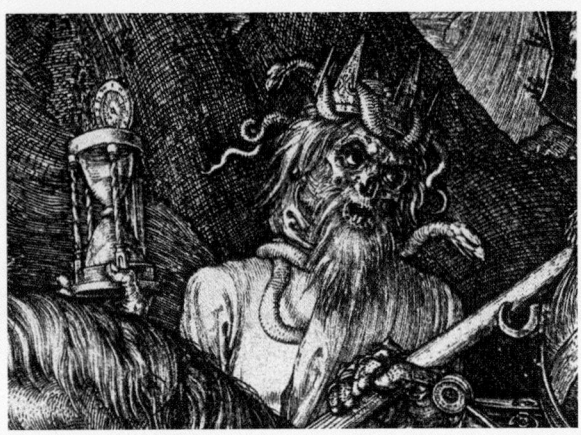

The so-called three master engravings of 1513/14 are connected by their artistic brilliance, temporal proximity, the theme of death and mortality, and their lasting popularity. A knight drawn in perfect proportion rides stubbornly past the Devil and Death, who warn of the transience of life, holding an hourglass. Even Saint Jerome, seemingly bathed in the light of heaven, is surrounded by symbols of transience and warns us of the constant presence of death. The meaning of Melancholy I remains a mystery to this day. It was probably in response to the death of Dürer's mother in 1514, whom Dürer had drawn in charcoal not long before. A massive female figure sits in the middle of this picture, almost paralyzed and surrounded with carelessly scattered scientific instruments and tools.

Les trois œuvres maîtresses de 1513 et 1514 partagent plusieurs points communs, notamment leur virtuosité, leur proximité dans le temps, la prépondérance du thème de la mort et de la fuite du temps, ou encore la célébrité dont elles jouissent aujourd'hui encore. Un cavalier représenté avec des proportions parfaites passe résolument devant le Diable et la Mort, qui brandit un sablier symbolisant combien la vie est éphémère. Saint Jérôme, représenté avec son auréole, est lui aussi entouré de symboles de vanité et confronté à la présence permanente de la Mort. La signification de Melencolia I ou La Mélancolie, reste en revanche toujours mystérieuse. On peut penser que c'est une réaction à la mort de sa mère, en 1514, dont il avait d'ailleurs fait un portrait au fusain peu avant. Un personnage féminin au corps imposant est assis, comme pétrifié, au beau milieu d'instruments scientifiques et d'outils disséminés au hasard.

Die so genannten drei Meisterstiche von 1513/14 sind verbunden durch künstlerische Brillanz, zeitliche Nähe, das Thema von Tod und Vergänglichkeit und eine bis heute andauernde Popularität. Ein in vollendeter Proportion gezeichneter Ritter reitet stur an Teufel und Tod vorbei, der, an die Vergänglichkeit gemahnend, eine Sanduhr in die Höhe hält. Auch der in einer Lichtgloriole erscheinende Heilige Hieronymus ist von Vanitas-Symbolen umgeben und gemahnt an die ständige Präsenz des Todes. Die Bedeutung der „Melencolia I.", der Trauer und Schwermut, bleibt dagegen bis heute rätselhaft. Vermutlich gab der Tod der Mutter 1514, die Dürer erst kurz vorher in einer Kohlezeichnung porträtiert hatte, den Anstoß. Wie gelähmt sitzt in diesem Bild eine massige weibliche Gestalt inmitten achtlos verstreuter wissenschaftlicher Instrumente und handwerklicher Gerätschaften.

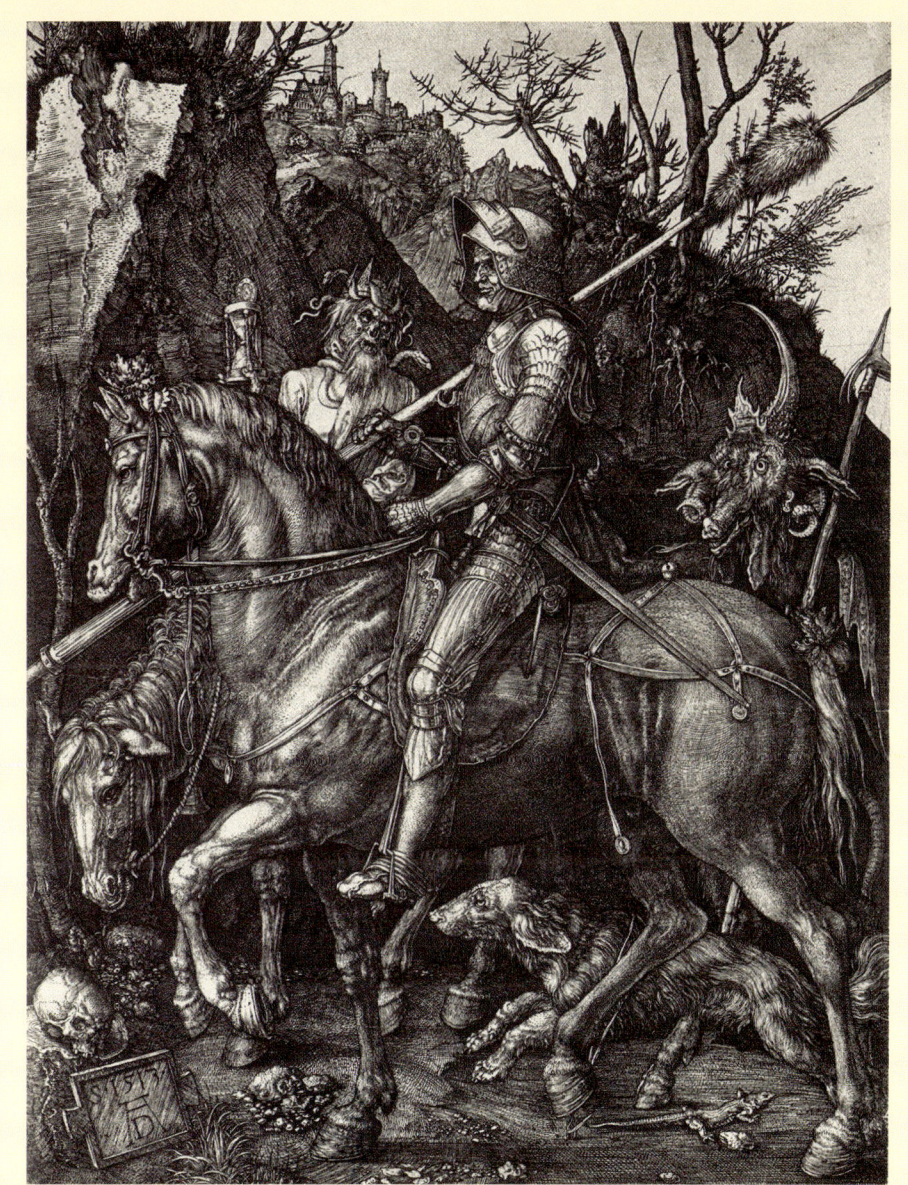

Knight, Death, and the Devil

*Le Chevalier, la Mort
et le Diable*

Ritter, Tod und Teufel

Caballero, muerte y Demonio

Il cavaliere, la morte e il diavolo

Ridders, dood en duivel

*1513, Copperplate engraving/
Gravure sur cuivre, 24,6 × 19 cm,
Kupferstichkabinett, Berlin*

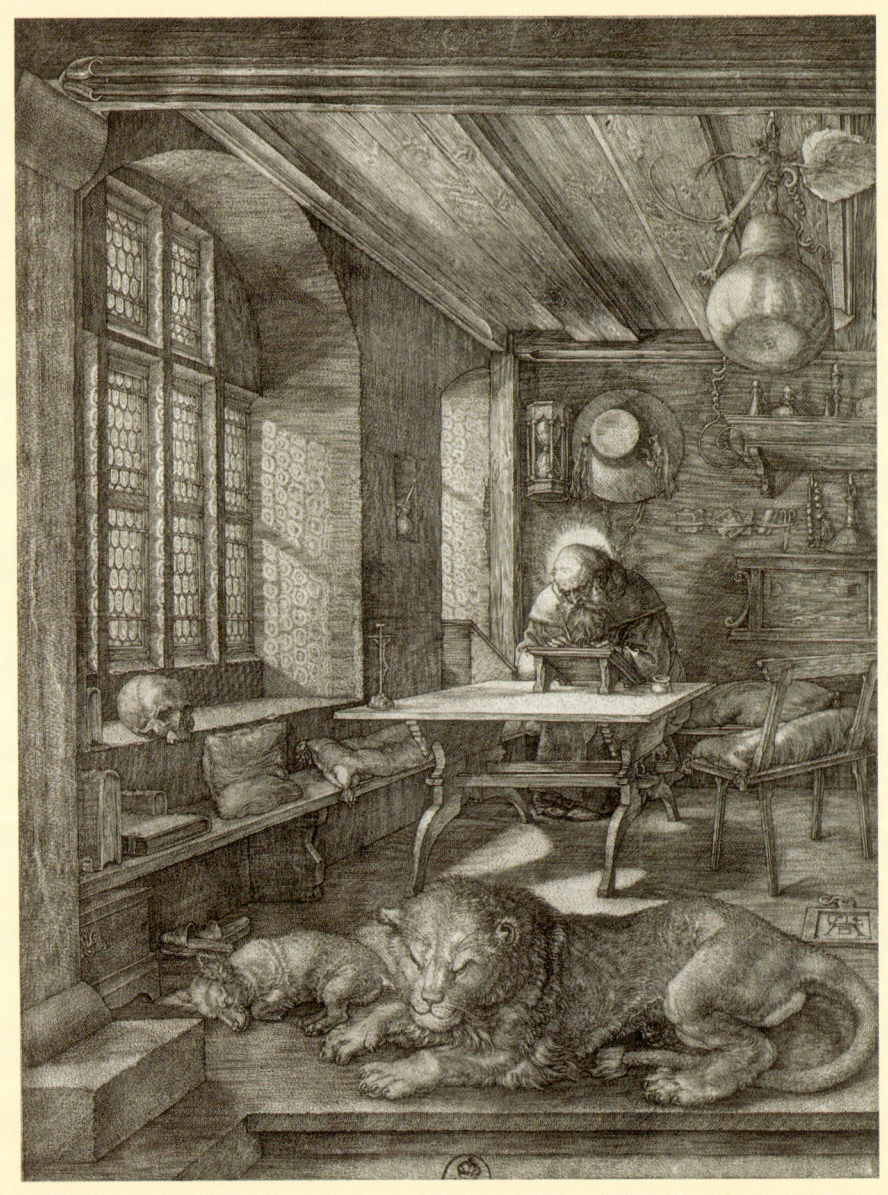

Saint Jerome in his Room

Saint Jérôme dans sa cellule

Der hl. Hieronymus im Gehäus

San Jerónimo en su gabinete

San Girolamo nella cella

*De heilige Hieronymus
in zijn studeerkamer*

*1514, Copperplate engraving/
Gravure sur cuivre, 24,7 × 18,8 cm,
Kupferstichkabinett, Berlin*

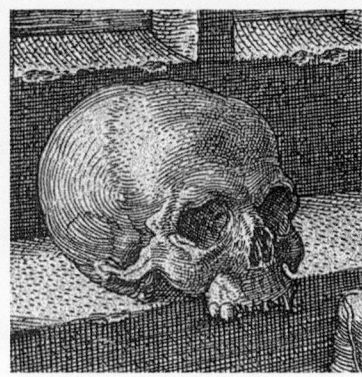 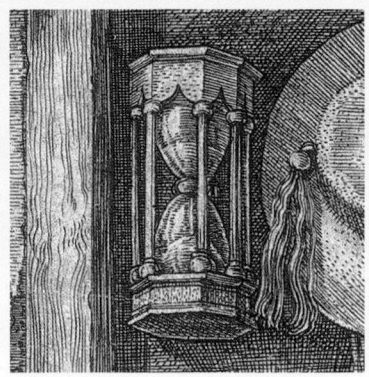 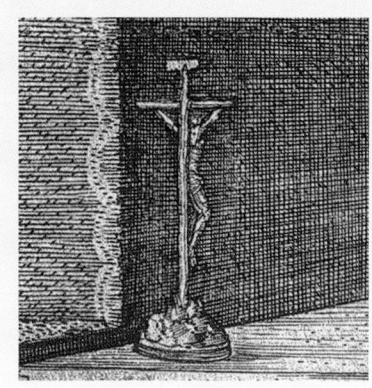

Sus llamados Meisterstiche *(Grabados maestros) de 1513/14 están unidos por su brillantez artística, cercanía temporal, su tema de muerte y pasado y su popularidad, extensible hasta hoy día. Un caballero, representado en su totalidad, cabalga de manera tenaz al lado al diablo y la muerte, quien sostiene un reloj de arena en alto, para recordarle la transitoriedad de lo terrenal. También San Jerónimo, con brillante mandorla, está rodeado de símbolos de la Vanidad y recordado de la constante presencia de la muerte. El significado de Melencolia I, tristeza y melancolía, sigue siendo un enigma a día de hoy. Probablemente la muerte de su madre en 1514, que Durero había retratado justo antes en un dibujo a carboncillo, constituyó el impulso detrás de esta. Casi paralizada, una enorme figura femenina aparece sentada en el centro de esta imagen rodeada de insrumentos científicos y herramientas esparcidas sin orden ni concierto.*

Le tre celebri incisioni del 1513/14, dette Meisterstiche, *sono legate dallo splendore artistico, dalla vicinanza temporale, dal motivo della morte e della mortalità e dalla loro popolarità, immutata sino ad oggi. Un cavaliere dalle perfette proporzioni avanza impavido oltre il diavolo e la morte, che tiene in mano una clessidra per ricordargli la transitorietà della sua vita. Anche San Girolamo, sebbene avvolto dalla luce, è circondato da simboli della vanitas, che alludono alla costante presenza della morte. Il significato dell'incisione* Melencolia I, *letteralmente "tristezza" e "malinconia", rimane invece tutt'oggi un mistero. Probabilmente l'episodio all'origine dell'opera è la morte, nel 1514, della madre di Dürer, che l'artista aveva ritratto poco prima in un disegno a carboncino. L'incisione ritrae una grande figura femminile seduta con aria pensosa circondata da strumenti scientifici e attrezzature artigianali sparsi distrattamente nella stanza.*

De zogenaamde drie meestergravures van 1513/14 refereren aan elkaar door artistieke splendeur, chronologische proximiteit, het thema van dood en vergankelijkheid en een tot heden voortdurende populariteit. Een in volmaakte proporties getekende ridder galoppeert ongenaakbaar langs dood en duivel, de dood houdt – symbool voor vergankelijkheid – een zandloper omhoog. Ook de in een aureool van licht verschijnende heilige Hieronymus is omgeven door Vanitas-symbolen en herinnert aan de voortdurende aanwezigheid van de dood. De betekenis van het beeld Melencolia I., *omtrent treurnis en zwaarmoedigheid, blijft darentegen raadselachtig tot vandaag de dag. Vermoedelijk was de dood van zijn moeder in 1514 de aanleiding. Dürer had haar nog kort daarvoor in een houtskooltekening geportretteerd. Als verlamd zit in dit beeld een zwaarlijvige vrouwelijke gedaante inmidden van achteloos rondslingerende wetenschappelijke instrumenten en ambachtelijk gereedschap.*

211

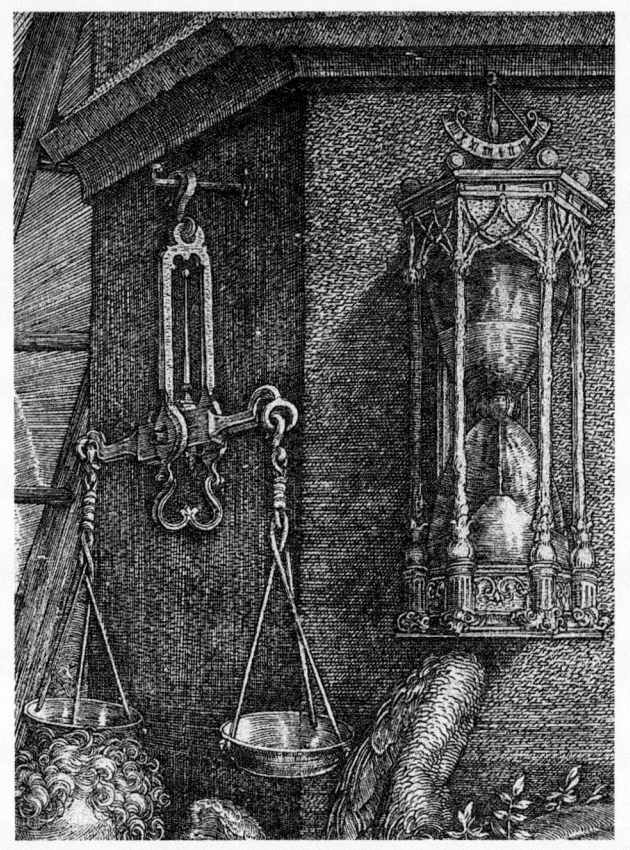

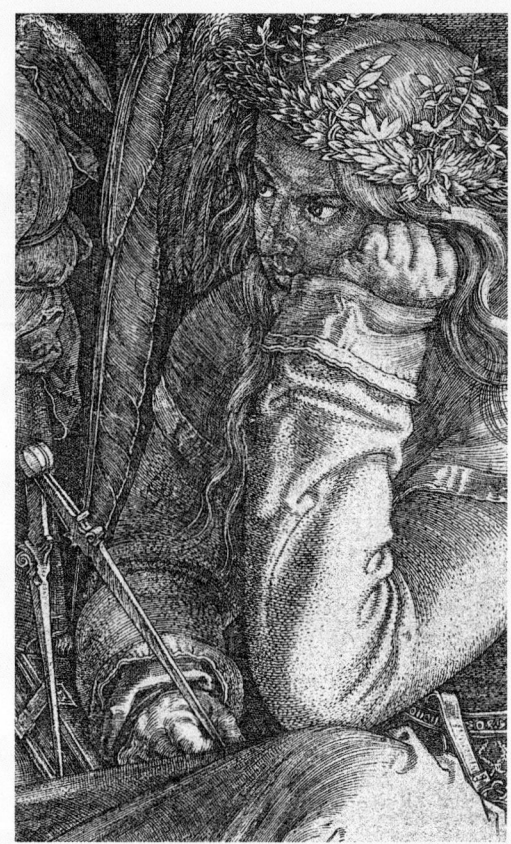

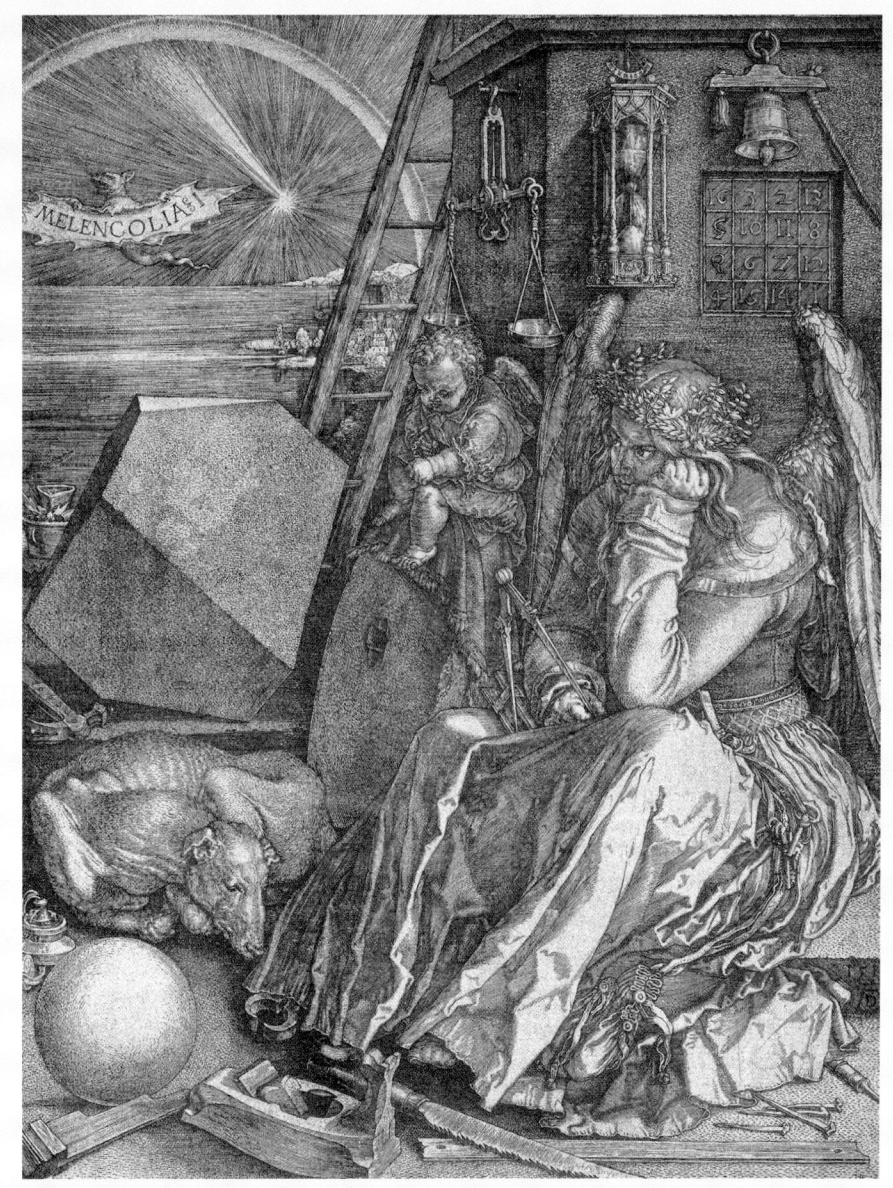

Melancholy I
Melencolia I
Melencolia I. (Die Melancholie)
Melencolia I. (La melancolía)
Melencolia I (La Malinconia)
Melencolia I (de melancholie)

1514, Copperplate engraving/
Gravure sur cuivre, 23,8 × 18,6 cm,
Kupferstichkabinett, Berlin

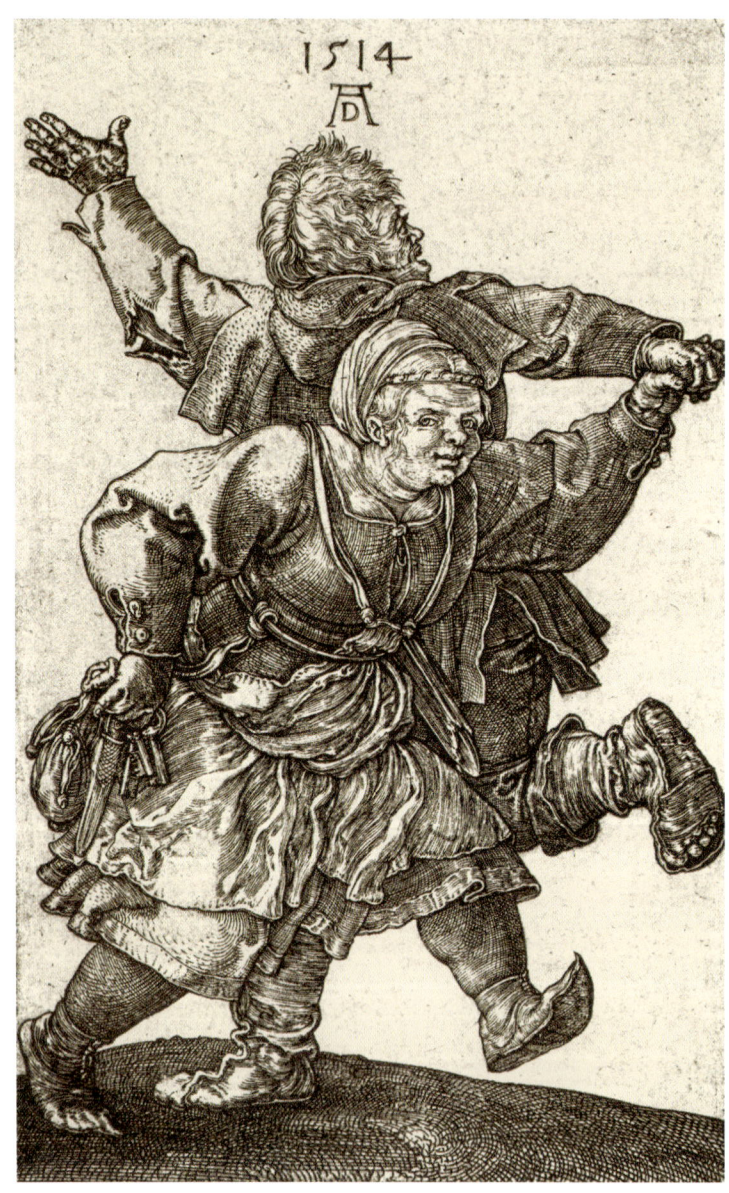

Dancing Peasant Couple

Couple de paysans dansant

Tanzendes Bauernpaar

Campesinos bailando

Coppia di contadini che balla

Dansend boerenstel

1514, Copperplate engraving/Gravure sur cuivre, 11,8 × 7,5 cm, Petit Palais, musée des Beaux-arts de la Ville de Paris, Paris

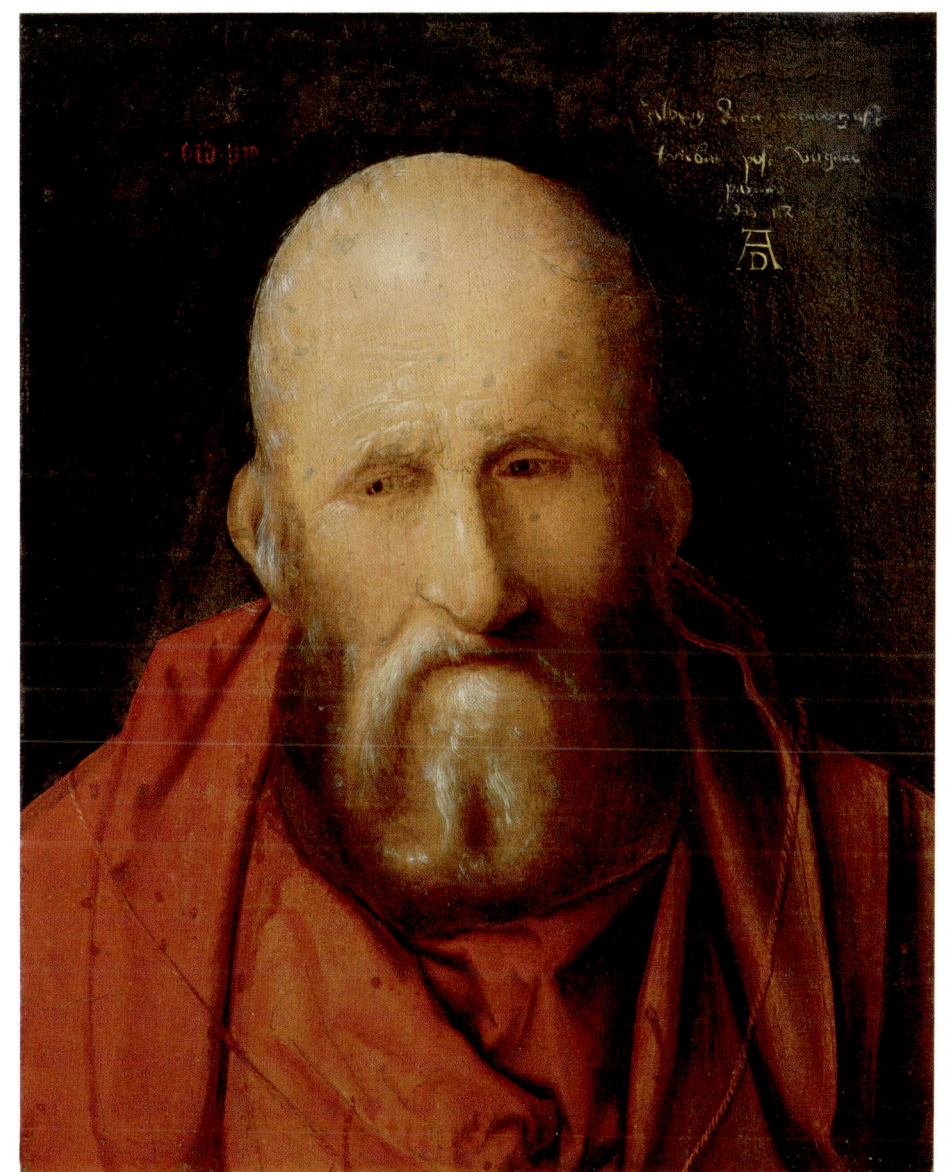

Saint Jerome
Saint Jérôme
Der hl. Hieronymus
San Jerónimo
San Geronimo
De heilige Hieronymus

1514, Oil on wood/Huile sur bois, 33,2 × 25,6 cm, Pinacoteca Nazionale, Siena

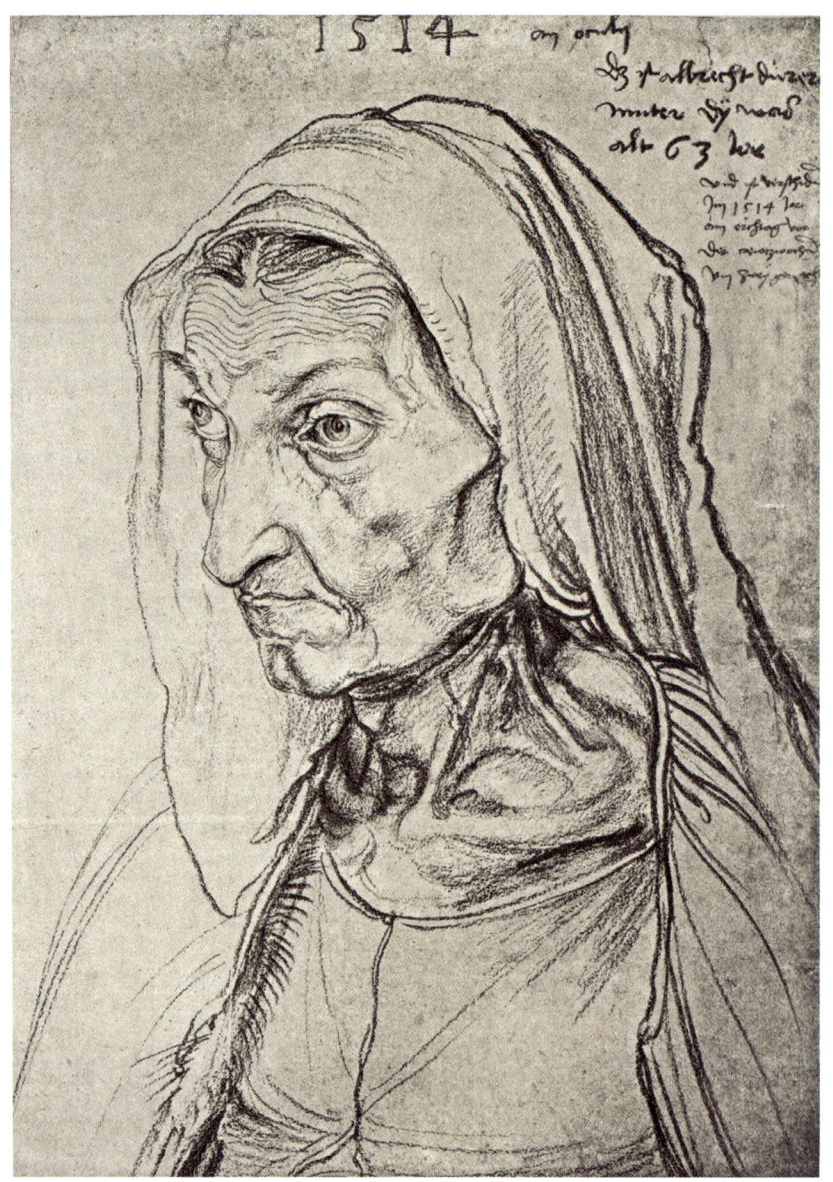

Dürer's Mother (*Barbara Dürer*, née Holper)

Portrait de Barbara Dürer

Dürers Mutter (*Barbara Dürer*, geb. Holper)

La madre de Durero

Ritratto della madre anziana

Dürers moeder (*Barbara Dürer*, meisjesnaam Holper)

1514, Charcoal drawing/Fusain, 42,1 × 30,3 cm, Kupferstichkabinett, Berlin

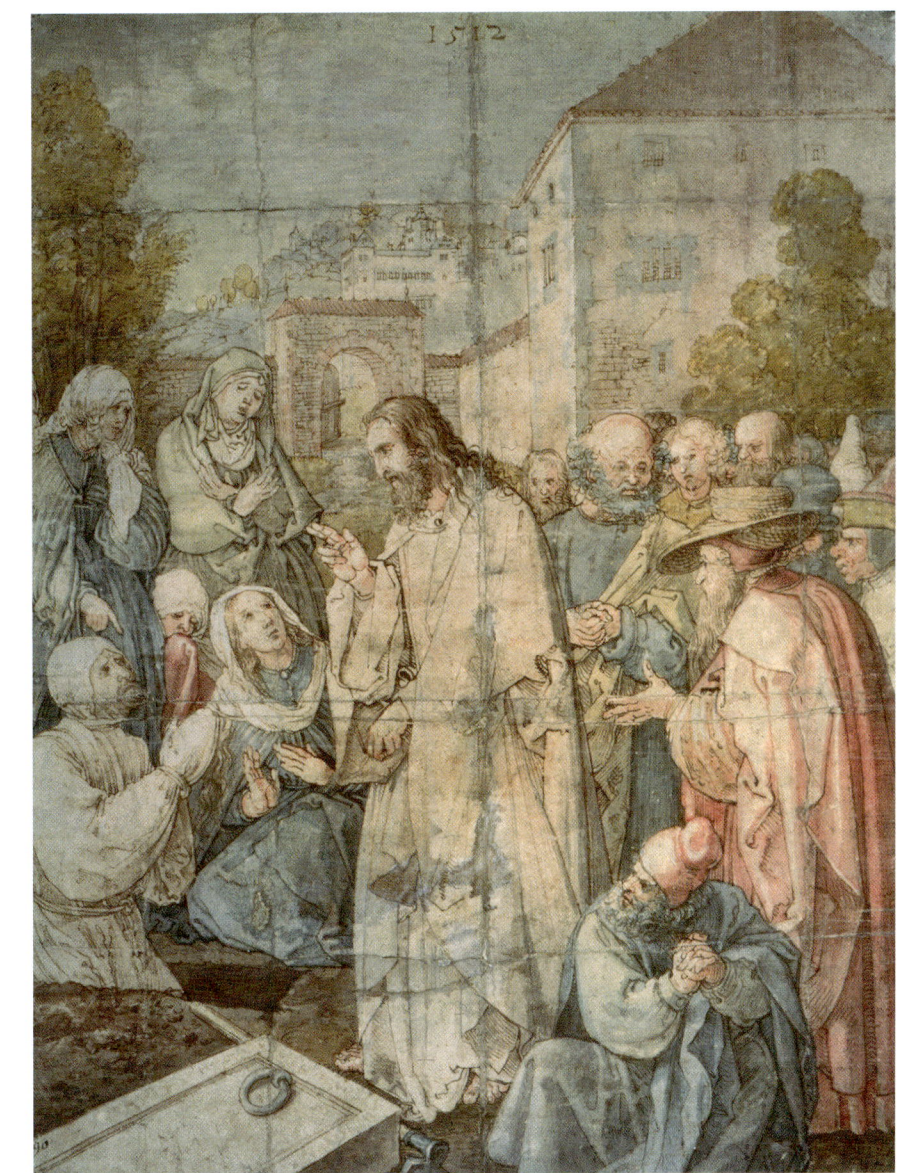

The Raising of Lazarus
La Résurrection de Lazare
Die Auferweckung des Lazarus
La resurrección de Lázaro
La resurrezione di Lazzaro
De opstanding van Lazarus

1512, Pen drawing, watercolor/
Plume et aquarelle, 28,6 × 22 cm,
Pushkin Museum, Moscow

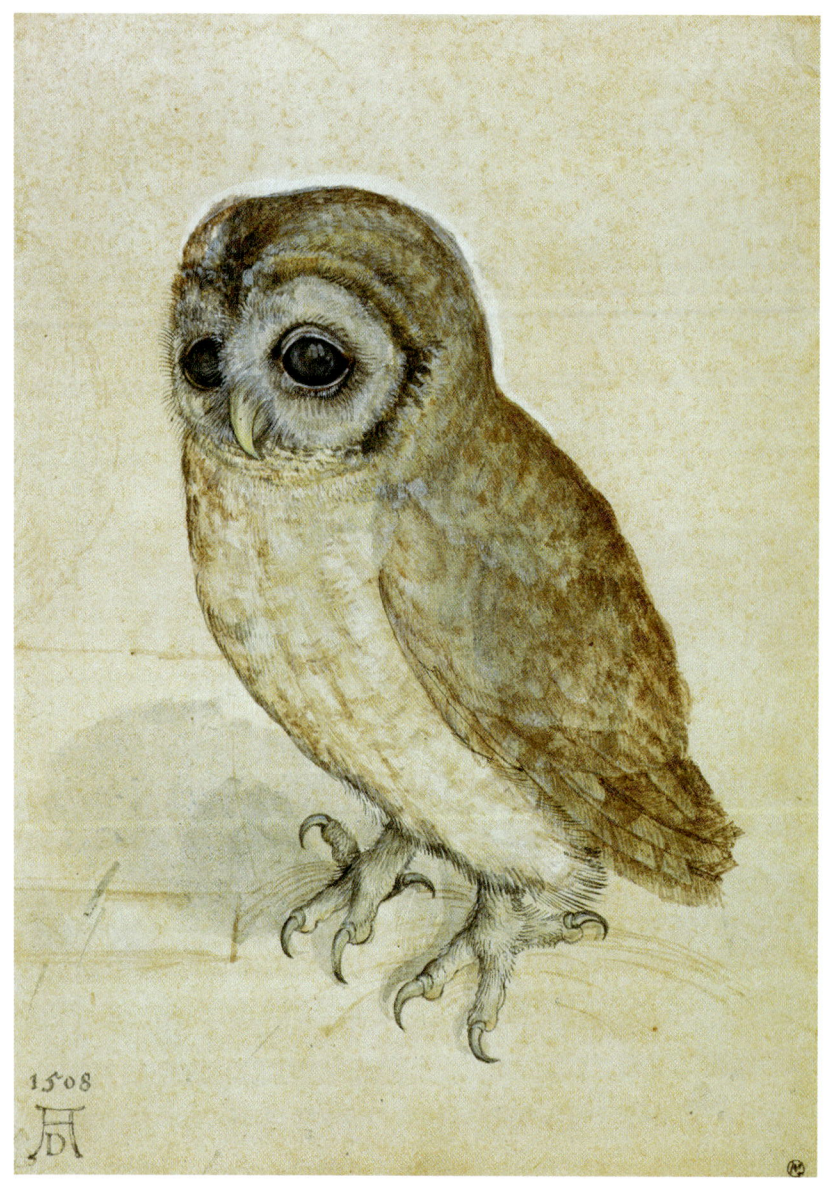

Screech Owl

Un petit hibou

Käuzchen

Búho

Gufetto

Uil

1502 or/ou 1508, Watercolors, pen and brush on paper/Aquarelle, gouache, plume et pinceau, 19,2 × 14 cm, Albertina, Wien

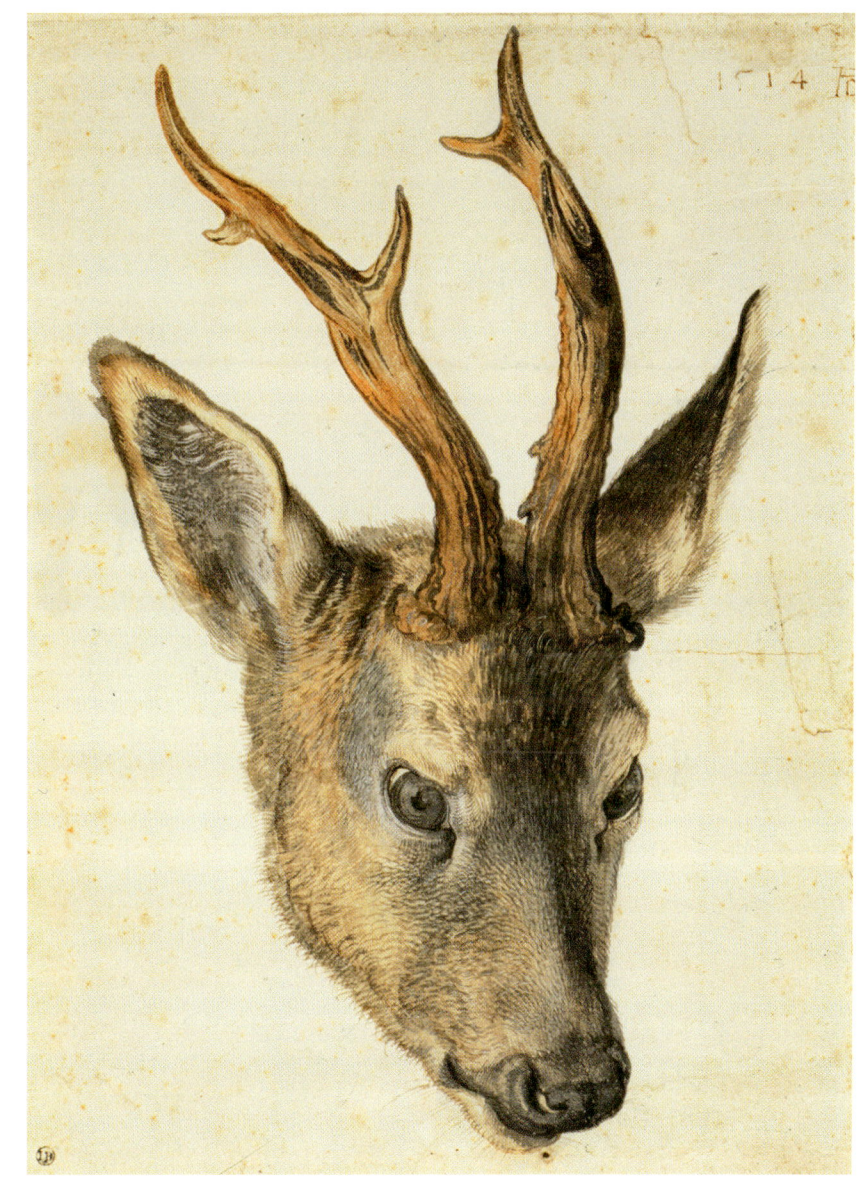

Head of a Roebuck

Tête de chevreuil

Kopf eines Rehbocks

Cabeza de carnero

Testa di un capriolo

Kop van een reebok

1502/03 or/ou 1514, Brush drawing in
watercolors/Aquarelle, 22,8 × 16,6 cm,
Musée Bonnat-Helleu, Bayonne

In the Service of the Greats

By this point in his career, Dürer enjoyed considerable prominence, and his long list of clients and patrons containing many of the rich and powerful of Europe. It was especially his services for Emperor Maximilian I. that gave Dürer's career a new direction. In 1512, the ambitious monarch and patron and the perfectionist artist met for the first time. Maximilian had long recognized the propaganda effects of woodcuts as a mass medium and asked Dürer to work on the great cycle *The Triumphal*

Au service des grands de son temps

Dürer a acquis une grande notoriété. La liste de ses donneurs d'ouvrage et de ses mécènes est longue et comprend la plupart des puissants d'Europe. Ce sont surtout ses travaux pour l'empereur Maximilien Iᵉʳ qui donnent à sa carrière un nouveau tournant. C'est en 1512 que se rencontrent pour la première fois le prince et mécène gonflé d'ambition et l'artiste si perfectionniste. Maximilien a pris conscience depuis longtemps du potentiel de la gravure sur bois comme moyen de diffusion

Im Dienste der Großen der Zeit

Dürer genießt inzwischen eine große Prominenz, die Liste seiner Auftraggeber und Gönner ist lang und umfasst die Mächtigen Europas. Vor allem seine Dienste für Kaiser Maximilian I. geben Dürers Karriere eine neue Richtung. 1512 treffen der ehrgeizige Monarch und Mäzen und der perfektionistische Künstler das erste Mal zusammen. Maximilian hat die Propagandawirkung des Massenmediums Holzschnitt längst erkannt und beteiligt Dürer an dem gigantischen Zyklus *Die Ehrenpforte*

Al servicio de los grandes de la época

Durero disfruta en este momento de una gran fama, y la lista de sus mecenas y clientes incluye a los más poderosos de Europa. Sus trabajos para el Emperador Maximiliano I en concreto dan a su carrera una nueva dirección. En 1512 el detallista pintor conoce por primera vez al ambicioso monarca y mecenas. Maximiliano ha reconocido hace ya mucho el poder propagandístico del medio de la xilografía, y encarga a Durero el enorme ciclo *El Arco de Triunfo de Maximiliano I* y partes del *Gran carro*

Al servizio dei grandi del tempo

La notorietà di Dürer lo porta ad avere un lungo elenco di clienti e committenti, tra cui figurano i potenti d'Europa. Soprattutto grazie alle opere confezionate per l'imperatore Massimiliano I, la carriera di Dürer prende una nuova direzione. Nel 1512 si incontrano per la prima volta il perfezionista artista e l'ambizioso monarca e mecenate. Massimiliano è da tempo cosciente del potere propagandistico della xilografia e collabora con Dürer al grande ciclo

In dienst van de Groten des tijds

Dürer geniet inmiddels een grote bekendheid, de lijst van zijn opdrachtgevers en begunstigers is lang en omvat de invloedrijksten van Europa. Met name zijn diensten voor keizer Maximillian I betekenen een nieuwe richting voor Dürers carrière. In 1512 ontmoeten de ambitieuze monarch en mecenas, en de perfectionistische artiest elkaar voor het eerst. Maximillian heeft het propagandistische effect van het massamedium houtsnede allang beseft, en laat Dürer deelnemen aan

Arch of Maximilian I. and on parts of the *Great Chariot*. Although Dürer did not become the official court painter, the emperor rewarded him for his work with a handsome annual salary.

King Christian of Denmark, King Ferdinand of Bohemia, various dukes, cardinals, and bishops, as well rich merchants like the Fugger, Haller, and Kress families all commissioned portraits or altarpieces from Dürer.

à des fins de propagande, et sollicite Dürer pour participer à une gravure gigantesque, *L'Arc de triomphe de Maximilien I*ᵉʳ, et à certaines parties du *Grand Char Triomphal*. Dürer ne devient pas un peintre officiel de la cour, mais l'empereur rémunère son travail d'un salaire annuel considérable.

Christian III de Danemark, Ferdinand de Bohème, des ducs, des cardinaux et des évêques, ou encore de riches familles comme les Fugger, les Haller ou les Kress, demandent à Dürer de réaliser leur portrait ou lui commandent des retables.

Maximilians I. und bei Teilen des *Großen Triumphwagens*. Dürer wird zwar kein offizieller Hofmaler, der Kaiser entlohnt ihn für seine Arbeit aber mit einem stattlichen jährlichen Leibsalär.

Christian von Dänemark, Ferdinand von Böhmen, Herzöge, Kardinäle und Bischöfe ebenso wie reiche Kaufmannsfamilien wie die Fugger, Haller und Kress lassen sich von Dürer porträtieren oder geben Altarwerke in Auftrag.

Portrait of a Young Girl
Portrait d'une jeune fille
Bildnis eines jungen Mädchens
Retrato de una joven
Ritratto di una giovane ragazza
Portret van een jong meisje

1515, Charcoal drawing/Fusain, 42 × 29 cm, Kupferstichkabinett, Berlin

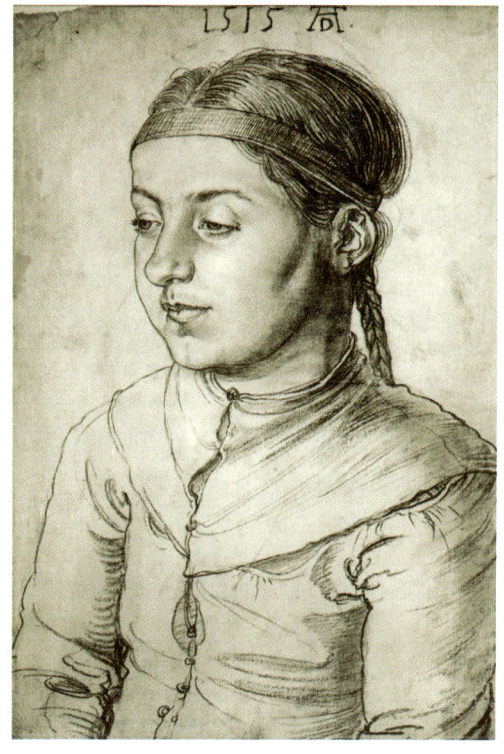

triunfal. Durero no era pintor oficial de la corte, pero el emperador le retribuye por su trabajo con el salario oficial de un año.

Christian de Dinamarca, Fernando I de Habsburgo, duques, cardenales y obispos así como familias de comerciantes pudientes (como los Fugger, Haller y Kress) piden retratos a Durero o le encargan piezas de altar.

Arco trionfale e ad alcune parti del *Grande carro.* Sebbene Dürer non sia un pittore ufficiale di corte, l'imperatore lo ricompensa per il suo lavoro con un lauto stipendio annuale.

Anche Cristiano di Danimarca, Ferdinando d'Asburgo, duchi, cardinali e vescovi, nonché ricche famiglie mercantili come i Fugger, gli Haller e i Kress si fanno ritrarre da Dürer o gli commissionano delle pale d'altare.

de gigantische cyclus *Die Ehrenpforte Maximilians I* alsmede aan delen van het oeuvre *Der große Triumphwagen.* Weliswaar wordt Dürer geen officiële hofschilder, maar de keizer verloont hem met een fors jaarsalaris voor zijn werk.

Christian van Denemarken, Ferdinand van Bohemen, hartogen, kardinalen en bisschoppen evenals rijke koopmansgezinnen zoals de *Fugger, Haller* en *Kress* laten zich door Dürer portretteren of geven opdracht voor altaarwerken.

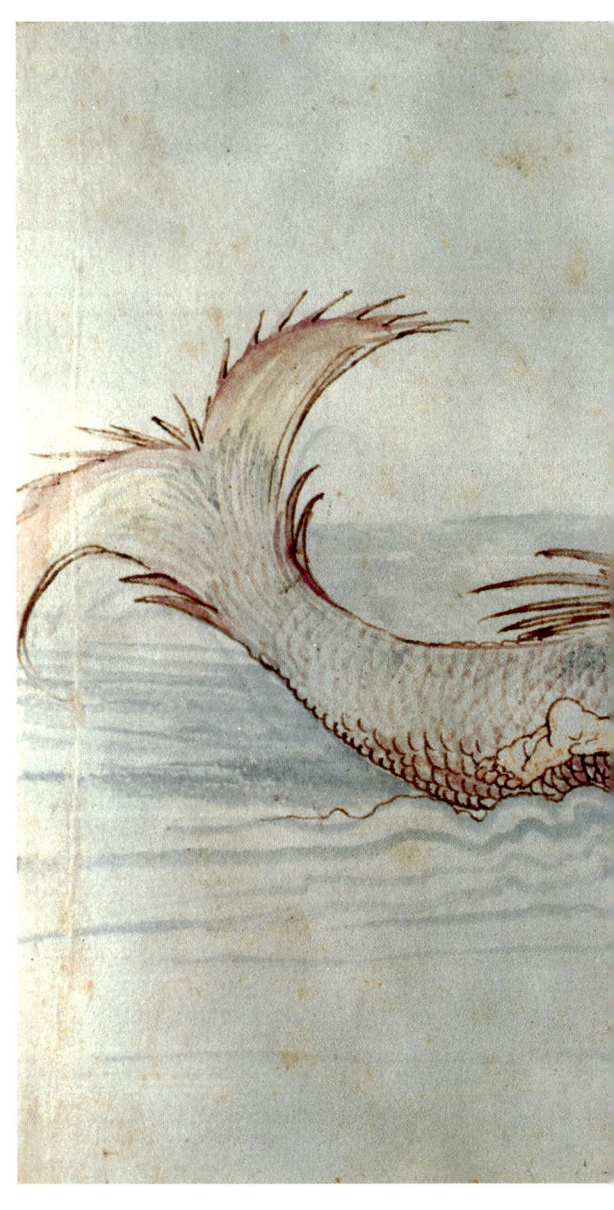

Arion Rescued by a Dolphin
Arion sauvé par un dauphin
Arion wird von einem Delphin gerettet
Arión salvado por un delfín
Arione salvato da un delfino
Aron wordt gered door een dolfijn

1515, Watercolor on paper/Aquarelle, 14,2 × 23,4 cm, Kunsthalle, Hamburg

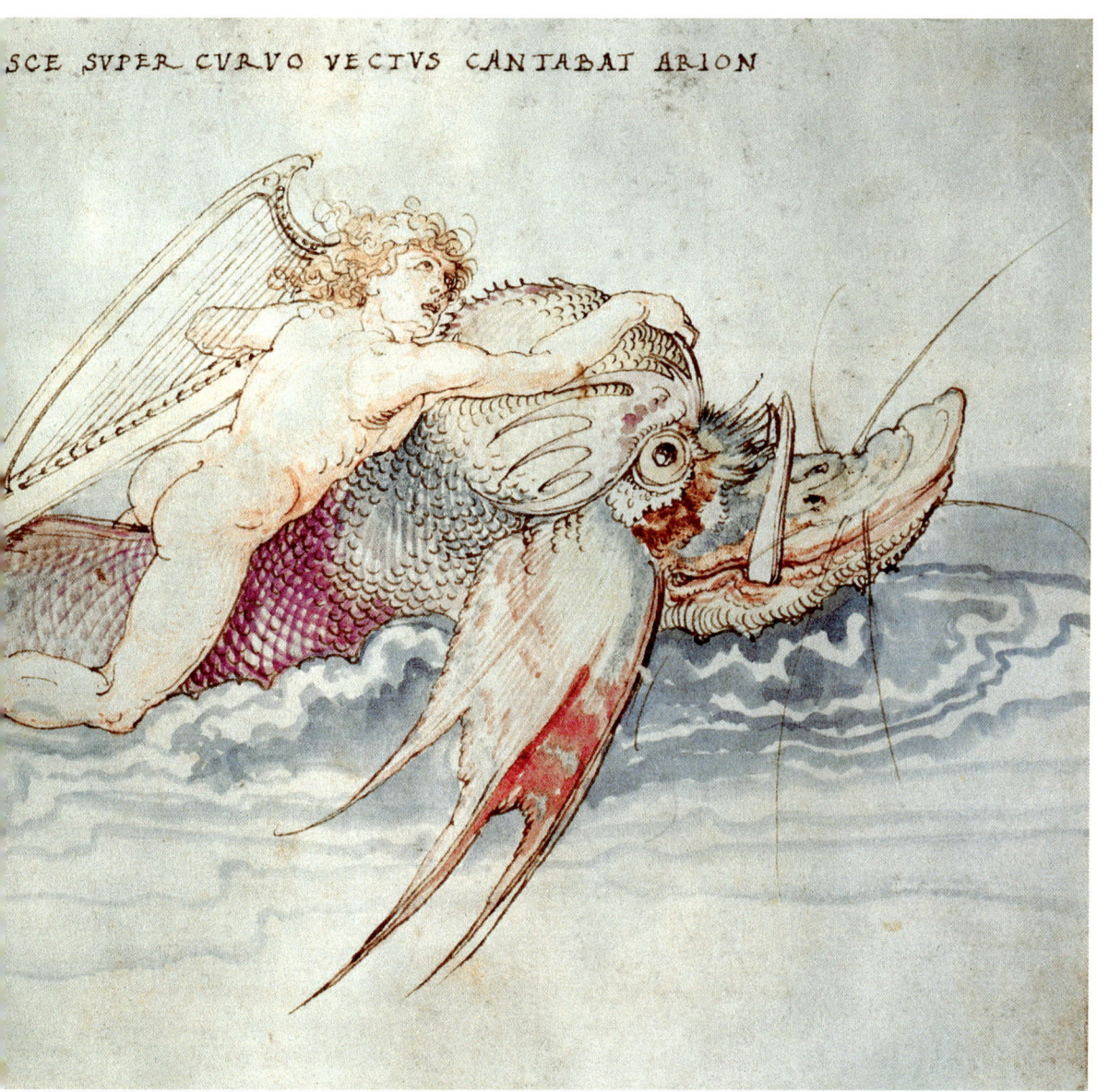

The Indian rhinoceros arrived in Lisbon in 1515. Dürer did not see it in person, but instead used a template when drawing his leaflet image. He puts the animal against a neutral background, the narrow frame emphasizing its massiveness. In addition to the explanatory text, he designed the rhinoceros with his enormous imagination, analogous to reptiles with scales and horns. Dürer's rhinoceros remained, thanks to his detailed presentation, for centuries the prototype of the rhinoceros.

En 1515, un rhinocéros venu d'Inde arrive à Lisbonne. Dürer ne le voit pas de ses yeux, et doit s'inspirer d'un modèle pour réaliser son esquisse. Il place l'animal sur un fond neutre et souligne son aspect imposant en utilisant un cadre très étroit. Outre un texte explicatif, il agrémente ce rhinocéros indien d'écailles et de callosités, l'associant à un reptile dans son imagination débordante. Grâce à sa richesse de détails, le Rhinocéros de Dürer est resté pendant des siècles la représentation par excellence du rhinocéros indien.

Das Rhinozeros gelangt 1515 von Indien nach Lissabon. Dürer sieht es nicht in natura, er muss bei der Ausarbeitung seines Flugblatts auf ein Vorbild zurückgreifen. Er stellt das Tier auf einen neutralen Untergrund, durch den engen Rahmen betont er dessen Massigkeit. Zusätzlich zum erläuternden Text gestaltet er das Panzernashorn mit seiner enormen Vorstellungskraft in Assoziation mit Reptilien mit Schuppen und Verhornungen. Dürers Rhinozeros bleibt, dank seiner detailreichen Darstellung, Jahrhunderte lang der Prototyp des Panzernashorns.

El rinoceronte llega a Lisboa por primera vez en 1515, procedente de India. Durero no llega a verlo al natural, y tiene que trabajar para su dibujo con un boceto. Presenta al animal sobre un fondo neutral, y el estrecho marco subraya su enormidad. Basado en la descripción, dibuja al rinoceronte indio gracias a su gran imaginación como asociado a los reptiles, con escamas y queratinizaciones. El rinoceronte de Durero será, gracias a su detallismo, durante siglos el prototipo del rinoceronte indio.

Il rinoceronte giunge a Lisbona dall'India nel 1515. Senza averlo mai visto dal vivo, per realizzare il suo disegno Dürer deve servirsi di un modello. Raffigura l'animale su uno sfondo neutro e ne mette in rilievo la mole attraverso una sottile cornice. Oltre al testo esplicativo, Dürer fa sfoggio della sua enorme immaginazione e disegna il rinoceronte con tratti caratteristici dei rettili, quali squame e sporgenze cornee. Grazie alla sua ricchezza di dettagli, il rinoceronte di Dürer rimarrà per secoli il prototipo di questo animale.

De Rhinozeros kwam in 1515 vanuit India in Lissabon terecht. Dürer krijgt hem nooit in natura te zien, bij de uitwerking van zijn pamflet moet hij terugvallen op een sample. Hij plaatst het dier op een neutraal fondament, door het nauwe kader benadrukt hij het volumen van het beest. Aanvullend bij de verklarende tekst voorziet hij de pantserneushoorn van schubben en hoornlagen. Dürers Rhinoceros zou, dankzij deze gedetailleerde uitbeelding, eeuwenlang het prototype van het pantserneushoorn blijven.

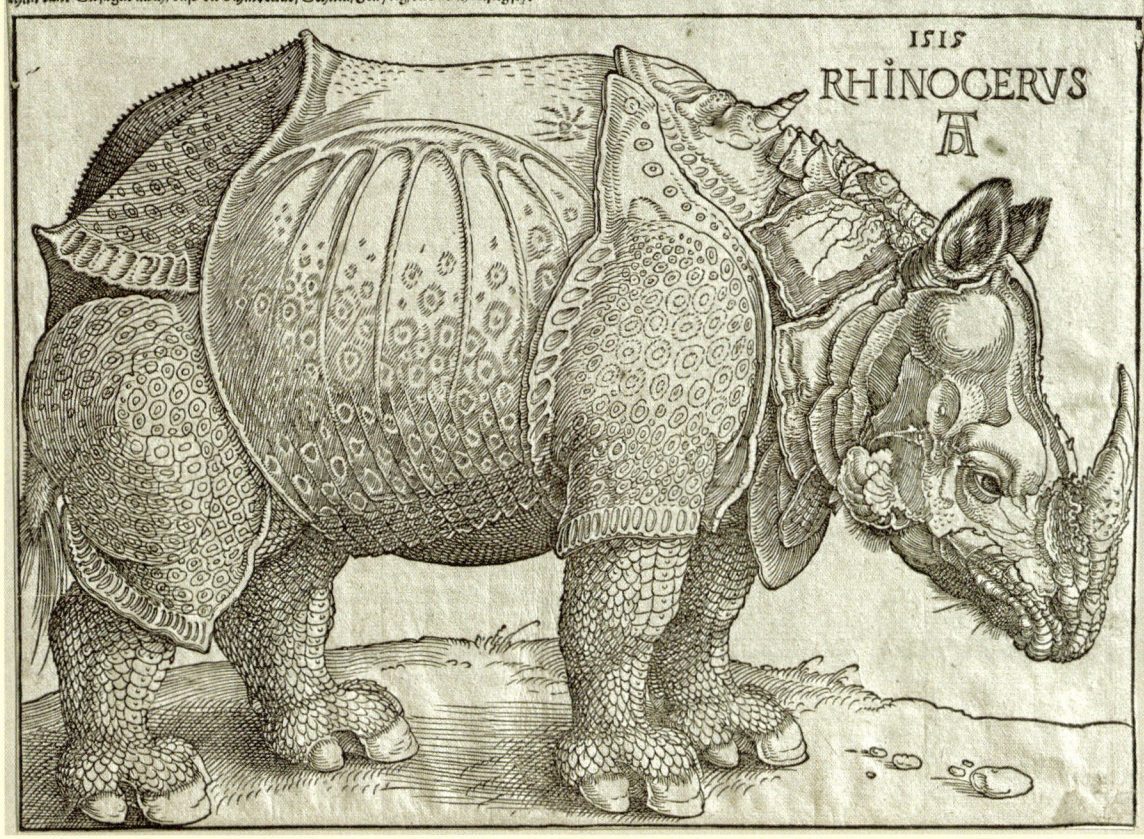

Nach Chriſti geburt/ 1513. Jar/ Adi 1. May. Hat man dem großmechtigen König Emanuel von Portugal/ gen Lyſabona auß India pracht/
ein ſolch lebendig Thier. Das nennen ſie Rhinocerus/Das iſt hie mit all ſeiner geſtalt Abconterfect. Es hat ein farb wie ein geſprenckelte Schildkrot/ Vnd iſt von dicken Schalen vber
legt ſehr feſt. Vnd iſt in der grösz als der Helffandt/ aber niderichter von Baynen/vnd ſehr wehrhafftig. Es hat ein ſcharpff ſtarck Horn vorn auff der Naſen/ das begundt es zu werzen
wo es bey ſtaynen iſt/Das da ein Sieg Thier iſt/ des Helffandten Todtsfeynde. Der Helffandt fürcht es faſt vbel/dann wo es Ihn ankompt/ ſo laufft Ihm das Thier mit dem Kopff
zwiſchen die fordern Bayn/ vnd reyſt den Helffandten vnten am bauch auff/ vnd erwürgt jhn/ die mag er ſich nit erwehrn. Dann das Thier iſt alſo gewapnet/das jhm der Helffandt nichtes
thun kan. Sie ſagen auch/daſz der Rhinocerus/Schnell/Fraydig/vnd auch Liſtig ſey.

1515
RHINOCERVS

Rhinoceros   *Rhinozeros*   *Il rinoceronte*

Rhinocéros   *Rinoceronte*   *Rhinocerus*

1515, Woodcut/Gravure sur bois, 21,2 × 30 cm, Albertina, Wien

227

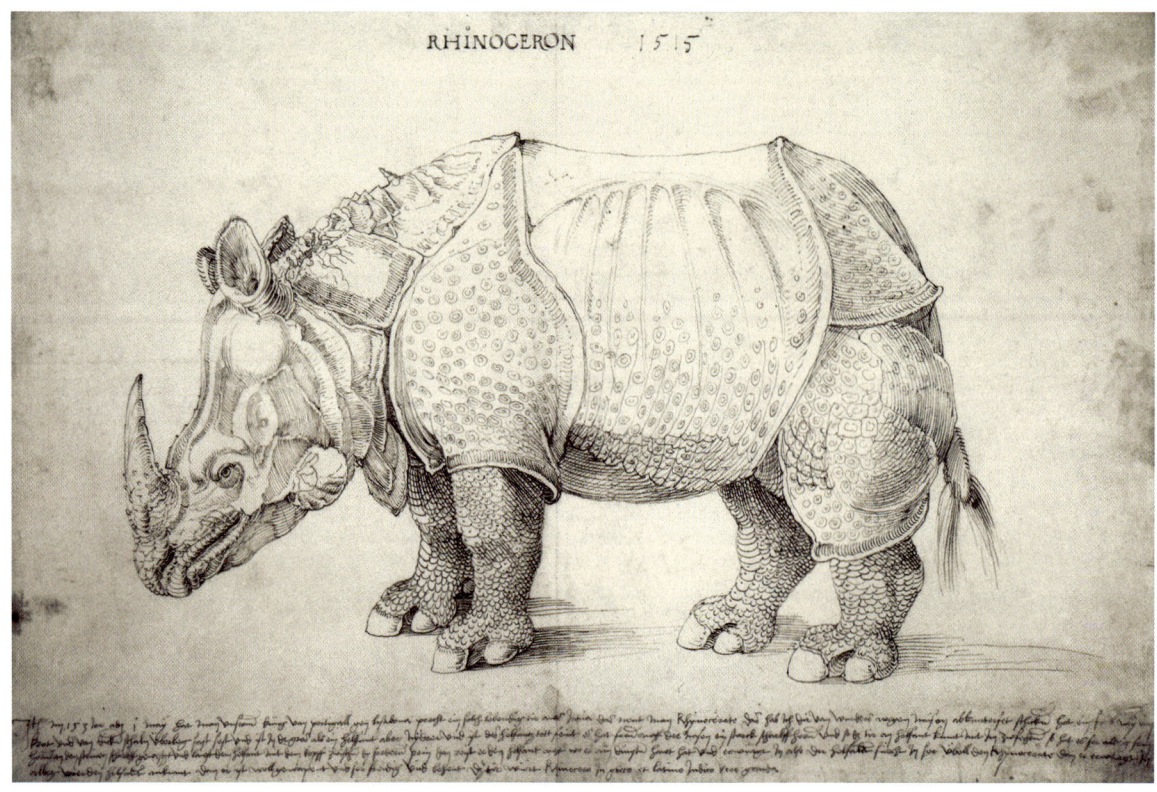

Rhinoceros

Rhinocéros

Rhinozeros

Rinoceronte

Il rinoceronte

Rhinocerus

1515, Pen and ink/Dessin à la plume, 27,4 × 42 cm, British Museum, London

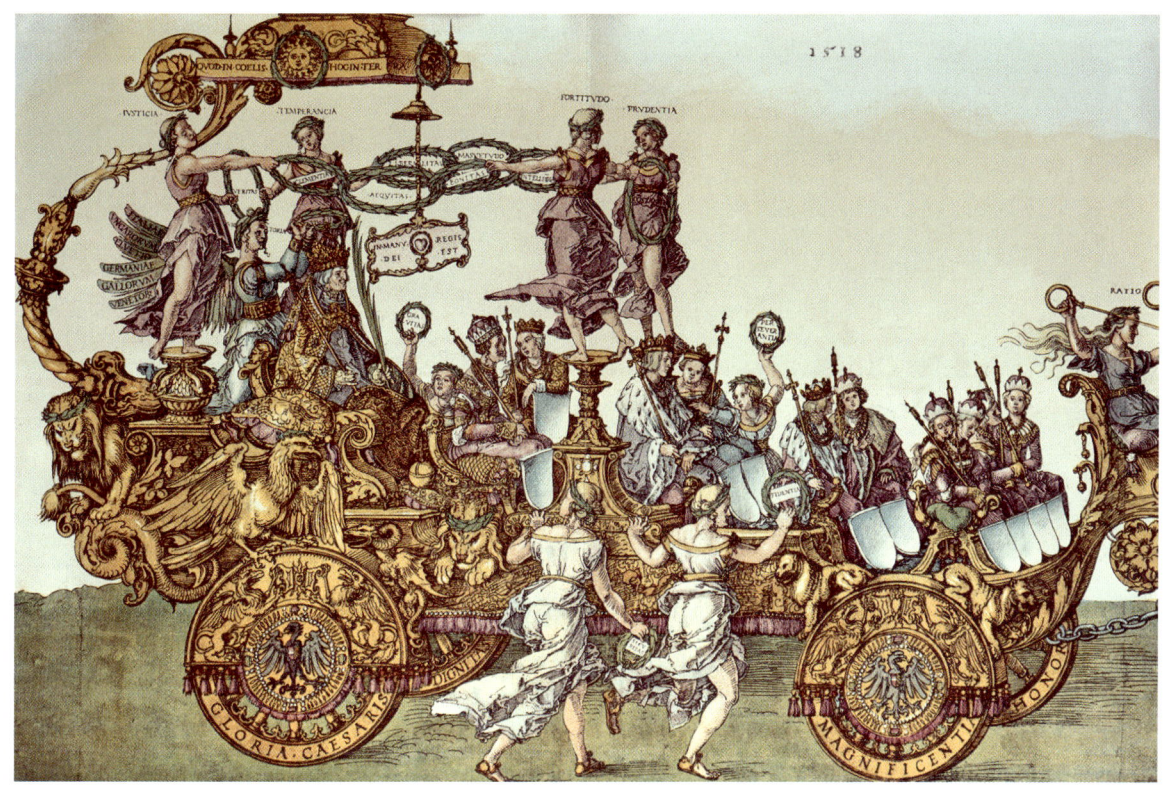

The Large Chariot

Le Char triomphal de Maximilien Ier (détail), extrait du *Triomphe de l'empereur Maximilien Ier*

Der große Triumphwagen

El gran carro triunfal

Il grande carro

De grote praalwagen

1518, Pen and ink, watercolor/Plume et aquarelle, 45,5 × 250,8 cm, Albertina, Wien

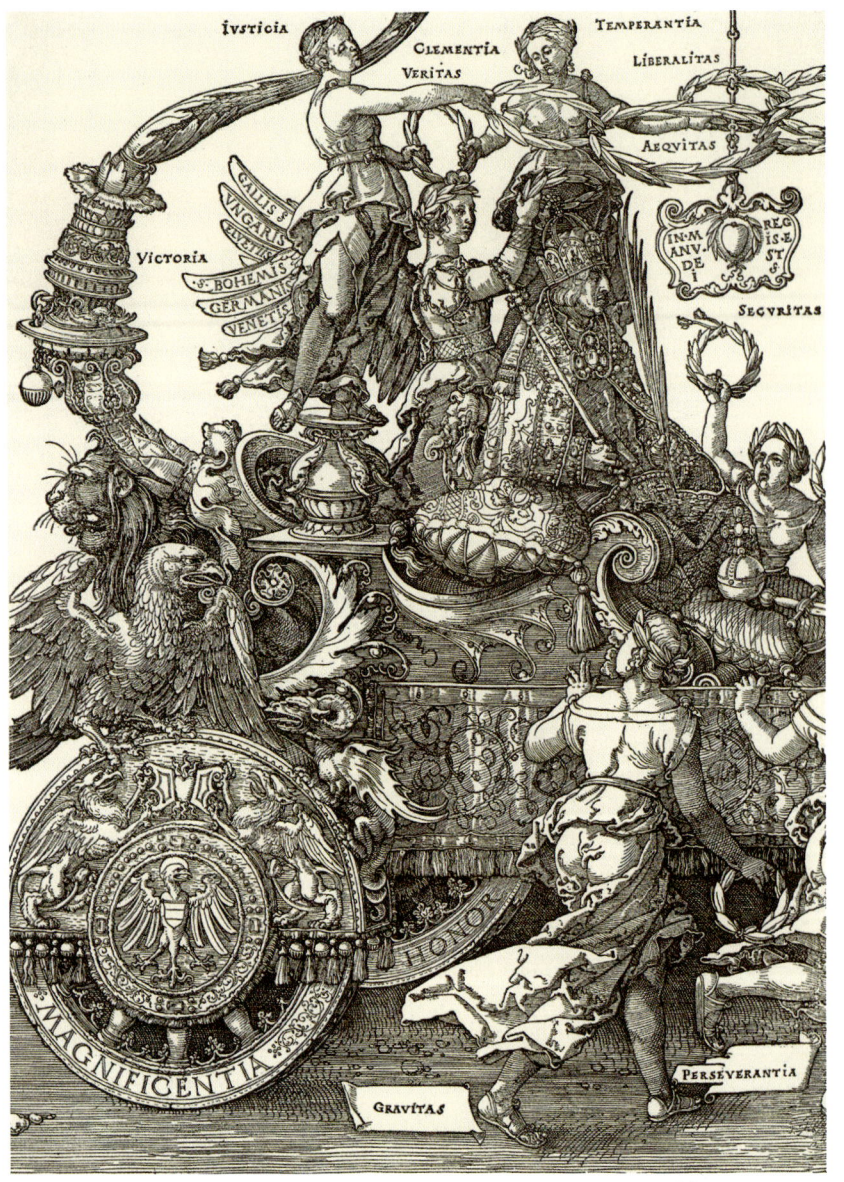

The Large Chariot (detail of eight blocks of the woodcut)

Le Char triomphal de Maximilien Ier (détail), extrait du *Triomphe de l'empereur Maximilien Ier*

Der große Triumphwagen (Ausschnitt von acht Blöcken des Holzschnitts)

El gran carro triunfal (detalle de ocho bloques de la plancha)

Il grande carro (dettaglio di otto blocchi della xilografia)

De grote praalwagen (Detail van acht blokken van een houtsnede)

c. 1522, Woodcut/Gravure sur bois, 65 × 246 cm, Albertina, Wien

The Torch Dance

La Danse aux flambeaux d'Augsbourg ou *La Mascarade*

Der Fackeltanz

La danza

La danza delle torce

De dans der fakkels

c. 1516, Woodcut/Gravure sur bois, 22 × 24,2 cm, Albertina, Wien

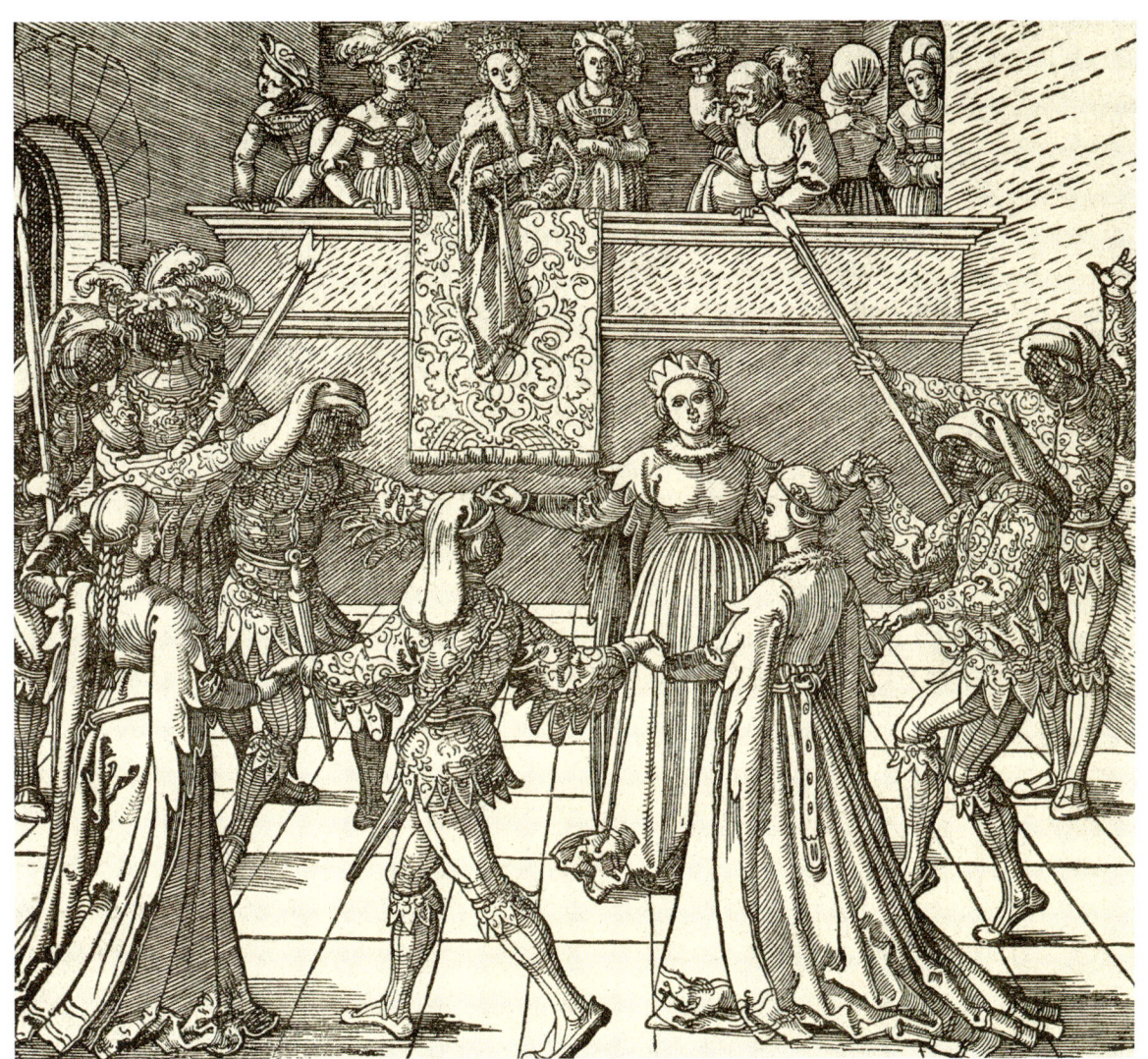

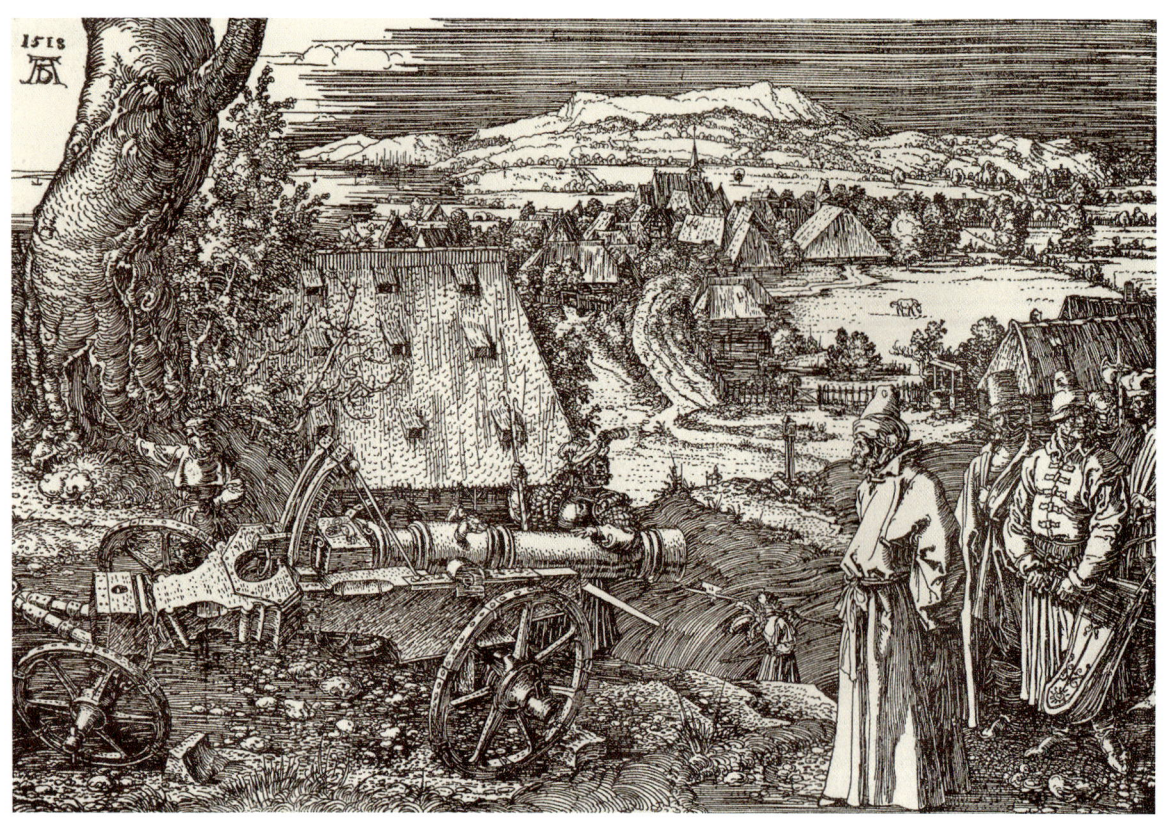

The Large Cannon (Allegory)

Le Paysage au canon

Die große Kanone (Allegorische Darstellung)

Los grandes cañones (representación alegórica)

Il grande cannone (allegoria)

Het grote kanon (allegorische uitbeelding)

1518, Iron etching/Eau-forte, 21,7 × 32,2 cm, Kunsthalle, Kiel

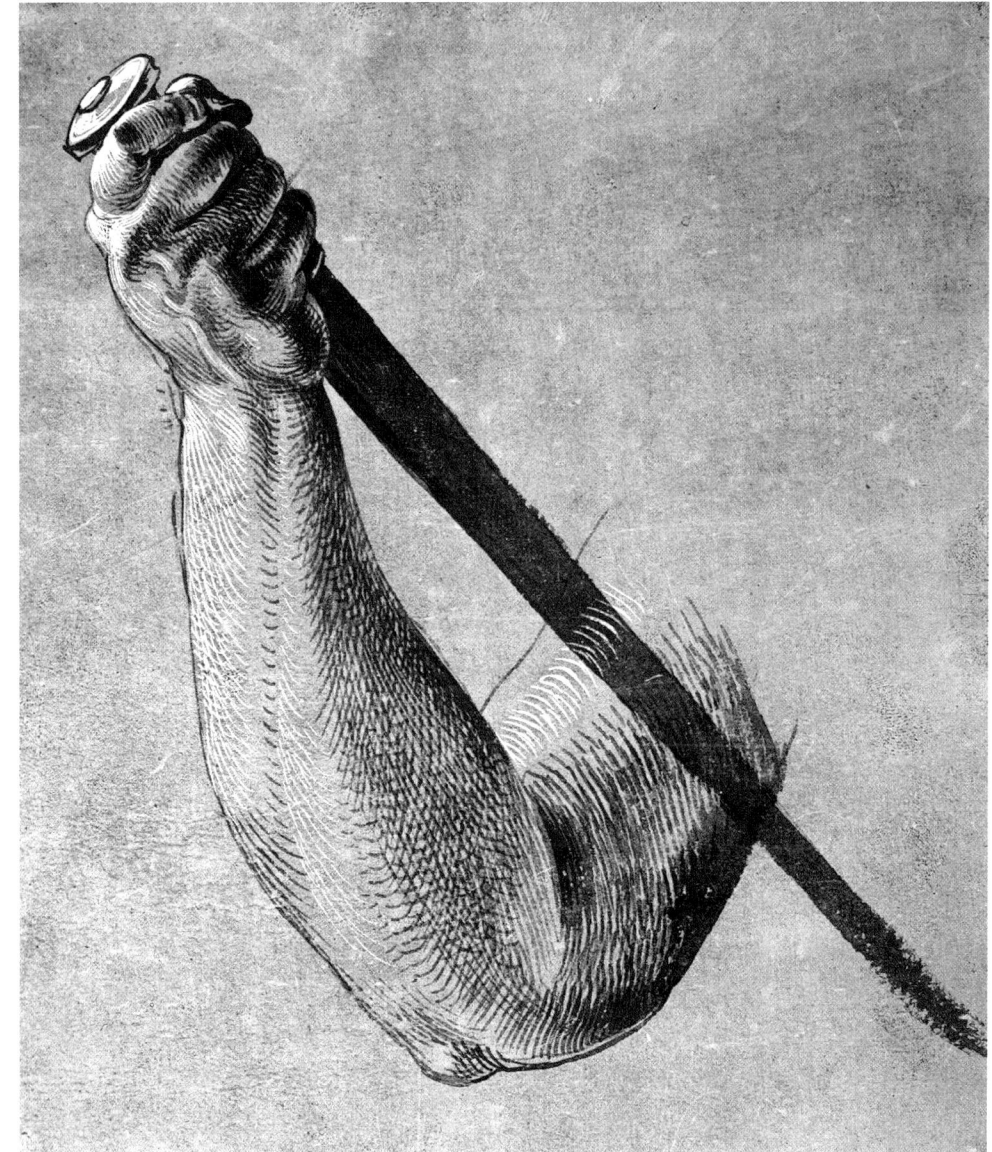

Study of an Arm (Study for the painting *The Suicide of Lucretia*)

Étude pour ***Le Suicide de Lucrèce***

Armstudie (Studie zum Gemälde *Selbstmord der Lucretia*)

Estudio de brazo (Estudio para la pintura *Suicidio de Lucrecia*)

Studio di braccio (studio per il dipinto *Suicidio di Lucrezia*)

Studie van een arm (Studie bij het doek *De zelfdoding van Lucretia*)

1508, Brush drawing on paper washed in green/ Dessin au pinceau, 22,8 × 19,8 cm, Albertina, Wien

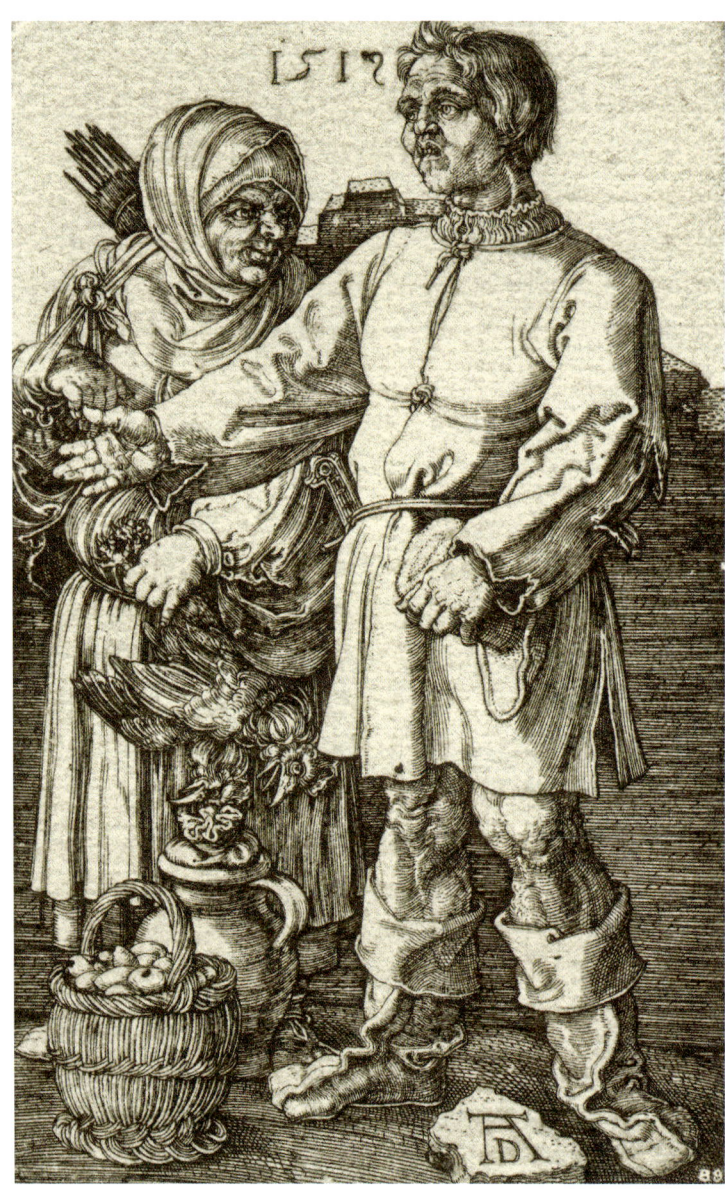

Peasants at the Market

Couple de paysans au marché

Die Marktbauern

Los campesinos en el mercado

Gli agricoltori di mercato

De boeren op de markt

*1519, Copperplate engraving/Gravure sur cuivre,
11,6 × 7,3 cm, Petit Palais, musée des Beaux-arts de la
Ville de Paris, Paris*

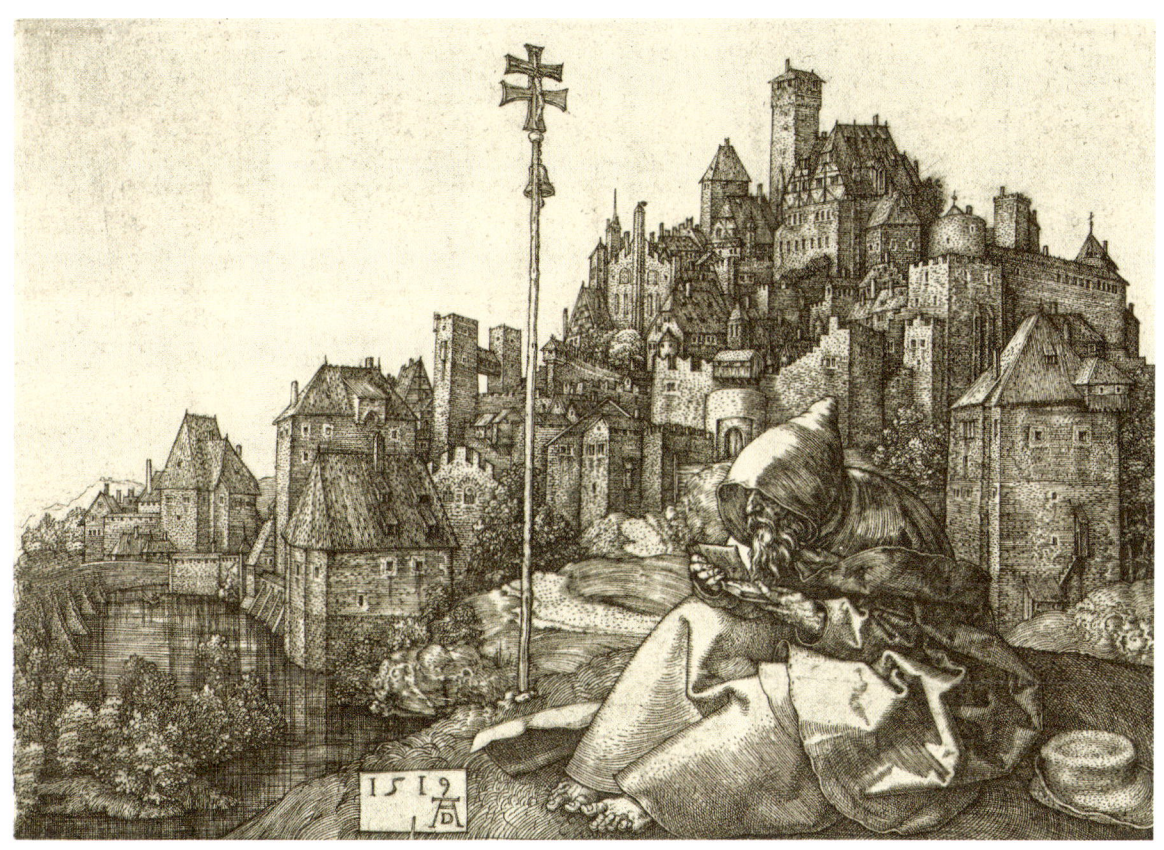

Saint Anthony at the City Gates

Saint Antoine

Der hl. Antonius vor der Stadt

San Antonio delante de la ciudad

Sant'Antonio davanti alla città

De heilige Antonius voor de stad

1519, Copperplate engraving/Gravure sur cuivre, 9,6 × 14,3 cm, Petit Palais, musée des Beaux-arts de la Ville de Paris, Paris

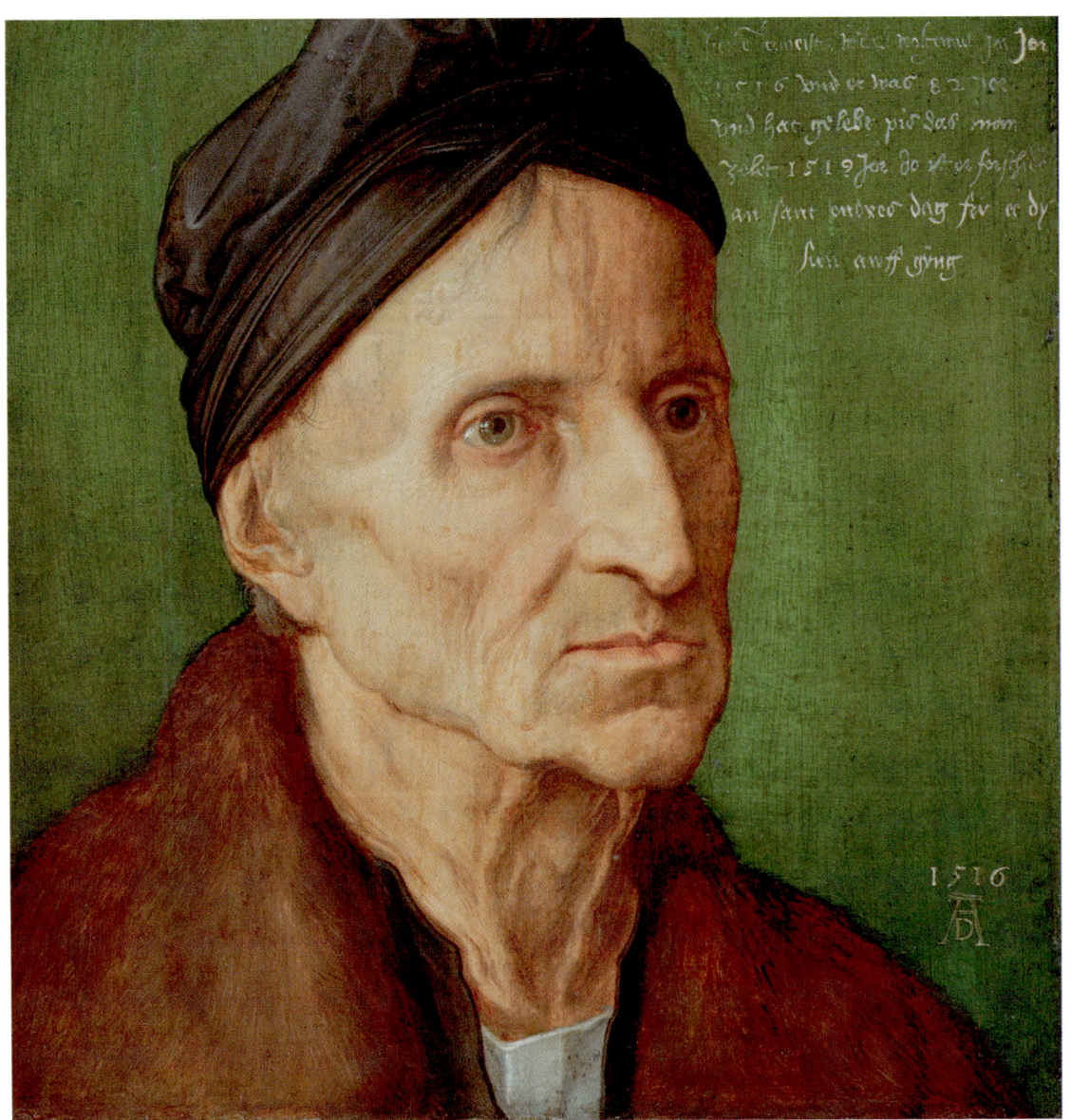

Portrait of Nuremberg
Painter Michael Wolgemut

Portrait de
Michael Wolgemut

Bildnis des Nürnberger
Malers Michael Wolgemut

Retrato del pintor
de Núremberg
Michael Wolgemut

Ritratto di
Michael Wolgemut

Portret van de
Neurenberger schilder
Michael Wolgemut

1516, Oil on wood/Huile
sur bois, 29,8 × 28,1 cm,
Germanisches
Nationalmuseum, Nürnberg

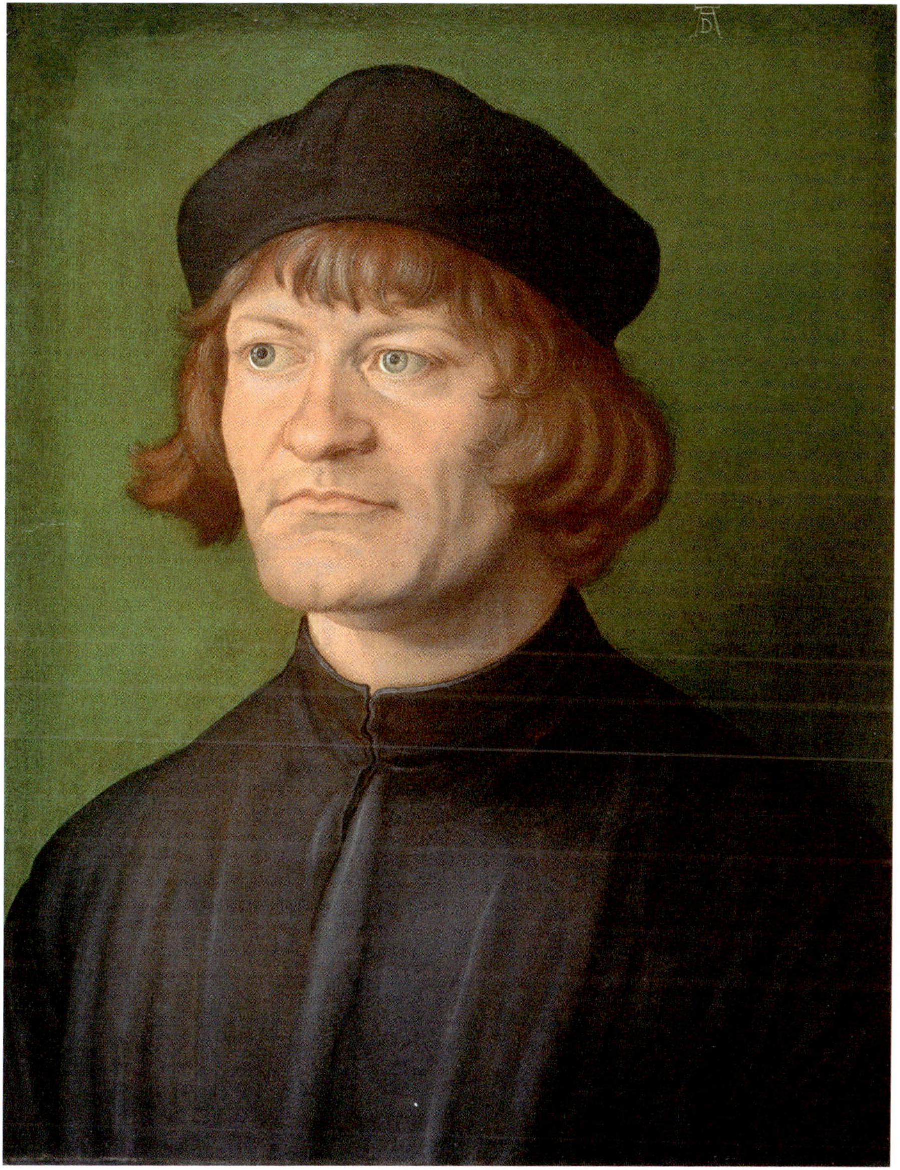

Portrait of a Clergyman
(Johann Dorsch)

Portrait d'un ecclésiastique,
probablement
Johann Dorsch

Bildnis eines Geistlichen
(Johann Dorsch)

Retrato de un clérigo
(Johann Dorsch)

Ritratto di un sacerdote
(forse Johann Dorsch)

Portret van een geestelijke
(Johann Dorsch)

1516, Parchment transferred
to canvas/Huile sur
parchemin collé sur toile,
41,7 × 32,7 cm, National
Gallery of Art, Washington

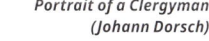

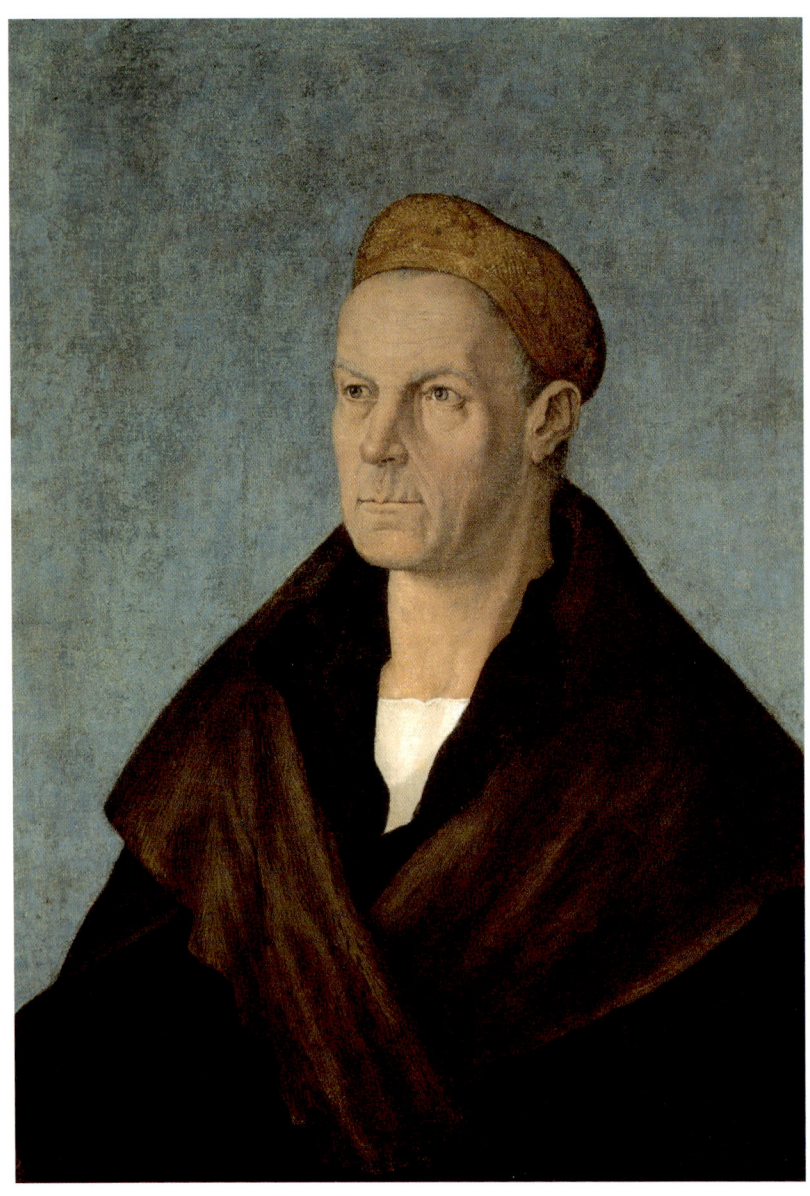

Portrait of James II. Fugger (the Rich)

Portrait de Jacob Fugger le Riche

Bildnis des Jakob II. Fugger (der Reiche)

Retrato de Jakob II Fugger (el rico)

Ritratto di Giacomo II Ritratto di Jakob Fugger il Ricco

Portret van Jakob II Fugger (de rijkaard)

1518–20, Tempera on canvas/Tempera sur toile, 68 × 52 cm, Staatsgalerie Altdeutsche Meister, Augsburg

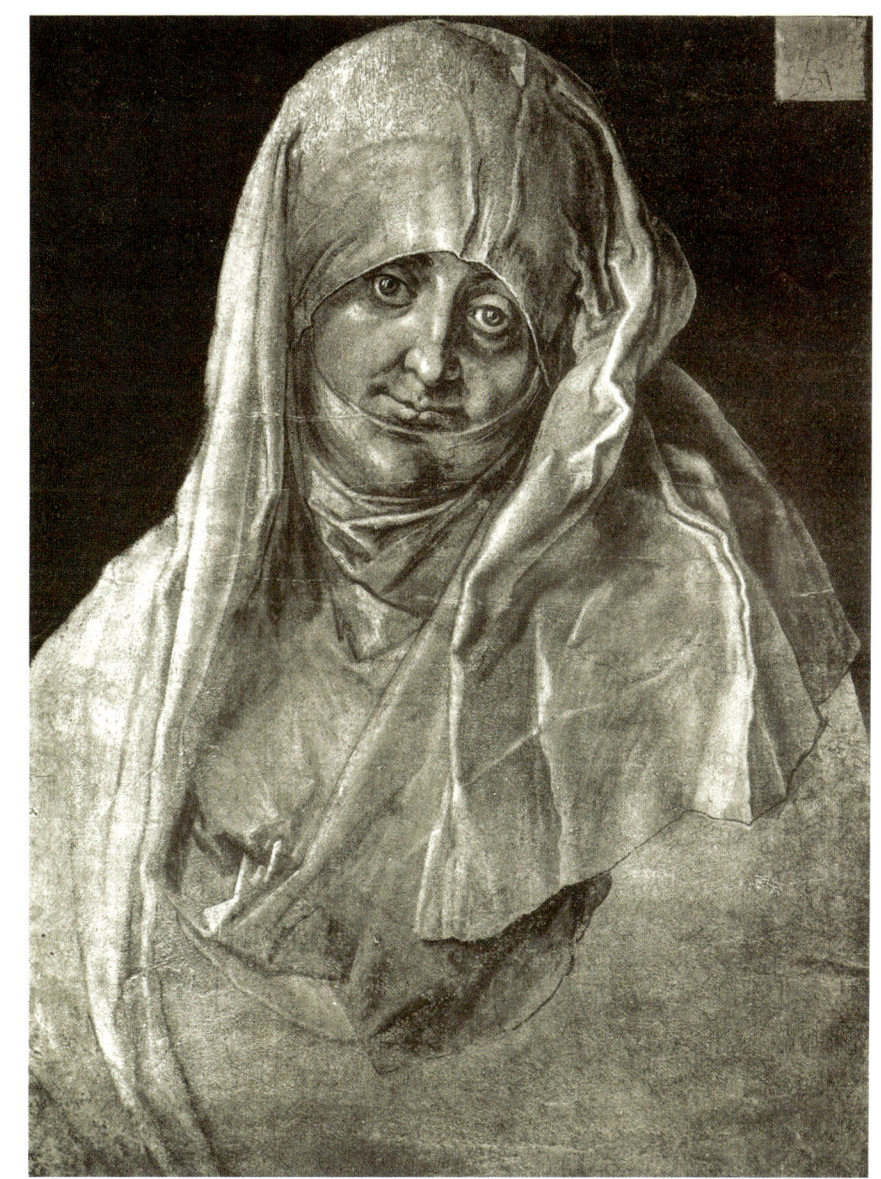

Agnes Dürer, née Frey

*Portrait d'Agnes Frey, épouse
de Dürer, en sainte Anne*

Agnes Dürer, geb. Frey

Agnes Durero, de nacimiento Frey

Agnes Dürer, nata Frey

Agnes Dürer (meisjesnaam Frey)

*1519, Brush drawing on paper
washed in gray/Dessin au pinceau,
39,5 × 29,2 cm, Albertina, Wien*

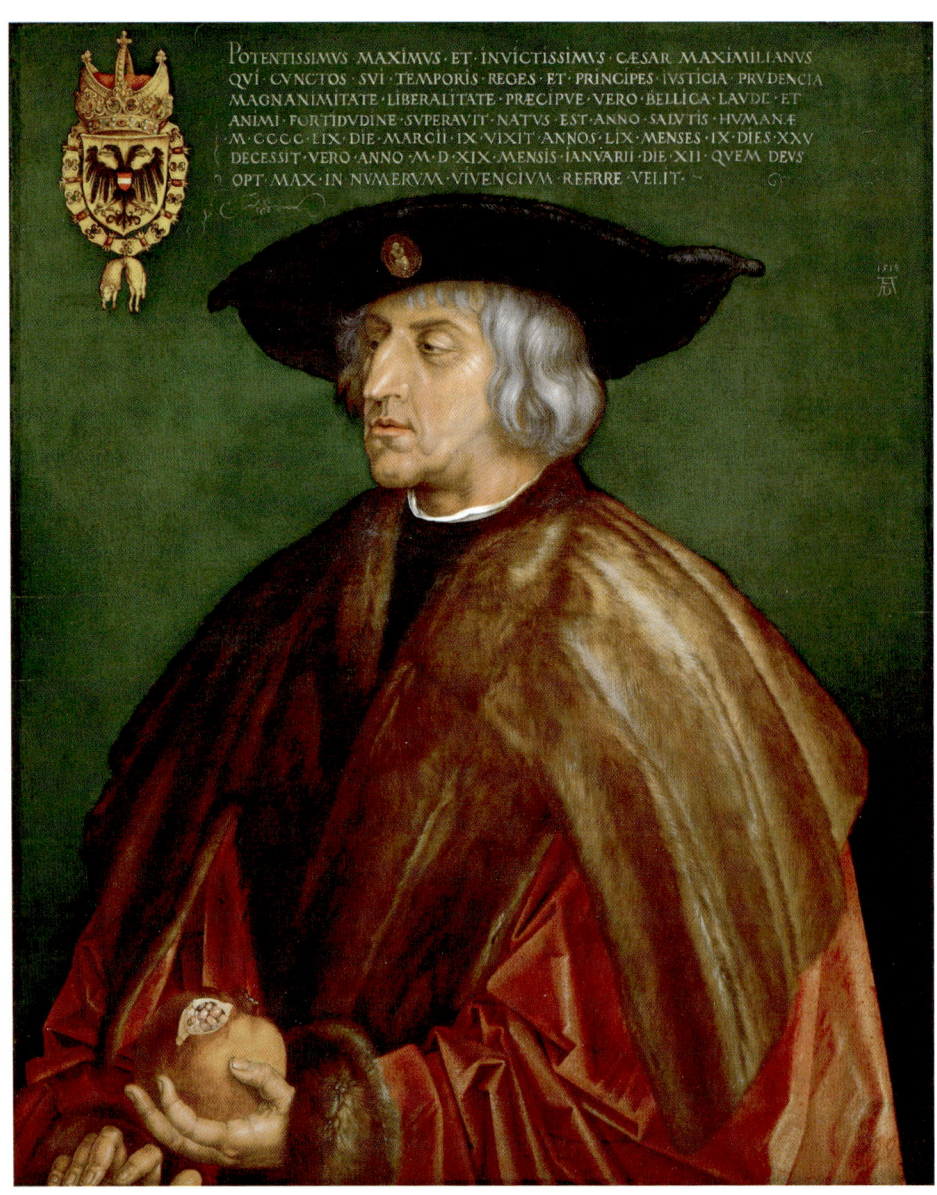

POTENTISSIMVS·MAXIMVS·ET·INVICTISSIMVS·CÆSAR·MAXIMILIANVS
QVI·CVNCTOS·SVI·TEMPORIS·REGES·ET·PRINCIPES·IVSTICIA·PRVDENCIA
MAGNANIMITATE·LIBERALITATE·PRÆCIPVE·VERO·BELLICA·LAVDE·ET
ANIMI·FORTIDVDINE·SVPERAVIT·NATVS·EST·ANNO·SALVTIS·HVMANÆ
M·CCCC·LIX·DIE·MARCII·IX·VIXIT·ANNOS·LIX·MENSES·IX·DIES·XXV
DECESSIT·VERO·ANNO·M·D·XIX·MENSIS·IANVARII·DIE·XII·QVEM·DEVS
OPT·MAX·IN·NVMERVM·VIVENCIVM·REFERRE·VELIT·

Emperor Maximilian I.

L'Empereur
Maximilien Ier

Kaiser Maximilian I.

Emperador
Maximiliano I

Imperatore
Massimiliano I

Keizer Maximillian I

1519, Oil on wood/
Huile sur bois,
74 × 61,5 cm,
Kunsthistorisches
Museum, Wien

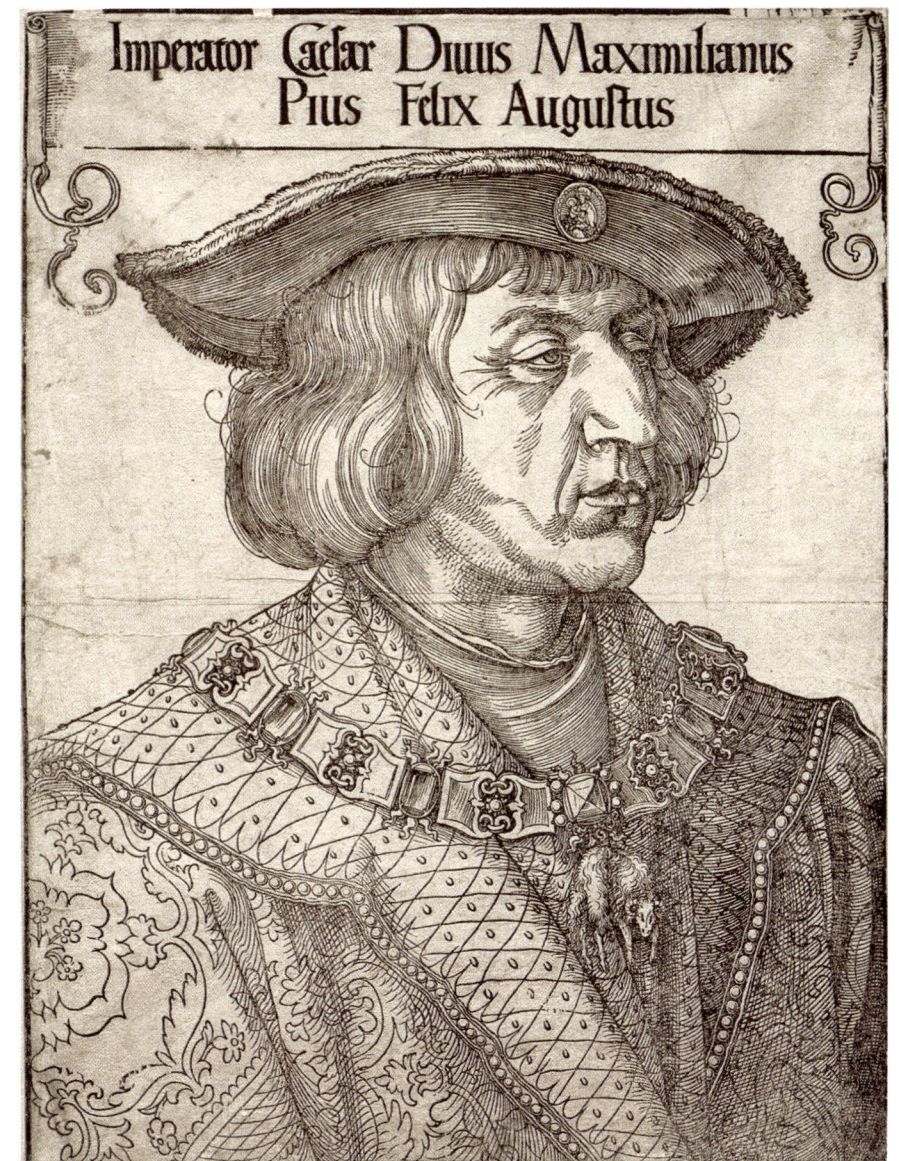

Imperator Caesar Diuus Maximilianus Pius Felix Augustus

After/d'après Dürer
Emperor Maximilian I.
L'Empereur Maximilien Iᵉʳ
Kaiser Maximilian I.
Emperador Maximiliano I
Imperatore Massimiliano I
Keizer Maximillian I

1519, Woodcut/
Gravure sur bois, 42,6 × 32,1 cm,
Staatsbibliothek, Bamberg

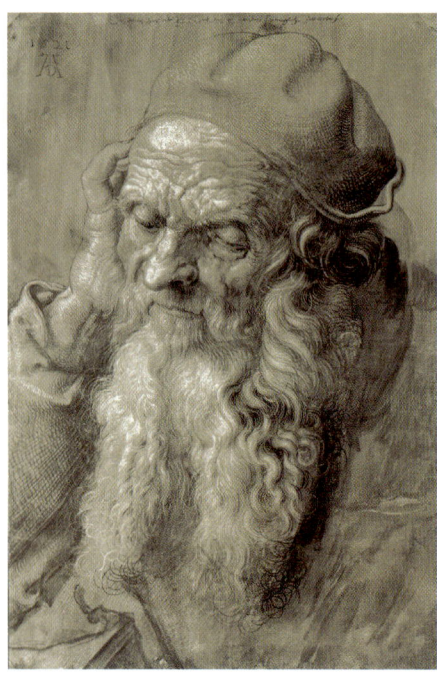

Man, 93 Years of Age

Portrait d'un homme âgé de quatre-vingt-treize ans

Der dreiundneunzigjährige Alte

El anciano de noventa y tres

Il novantatreenne

De 93-jarige grijzaard

1521, Brush drawing on paper washed in dark violet/Dessin au pinceau, 42 × 28,2 cm, Albertina, Wien

Journey to the Low Countries

Thanks to a travel diary, Dürer's stay in the Netherlands is well documented. On July 12, 1520, Dürer set off with his portfolio of prints and his wife on what he characterized more as a business trip than a study trip. He travelled as part of the retinue of emissaries from Nuremberg carrying the crown jewels for the coronation of Charles V to Aachen. The coronation was postponed because the plague broke out in the city. Antwerp, then an important trading and cultural metropolis, became Dürer's base of operations in the Low Countries. He was soon travelling

Le voyage aux Pays-Bas

Grâce au carnet de voyage de Dürer, son séjour aux Pays-Bas est très bien documenté. Le 12 juillet 1520, Dürer se met en route avec sa femme, en emportant dans ses bagages toutes ses gravures ; dès le départ, on voit qu'il s'agit davantage d'un voyage d'affaires que d'un voyage d'étude. Ils voyagent avec la suite des émissaires de Nuremberg : on emporte les joyaux du couronnement de Charles Quint, qui doit être sacré à Aix-la-Chapelle. Le couronnement est néanmoins repoussé, parce qu'une épidémie de peste s'est déclenchée dans la ville. Anvers, à l'époque un haut lieu du

Reise in die Niederlande

Dank eines Reisetagebuchs ist der Aufenthalt in den Niederlanden bestens dokumentiert. Am 12. Juli 1520 bricht Dürer mit seinem gesamten druckgrafischen Werk im Gepäck sowie in Begleitung seiner Frau auf – von Beginn an hat diese Reise mehr den Anstrich einer Geschäfts- als einer Studienreise. Gereist wird in der Gefolgschaft von Nürnberger Abgesandten – man führt die Krönungsinsignien für die Krönung von Karl V. mit sich, die nach Aachen gebracht werden sollen. Die Krönung wird aber verschoben, weil in der Stadt die Pest ausgebrochen ist. Antwerpen,

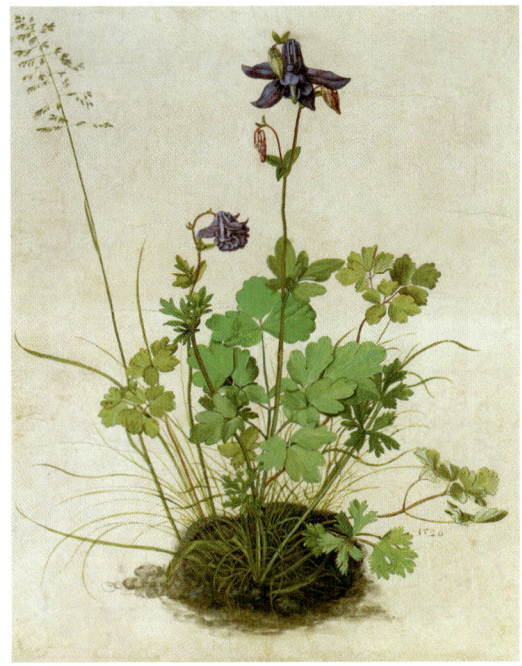

Viaje a los Países Bajos

Gracias a su cuaderno de viajes su estancia en Holanda está muy bien documentada. El 12 de julio de 1520 Durero parte, con toda su obra gráfica en el equipaje y acompañado por su mujer, en un viaje de estudios– si bien desde el principio tiene más bien matiz de viaje de negocios. Viajan en compañía de la delegación de Núremberg, que porta las insignias para la coronación de Carlos V de Alemania que hay que llevar a Aquisgrán. La coronación, sin embargo, se retrasa debido a un brote de peste en la ciudad. Amberes, una importante metrópolis artística y comercial en la época, se convierte

Il viaggio nei Paesi Bassi

Il soggiorno di Dürer nei Paesi Bassi è ben documentato grazie a un diario di viaggio. Il 12 luglio 1520 l'artista intraprende insieme a tutta la sua opera grafica e a sua moglie questo viaggio, che fin dall'inizio si configura come un viaggio d'affari piuttosto che di studio. Si reca nei Paesi Bassi al seguito di alcuni emissari di Norimberga, incaricati di portare ad Aquisgrana i gioielli della corona per l'incoronazione di Carlo V. Tuttavia l'incoronazione viene rinviata a causa dello scoppio della peste. I Dürer si stabiliscono ad Anversa, un'importante metropoli culturale e commerciale, dove iniziano ben presto a

Reis naar Nederland

Dankzij een reisdagboek is het verblijf in Nederland excellent gedocumenteerd. Op 12 juli 1520 vertrekt Dürer met zijn algehele grafische ouevre in de bagage en vergezeld door zijn vrouw – vanaf het begin heeft deze reis meer het aanschijn van een zakenreis dan een studiereis. De reis vindt plaats met het achterban van afgezandten van de stad Neurenberg – men voert de insignies voor de bekroning van Karl de Vijfde met zich, met eindbestemming Aachen. De bekroning zelf wordt echter uitgesteld, want in de stad is de pest uitgebroken. Antwerpen, toendertijd een handels- en kunstmetropool van belang, wordt

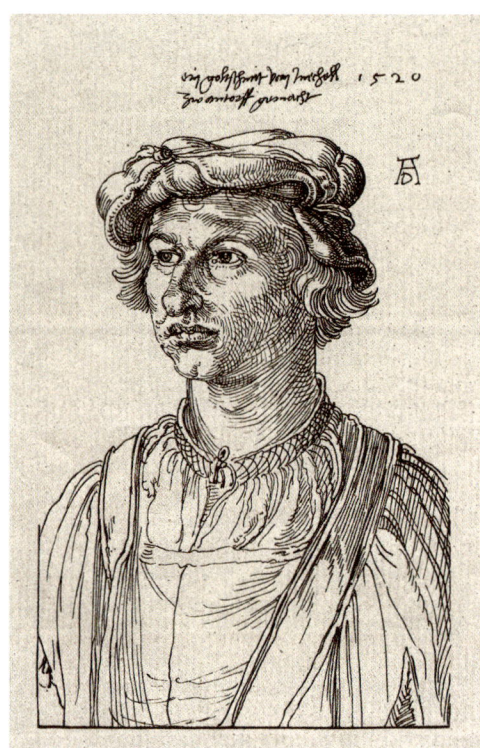

among the highest circles across the Low Countries.

He went to Brussels, where he was received by King Christian II. of Denmark, who asked the artist to paint him. In Malines, he met Archduchess Margaret of Austria, the daughter of Dürer's late patron Maximilian I. Margarete received him, but did not ask him to paint her. Dürer instead portrayed an unknown goldsmith. He also painted other portraits of such people as Erasmus and Bernhard von Reesen.

commerce et des arts, devient la base des Dürer. Ils y circulent bientôt dans les cercles les plus élevés, et c'est de là que Dürer entreprend son voyage aux Pays-Bas.

Il part pour Bruxelles, où il est reçu par le roi Christian II de Danemark, dont il réalise le portrait. Dans les Malines, il rencontre Marguerite d'Autriche, fille de son défunt mécène Maximilien Ier. Marguerite le reçoit, mais ne lui demande pas ses services de peinture. Dürer réalise donc à la place le portrait d'un orfèvre inconnu. D'autres

damals wichtige Handels- und Kunstmetropole, wird zum Stützpunkt der Dürers. Hier verkehren sie bald in den höchsten Kreisen und von hier aus bereist Dürer die Niederlande.

Es zieht ihn nach Brüssel, wo er von König Christian II. von Dänemark empfangen wird, der sich von ihm malen lässt. In Mecheln trifft er auf die Erzherzogin Margarete von Österreich, Tochter von Dürers verstorbenem Förderer Maximilian I.. Margarete empfängt ihn zwar, seine Dienste als Maler nimmt sie jedoch nicht in

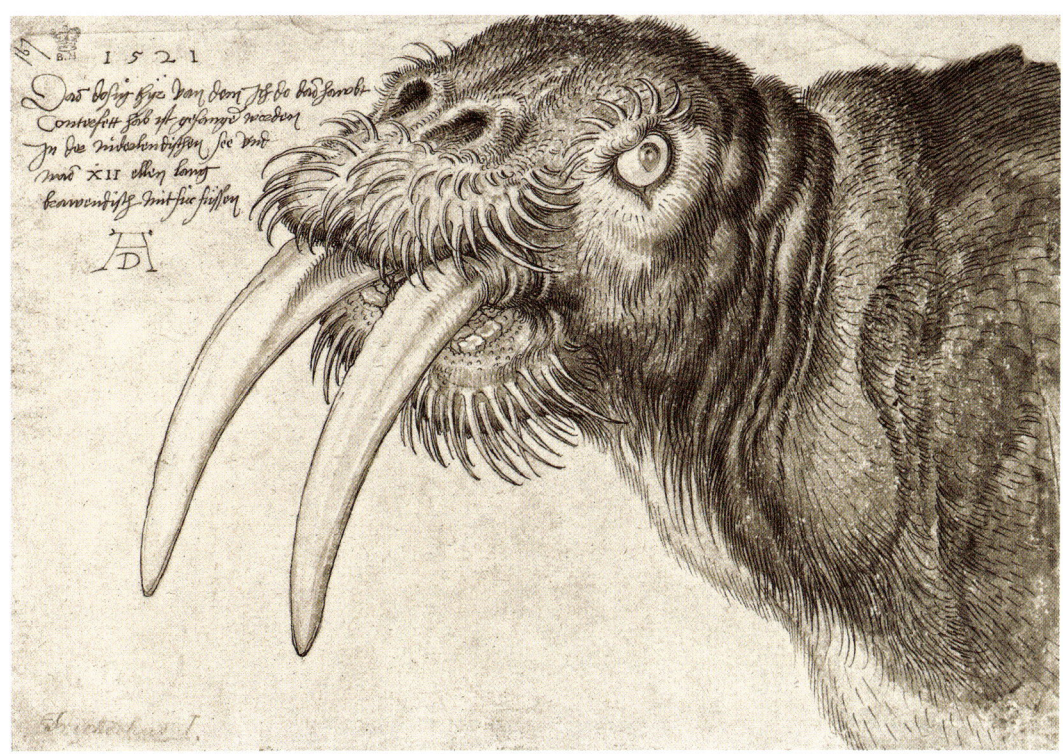

en el centro de actividad para los Durero. Aquí llegan rápidamente a los círculos más altos y desde aquí Durero viaja a Holanda.

Esto le lleva a Bruselas, donde es recibido por el Rey Christian II de Dinamarca, que le deja retratarle. En Malinas conoce a la archiduquesa Margarita de Austria, la hija del difunto donante de Durero Maximiliano I. Margarita le recibe, pero no solicita sin embargo sus servicios como pintor. Durero retrata en su lugar a un orfebre desconocido. Crea también

frequentare i circoli più autorevoli e da dove si spostano nei Paesi Bassi.

Si reca anche a Bruxelles, dove viene ricevuto dal re Cristiano II di Danimarca, che gli commissiona un ritratto. A Malines incontra l'arciduchessa Margherita d'Austria, figlia del mecenate di Dürer Massimiliano I, ormai scomparso. Margherita lo riceve, però non gli incarica nessun lavoro pittorico. Al suo posto, Dürer raffigura un orafo sconosciuto. In questo periodo ritrae anche, tra gli altri, Erasmo da Rotterdam e Bernhard von Reesen.

Dürers pied-à-terre. Hier verkeert de delegatie weldra in de hoogste kringen en vanuit hier reist Dürer naar Nederland.

Hij raakt verzeild in Brüssel en wordt ontboden door koning Christian II van Denemarken, deze laat zich door hem portretteren. In Mechelen ontmoet hij de aartshertogin Margarete van Oostenrijk, dochter van Dürers wijlen mecenas Maximilian I. Margarete ontvangt hem weliswaar, maar van zijn diensten als schilder maakt zij geen gebruik. Dürer portretteert een

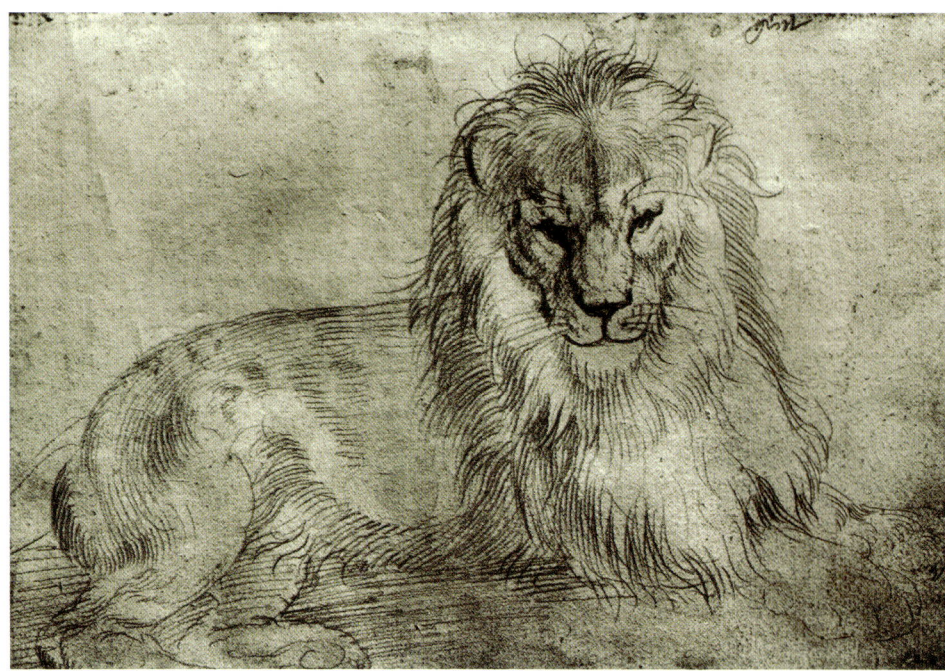

Dürer was interested not only in the art of the Dutch masters, especially that of Hugo van der Goes, but also the architecture, the land, the animals, and the people of the Low Countries. He created silver point drawings, including one of a walrus and a portrait of a 93-year old man. He also drew his wife wearing local costume. Bruges and Ghent were among other stops before they returned to Nuremberg on July 2, 1521.

tableaux voient aussi le jour, comme celui d'Érasme de Rotterdam ou de Bernhard von Reesen.

Mais Dürer ne s'intéresse pas qu'à l'art des maîtres néerlandais, et en particulier de Hugo van der Goes, et à l'architecture, mais aussi aux paysages, aux animaux et aux hommes. Il réalise plusieurs dessins à la pointe d'argent, notamment celui d'une tête de morse et celui d'un homme âgé de quatre-vingt-treize ans. Il dessine également sa femme en costume traditionnel néerlandais. Il fait ensuite étape à Bruges et Gand, avant de prendre le chemin du retour le 2 juillet 1521.

Anspruch. Dürer porträtiert stattdessen einen unbekannten Goldschmied. Es entstehen weitere Bildnisse des Erasmus von Rotterdam und des Bernhard von Reesen.

Aber nicht nur die Kunst der niederländischen Meister, vor allem des Hugo van der Goes, und die Architektur, auch Land, Tier und Mensch interessieren Dürer. Es entstehen Silberstiftzeichnungen wie das eines Walrosses oder eines 93-jährigen Alten. Er zeichnet seine Frau in niederländischer Tracht. Brügge und Gent gehören zu weiteren Stationen, bevor er am 2. Juli 1521 die Rückreise nach Nürnberg antritt.

Woman's Head

Tête de femme

Frauenkopf

Cabeza de mujer

Testa di donna

Hoofd van een vrouw

1520, Chalk drawing in black and gray/Dessin à la craie, 32,4 × 22,8 cm, British Museum, London

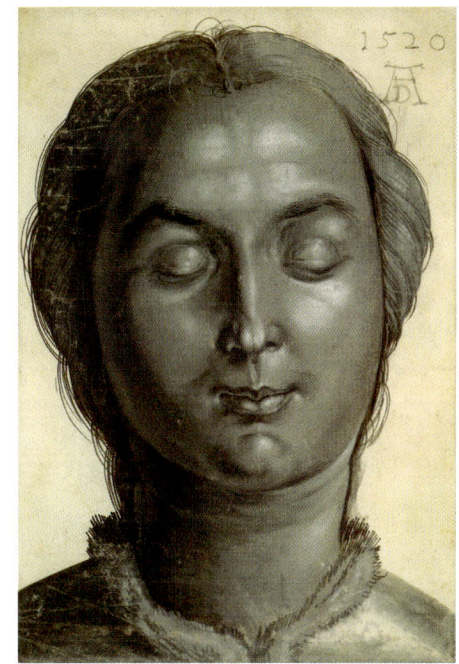

retratos de Erasmo de Róterdam y de Bernhard von Reesen.

Pero Durero no solo muestra interés por el arte de los maestros holandeses (especialmente Hugo van der Goes) y sus arquitectos, sino también por su paisaje, personas y animales. Realiza grabados y punta de plata por ejemplo de una morsa, o de un anciano de 93 años. Dibuja a su mujer en vestimenta holandesa. Posteriormente pasa por Brujas y Gante antes de iniciar, el 2 de julio de 1521, su viaje de vuelta a Núremberg.

A Dürer, però, non interessano solo l'arte dei maestri olandesi, in particolare di Hugo van der Goes, e l'architettura, ma anche i paesaggi, gli animali e gli esseri umani. Nascono così disegni a punta d'argento come la Testa di un tricheco e Il novantatreenne. Realizza inoltre un ritratto della moglie in costume olandese. Prima di iniziare il viaggio di ritorno a Norimberga il 2 luglio 1521, fa tappa anche a Bruges e Gand.

onbekende goudsmit in haar plaats. Er ontstaan bij gevolg meer beelden van Erasmus van Rotterdam en van Bernhard van Reesen.

Maar niet enkel de kunst van de Nederlandse Meesters, met name van Hugo van de Goes alsmede de architectuur, voorts land, dier en mens weten Dürer te boeien. Er ontstaan zilverstift tekeningen zoals die van een walrus of van een grijzaard op 93-jarige leeftijd. Ook tekent hij zijn echtgenote in Nederlandse klederdracht. Andere standplaatsen zijn Brügge en Gent, alvorens hij op 2 juli 1521 de terugreis naar Nederland aanvaardt.

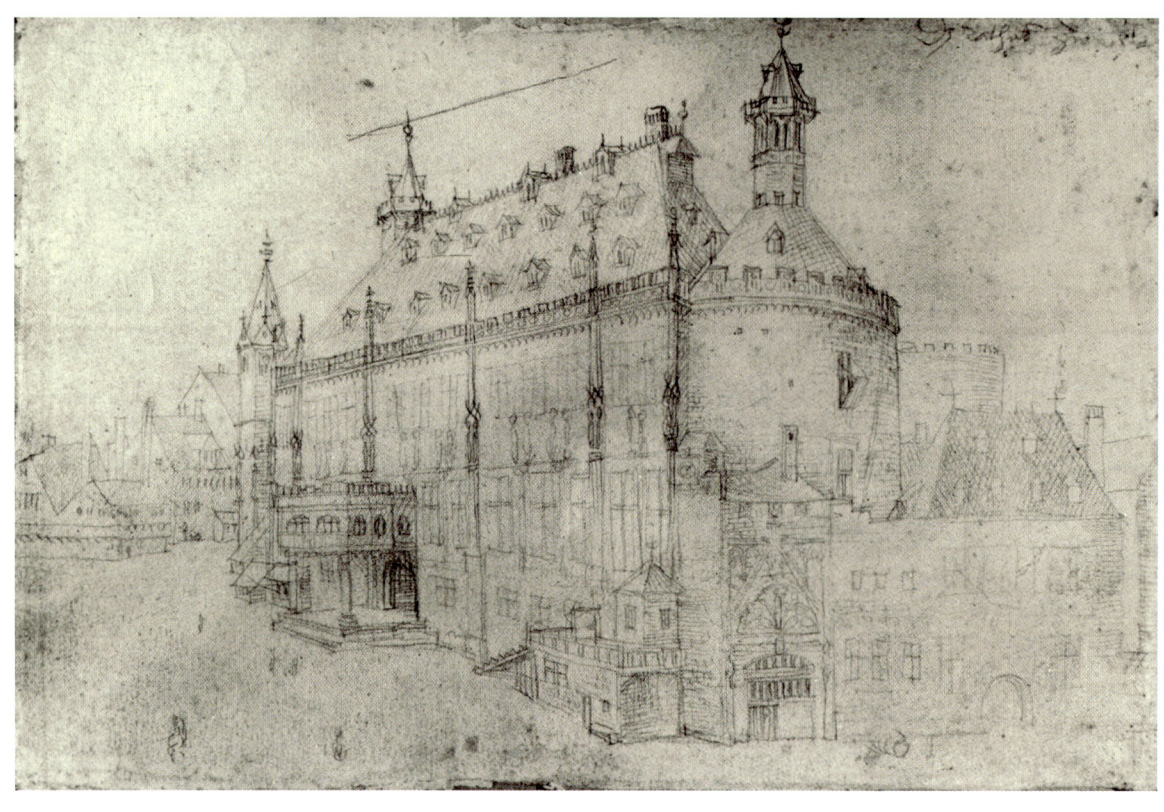

The Aachen City Hall (From the Sketchbook of *His Journeys to the Low Countries*)

L'Hôtel de ville d'Aix-la-Chapelle, extrait du carnet du *Voyage au Pays-Bas*

Das Aachener Rathaus (Aus dem Skizzenbuch der *niederländischen Reise*)

El ayuntamiento de Aquisgrán (del libro de bocetos del *viaje por Holanda*)

Il municipio di Aquisgrana (dal taccuino del *viaggio nei Paesi Bassi*)

Het raadhuis te Aken (Uit het schetsboek van de *Nederlandse reis*)

1520, Silver point/Dessin à la pointe d'argent, 12,7 × 18,9 cm, Musée Condé, Chantilly

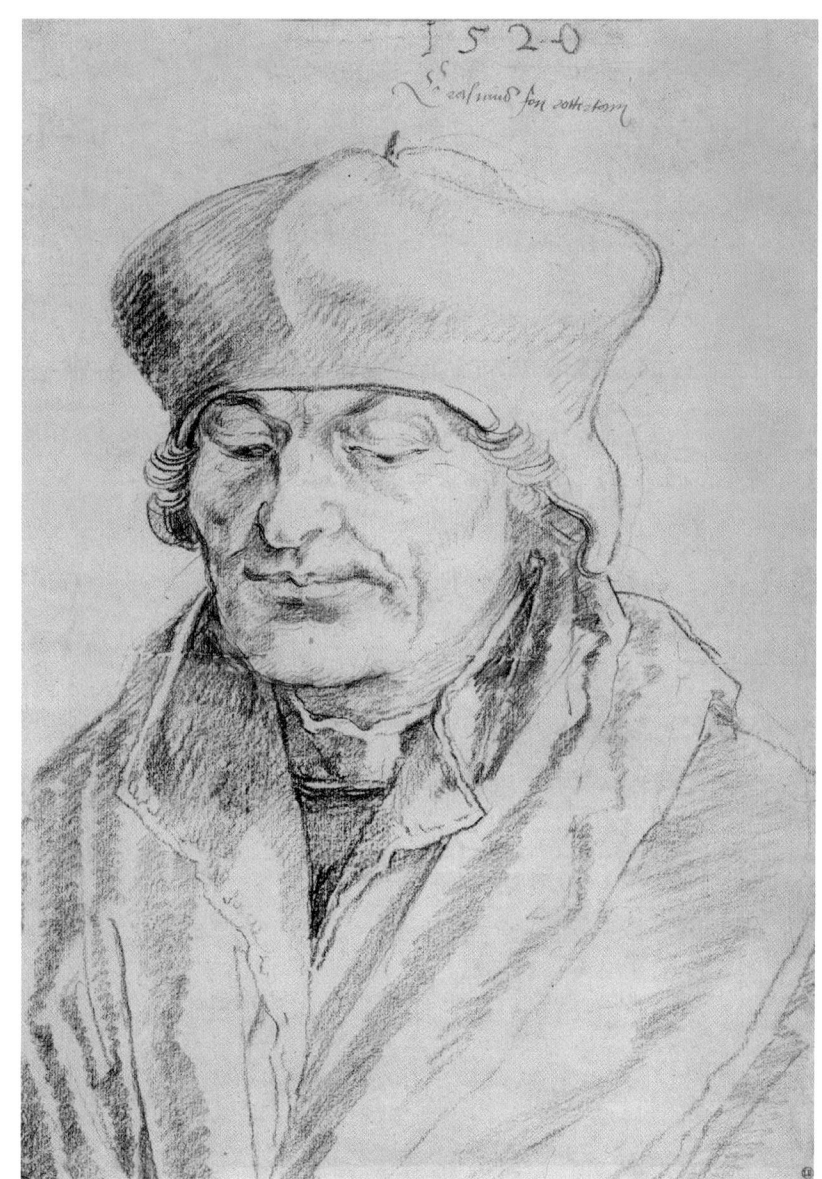

Portrait of Erasmus of Rotterdam
Portrait d'Érasme de Rotterdam
Bildnis des Erasmus von Rotterdam
Retrato de Erasmo de Róterdam
Ritratto di Erasmo da Rotterdam
Portret van Erasmus van Rotterdam

1520, Charcoal drawing/Fusain,
37,3 × 27,1 cm, Musée du Louvre, Paris

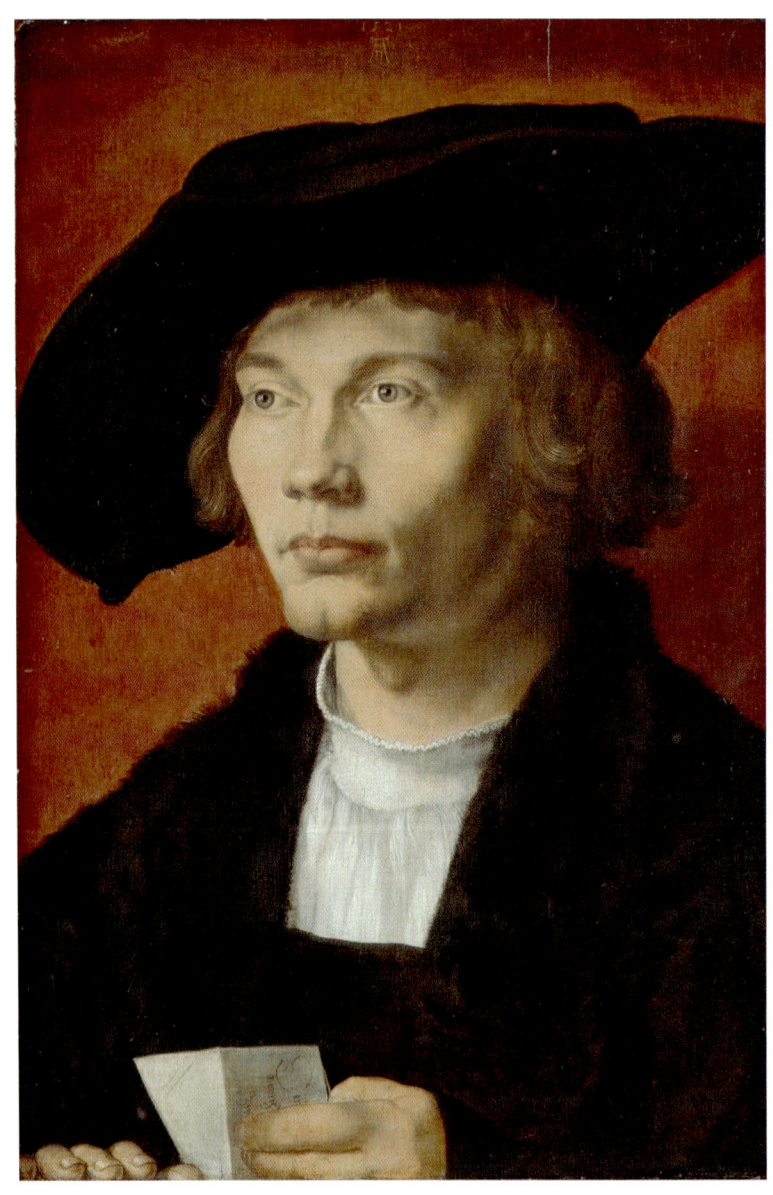

Bernhard von Reesen

1521, Oil on wood/Huile sur bois, 45,5 × 31,5 cm,
Gemäldegalerie Alte Meister, Dresden

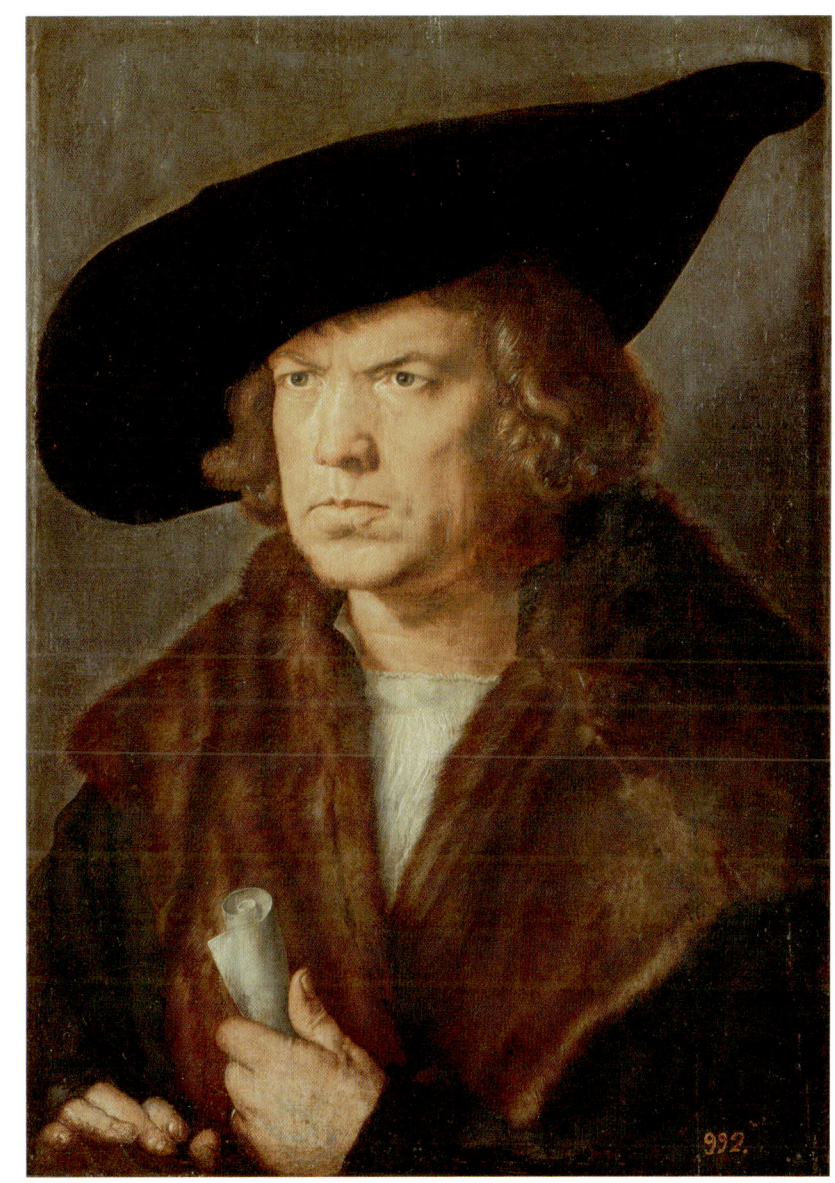

Portrait of an Unidentified Man
Portrait d'un inconnu
Bildnis eines unbekannten Mannes
Retrato de un desconocido
Ritratto di uomo sconosciuto
Portret van een onbekende man

1521, Oil on wood/Huile sur bois,
50 × 36 cm, Museo del Prado, Madrid

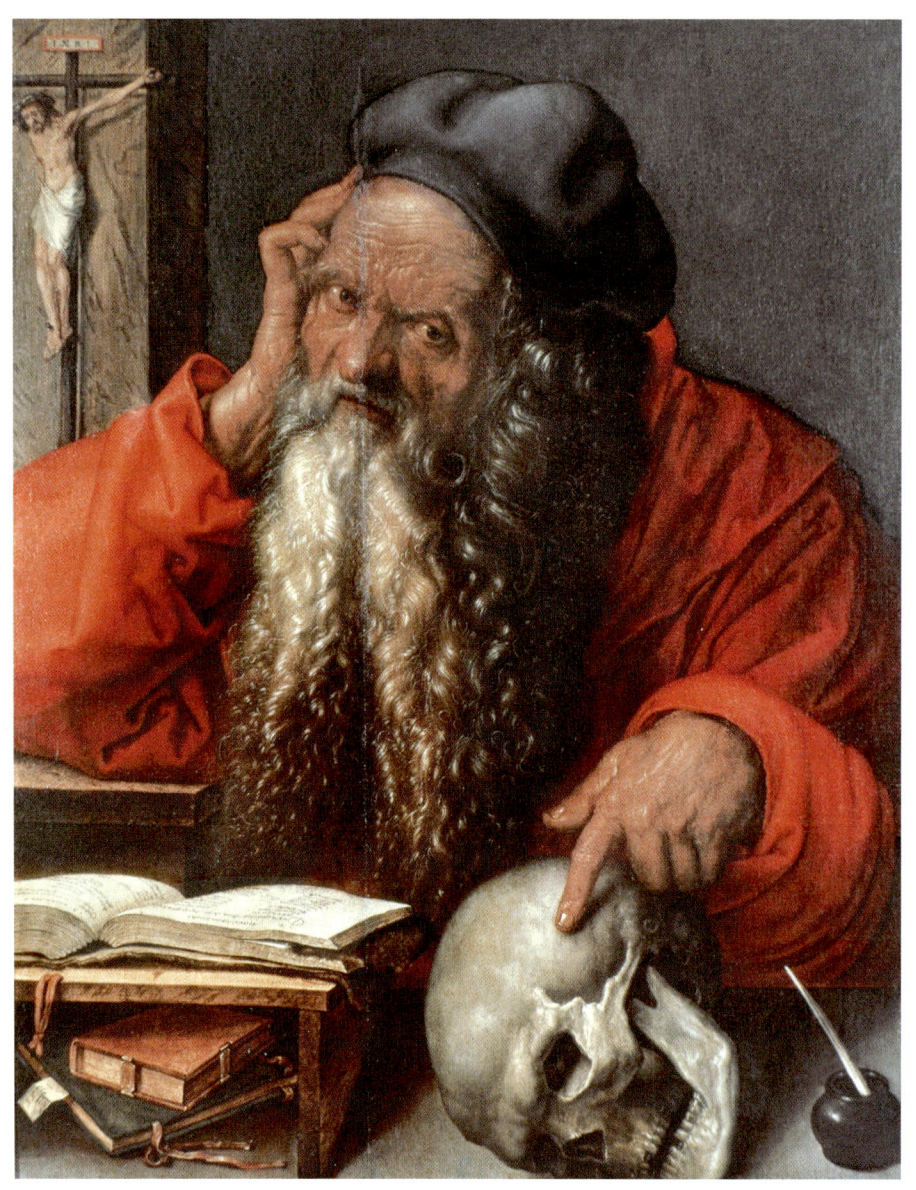

Saint Jerome in his Study

Saint Jérôme dans son cabinet d'étude

Der hl. Hieronymus im Studierzimmer

San Jerónimo en su aula de estudio

San Girolamo nello studio

De heilige Hieronymus in zijn studeerkamer

1521, Oil on wood/Huile sur bois, 59,5 × 48,5 cm, Museu Nacional de Arte Antiga, Lisboa

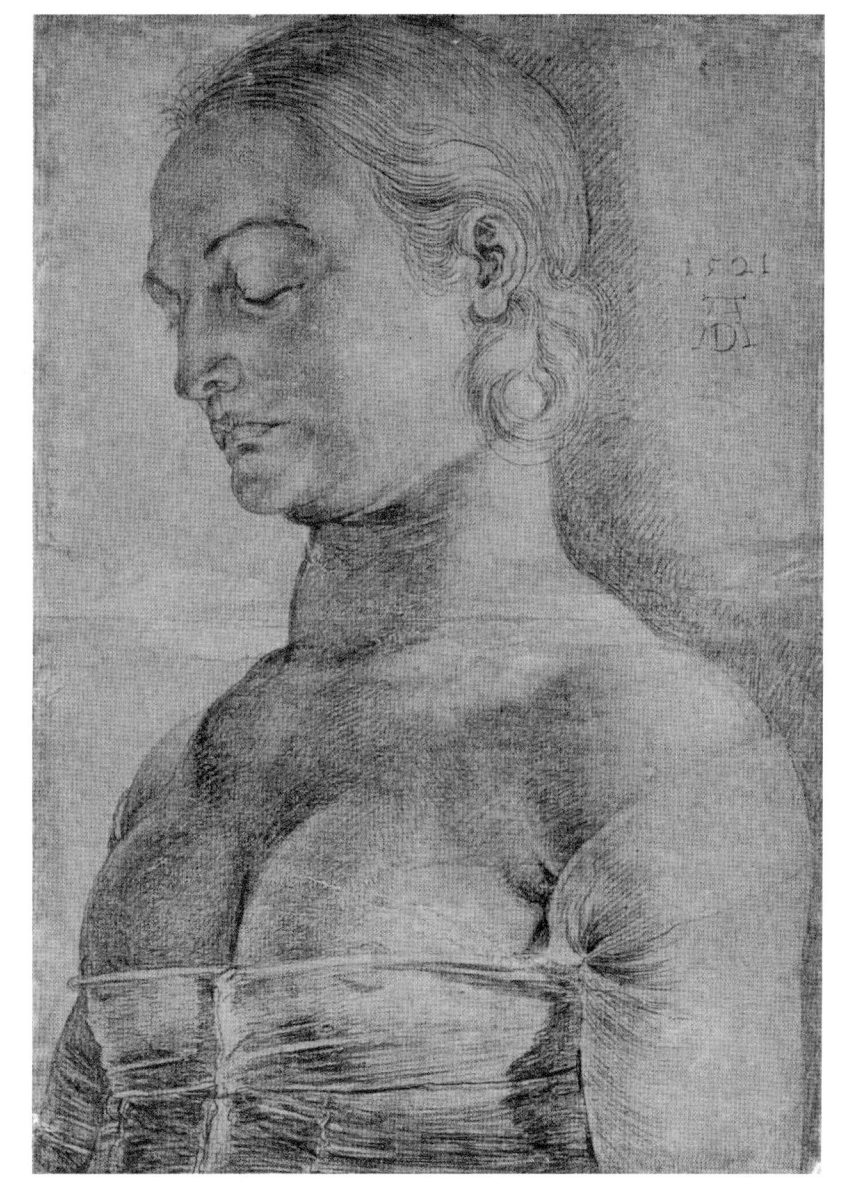

Saint Apollonia

Femme aux yeux fermés (sainte Apolline)

Die hl. Apollonia

Santa Apolonia

Sant'Apollonia

De heilige Apollonia

1521, Chalk drawing on paper washed in
green/Dessin à la craie, 41,4 × 28,8 cm,
Kupferstichkabinett, Berlin

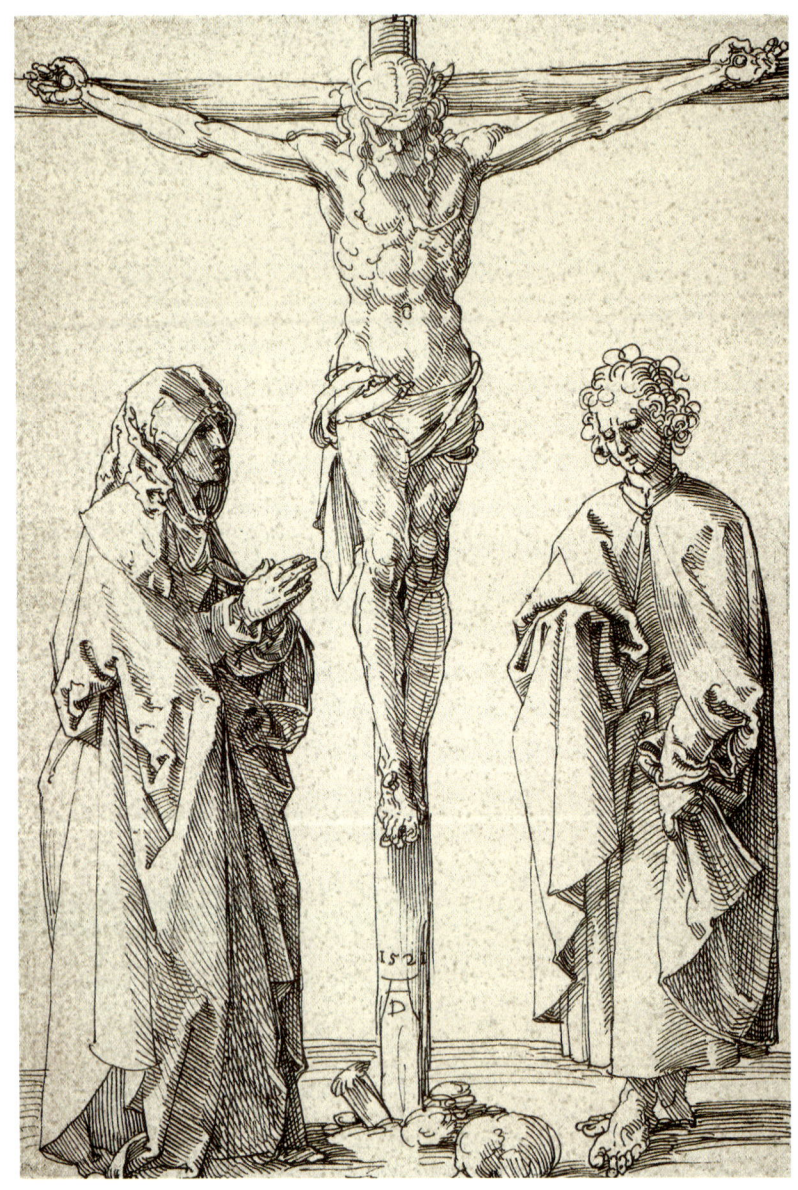

Christ on the Cross with Mary and John

La Crucifixion

Christus am Kreuze mit Maria und Johannes

Cristo en la cruz con María y Juan

Cristo in croce con Maria e Giovanni

Christus aan het kruis met Maria en Johannes

1521, Pen and ink/Dessin à la plume, 32,3 × 22,3 cm, Albertina, Wien

A Skull

Crâne (détail pour *Saint Jérôme*)

Ein Totenkopf

Calavera

Un teschio

Doodshoofd

1521, Brush drawing on paper washed in dark violet/Dessin au pinceau et gouache, 18 × 19,2 cm, Albertina, Wien

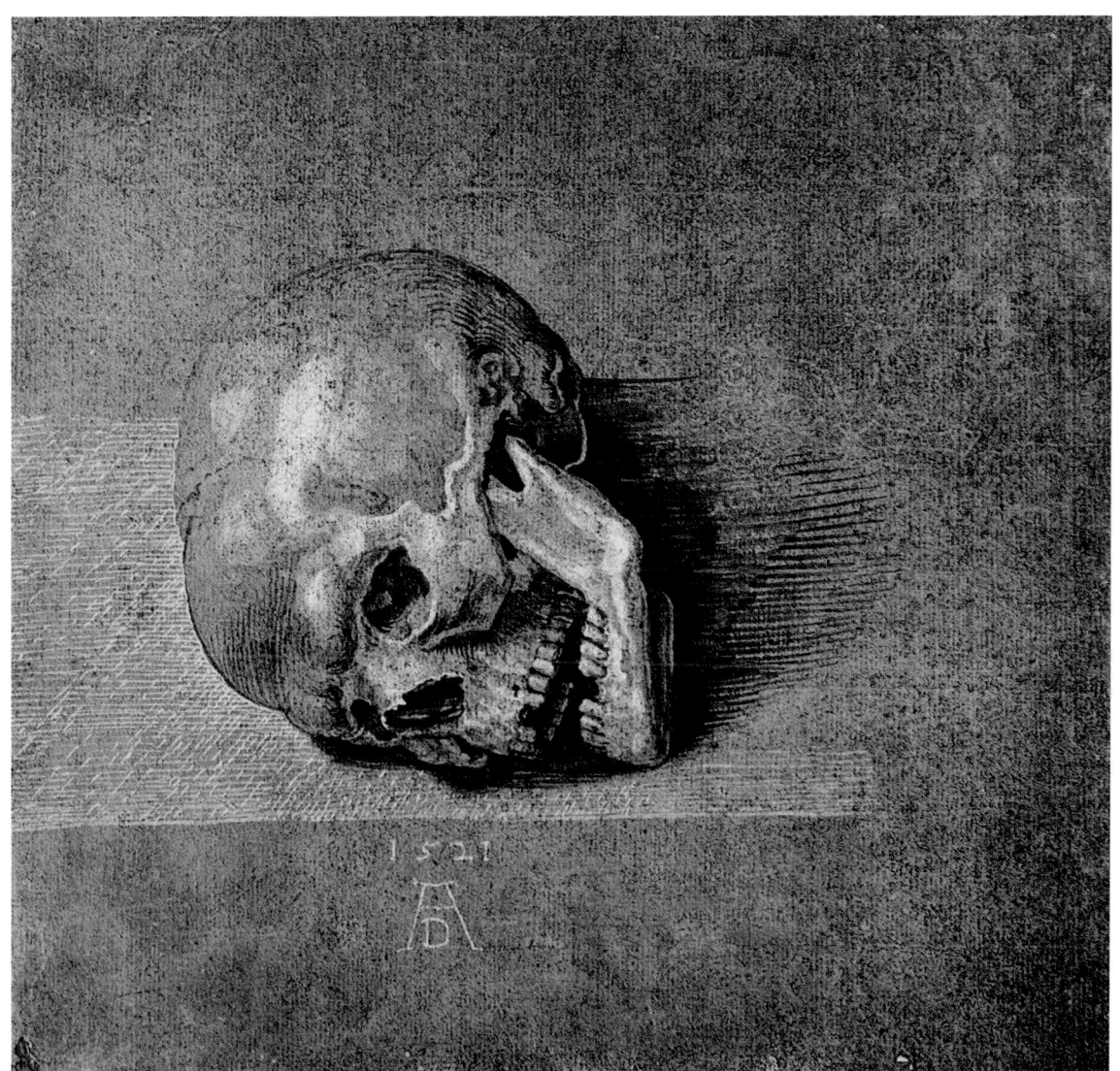

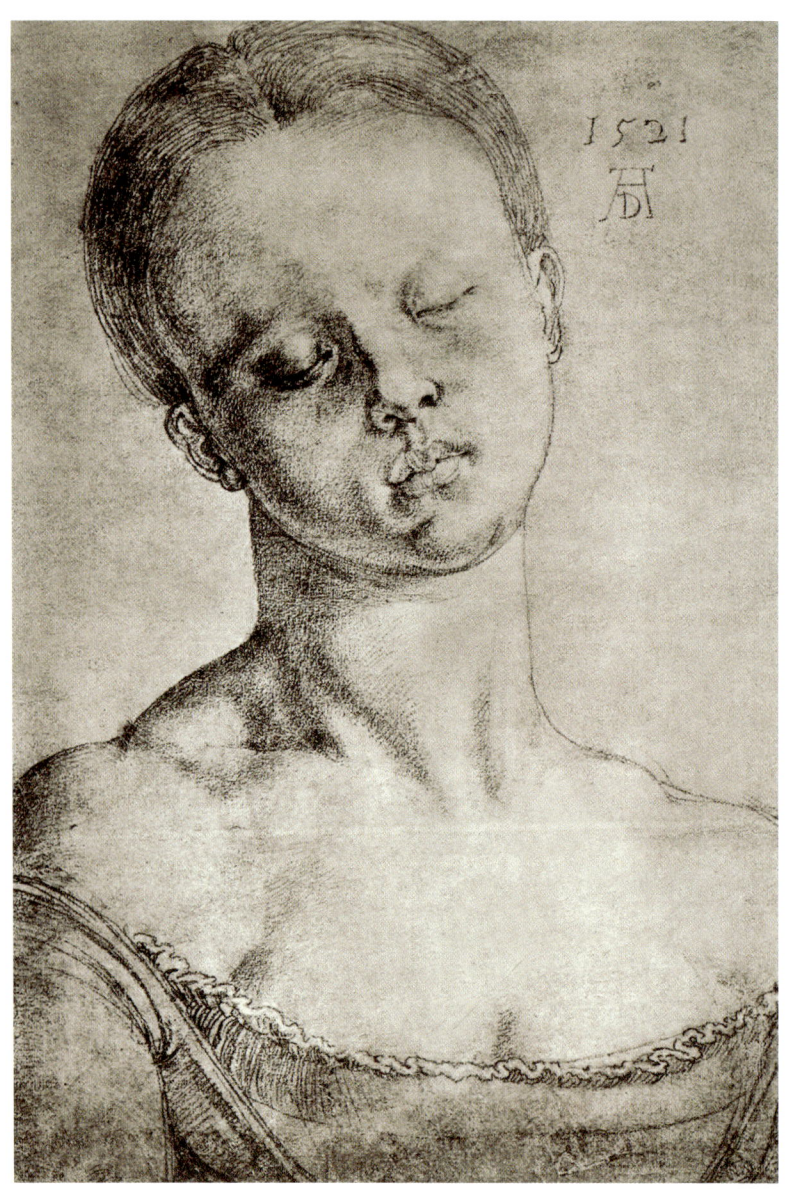

Saint Barbara

Portrait d'une jeune fille en buste, vue de face (étude pour *Sainte Barbe*)

Die hl. Barbara

Santa Bárbara

Santa Barbara

De heilige Barbara

1521, Chalk on paper washed in green/Pierre noire, 41,7 × 28,6 cm, Musée du Louvre, Paris

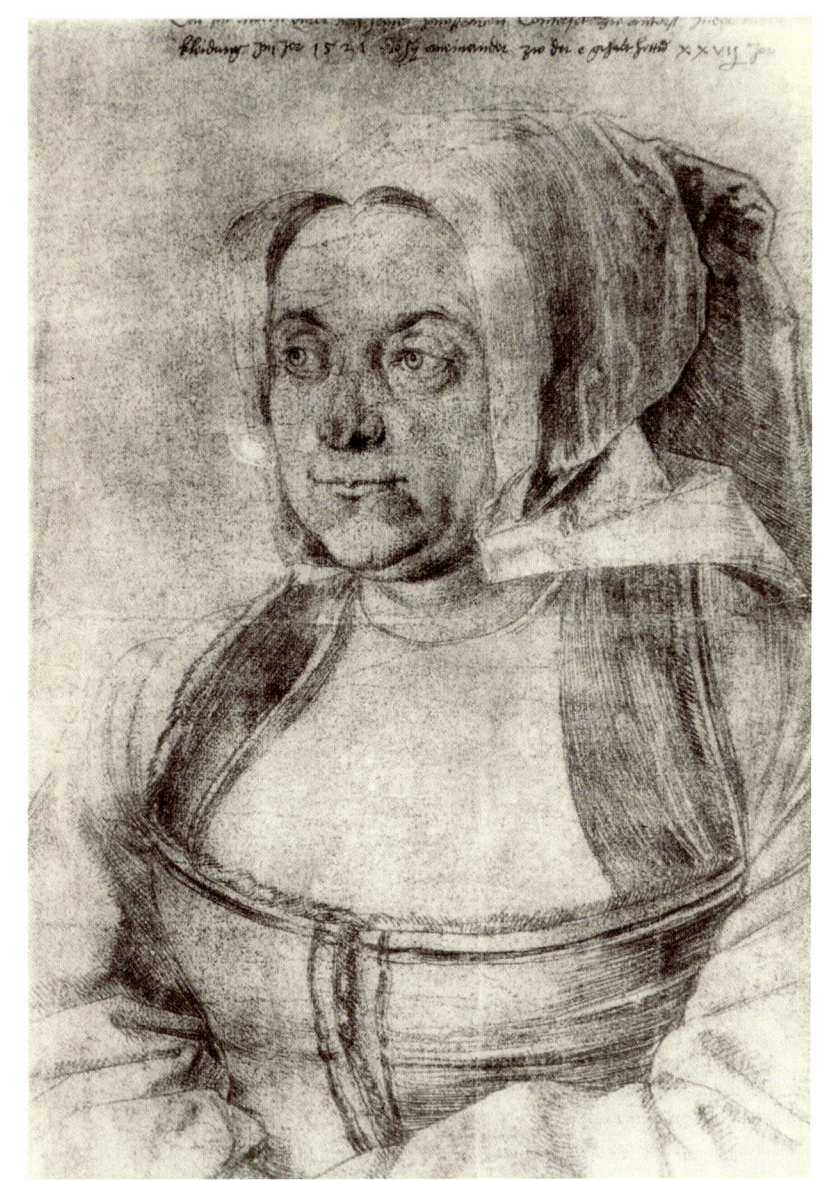

Agnes Dürer in Dutch Costume

Agnes Dürer en costume néerlandais

Agnes Dürer in niederländischer Tracht

Agnes Durero con vestimentas holandesas

Agnes Dürer in costume olandese

Agnes Dürer in Nederlandse klederdracht

*1521, Braun metal pen on paper washed in
dark violet/Dessin à la pointe de métal,
40,7 × 27,1 cm, Kupferstichkabinett, Berlin*

Design for the Decoration of the Great Hall of the Nuremberg City Hall
Ébauche du projet de décoration de la grande salle de l'hôtel de ville de Nuremberg
Entwurf für die Dekoration des Großen Saals des Nürnberger Rathauses
Boceto para la decoración de la gran sala del ayuntamiento de Núremberg
Progetto per la decorazione della Sala Grande del municipio di Norimberga
Ontwerp voor de aankleding van de groe zaal van het raadhuis te Neurenberg
1521, Pen drawing in brown with watercolor/Plume et aquarelle, 25,6 × 35,1 cm, Morgan Library & Museum, New York

Art and theory: Dürer's Final Years

Dürer's final years were influenced by the events of the Reformation and the peasant wars. Nuremberg became Protestant, while Dürer remained a Catholic, despite being an admirer of Martin Luther. Biblical themes and especially Madonnas continued to be the subjects of his painting. In those times

Art et théorie – les dernières années

Les dernières années de Dürer sont marquées par les événements de l'époque : la Réforme et la guerre des Paysans. Nuremberg devient protestante mais Dürer, bien qu'il admire Martin Luther, reste catholique. Les thèmes bibliques, et en particulier les portraits de la Vierge, sont de plus

Kunst und Theorie – Die letzten Jahre

Dürers letzte Lebensjahre sind geprägt von den Zeitgeschehnissen der Reformation und der Bauernkriege. Nürnberg wird protestantisch, Dürer – obwohl Bewunderer Martin Luthers – bleibt katholisch. Biblische Themen und vor allem das Marienbildnis bestimmen weiterhin sein malerisches

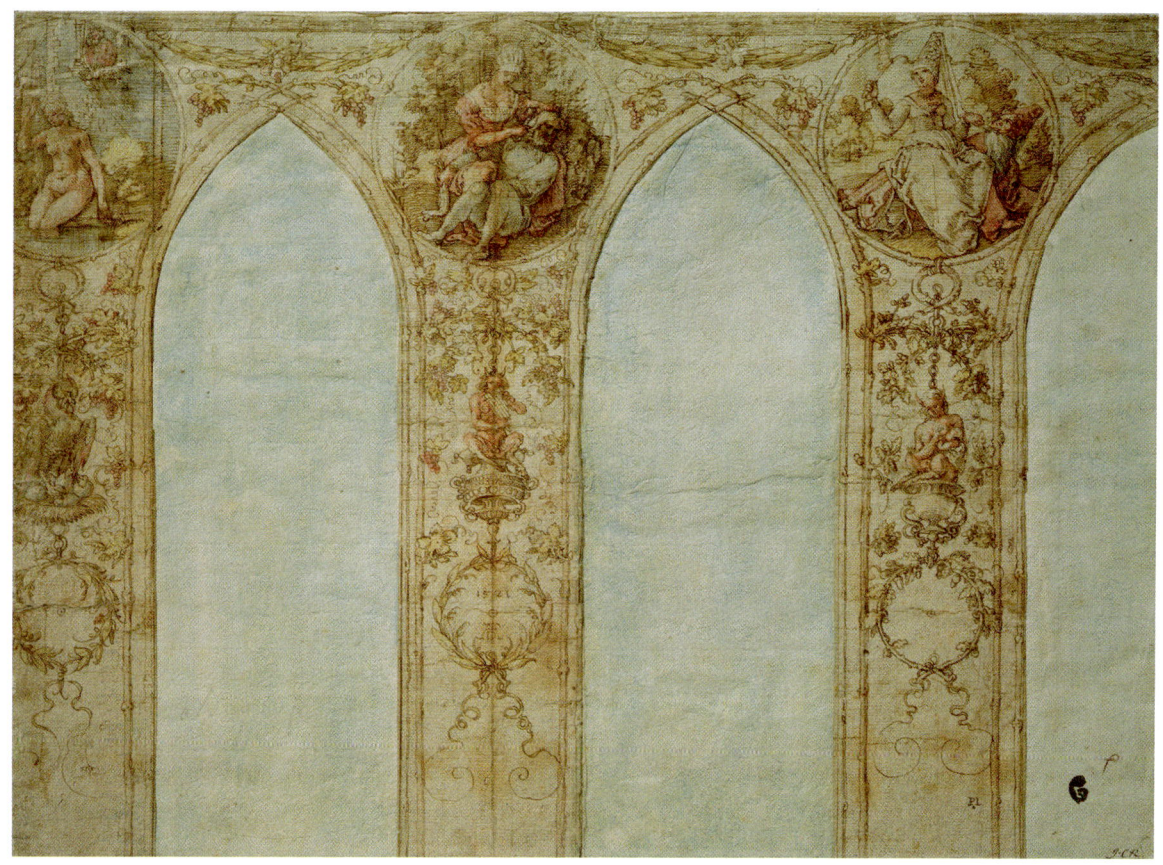

Arte y teoría– Los últimos año

Los últimos años de Durero vienen
marcados por los eventos de la época:
la Reforma protestante y las guerras
de campesinos. Núremberg se vuelve
protestante, pero Durero sigue siendo
católico a pesar de su admiración por
Martín Lutero. Los temas bíblicos y
en especial la iconografía mariana

Arte e teoria – Gli ultimi anni

Gli ultimi anni di vita di Dürer sono
influenzati dagli eventi storici
contemporanei: la Riforma protestante
e la guerra dei contadini. Norimberga
è una città protestante, mentre Dürer,
sebbene ammiri Martin Lutero, resta
cattolico. I motivi biblici e, in particolare,
i ritratti della Vergine continuano ad

Kunst en theorie – de laatste jaren

Dürers laatste levensjaren worden
bepaald door de actualiteit van de
reformatie en de boerenoorlogen.
Neurenberg wordt protestants,
Dürer – alhoewel een bewonderaar van
Martin Luther – blijft katholiek. Bijbelse
items en met name het Mariabeeld
bestempelen nog steeds zijn creaties – in

of plague, war, and upheaval, they were even more important to people.

He was hired by the city to decorate the hall in the Nuremberg City Hall. In 1526, Dürer have the city a set of life-size figures of Peter and Paul, Mark and John.

He also spent his final years in a theoretical examination of the laws of art and mathematics. Already after his second trip to Italy, Dürer had begun work on a textbook that, in the end, he would never complete. In 1525, *Instructions in Measurement* appeared, the first mathematics book written in

en plus présents dans son œuvre – en ces temps de peste, de guerre et de bouleversements, c'est un soutien dont les gens ont plus besoin que jamais.

La ville de Nuremberg le charge de la décoration de la salle de l'hôtel de ville – une commande considérable ! En 1526, Dürer offre à sa ville un diptyque grandeur nature représentant les apôtres Paul et Pierre et les évangélistes Marc et Jean.

Mais Dürer s'est aussi intéressé à des problèmes théoriques, notamment celui de la mesure, dans les arts comme

Schaffen – in Zeiten von Pest, Krieg und Umbruch sind sie den Menschen mehr denn je ein wichtiger Halt.

Von der Stadt wird er mit der Ausschmückung des Nürnberger Rathaussaales beauftragt – ein gigantischer Auftrag! 1526 schenkt Dürer die lebensgroßen Figuren der vier Apostel Paulus und Petrus und der Evangelisten Markus und Johannes seiner Stadt.

Aber auch die theoretische Auseinandersetzung mit den Gesetzmäßigkeiten der Kunst und

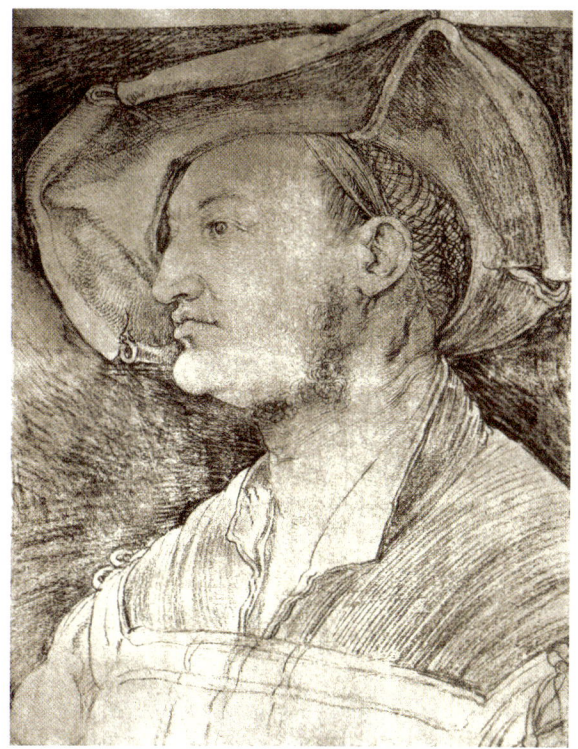

determinan su obra: en tiempos de peste, guerra y cambios son más importantes que nunca para la gente.

La ciudad le encarga la decoración de la sala del ayuntamiento de Núremberg, un encargo de enormes magnitudes. En 1526 Durero regala a la ciudad figuras de tamaño real de los cuatro apóstoles Pablo y Pedro y los evangelistas Marcos y Juan.

Pero Durero también se dedica a la teoría de las leyes artísticas y matemáticas. Ya después de su segundo viaje a Italia, Durero había comenzado a

essere determinanti nella sua opera pittorica. In tempo di peste, guerre e cambiamenti radicali, esse sono infatti più che mai un importante sostegno per le persone.

Dürer riceve dalla città di Norimberga un enorme incarico nell'ambito della decorazione del municipio. Nel 1526 dona alla sua città le figure a grandezza naturale dei quattro apostoli: Pietro, Paolo e gli evangelisti Marco e Giovanni.

Tuttavia, il pittore si concentra anche sullo studio teorico delle leggi dell'arte e della matematica. Dopo il suo secondo

tijden van pest, oorlog en omwenteling meer dan ooit een belangrijk houvast voor de mensheid.

De stad Neurenberg geeft hem de opdracht om de zaal van het gemeentehuis te bekleden – een gigantische klus! 1526 geeft Dürer de levensgrote beelden van de twee apostels Paulus en Petrus alsmede de evangelisten Markus en Johannes aan zijn stad cadeau.

Maar ook de theoretische uiteenzetting met de wetmatigheden van kunst en wiskunde houden Dürer bezig.

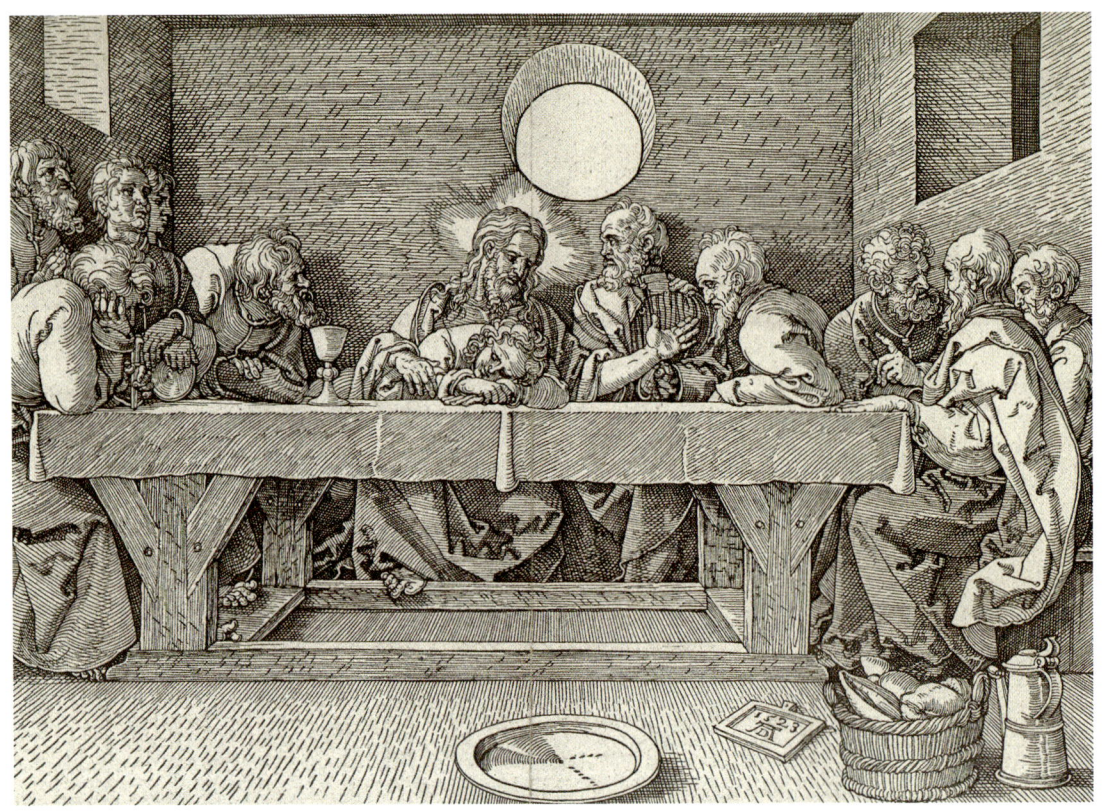

German. This was followed by a work on architecture. The *Four Books of Human Proportion,* published by Agnes after his death in 1528, eventually helped to consolidate his legacy in art history.

dans les sciences. Dès son deuxième voyage en Italie, il a entamé un projet de manuel, qu'il n'a cependant jamais mené à son terme. En 1525, il publie les *Instructions pour la mesure à la règle et au compas,* le premier livre de mathématiques en langue allemande. Il se consacre également à des travaux sur l'architecture. Son *Traité des proportions du corps humain,* publié après sa mort par Agnes, en 1528, constitue son legs à l'histoire de l'art.

Mathematik beschäftigt Dürer. Bereits nach seiner zweiten Italienreise hatte Dürer mit einem Lehrbuchprojekt begonnen, das er jedoch nie abschließen sollte. 1525 erscheint *Die Unterweisung der Messung,* das erste Mathematikbuch in deutscher Sprache. Es folgt ein Werk über Architektur. Die *Vier Bücher von menschlicher Proportion,* erst nach seinem Tod 1528 von Agnes veröffentlicht, bilden schließlich sein kunsthistorisches Vermächtnis.

The Last Supper

La Dernière Cène

Das Abendmahl

La cena

L'ultima cena

Het laatste avondmaal

1523, Woodcut/Gravure sur bois, 21,3 × 30,1 cm, Petit Palais, musée des Beaux-arts de la Ville de Paris, Paris

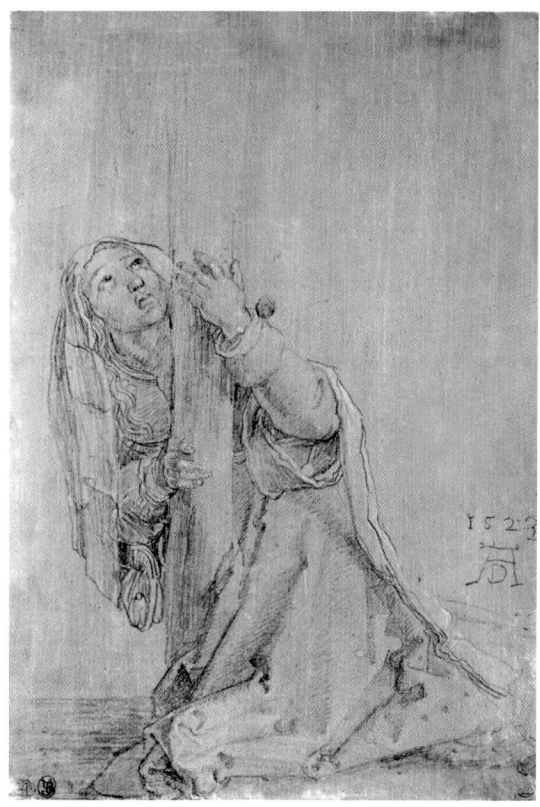

Mary Magdalene (Study for the *Great Crucifixion*)

Madeleine au pied de la croix (étude pour *La Crucifixion*)

Magdalena (Studie für die *Große Kreuzigung*)

Magdalena (estudio para la *gran crucifixión*)

Maria Maddalena (studio per la *Grande Crocifissione*)

Magdalena (Studie voor de *Grote Kruiziging*)

1523, Leaded tin pen on paper washed in green/Mine de plomb et gouache, 29,5 × 20,6 cm, Musée du Louvre, Paris

escribir un libro teórico que no llegaría a terminar nunca. En 1525 aparecen *Los cuatro libros de la medida,* primer libro de matemáticas en idioma alemán. Le sigue un trabajo sobre arquitectura. Los *cuatro libros sobre la proporción humana,* publicado de manera póstuma por Agnes en 1528 constituyen finalmente su legado histórico-artístico.

viaggio in Italia Dürer aveva iniziato a lavorare ad un manuale, che resterà però incompiuto. Nel 1525 viene pubblicato *L'insegnamento della misura,* il primo libro di matematica in tedesco, seguito da un lavoro sull'architettura. I *Quattro libri delle proporzioni umane,* pubblicati per la prima volta da Agnes dopo la sua morte di Dürer nel 1528, costituiscono infine la sua eredità storico-artistica.

Reeds na zijn tweede Italiaanse reis was Dürer aan een studieboekproject begonnen, hetgeen hij echter nooit zou voltooien. 1525 verschijnt *Instructies voor de meetkunde* het eerste wiskundeboek in Duitse taal. Er volgt een uiteenzetting over de architectuur. De *Vier boeken over de menselijke proporties* pas na zijn dood gepubliceerd door Agnes, vormen tenslotte zijn cultuurhistorische erfenis.

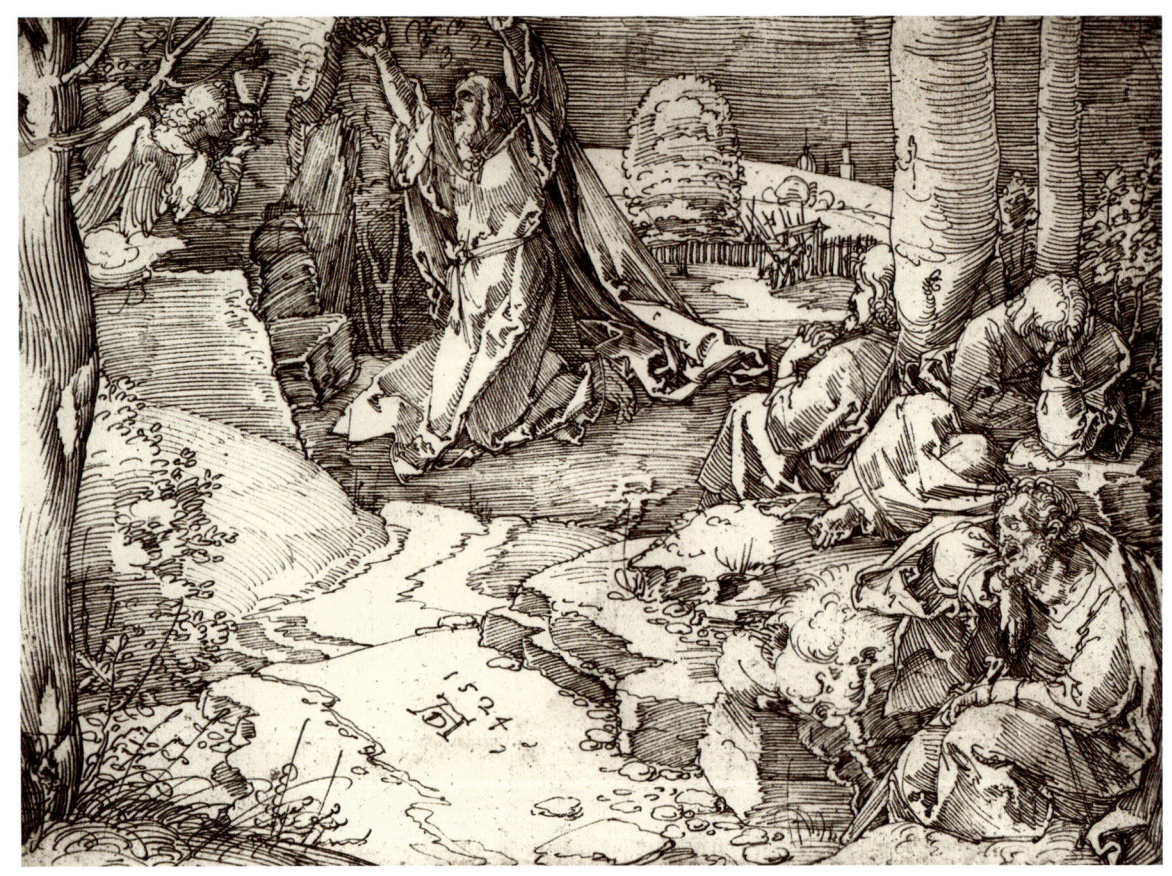

Christ on the Mount of Olives

Le Christ sur le mont des Oliviers

Christus am Ölberg

Cristo en el monte de los olivos

Cristo sul Monte degli Ulivi

Christus op de olijfberg

1524, Pen and ink/Dessin à la plume, 21,2 × 22,9 cm

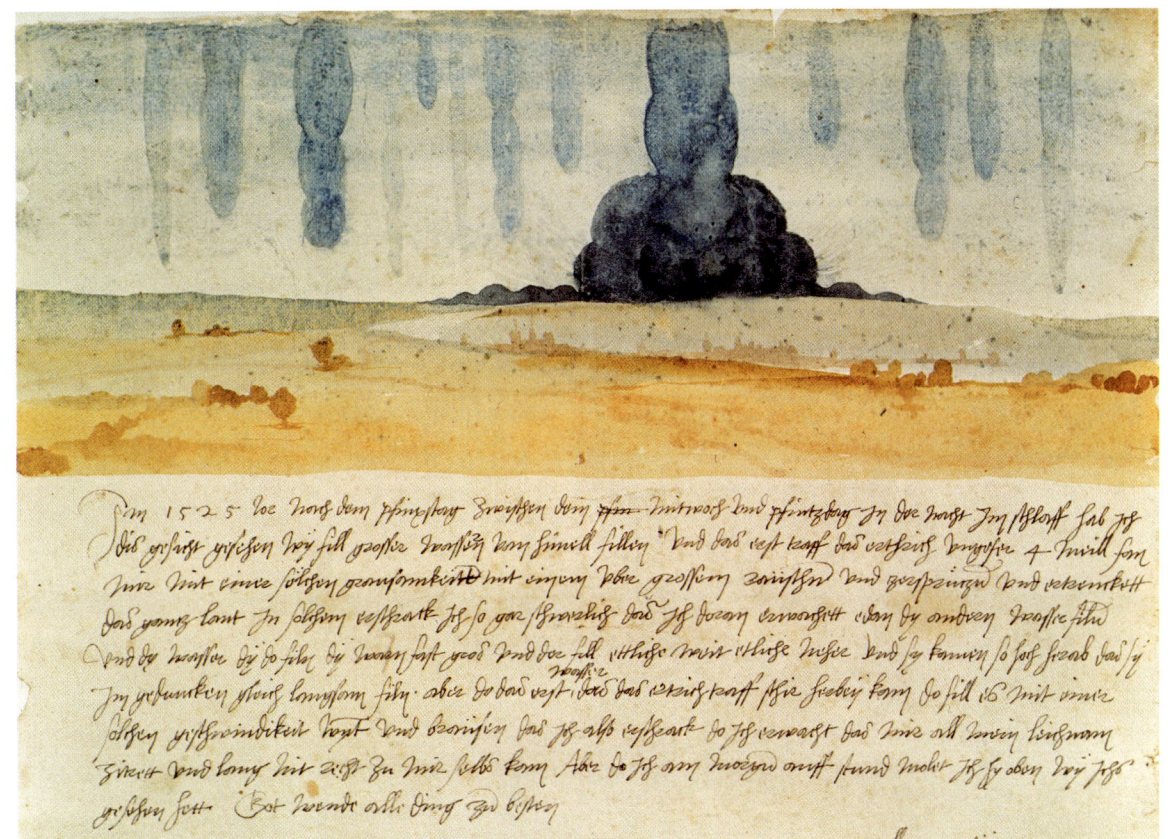

Dream face

La Vision

Traumgesicht

Sueño

Visione onirica

Droomgezicht

1525, Watercolor/Aquarelle, 30 × 42,5 cm, Kunsthistorisches Museum, Wien

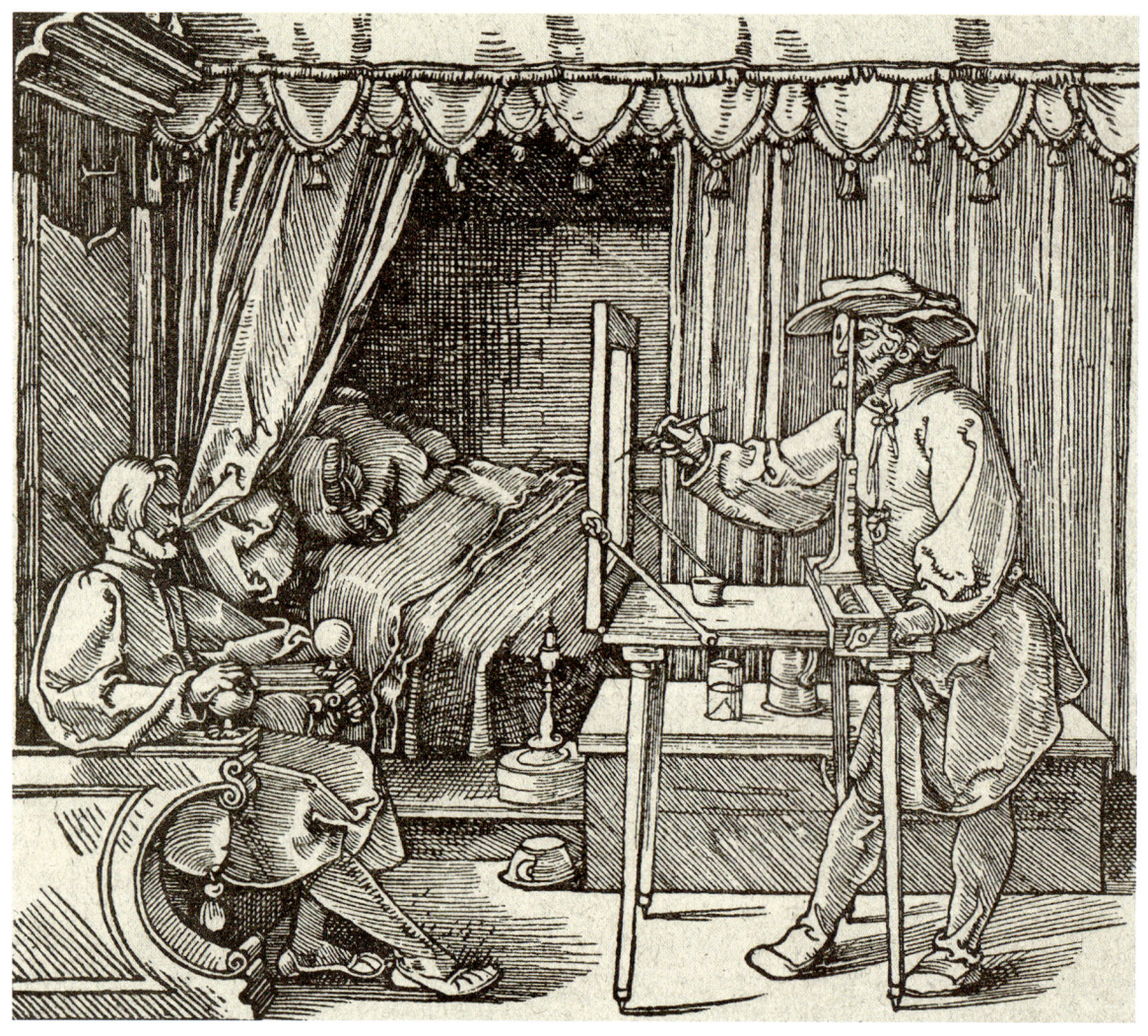

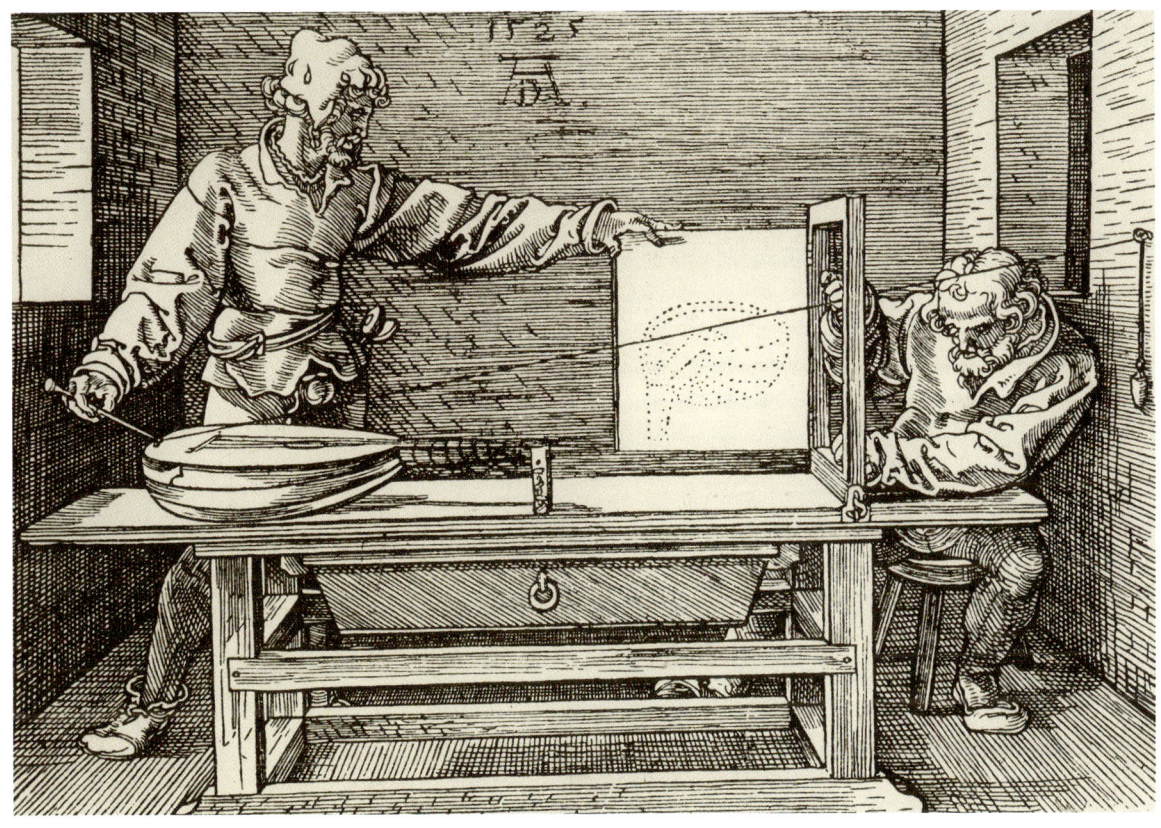

Artist Drawing a Seated Man. From: *Instructions for Measuring*

Le Dessinateur et l'Homme assis, extrait de *Instructions pour la mesure à la règle et au compas*

Der Zeichner des sitzenden Mannes. Aus: *Die Unterweisung der Messung*

El retratista del hombre sentado. De: *Los cuatro libros de la medida*

Uomo che disegna un uomo seduto. Da: *L'insegnamento della misura*

De tekenaar van de zittende man. Uit *Instructies voor de meetkunde*

1525, Woodcut/Gravure sur bois, 13,1 × 14,9 cm, Sächsische Landesbibliothek – Staats- und Universitätsbibliothek, Dresden

Artist Drawing a Lute From: *Instructions for Measuring*

Le Dessinateur au luth, extrait de *Instructions pour la mesure à la règle et au compas*

Der Zeichner der Laute. Aus: *Die Unterweisung der Messung*

El retratista del laúd. De: *Los cuatro libros de la medida*

Uomo che disegna un liuto. Da: *L'insegnamento della misura*

De tekenaar van de luit. Uit *Instructies voor de meetkunde*

1525, Woodcut/Gravure sur bois, 13,1 × 18,8 cm, Sächsische Landesbibliothek – Staats- und Universitätsbibliothek, Dresden

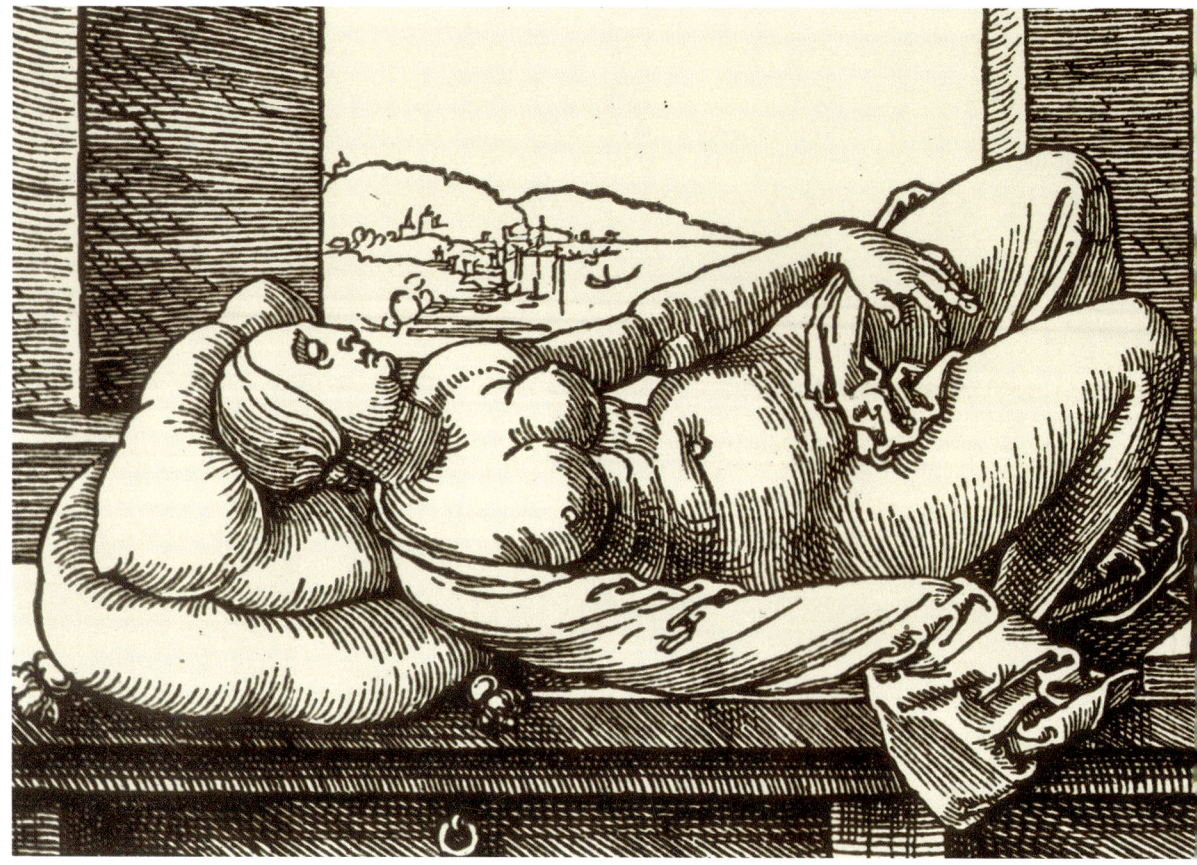

Artist Drawing a Reclining Woman From: *Instructions for Measuring*

Le Dessinateur et la Femme couchée, extrait de *Instructions pour la mesure à la règle et au compas*

Der Zeichner des liegenden Weibes. Aus: *Die Unterweisung der Messung*

El pintor de la mujer tumbada. De: *Los cuatro libros de la medida*

Uomo che disegna una donna distesa. Da: *L'insegnamento della misura*

De tekenaar van het liggende vrouwenspersoon. Uit *Instructies voor de meetkunde*

1525, Woodcut/Gravure sur bois, 75 × 21,5 cm, Sächsische Landesbibliothek – Staats- und Universitätsbibliothek Dresden, Dresden

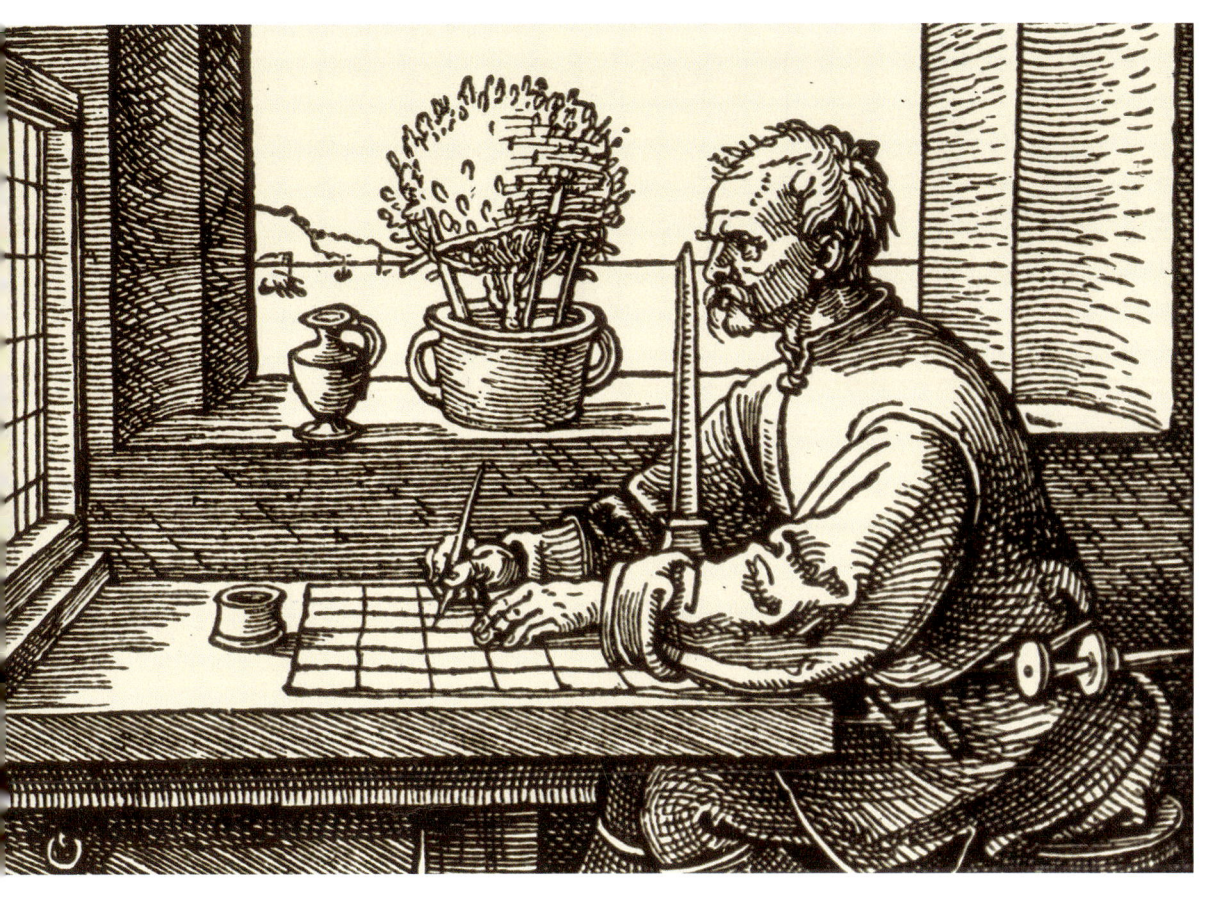

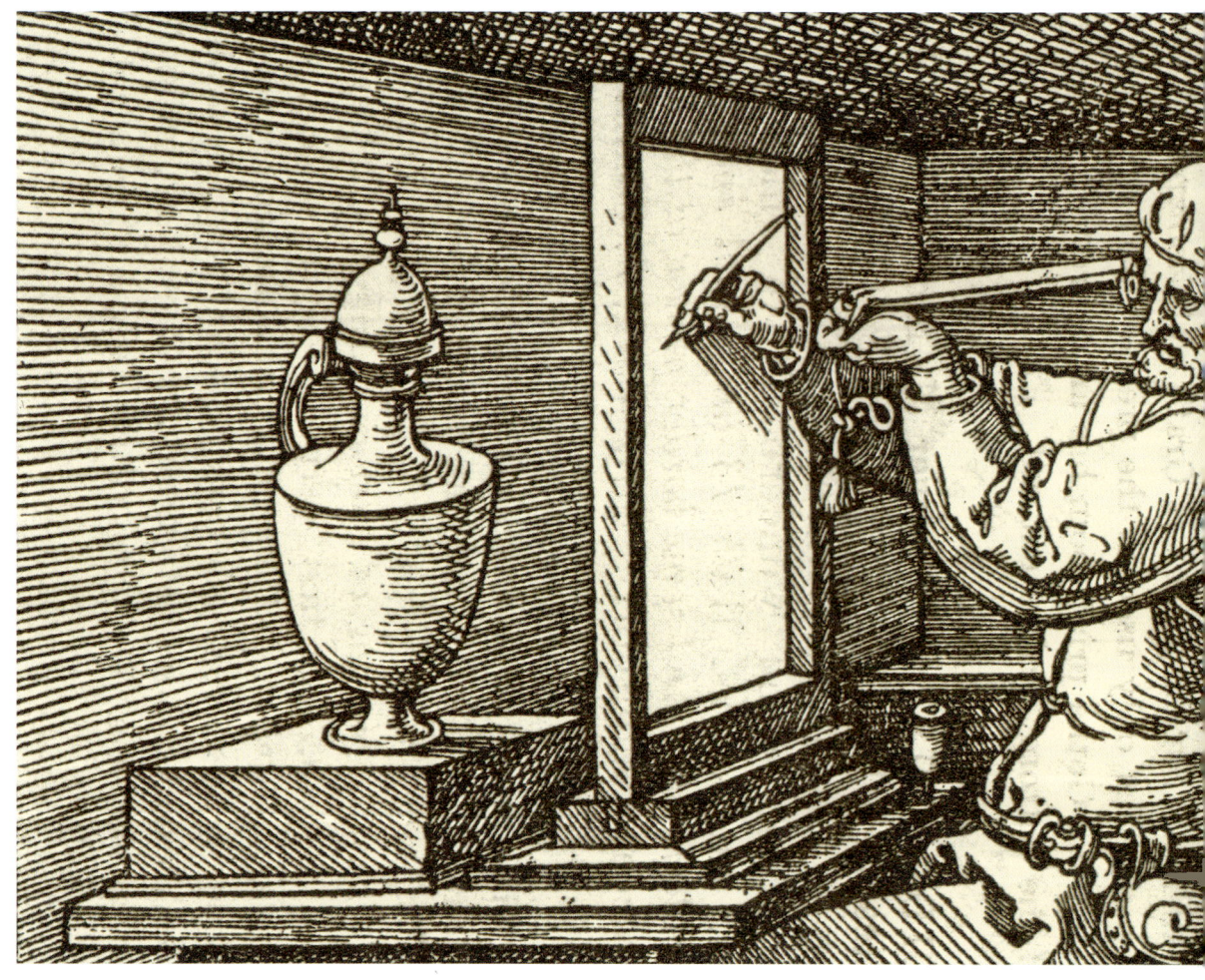

Artist Using a Straight Edge
From: *Instructions for Measuring*

Le Dessinateur à la règle, extrait de *Instructions pour la mesure à la règle et au compas* (3ᵉ édition)

1538, Woodcut/Gravure sur bois

Der Zeichner mit dem Richtscheit.
Aus: *Die Unterweisung der Messung*

El dibujante con la regla.
De: *Los cuatro libros de la medida*

Uomo che disegna con la corda per tracciare. Da: *L'insegnamento della misura*

De tekenaar met de rijlat.
Uit: *Instructies voor de meetkunde*

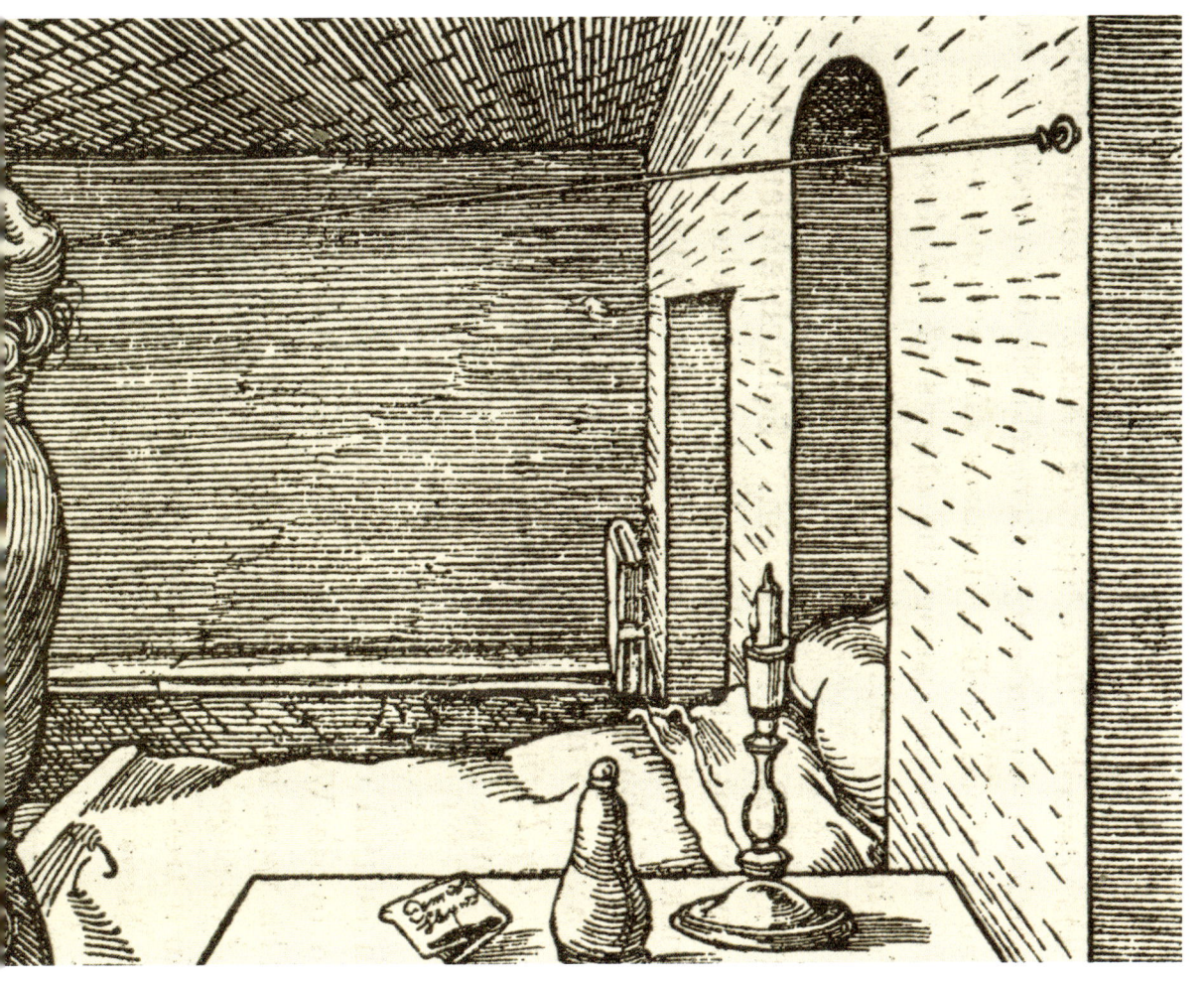

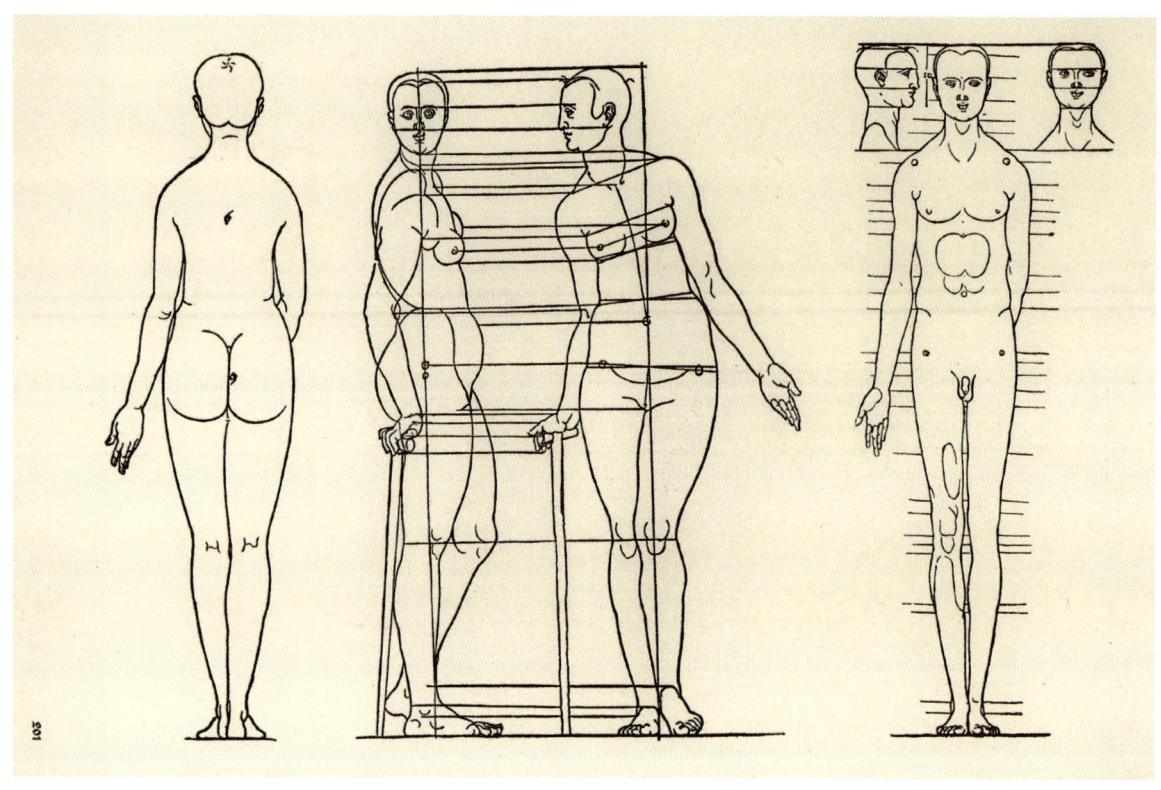

Illustration from: **The Four Books of Human Proportion**

Illustration extraite de **Traité des proportions du corps humain**

Illustration aus: **Die vier Bücher von menschlicher Proportion**

Ilustración de: **Los cuatro libros sobre proporción humana.**

Illustrazione dell'opera: **Quattro libri delle proporzioni umane**

Illustratie uit: **de vier boeken over de menselijke proporties**

1528

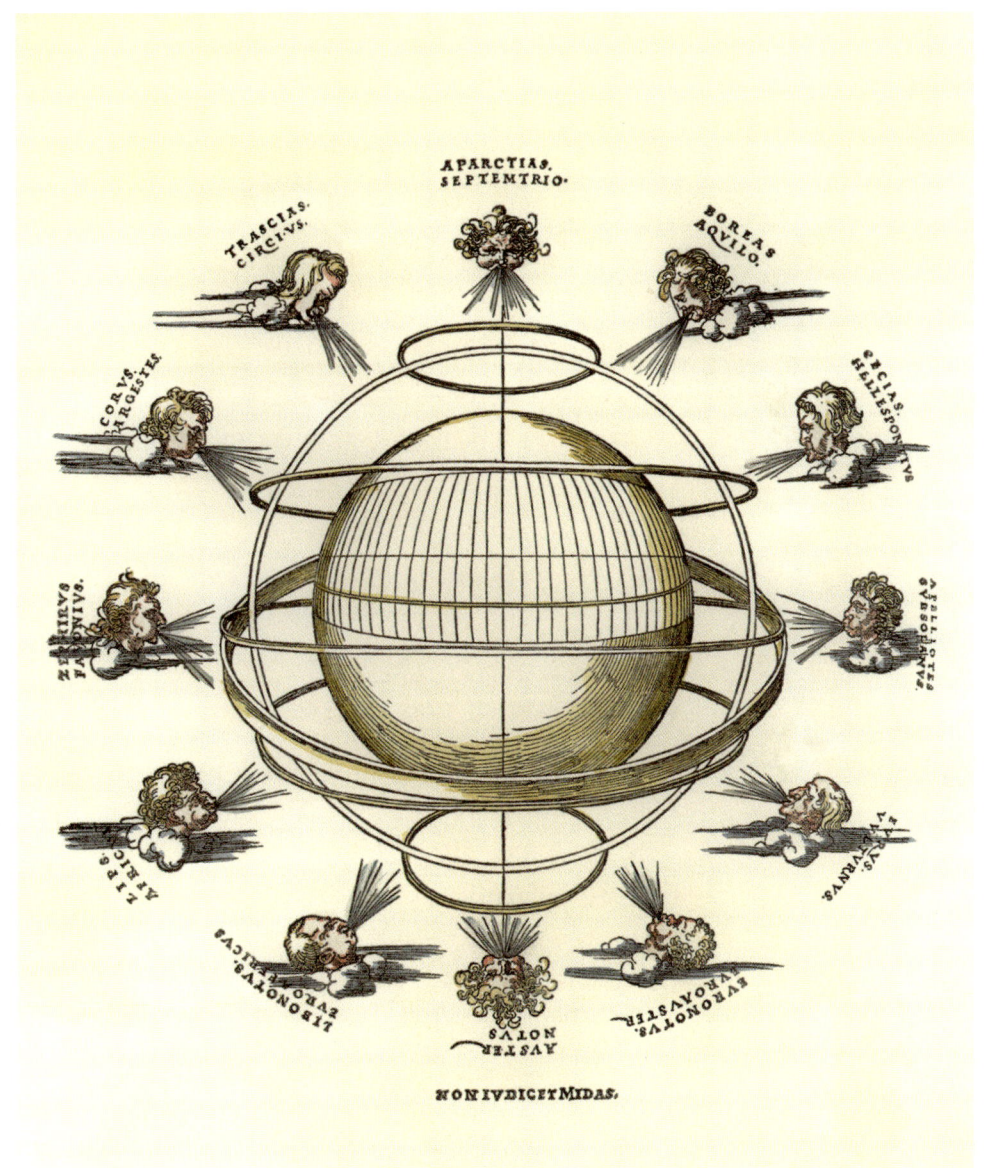

The Armillary Sphere

La Sphère Armillaire

Die Armillarsphäre

Esfera armilar

La sfera armillare

De armillairsfeer

1525, Woodcut, colored/Gravure sur bois colorisée

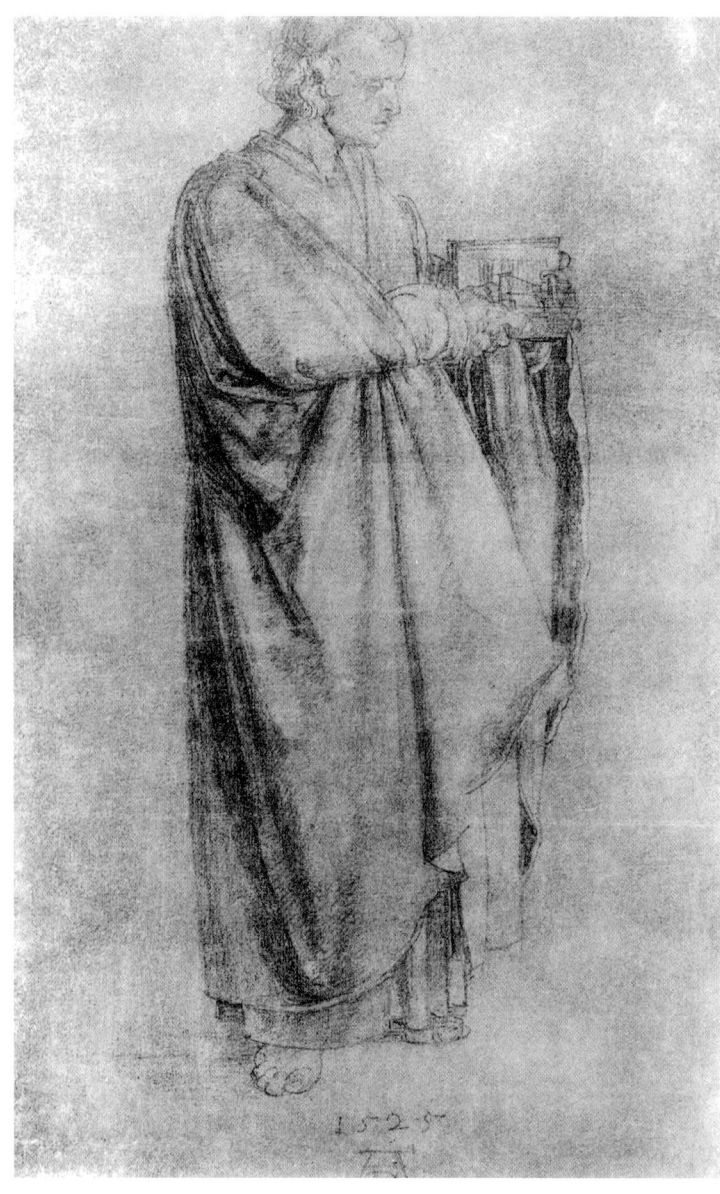

St John the Evangelist (Study for *The Four Apostles*)

Saint Jean, debout de profil, un livre à la main (étude pour *Les Quatre Apôtres*)

Johannes der Evangelist (Studie für *Die vier Apostel*)

San Juan Evangelista (estudio para *los cuatro apóstoles*)

San Giovanni Evangelista (studio per *I quattro apostoli*)

Johannes de Evangelist (studie voor *De vier Apostel*)

1525, Leaded tin pen on paper washed in green/Pierre noire, 40,5 × 25,3 cm, Musée Bonnat-Helleu, Bayonne

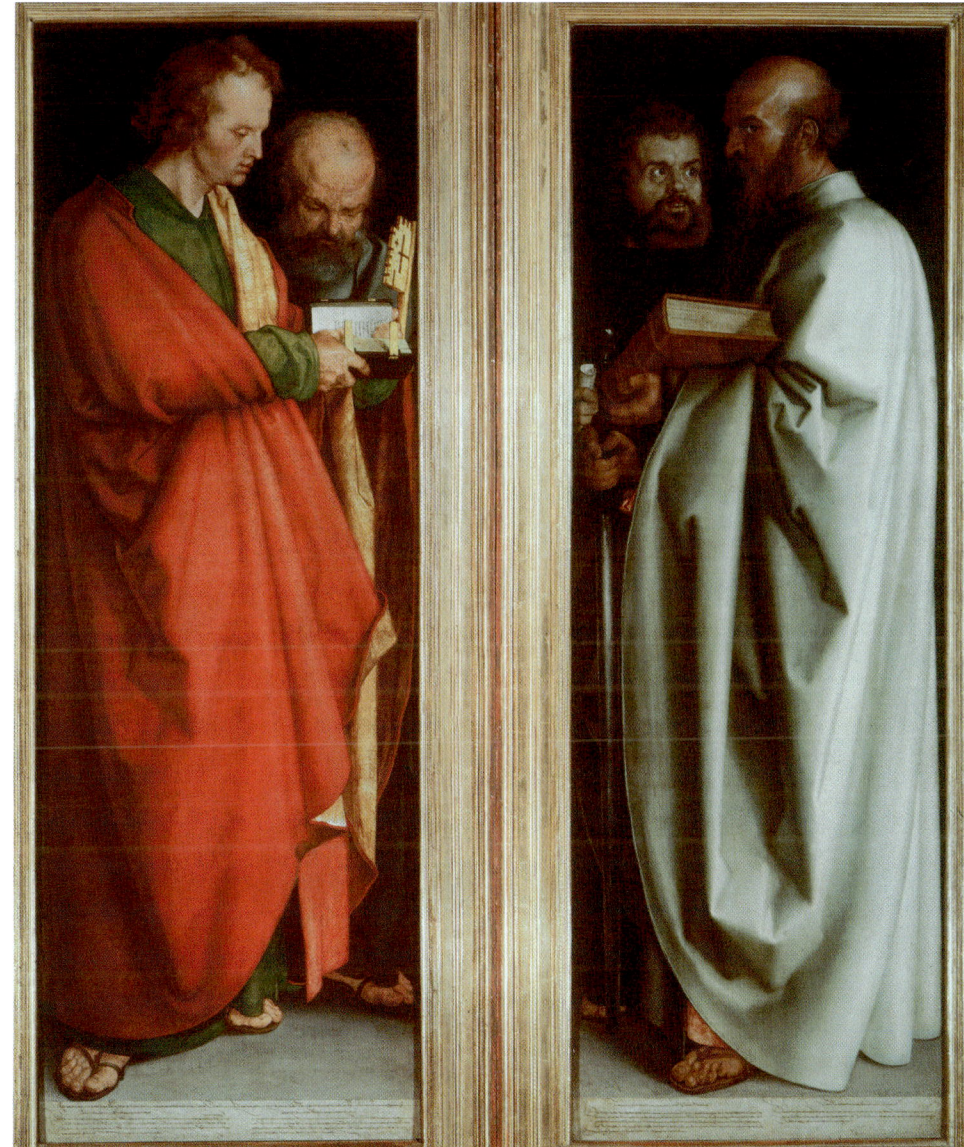

The Four Apostles
(left panel John and
Peter, right panel
Paul and Mark)

Les Quatre Apôtres
(à gauche, saint
Jean et saint Pierre ;
à droite, saint Paul
et saint Marc)

Die vier Apostel
(linke Tafel
Johannes und
Petrus, rechte Tafel
Paulus und Markus)

Los cuatro
apóstoles (tabla
izquierda Juan y
Pedro, derecha
Pablo y Marcos)

I quattro apostoli
(pannello di
sinistra: Giovanni
e Pietro; pannello
di destra: Paolo
e Marco)

De vier apostels
(linker tableau
Johannes en
Petrus, rechter
tableau Paulus
en Markus)

1526, Oil on wood/
Huile sur bois,
215,5 × 76 cm,
Alte Pinakothek,
München

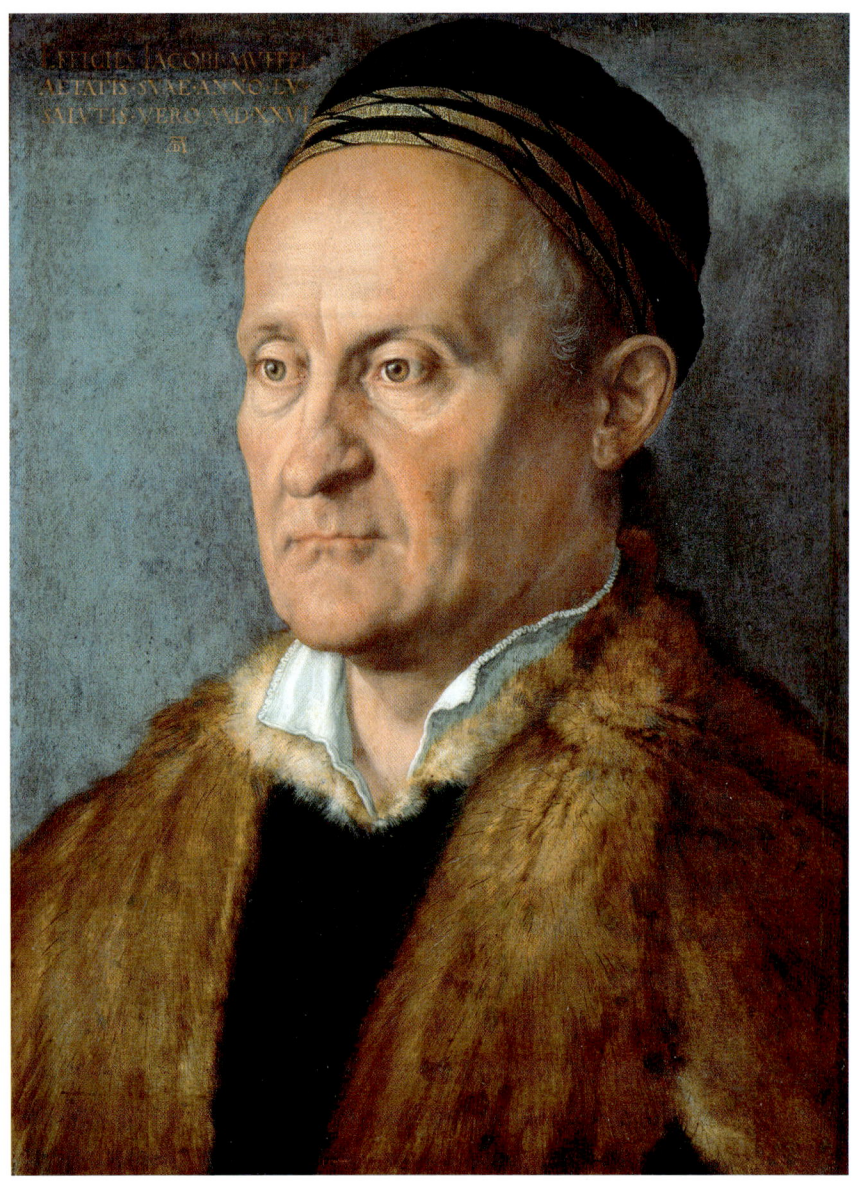

Portrait of Jokob Muffel,
Nuremberg Alderman and Mayor

Portrait de Jacob Muffel

Bildnis des Jokob Muffel,
Nürnberger Ratsherr
und Bürgermeister

Retrato de Jakob Muffel, concejal
de Núremberg y alcalde

Ritratto di Jokob Muffel,
membro del consiglio e
borgomastro di Norimberga

Portret van Jakob Muffel,
burgemeester en raadslid
van Nürnberg

*1526, Oil on wood, mounted on
canvas/Huile sur bois transposée sur
toile, 48 × 36 cm, Staatliche Museen,
Gemäldegalerie, Berlin*

**Portrait of Businessman
Johann Kleberger**

Portrait de Johann Kleberger

**Bildnis des Kaufmanns
Johann Kleberger**

**Retrato del comerciante
Johann Kleberger**

**Ritratto dell'uomo d'affari
Johann Kleberger**

**Portret van de koopman
Johann Kleberger**

*1526, Oil on wood/Huile sur bois,
37 × 36,6 cm, Kunsthistorisches
Museum, Wien*

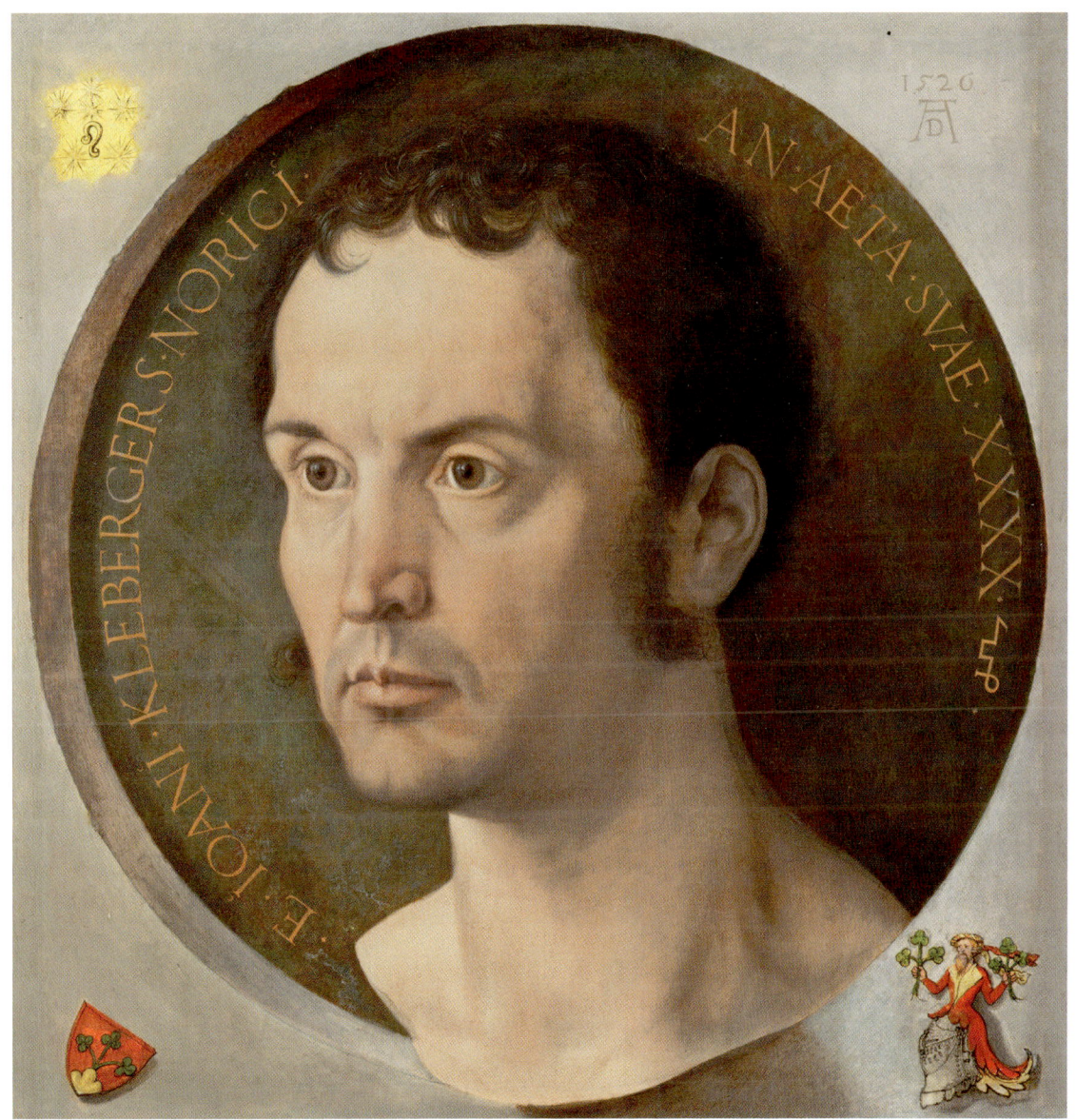

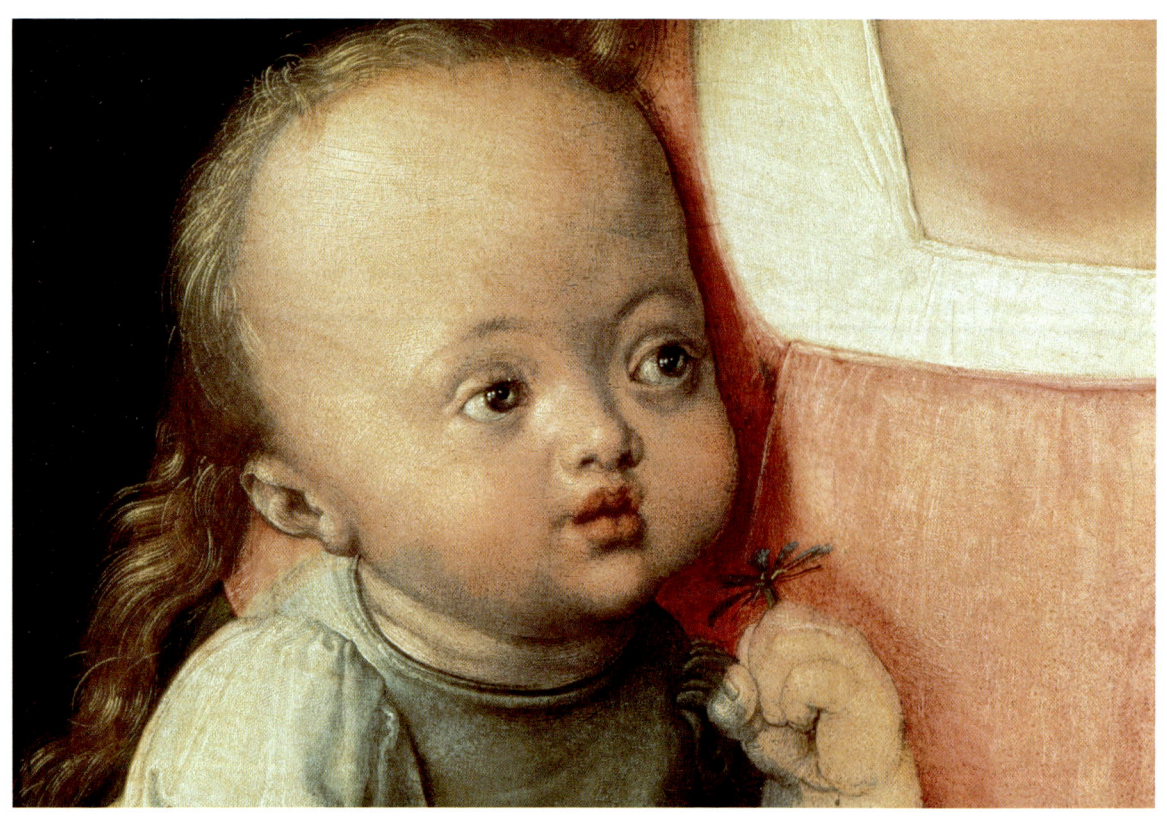

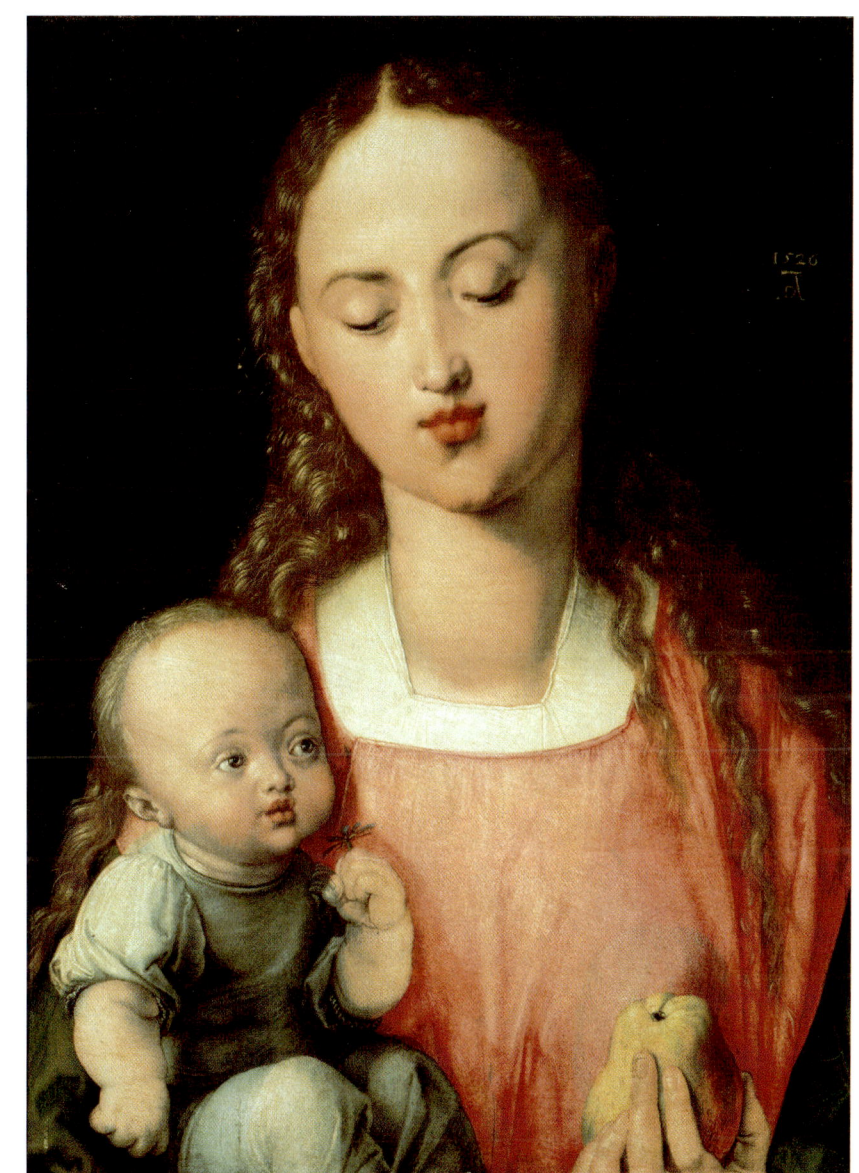

The Madonna with the Pear

Vierge à la poire

Die Muttergottes mit der Birne

La Virgen de la pera

Vergine della pera

Moedergods met peer

*1526, Oil on wood/Huile sur bois,
43 × 31 cm, Galleria degli Uffizi, Firenze*

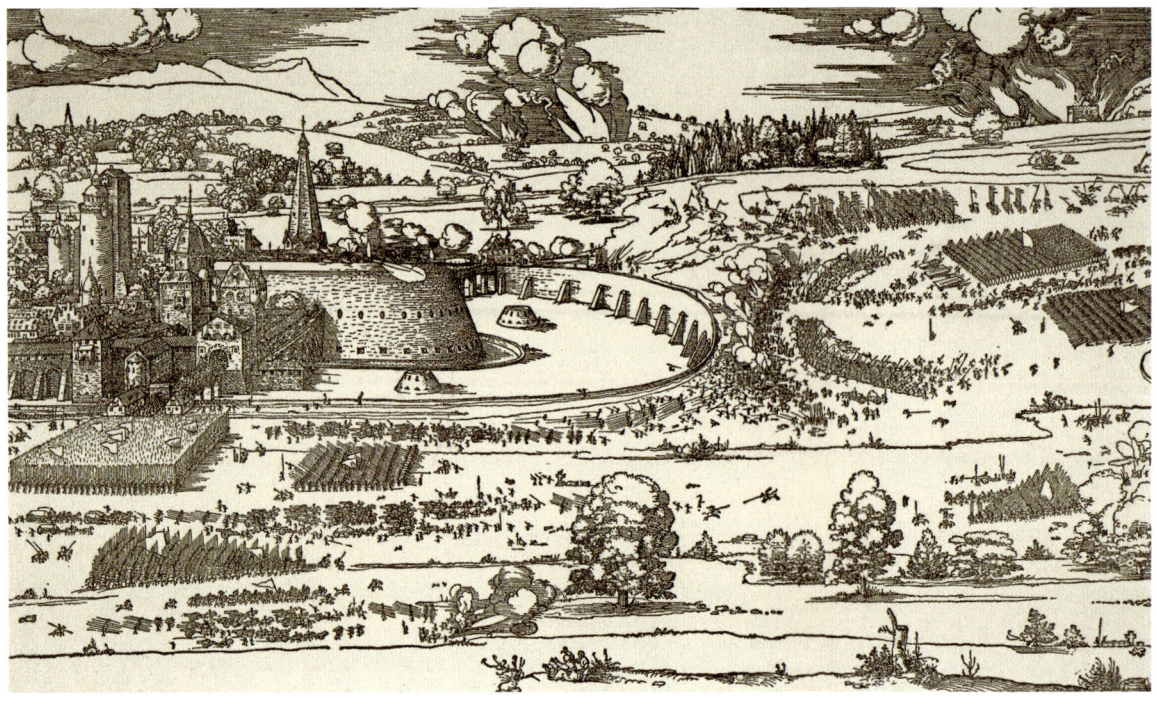

The Siege of a Fortress

Le Siège d'une forteresse (détail)

Die Belagerung einer Festung

Asedio a una fortaleza

L'assedio di una fortezza

De belegering van een vesting

1527, Woodcut/Gravure sur bois, 22,4 × 72,3 cm, Petit Palais, musée des Beaux-arts de la Ville de Paris, Paris

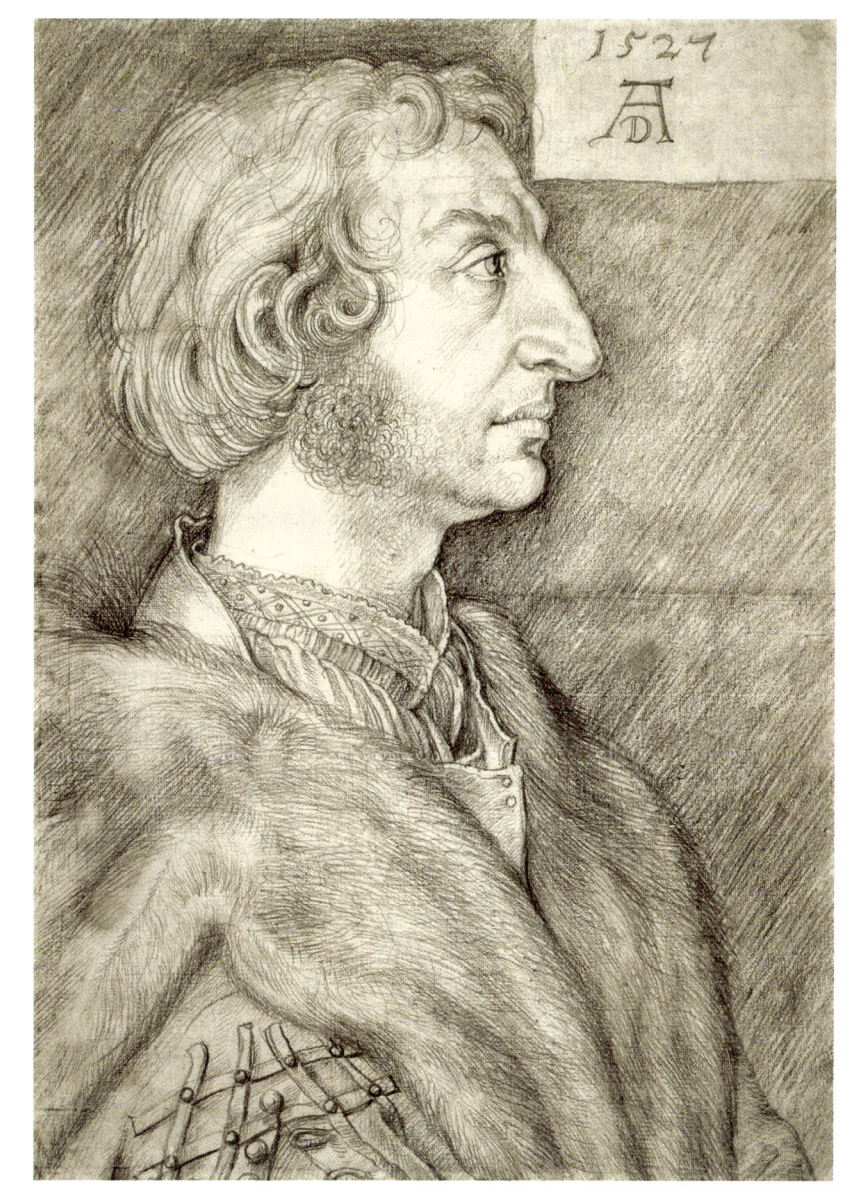

Ulrich Starck
1527, Black chalk/Craie noire, 41 × 29,6 cm,
British Museum, London

Curriculum Vitae

* 21.5.1471 Nürnberg
  1471–90 Nürnberg
  1490–94 Colmar, Basel, Strasbourg
    1494 Nürnberg
  1494/95 Innsbruck, Trento, Arco,
          Venezia
1495–1505 Nürnberg
  1505–07 Augsburg, Venezia, Bologna
  1507–09 Nürnberg, Frankfurt
  1509–20 Nürnberg
  1520/21 Antwerpen, Bruxelles,
          Mechelen, Aachen,
          Bergen op Zoom,
          Middelburg, Brugge, Gent
  1521–28 Nürnberg
† 6.4.1528 Nürnberg

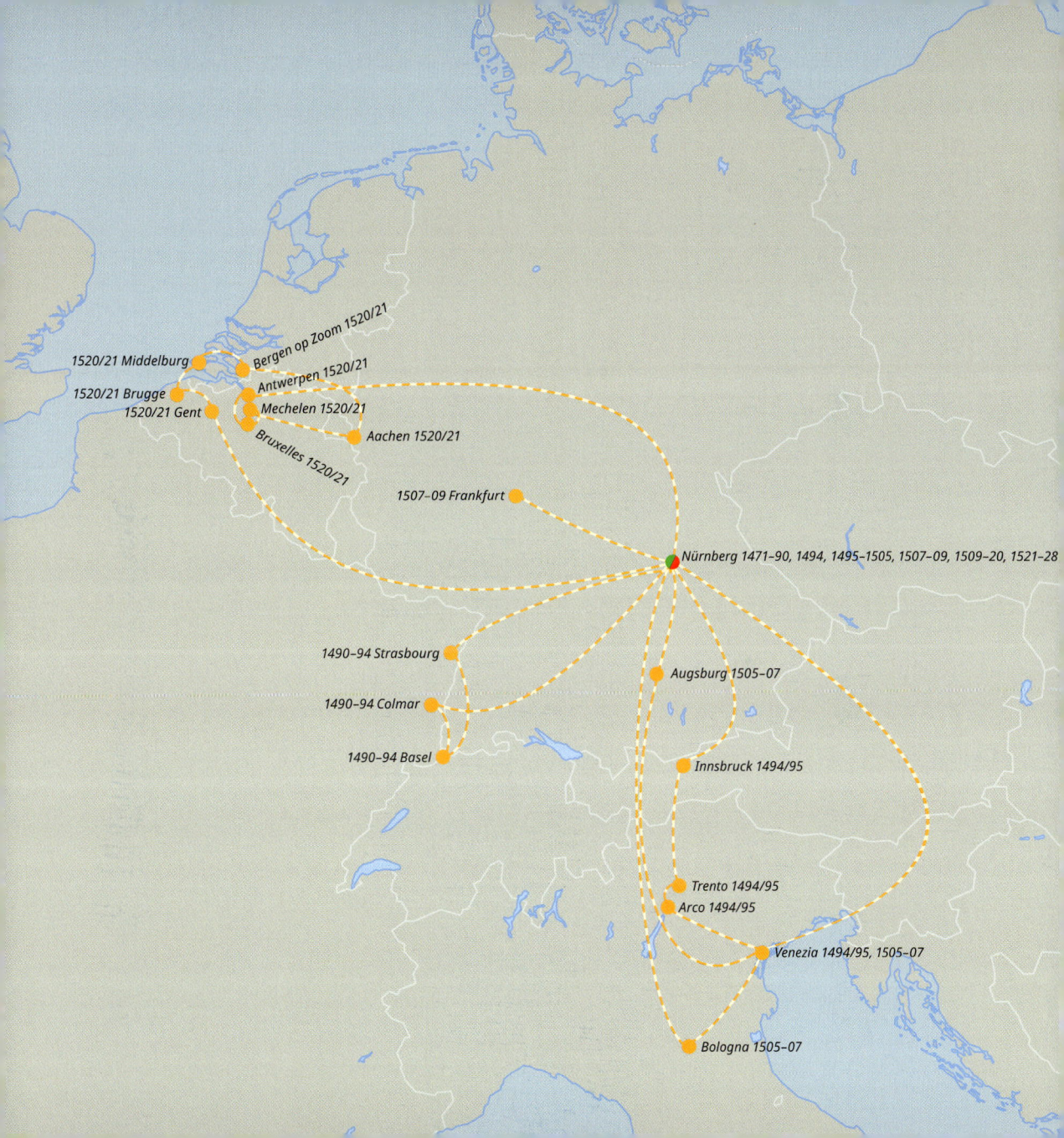

Bergen op Zoom 1520/21

1520/21 Middelburg

Antwerpen 1520/21

1520/21 Brugge

Mechelen 1520/21

1520/21 Gent

Aachen 1520/21

Bruxelles 1520/21

1507–09 Frankfurt

Nürnberg 1471–90, 1494, 1495–1505, 1507–09, 1509–20, 1521–28

1490–94 Strasbourg

Augsburg 1505–07

1490–94 Colmar

1490–94 Basel

Innsbruck 1494/95

Trento 1494/95

Arco 1494/95

Venezia 1494/95, 1505–07

Bologna 1505–07

Museums
Musées

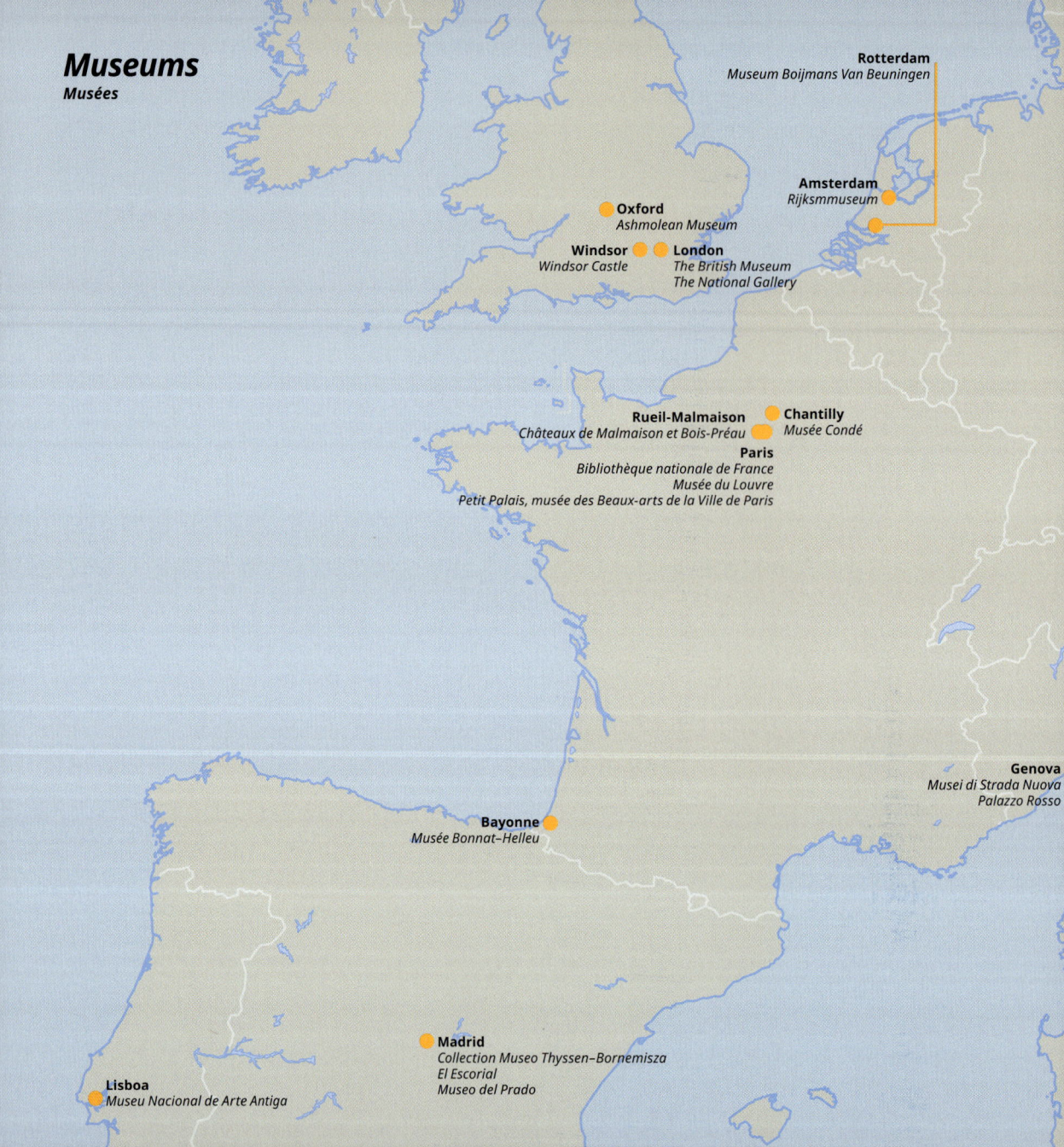

Rotterdam
Museum Boijmans Van Beuningen

Amsterdam
Rijksmmuseum

Oxford
Ashmolean Museum

Windsor
Windsor Castle

London
The British Museum
The National Gallery

Rueil-Malmaison
Châteaux de Malmaison et Bois-Préau

Chantilly
Musée Condé

Paris
Bibliothèque nationale de France
Musée du Louvre
Petit Palais, musée des Beaux-arts de la Ville de Paris

Genova
Musei di Strada Nuova
Palazzo Rosso

Bayonne
Musée Bonnat–Helleu

Madrid
Collection Museo Thyssen–Bornemisza
El Escorial
Museo del Prado

Lisboa
Museu Nacional de Arte Antiga

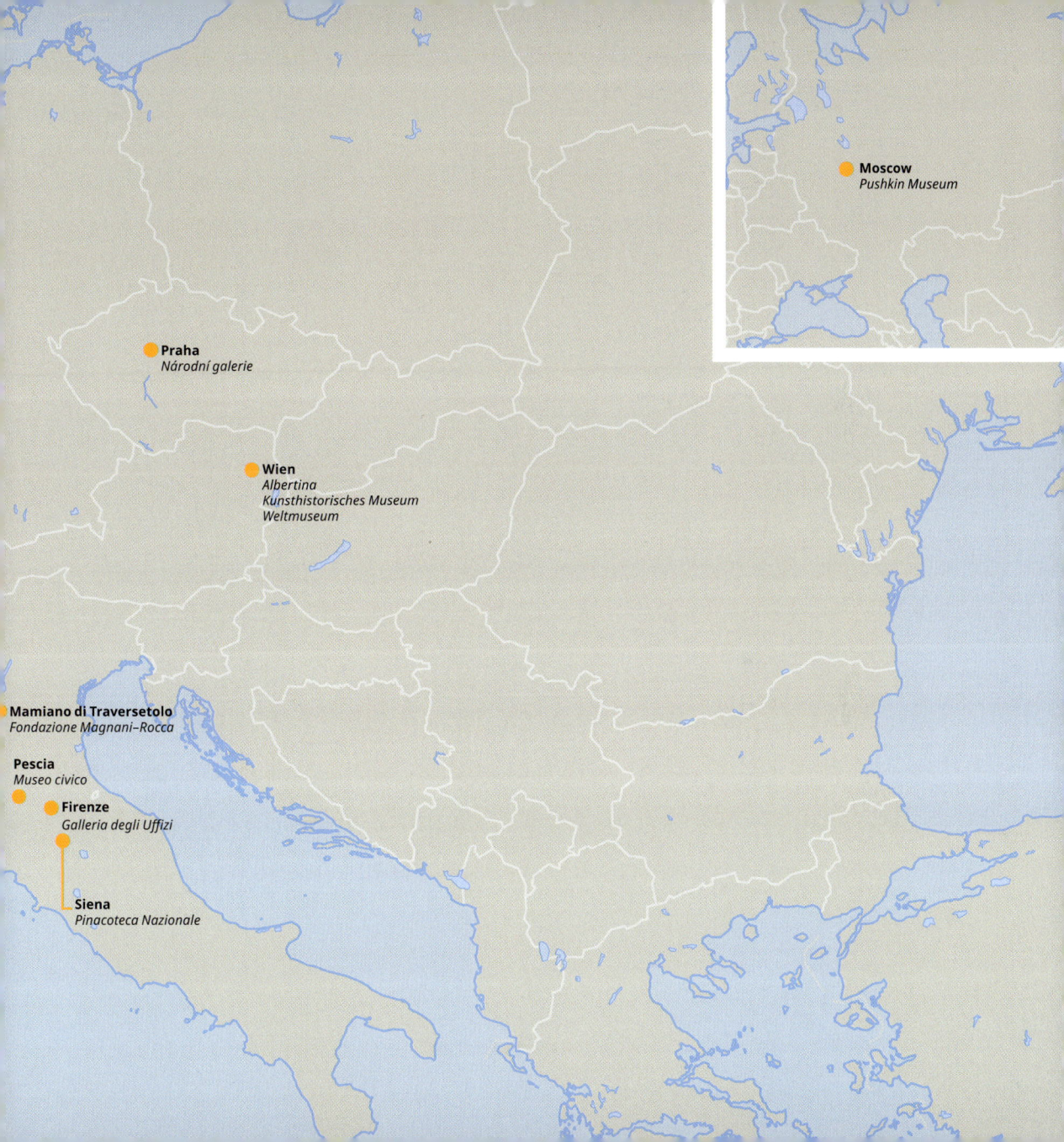

Moscow
Pushkin Museum

Praha
Národní galerie

Wien
Albertina
Kunsthistorisches Museum
Weltmuseum

Mamiano di Traversetolo
Fondazione Magnani–Rocca

Pescia
Museo civico

Firenze
Galleria degli Uffizi

Siena
Pinacoteca Nazionale

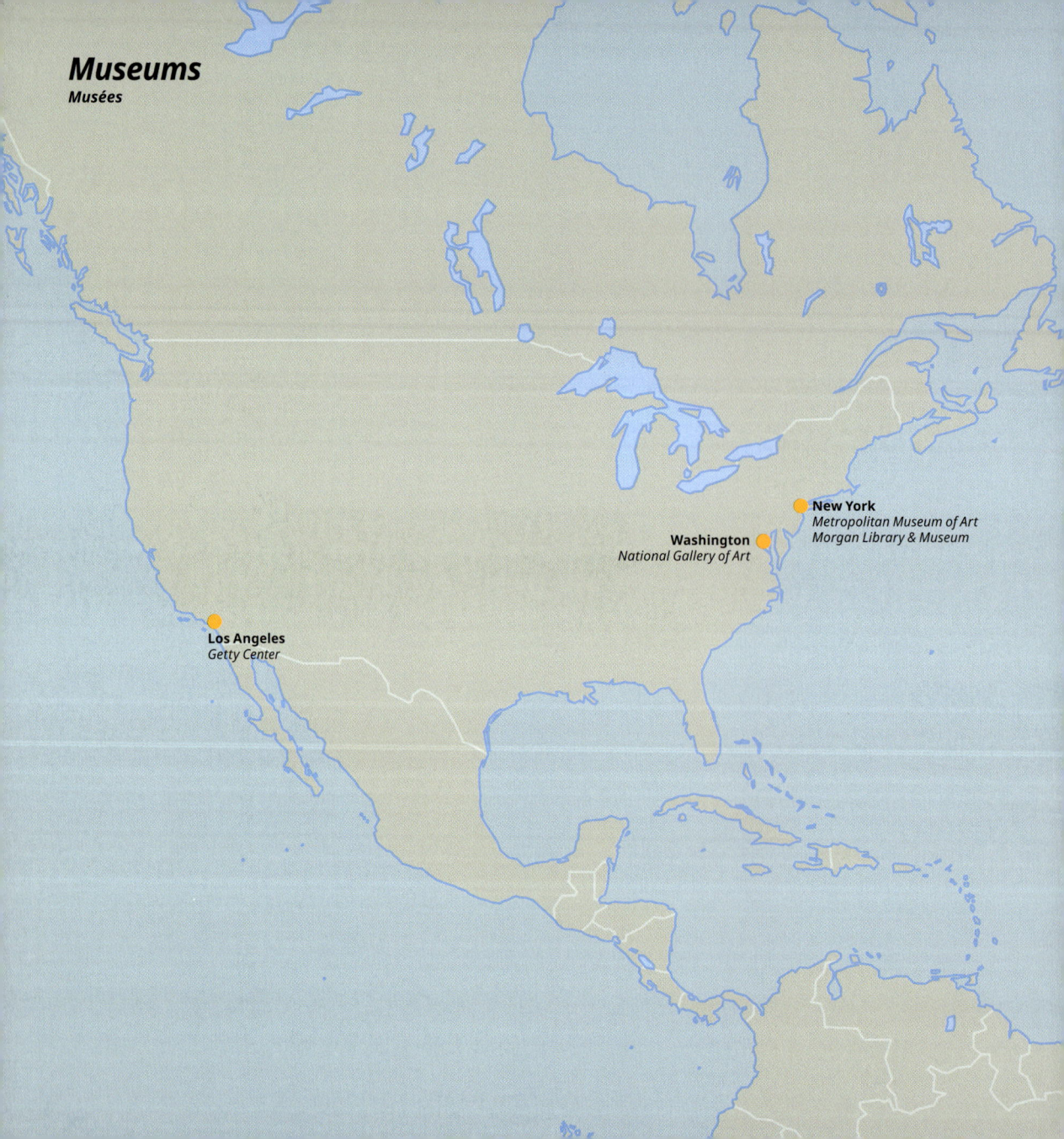

Museums
Musées

New York
Metropolitan Museum of Art
Morgan Library & Museum

Washington
National Gallery of Art

Los Angeles
Getty Center

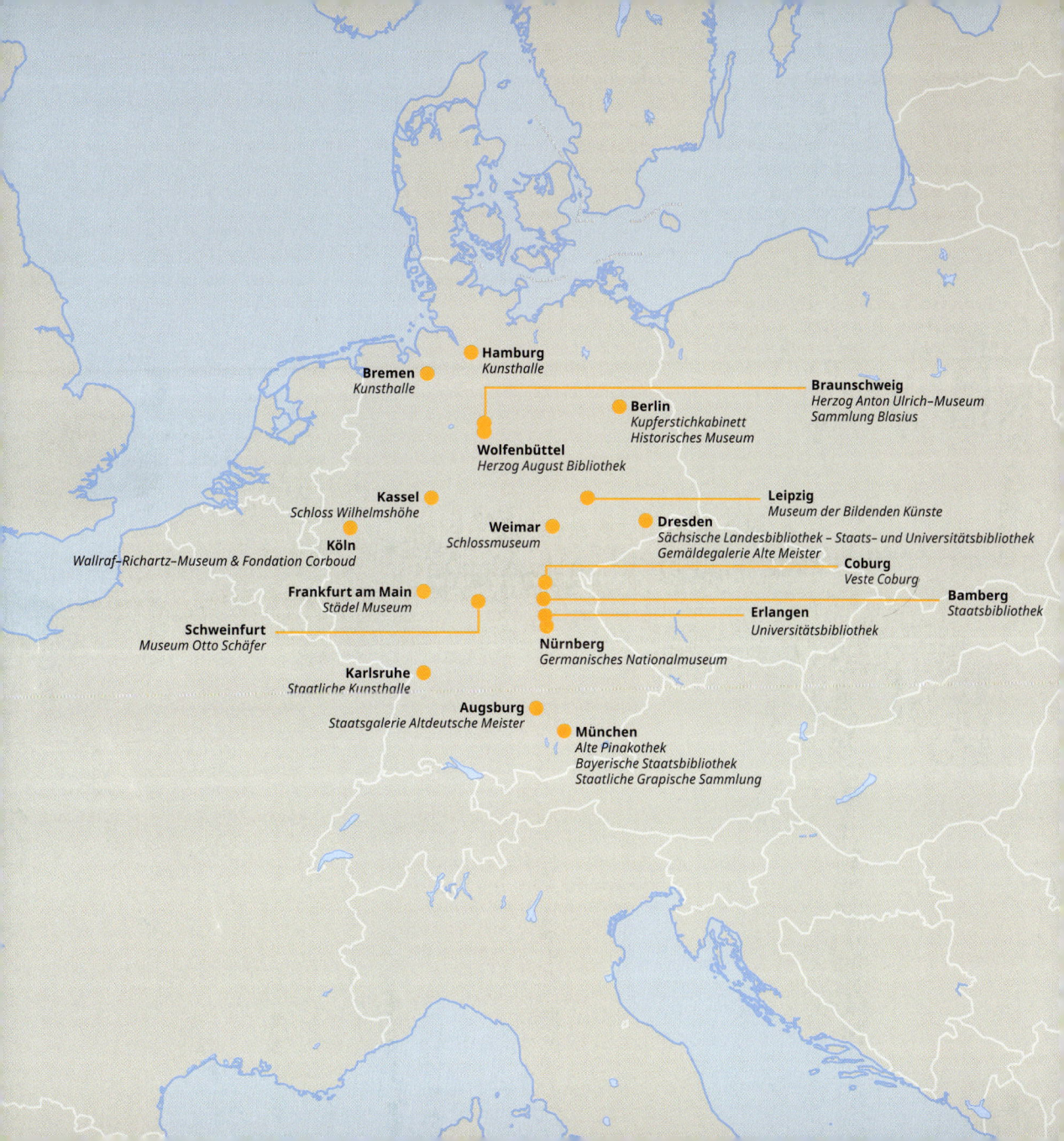

Bremen
Kunsthalle

Hamburg
Kunsthalle

Braunschweig
Herzog Anton Ulrich–Museum
Sammlung Blasius

Berlin
Kupferstichkabinett
Historisches Museum

Wolfenbüttel
Herzog August Bibliothek

Kassel
Schloss Wilhelmshöhe

Leipzig
Museum der Bildenden Künste

Weimar
Schlossmuseum

Dresden
Sächsische Landesbibliothek – Staats- und Universitätsbibliothek
Gemäldegalerie Alte Meister

Köln
Wallraf–Richartz–Museum & Fondation Corboud

Coburg
Veste Coburg

Frankfurt am Main
Städel Museum

Bamberg
Staatsbibliothek

Erlangen
Universitätsbibliothek

Schweinfurt
Museum Otto Schäfer

Nürnberg
Germanisches Nationalmuseum

Karlsruhe
Staatliche Kunsthalle

Augsburg
Staatsgalerie Altdeutsche Meister

München
Alte Pinakothek
Bayerische Staatsbibliothek
Staatliche Grapische Sammlung

Recommended Literature

Hutchison, Jane Campbell: *Albrecht Dürer. A Biography*, Princeton 1990
Strauss, Walter L.: *The complete Drawings of Albrecht Dürer*. 6 vol., New York 1974

Littérature recommandée

Brugerolles, Emanuelle (Dir.): *Dürer et son temps, de la réforme à la guerre de trente ans: Dessins allemands de l'École des Beaux-Arts*, École des Beaux-Arts Paris, Paris, 2012

Literaturempfehlungen

Anzelewsky, Fedja: *Albrecht Dürer. Das malerische Werk*, 2 Bd., 2. Aufl., Berlin 1991
Ders: *Dürer–Studien*, Berlin 1983
Ders: *Dürer. Werk und Wirkung*, Stuttgart 1980
Belting, Hans: *Eine Geschichte des Bildes vor dem Zeitalter der Kunst*, München 1990
Bott, Gerhardt/ Schoch, Rainer: *Meister der Zeichnung*. Zeichnungen und Aquarelle aus der Graphischen Sammlung des Germanischen Nationalmuseums (Ausst.–Kat. Germanisches Nationalmuseum Nürnberg, 1992), Nürnberg 1992
Burmester, Andreas/ Schawe, Martin: *Drunter und Drüber. Altdorfer, Cranach und Dürer auf der Spur* (Ausst.–Kat. Alte Pinakothek München, 2011), München 2011
Eberlein, Johann Konrad: *Albrecht Dürer*, Reinbek 2003
Großmann, Georg–Ulrich/ Schoch, Rainer (Hg.): *100 Meisterzeichnungen aus der Graphischen Sammlung der Universität Erlangen–Nürnberg* (Ausst.–Kat. Germanisches Nationalmuseum Nürnberg, 2008), Nürnberg 2008
Hess, Daniel/ Eser, Thomas (Hg.). *Der frühe Dürer* (Ausst.–Kat. Germanisches Nationalmuseum Nürnberg, 2012), Nürnberg 2012
Höper, Corinna: *Andrea Mantegna und die Druckgrafik: „Wie man bisher ohne ihn leben konnte, begreife ich nicht recht."* (Ausst.–Kat. Staatsgalerie Stuttgart, 2008–09), Stuttgart 2008

Leber, Hermann: *Albrecht Dürers Landschaftsaquarelle. Topographie und Genese* (Studien zur Kunstgeschichte Bd. 50), Diss., Hildesheim/Zürich/New York 1988
Lüdecke, Heinz/ Heiland, Susanne: *Dürer und die Nachwelt. Urkunde, Briefe, Dichtungen und wissenschaftliche Betrachtungen aus vier Jahrhunderten*, Berlin 1955
Panowsky, Erwin: *Das Leben und die Kunst Albrecht Dürers* (1945), München 1977
Preisung, Dagmar/ Villwock, Ulrike/ Vogt, Christine (Hg.): *Albrecht Dürer. Apelles des Schwarz–Weiß* (Ausst.–Kat. Suermondt–Ludwig–Museum Aachen, 2004), Aachen 2004
Rebel, Ernst: *Albrecht Dürer. Maler und Humanist*, München 1996
Rupprich, Hans (Hg.): *Dürer. Schriftlicher Nachlass*, 3 Bde. (Deutscher Verein für Kunstwissenschaft), Berlin 1956–1969
Sander, Jochen (Hg.): *Dürer. Künstler–Kunst–Kontext* (Ausst.–Kat. Städel Museum Frankfurt a. M., 2014), München, London, New York 2014
Schauerte, Thomas (Hg.): *Albrecht Dürer. Das Große Glück. Kunst im Zeichen des geistigen Aufbruchs.* (Ausst.–Kat. Kulturgeschichtliches Museum Osnabrück, 2003), Osnabrück 2003